Von den Besten lernen

Die 30 Erfolgsgeheimnisse der Führungselite

Für Sally, David, Mark, Scott, Brooke und Bailey
TJN

Für Gail, Teddy, Oliver und Lily – die Freuden meines Lebens
JMC

Thomas J. Neff und James M. Citrin
unter Mitarbeit von
Paul B. Brown

Von den Besten lernen

Die 30 Erfolgsgeheimnisse der Führungselite

Aus dem Amerikanischen übersetzt
von Dr. Jürgen Hansen

verlag
moderne industrie

Die Deutsche Bibliothek – CIP-Einheitsaufnahme

Neff, Thomas J.:
Von den Besten lernen : die 30 Erfolgsgeheimnisse der Führungselite /
Thomas J. Neff/James M. Citrin. Aus dem Amerikan. übers.
von Jürgen Hansen. – Landsberg am Lech : mi, Verl. Moderne Industrie, 2000
  Einheitssacht.: Lessons from the top <dt.>
  ISBN 3-478-38540-7

© 1999 by Esaress Holding Ltd. All rights reserved
© 2000 verlag moderne industrie, 86895 Landsberg/Lech
Internet: http://www.mi-verlag.de
Titel der amerikanischen Originalausgabe: Lessons from the Top. The Search for
America's Best Business Leaders
Alle Rechte, insbesondere das Recht der Vervielfältigung und Verbreitung sowie
der Übersetzung, vorbehalten. Kein Teil des Werkes darf in irgendeiner Form
(durch Fotokopie, Mikrofilm oder ein anderes Verfahren) ohne schriftliche Ge-
nehmigung des Verlages reproduziert oder unter Verwendung elektronischer
Systeme gespeichert, verarbeitet, vervielfältigt oder verbreitet werden.
Umschlaggestaltung: Farenholtz, Büro für Gestaltung, Landsberg
Satz: mi, M. Zech
Druck: Himmer, Augsburg
Bindung: Thomas, Augsburg
Printed in Germany 380 540/080001
ISBN 3-478-38540-7

Inhaltsverzeichnis

Vorwort zur deutschen Ausgabe

Auch wenn inzwischen in deutschen Unternehmen viele Amerikanismen gebräuchlich sind, so gibt es doch immer noch etliche Unterschiede in der Einstellung und Verhaltensweise in beiden Unternehmenskulturen: In den USA wird selbst der höchste Vorgesetzte mit Vornamen angesprochen. Titel fallen im persönlichen Umgang zunächst einmal weg. Dagegen ist die Titelflut kaum geringer als bei uns – es wimmelt nur so von Presidents und Directors auf allen Ebenen.

Schon der Versuch einer einigermaßen korrekten Übersetzung wäre deshalb vermessen. Das gilt auch für die Bezeichnung „Board". Der Board eines amerikanischen Unternehmens ist weder von der Bezeichnung, noch von der Besetzung her einem deutschen Aufsichtsrat vergleichbar. Noch immer spielen in Deutschland die Kapitalverflechtungen eine beherrschende Rolle bei der Benennung von Aufsichtsräten. Im dem vorliegenden Buch vertreten dagegen mehrere Top-Manager die Auffassung, dass als einziges Auswahlkriterium die Qualität der Board-Mitglieder gelten sollte. Im Klartext: „Member of the Board" kann in den USA eine Persönlichkeit werden, die dem Unternehmen Engagement und Interesse entgegenbringt. Und keine Kontrollfunktion im bürokratischen Sinne ausübt.

Der Vorsitzende des Board, der Chairman, ist deshalb auch nicht mit dem deutschen Aufsichtsratsvorsitzenden zu vergleichen. Denn er steht viel stärker in der Verantwortung für alles, was im Unternehmen geschieht. Er ist ein „Non-Executive Officer" im Gegensatz zum „Chief Executive Officer", der eben auch kein Äquivalent zum deutschen Vorstandsvorsitzenden darstellt. Im Board sitzen „ausübende" und „nicht-ausübende" Mitglieder einer Unternehmensführung, die beide verantwortlich sind und zusammenwirken *müssen*. Alle amerikanischen Titel und Hierarchiebezeichnungen wurden deshalb beibehalten und nicht „eingedeutscht", um diesen Unterschied herauszustellen. Das gilt auch für akademische Grade und Begriffe.

Ursprünglich wurde eine Liste mit 50 Top-Managern erstellt. Hier wurden aber nur die 30 für deutsche Leser wohl interessantesten dargestellt.

Teil I

Die Suche nach den besten Unternehmensführern in Amerika

1. Was Manager zu großen Unternehmensführern macht

Unser Hauptbedürfnis ist wie jemand, der uns dazu begeistern
will, das zu sein, von dem wir wissen, dass wir es sein könnten.
Ralph Waldo Emerson

Wer sind die besten Unternehmensführer Amerikas? Was macht sie dazu? Was können wir von ihnen lernen, wenn wir uns bemühen, unsere eigenen Vorstellungen in die Wirklichkeit zu übertragen?

Diese drei Fragen haben uns seit dem Augenblick bewegt, als wir dieses Projekt im April 1997 begannen. Es sind relativ einfach zu stellende Fragen. Aber sie sind äußerst schwer zu beantworten.

Wir hatten ursprünglich beabsichtigt, „Von den Besten lernen" mit einer Anekdote zu beginnen. Sie sollte einen Telefonanruf beschreiben, den wir von einem Aufsichtsratsmitglied erhielten, in dem er uns bat, die Suche nach einem neuen Vorstandsvorsitzenden (Chief Executive Officer/CEO) zu starten.

Das Aufsichtsratsmitglied, mit dem wir bereits eine Reihe von Jahren zusammengearbeitet hatten, wünschte von uns eine Liste mit Kandidaten, die als Nachfolger für den jetzigen CEO in Frage kämen, der den Aufsichtsrat gerade darüber informiert hatte, dass er zum Jahresende in den Ruhestand gehen wolle.

Bis zu diesem Punkt war das Telefongespräch ziemlich typisch. Der Aufbau von Führungsmannschaften unserer Kundenunternehmen über die Rekrutierung von erfahrenen Managern und Vorständen ist genau das, was wir bei Spencer Stuart tun. Als eine der größten Personalberatungsgesellschaften der Welt interviewen wir jedes Jahr über 40.000 Führungskräfte rund um den Globus bei der Besetzung von mehr als 4.000 Stellen, die wir in 50 Büros in 25 Ländern abwickeln. Unsere letzten Aufträge beinhalteten die Suche von neuen CEOs für AT&T, Delta Airlines, Quaker Oats, Reader's Digest, J. Crew und Weyerhaeuser.

Spencer Stuart hat solche Nachfolgebesetzungen seit über 40 Jahren durchgeführt. Deshalb konnte dieser Anruf keinerlei ungewöhnlichen Alarm auslösen. Was allerdings überraschend erschien, war der zweite Wunsch: Unser Klient bat uns, den Board auch darauf einzustellen, worauf er bei seinem neuen CEO achten müsste. Nicht nur auf seinen beruflichen Background, die Unternehmensgröße und geografische Abdeckung, sondern auch die eher subtilen und eventuell wichtigen Charaktereigenschaften. Wer ist der Richtige als Unternehmensführer? Welche Art von Eigenschaften soll er oder sie haben?

Der Grund, warum uns das stutzen ließ, war nun, dass gerade in letzter Zeit eine Reihe von ähnlichen Bitten von unseren Klienten gekommen waren, von Unternehmen, die von Neugründungen mit Venture-Capital bis zu einigen der größten amerikanischen Firmen reichten. Bei diesem anhaltenden Interesse an dieser Frage entschlossen wir uns, auf eine ausgearbeitete Geschichte zu verzichten und direkt in das Herz der Thematik zu stoßen.

Was macht den eigentlich jemand zu einem großen Unternehmensführer? Was ist erforderlich, um eine Organisation erfolgreich in der heutigen ständig wettbewerbsintensiveren und sich schnell bewegenden Weltwirtschaft zu führen? Als wir das sorgfältig betrachteten, kamen wir zu dem Schluß, dass es nicht überraschend erscheint, wenn solche Fragen immer öfter auftauchen. Es sind genau die Dinge, die von Einzelnen, ob sie nun für eine ganze Organisation oder für eine Abteilung verantwortlich sind, beantwortet werden müssen, und zwar schnell.

Wie die abgesetzten früheren CEOs von AT&T, Kmart und Sunbeam am besten bezeugen können, wird den Managern heute immer weniger Zeit gelassen, zu differenzieren.

Wenn man in einem Umfeld arbeiten muss, das immer enger wird – eingezwängt vom globalen Wettbewerb einerseits und einer sich rapide ändernden, technikgetriebenen Unternehmenslandschaft andererseits – , ist es nur zu verständlich, dass Manager sich auf Lösungen verlassen, die in der Vergangenheit funktionierten. Leider läuft inzwischen, wie sie auf harte Art gelernt haben, nichts mehr nach den alten Regeln. Wenn der Aufsichtsrat eines Unternehmens das Vertrauen in seinen CEO verloren hat, schreitet er oft zu einer entscheidenden Aktion. Und diese Aktion ist häufig die

Einleitung einer Suche nach einem neuen Unternehmensführer. Das ist dann oft auch der Zeitpunkt, an dem wir hinzugezogen werden.

Was den Anstoß gab

„Executive Search" ist eine spezielle Form der Unternehmensberatung, die sich darauf konzentriert, die Anforderungen an die Führung eines Unternehmens als Funktion seiner Strategie zu definieren, um dann die am besten geeigneten Kandidaten zur Durchführung dieser Strategie zu identifizieren, zu befragen und zu rekrutieren.

Die tiefere Einsicht in die Berufslaufbahn und das Leben der Unternehmensführer, was sie im Innersten bewegt, ist entscheidend für unsere Arbeit, wenn wir darangehen, die richtige Führungskraft zu finden.

Wenn wir einen Kandidat für eine Top-Position bewerten, dann führen wir eine tiefgehende Abschätzung seiner bisherigen Karriere, seines Führungsstils, der von ihm überwundenen Hindernisse, gemachten Fehler, gelernten Lektionen, seiner Führungsphilosophie, seiner prägenden Lebenserfahrungen sowie seiner persönlichen und beruflichen Ziele durch. Da Führungskräfte häufig um solche hochrangigen Positionen wetteifern, liegt es in *ihrem* Interesse, dass wir in vollem Ausmaß die Branche und das Unternehmen verstehen, in denen sie tätig sind.

Der Kontakt mit all diesen Führungskräften, die Einsicht in deren Berufserfolge und ihre großen Führungsqualitäten hat uns das Privileg verschafft, dass wir von vielen weltweit führenden Topmanagern lernen konnten. Wir sind dadurch beruflich und persönlich bereichert worden und möchten nun mit anderen teilen, was wir gelernt haben. Das war eines der Hauptmotive für das Schreiben dieses Buches.

Damit diese Lektionen über Erfolg und Unternehmensführung auch die maximale Wirkung erzielen, haben wir entschieden, dass wir nur die Allerbesten zu Wort kommen lassen dürften. Und statt einfach nach subjektivem Gefühl die „besten" Unternehmensführer herauszupicken, haben wir uns verpflichtet gefühlt, ein objektives und rigoroses Ausleseverfahren durchzuführen. Diese Entscheidung fußte teilweise auch auf dem auf Fakten beruhenden, analytischen Ansatz, der uns beiden während unserer früheren Tätigkeit als Unternehmensberater bei McKinsey & Company gelehrt wurde.

So begannen wir, was noch nie jemand vor uns gemacht hatte. Wir entwickelten eine strenge Methode, um die besten Unternehmensführer in Amerika zu identifizieren, und dann befragten wir diese Führer ganz intensiv, um herauszufinden, warum sie so erfolgreich waren.

Natürlich gibt es ganze Bibliotheken voll mit Büchern über die wesentlichen Führungsqualitäten. Aber die meisten sind vom Ansatz her ziemlich akademisch und auf die Sicht eines einzelnen Autors beschränkt. Zwar gibt es jährliche Ranglisten der Topmanager, doch ergab unsere Recherche, dass diese Tabellen weder die erforderliche analytische Strenge, noch die Tiefe besaßen, um die Geschichten hinter dem Erfolg zu beleuchten. Nichts davon veranschaulicht in umsetzungsfähiger Weise, was einen großen Unternehmensführer eigentlich ausmacht. In Erkenntnis dieser Situation haben wir zwei ehrgeizige Ziele aufgestellt:

➢ Wir wollten analytisch so gründlich wie denkbar vorgehen, um unsere Liste der Unternehmensführer aufzustellen, und
➢ ihre Geschichten so persönlich und nachvollziehbar wie möglich zum Ausdruck bringen.

Auf einer methodischen Grundlage, die weiter unten und in Kapitel 3 beschrieben wird, haben wir eine Liste von Unternehmensführern geschaffen, die unserer ursprünglichen Frage so nahe wie nur irgend möglich kam, nämlich „Wer sind die besten Unternehmensführer in Amerika?".

Zwar enthält unsere Liste eine ganze Anzahl von CEOs, die wahrscheinlich auf jeder Zusammenstellung von Amerikas besten Unternehmensführern erschienen wären, aber es gibt auch einige Überraschungen – und zweifellos werden einige CEOs und Leser verärgert sein, weil manche Namen nicht auftauchen. Die Leitprinzipien für die Zusammenstellung der Liste waren, herauszufinden,

➤ welche Persönlichkeiten am besten für ihre Führung beurteilt wurden, und
➤ welche Unternehmen über die letzten fünf oder zehn Jahre am besten abschnitten,

um dann jenen CEO zu ermitteln, der in dieser Zeit für den Unternehmenserfolg verantwortlich war.

Wir haben dann die zusammengefasste Liste der CEOs mit unseren Kriterien der Unternehmensführung (siehe unten) verglichen, um die endgültigen Besten auszulesen.

Sind dies die besten Unternehmensführer?

Ist das wirklich die Liste der besten Unternehmensführer in Amerika? Das können wir nicht sagen. Diese Liste ist so in Bewegung, dass im Verlauf der Recherchen und des Schreibens dieses Buches eine Reihe von Unternehmen in dieser Liste erst entstanden, Fusionen oder Aufkäufe bekanntgaben (z.B. Citicorp und Travelers, Mobil und Exxon), CEOs abtraten[1] oder starben (wie Roberto Goizueta von Coca-Cola). Angesichts der sich so schnell wandelnden Geschäftswelt muss man davon ausgehen, dass einige der hier aufgeführten Unternehmensführer in der Zeit zwischen dem Schreiben und dem Erscheinen des Buches Veränderungen durchgemacht haben.

Wir haben versucht, diese Liste so authentisch, umfassend und objektiv wie menschenmöglich zu gestalten, unter Berücksichtigung des sich laufend verschiebenden Untergrundes. Wir erkennen aber, dass solche Aufstellungen nur eine Augenblicksaufnahme sein können, gleich wie streng die Recherche dafür war.

Bevor wir diese Liste selbst diskutieren, unsere Methodik näher darstellen und in die Einzelprofile im Teil II einsteigen, halten wir es jedoch für wichtig, Ihnen als Leser einiges im Kontext zu

---

[1] Insgesamt gingen sechs CEOs auf unserer Liste während der Entstehung diese Buches in den Ruhestand: Alex Trotman von Ford, Elizabeth Dole vom Amerikanischen Roten Kreuz, Don Fites von Carterpillar Tractors, John Pepper von Procter & Gamble, Walter Shipley von Chase Manhattan und Al Zeien von Gilette. Sie wurden aber verständlicherweise mit aufgenommen, weil sie ihr Unternehmen in den letzten fünf Jahren mit außergewöhnlichem Erfolg geführt haben.

erklären. Wir wollen zeigen, warum stets mehr Aufsichtsräte, Aktionäre, Manager und Mitarbeiter sich fragen: „Was ist wirklich notwendig,um heutzutage eine Organisation erfolgreich zu führen?"

Das sich laufend wandelnde Führungsverhalten

Weniger als drei Jahrzehnte zuvor waren erfolgreiche Unternehmen noch weitgehend zentral kontrollierte, finanziell gemanagte Konglomerate. Alfred Sloan von General Motors, Harold Genen von International Telephone and Telegraph (ITT), Reg Jones von General Electric und Harry Gray von United Technologies ragten unter den am besten bekannten, am meisten respektierten Unternehmensführern ihrer Zeit heraus. Diese Führungskräfte nahmen sich oft militärische Führer wie die Generäle Patton oder Eisenhower als Vorbilder. Sie führten ihre riesigen Unternehmen durch strenges Controlling und autoritäre Disziplin.

Das machte Sinn. Ihre Arbeiter waren ja beim Militär oder am Fließband dazu ausgebildet, strengen Vorgehensweisen zu folgen. Diese Unternehmensführer besaßen auch einen anderen Vorteil. Da der Zweite Weltkrieg die Produktionskapazität überall auf der Welt lahmgelegt hatte, hatten sie eine weitgehend unangefochtene Kontrolle über ihre Märkte.

Als dann die übrige Welt in der Nachkriegszeit ihren Aufbau begann und aufholte, veränderte wieder eine neue Generation von Unternehmensführern, ausgestattet mit einer neuen „Waffe" – der Informationstechnik – das amerikanische Geschäftsleben. In den achtziger Jahren schwammen Unternehmen wie Federal Express, Citibank und Wal-Mart auf der Welle der informationstechnischen Revolution und halfen mit, die Wirtschaft der Vereinigten Staaten umzuwandeln.

Die Führer dieser Firmen – von Fred Smith bei Federal Express über Walter Wriston bei Citibank bis zu Sam Walton von Wal-Mart – konnten wesentlich stärker dezentral arbeiten, weil sie wussten, wie sie die neue Technologie zu ihrem Vorteil einsetzen konnten. Sie nutzten ihre neue Quelle für Wettbewerbsvorteile nicht nur zur Datengewinnung, sondern auch zur Intensivierung des Kundenkontakts. Die Barcode-Lesetechnik an der Kasse beispielweise ermöglichte es Wal-Mart, minutengenau die Reaktion der Kunden auf die letzten Angebote zu erfassen.

Diese Generation von Unternehmensführern verstand auch die neue, hinterfragende Mentalität, die Mitarbeiter an ihrem Arbeitsplatz zeigten, ein Verhalten, das teilweise wohl durch die sozialen Folgen des Vietnam-Krieges hervorgerufen wurde.

Später kamen jüngere Führungskräfte wie Michael Dell von Dell Computer und Steve Case von America Online in die Reihen der Unternehmensführer vom Range eines Lou Gerstner, IBM, Chuck Knight von Emerson Electric oder Hank Greenberg von AIG, von denen viele einer älteren Generation angehören. Wenn sie sich selbst betrachten, dann versuchen diese Führungskräfte, ihre Lehren über die Generationskluft hinweg zu ziehen.

Und das betont einen wichtigen Punkt: Führungskräfte, die alles vom Total Quality Management bis zum Reengineering mitgemacht haben, sind heute durch harte Erfahrung zu der Einsicht gelangt, dass beim Führen nicht eine einzige Methode genügt. Wir müssen voneinander lernen. Da es keine einzelne richtige, wiederholbare Antwort gibt, keine einfach nur anzuwendende Formel, müssen wir unsere eigenen Lösungen finden. Am leichtesten geschieht das, indem wir feststellen, was bei anderen zum Erfolg geführt hat, um dann herauszulesen, wie wir diese Lektionen auf unsere eigene, unverwechselbare Situation anwenden können.

Genau das haben wir in *Von den Besten lernen* gemacht.Wir haben versucht, das Erfolgsrezept jener hochgradigen Unternehmensführer (alles CEOs oder Chairmen) aufzuspüren, die in diesem Buch charakterisiert werden, indem wir ihre Organisationen studiert und uns lange mit ihnen unterhalten haben.

Sie werden es von den Unternehmensführern selbst hören, zusammen mit den Ergebnissen unserer Interviews und den zusätzlichen Recherchen, die wir in die persönlichen Profile eingewoben haben. Wir haben jeder Führungskraft ein eigenes Kapitel gewidmet, das in nahezu jedem Fall auf mindestens einem intensiven Gespräch beruht, in dem die Unternehmensführer zur Diskussion stellen, was ihrer Meinung nach die tiefgreifenden Gründe für ihren Erfolg waren. [2]

Wenn Sie erfahren wollen, was jemand erfolgreich werden ließ, sollten Sie direkt zur Quelle gehen, und genau das haben wir gemacht. Es überrascht kaum, dass jeder von den CEOs ihre oder seine ganz eigene Wahrnehmung von Führung und Geschäftserfolg hatte. Jede ihrer Organisationen stellt einen ganz unterschiedlichen Entwicklungspunkt der Unternehmensgeschichte in einer vielfältigen Wettbewerbslandschaft dar. Einige, wie Tyco International und Chase Manhatten, wachsen schnell über Akquisitionen, während andere wie Deere und Dell Computer eher durch internationales Wachstum expandieren. Einige sind echt globale Unternehmen wie Gillette und AIG, während andere wie Fannie Mae sich völlig auf den Heimatmarkt konzentrieren.

Eines ist allerdings klar: Verschiedene Umstände erfordern unterschiedliche Unternehmensführer und Führungsstile. Und diese Unterschiede werden sicher auch in unserer Liste widergespiegelt. Beispielsweise war die letzte Tätigkeit des CEO Al Zeien von Gillette vor seinem Vorstandsvorsitz diejenige eines stellvertretenden Vorsitzenden für das internationale Geschäft. Fünf von den CEOs wurden von außen in das Unternehmen berufen, und eine erstaunlich hohe Zahl, elf, haben sich vom Gründer bzw. Unternehmer zum CEO und/oder Chairman eines größeren Unternehmens hochgearbeitet[3].

Als Ergebnis dieser Unterschiede lässt sich nicht nur *eine* Sache oder *eine* Charakteristik herausstellen und dann sagen: *Das* ist

---

[2]   Nur in vier Fällen war es uns unmöglich, ein Vier-Augen-Gespräch mit den dargestellten Personen zu führen. Dazu eine Erklärung, wie wir damit umgegangen sind: Peter Drucker war so freundlich, unsere umfangreichen Fragen schriftlich zu beantworten, indem er seine elektrische Schreibmaschine benutzte. Bill Gates von Microsoft verwendete, kaum überraschend, eine andere Technologie. Wir interviewten Ihn über E-Mail. Andy Grove von Intel las unsere Fragen und beantwortete sie durch Zusendung verschiedener Schriften und Reden über das jeweilige Thema. Dann korrigierte er in einigen Fällen, in denen wir nicht seine wahre Meinung erfasst hatten. Lou Gerstner von IBM wählte ein ähnliches Verfahren.

[3]   Steve Case von Amerika Online, Michael Dell von Dell Computers, Bernie Ebbers von MCIWorldCom, Donald Fisher von The Gap, Bill Gates von Microsoft, Andy Grove von Intel, Herb Kelleher von Southern Airlines, Howard Schultz von Starbucks, Charles Schwab von Charles Schwab, Fred Smith von Federal Express und Charles Wang von Computer Associates. Diese Liste von Unternehmensgründern enthält *nicht* den Namen Bill Marriott, der die Führung von seinem Vater übernahm, noch den von Martha Ingram, die nach dem Tod ihres Mannes CEO ihres Unternehmens wurde.

erforderlich, um ein großer Unternehmensführer zu werden. Obwohl aber die Geschichten und Umstände in jedem Fall einzigartig sind, gibt es doch eine ganze Reihe von Führungsprinzipien und gemeinsamen Merkmalen, die augenscheinlich für all diese erfolgreichen Menschen gelten.

Deshalb haben wir Teil III allein auf diese beherzigten Lektionen fokussiert. Nachdem wir die sich aus den Gesprächen kristallisierenden Prinzipien der Unternehmensführung (Kapitel 2 im Teil III „Die richtige Sache richtig tun") und die gemeinsamen Charakteristiken untersucht haben (Kapitel 3 im Teil III „Gemeinsame Merkmale: Ein Rezept für Erfolg im Geschäftsleben"), beantworten wir die dritte Frage, die unser Projekt vorantrieb: „Wie können wir nach dem Muster dieser Unternehmensführer unsere eigenen Hoffnungen und Bestrebungen fördern?"

Bei der Art unserer Liste halten wir es für wichtig, unsere Methode zu beschreiben. In Kapitel 2 im Teil I stellen wir in umfassender Weise dar, wie die Unternehmensführer für unsere Liste ausgewählt wurden. In Kapitel 3 beschreiben wir die Methode quantitativ. Dabei konzentrieren wir uns darauf, die grundlegenden Maßnahmen zu schildern, mit denen wir sicherstellen, dass die von uns Ausgewählten tatsächlich zu den besten Unternehmensführern Amerikas gehören.

2. Die Bewertung heutiger Unternehmensführer

Es wird niemanden überraschen, dass wir in diesem Buch denselben Ansatz wählten, wie wir ihn bei der Suche nach hochrangigen Führungskräften anwenden würden. Im Grunde ist der Prozess der Führungskräfte-Rekrutierung nichts anderes als die Suche nach Unternehmensführern.

Zwar ist jede Einzelsuche in ihrer Art einzigartig, aber Spencer Stuart hat im Verlauf seiner 43-jährigen Geschichte eine ganz bestimmte Methode entwickelt, wie Vollständigkeit und höchste Qualität bei der Suche garantiert werden können.

Eine Suche nach Führungskräften läuft bei Spencer Stuart nach fünf hintereinander geschalteten und verknüpften Schritten ab. Wir haben jeden von ihnen bei der Recherche für dieses Buch ausgeführt, da wir herausbekommen wollten, wer heute die besten Unternehmensführer in der amerkanischen Wirtschaft sind.

Eine Suche in fünf Schritten

1. Erfolg definieren

Der erste Schritt bei der Suche besteht in der gemeinsamen Arbeit mit dem Klienten. Wir ermitteln dabei sowohl seine Unternehmensstrategie und -kultur als auch seine Vorstellung von der Rolle, die die gesuchte Person spielen soll. In dieser Zusammenarbeit definieren der Klient und Spencer Stuart, wie Erfolg aussehen soll. Das Ergebnis dieses Schritts ist ein Dokument mit der spezifizierten Positions- und Kandidatenbeschreibung (die „Spec" genannt).

In unserem Fall war das Ziel bekannt: Wir wollten die „besten" Unternehmensführer Amerikas ermitteln. Was musste jemand mitbringen, um sich als der Beste zu qualifizieren? Gewiss würden quantitative Ergebnisse eine wichtige Rolle spielen, aber diese bildeten nur einen Faktor. Aufgrund unserer breiten Recherche in der Betriebswirtschafts- und Organisationsliteratur sowie unserer

Berufserfahrung kamen wir zu dem Schluss, dass die erfolgreichsten Geschäftsleute stets hohe Werte erzielen, wenn sie an zehn quantitativen und qualitativen Einheiten gemessen werden (die im wesentlichen Unternehmensführung auf ihre Einzelelemente herunterbrechen und damit die „Spec" für dieses Projekt bilden). Diese Personen sollten Folgendes zeigen:

➤ ausgeprägt gute langfristige Ergebnisse;
➤ visionäres und strategisches Talent;
➤ die Fähigkeit, Herausforderungen zu meistern;
➤ die Entwicklung von ausgezeichneten organisatorischen und menschlichen Fähigkeiten;
➤ einen stabilen Charakter;
➤ Unternehmer- oder Pioniergeist;
➤ einen nachweislich bemerkbaren Einfluss auf das Geschäft, die Branche oder Gesellschaft;
➤ einen von Innovationen gezeichneten Karriereweg;
➤ eine beispielgebende Kundenorientierung und
➤ eine überzeugende Verpflichtung gegenüber Geschlechter- und Rassengleichheit und gesellschaftlicher Verantwortung.

Wenn ein Unternehmensführer für unsere Aufstellung in Betracht gezogen werden konnte, musste er alle zehn Merkmale in der einen oder anderen Weise aufweisen.

2. Die gezielte Unternehmensliste

Die Aufstellung einer gezielten Unternehmensliste zur Prüfung potenzieller Kandidaten stellt ein Herzstück jeder Suche nach Führungskräften dar. Bei den normalen Suchaufträgen formulieren wir eine solche Liste, indem wir die erfolgreichsten Unternehmen in den jeweiligen Branchen heraussuchen, oder solcher Firmen, die für ihre speziellen Leistungen etwa auf dem Gebiet des Marketing, der Finanzen oder der Betriebführung bekannt sind.

In *Von den Besten lernen,* in dem die Kandidaten aus jedem Wirtschaftsbereich – privatem oder öffentlichen – und aus Unternehmen jeder Größenordnung kommen konnten, erforderte dieser Schritt eine bedeutende Analyse. Der methodische Abschnitt, weiter unten und detailliert in Kapitel 3 des 1. Teils sowie in den Anhängen 1 und 2 erklärt, zeigt genau, wie wir vorgegangen sind, um sowohl eine anspruchsvolle Studie der Gallup Organisation als auch eine grundlegende Finanzanalyse der Investmentfirma Lazard Asset Management, einer Division der Investmentbank Lazard Frères, in unsere Untersuchung zu integrieren.

3. Die Identifizierung möglicher Kandidaten

Nach der Vollendung der *quantitativen* Untersuchung zur Aufstellung einer Zielliste dient der dritte Schritt im Suchprozess einer *qualitativen* Untersuchung, um diejenigen Personen zu identifizieren, die für den Erfolg der Unternehmen auf der Zielliste verantwortlich waren.

Bei den traditionellen Suchaufträgen holen wir unsere Informationen aus der Datenbank von Spencer Stuart mit ihren Daten von 637.000 Führungskräften und sehen uns jene qualitativen Angaben an, die wir im Laufe der Zeit aus unseren Kontakten gewonnen haben. Zusätzlich ziehen wir Informationen aus unserem Netzwerk von Kontakten zu Industrie und Wirtschaft ein, aus Unternehmensquellen, Einsichtnahmen und Referenzen, um unsere Unternehmensführer im Blick auf unsere „Spec" zu identifizieren.

Wir haben das auch in diesem Fall gemacht. Und dann haben wir noch einen weiteren wichtigen Schritt getan. Wir beauftragten die Gallup Organisation, eine äußerst detaillierte Studie durchzuführen, um die erfolgreichsten Unternehmensführer in Amerika zu benennen. Das Gallup Team unter Leitung von Senior Vice President Cal Martin, Dr. Deb Christenson und Dr. Bob Tortora, Chefdenker und -statistiker von Gallup (konzeptionell verantwortlich für die US-Volksbefragungen 1992, 1996 und 2000), entwickelte eine Studie, in deren Rahmen 575 Geschäftsleute und Top-Manager danach befragt wurden, wer die herausragenden Unternehmensführer in jeder der zehn Kategorien sind.

Die Liste der Befragten in dieser Studie wurde sorgfältig aufgestellt. Unsere Absicht war dabei, eine breite Abdeckung der Unternehmensführer unseres Landes zu erreichen, damit unsere

Kandidaten aus einer möglichst umfassenden Gruppe gewählt würden.

Personen, die vom Gallup-Team in die Untersuchung mit einbezogen wurden, waren

> 200 von den Fortune-1000-CEOs
> 170 Presidents oder CEOs von Unternehmen auf der Inc.500 (einer Rangliste der 500 am schnellsten wachsenden privatwirtschaftlichen Unternehmen Amerikas)
> 88 Top-Manager von Non-Profit-Organisationen mit mehr als 100 Mitarbeitern und
> 117 Dekane oder Präsidenten von größeren Universitäten.

Wir baten jeden von den Befragten, Unternehmensführer aus Wirtschaft und Organisationen in den Vereinigten Staaten zu benennen, die nach ihrer Meinung in den von uns genannten zehn Führungsdimensionen herausragend sind: langfristige Ergebnisse, visionäres und strategisches Talent, Fähigkeit zum Meistern von Herausforderungen, organisatorische und menschliche Fähigkeiten, Integrität und Charakterstärke, Unternehmer- und Pioniergeist, nachweislich bemerkbaren Einfluss auf das Geschäft, die Branche oder die Gesellschaft, einen von Innovationen gezeichneten Karriereweg, beispielgebende Kundenorientierung und Verpflichtung gegenüber sozialem Ausgleich. Zusätzlich baten wir die Befragten, jene Person zu nennen, die ihnen insgesamt als der erfolgreichste Unternehmensführer in den Sinn komme.

Nach Vorliegen der Gallup-Studie kategorisierten wir die Unternehmensführer nach der Zahl ihrer Benennungen in jeder der zehn Kategorien und danach, wie oft sie von ihresgleichen als der insgesamt beste Top-Manager in den Vereinigten Staaten genannt worden waren. Wir gewichteten dann das Ergebnis mit der Abschätzung, wie wichtig jedes einzelne Führungsmerkmal war. (Die Gewichtung und die verwendete Systematik in der Gallup-Studie werden in Abb. 1 auf Seite 32 dargestellt).

Die Ergebnisse dieser Studie wurden mit unserer eigenen Zielliste verschmolzen, um eine „lange Liste" jener Führungskräfte aufzustellen, die den ersten Durchgang geschafft hatten, die also unter den Kandidaten sein würden, die wir später näher bewerten wollten. Wie weiter unten noch dargestellt wird, wollten wir diese Liste nach und nach durchsieben und ergänzen, indem wir Lazard Frères baten, die Finanzergebnisse jener Unternehmen zu analysieren, die von unseren Kandidaten geführt wurden, um sie dann mit den Beurteilungen ihrer Managerkollegen zu vergleichen.

Bevor wir das alles näher darstellen, möchten wir aber schon jetzt eines feststellen: Gleich, wie hoch jemand in der Gallup-Studie rangierte, wenn seine Unternehmung kein gutes Ergebnis vorwies, konnte er nicht auf unsere endgültige Liste kommen.

4. Kandidatenbefragung und Dokumentation

Bei jedem unserer Suchaufträge folgt nach dem Abschluss einer vereinbarten Liste mit Kandidaten oberster Priorität der vierte Schritt, nämlich ein Interview mit den Führungskräften und die Zusammenfassung der Einzelangaben für eine Präsentation bei unseren Klienten. Der Zweck dieser Interviews besteht darin, eine weitergehende Beurteilung der Kandidaten hinsichtlich der von der Position gestellten Anforderungen vorzunehmen, ihre Interessenlage abzutasten und die endgültige Auswahl zu unterstützen. Diese Methode haben wir natürlich auch für *Von den Besten lernen* verwendet und dazu benutzt, die Liste der besten Unternehmensführer festzulegen (s. 1. Teil, 3. Kapitel). Daraufhin haben wir persönliche Interviews mit jedem Top-Manager auf der Liste geplant, um die Einzelthemen des Führungsstils herauszufiltern, die wir in diesem Buch darstellen wollten. Die Präsentation von Kandidaten umfasst normalerweise zwei Teile:

➢ Ein Resümee mit einer chronologischen Übersicht der Berufserfahrung des Betreffenden, seinen Verantwortungsbereichen, Leistungen und persönlichen Daten sowie
➢ eine „Analyse und Bewertung", die die Führungskraft hinsichtlich der Stellenbeschreibung und des Kandidatenprofils beurteilt, wie im Schritt 1 dargestellt. „Analyse und Bewertung" ist auch der Teil, in dem wir näher auf folgende Themen eingehen: frühe Einflüsse auf die Führungskraft, ihre außerberuflichen- und Freizeitinteressen, ihre Karriereeinbrüche und

Wendepunkte, ihr zwischenmenschlicher- und ihr Führungsstil sowie ihre Management-Philosophie.

In *Von den Besten lernen* wurden diese beiden Komponenten in die persönlichen Profile jener Unternehmensführer eingearbeitet, die einen Platz auf unserer endgültigen Liste erreichten. Da wir allgemeine Prinzipien von Führung und Erfolg suchten, baten wir jeden Top-Manager, auf die selben Fragen zu antworten. Der Fragebogen, den wir verwendeten, findet sich in Anlage 3 am Schluss des Buches.

5. Der Abschluss

Die Suchaufträge bei Spencer Stuart münden normalerweise in die Auswahl des endgültigen Kandidaten und in einen Verhandlungsprozess über den Anstellungs- und Gehaltsvertrag für die Einstellung dieser Person ein.

Bei *Von den Besten lernen* war unsere Absicht nun augenscheinlich eine ganz andere. Wir wollten die erfolgreichsten Unternehmensführer in Amerika finden (und nicht einstellen) – und wir wollten ermitteln, warum sie so erfolgreich gewesen waren. Auch wenn jeder Mensch einzigartig ist, so folgen doch Leben und Karriere erfolgreicher Leute einem ganz bestimmten Grundmuster. Deshalb ist der letzte Abschnitt des Buches – Teil III – einer Zusammenstellung der Schlüsselfaktoren gewidmet, auf denen überragender Erfolg ganz zwingend beruht.

Bevor wir jedoch weiter vorgehen, möchten wir den Lesern einen genaueren Blick in die Methodik werfen lassen, nach der wir die Liste erstellt haben, um ihnen zu zeigen, wie die Suche in der praktischen Umsetzung ablief. Wir werden mit der Gallup-Studie beginnen.

Ein Wort der Warnung

Wir könnten auch an jeder anderen Stelle des Buches diese wichtige Feststellung treffen: Es ist nicht möglich, einfach alle Punkte zu addieren, die jemand in den zehn Kategorien der verschiedenen Führungseigenschaften erhalten hat, um dann die Person mit der höchsten Punktzahl als „besten Top-Manager Amerikas" zu bezeichnen. Oder zu sagen, dass alle mit den höchsten Punkten automatisch auf die endgültige Liste kommen. Genauso ungerecht wäre es, nur jene Unternehmensführer zu betrachten, die bei den Finanzergebnissen in der Auswahl von Lazard Asset Management auf den Spitzenplätzen rangieren, und dann festzulegen, dass jene die absolut besten Top-Manager sind. (Wir werden diese quantitativen Messgrößen in Kapitel 3 betrachten).

Jedes Unternehmen erfordert etwas anderes von seinen Top-Managern, je nach dem Stadium seiner Entwicklung. Für einige Unternehmen ist vor allem Innovation lebenswichtig. Bei anderen ist eine beispielhafte Kundenorientierung der Schlüssel. In einigen Branchen haben Zinssätze, Treibstoffpreise oder andere externe Faktoren einen maßgeblichen Einfluss auf die Ergebnisse. Und wir haben auch erkannt, dass der Zeitabschnitt unserer Bewertungsphase kritisch betrachtet werden muss.

Auf die Frage nach Führung gibt es keine einzige, beste oder richtige Antwort. Doch wenn auch niemand auf unsere Liste blicken und dann sagen kann, dieser Top-Manager ist der beste, so sind wir doch sicher, dass die von uns ausgewählten 30 Personen gemeinsam zu den wirklich besten – und erfolgreichsten – Unternehmensführern in Amerika gehören.

3. Methodik:
Ein näherer Blick auf die Zahlen

Der Zweck dieses Kapitels ist eine nähere Erläuterung dazu, wie wir die Ergebnisse der Gallup-Studie analysierten und die finanziellen Untersuchungen und Hinweise einarbeiteten, um die Liste für *Von den Besten lernen* zusammenzustellen. Denn das spricht für die Glaubwürdigkeit dieser Liste. Der vielleicht einfachste Weg, dies zu tun, ist die Darstellung von realen Beispielen und deren Verwendung in der Methodik. Wir beginnen mit den Gallup-Ergebnissen.

Gallup-Studie und Wertzuwachs

Unter den bekannten Top-Managern, die in der Studie mit am höchsten bewertet wurden, befinden sich Jack Welch von General Electric, Bill Gates von Microsoft, Andy Grove von Intel und Lou Gerstner von IBM. Die Tabelle auf Seite 32 zeigt für diese Führungskräfte die Ergebnisse aus der Gallup-Studie.

Am Kopf der Tabelle haben wir die zehn Kriterien aufgereiht und dazu eine Stelle für die Gesamtbeurteilung der Führungskraft. Darunter gibt es einen Gewichtungsfaktor, den wir jedem zugeordnet haben. Er beruht auf unserer Einschätzung der Bedeutung dieses Faktors in der Gesamtgleichung der Führungskraft. Auf jeder Zeile ist die Zahl der Nennungen wiedergegeben, die jeder von diesen Top-Managern von den in der Studie Befragten bekamen (von insgesamt 575). Die untere Tabellenhälfte enthält die gewichteten „Punkte" für jeden Manager, einfach als Produkt der Zahl der Nennungen multipliziert mit dem Gewichtungsfaktor.

Anhang 1 gibt eine Liste derjenigen Unternehmensführer wieder, die die meisten Gallup-Nennungen erhalten haben. Für jede einzelne dieser Personen haben wir dieselbe Analyse vorgenommen wie in Abb. 1, um die Manager für dieses Buch auszuwählen und zu klassifizieren.

Gallup-Frage*	Langfrist-Ergebnisse	Vision/Strategie	Fähigkeit zur Problembewältigung	Organisation und Menschenführung	Integrität/Charakter	Unternehmer-/Pioniergeist	Einfluss auf Wirtschaft/Gesellschaft	Innovation	Kundenorientierung	Sozialer Ausgleich	Gesamtführung	
Gewichtungsfaktor	5	3	2	2	2	2	3	2	3	2	10	Insges.
Alle Befragten	575	575	575	575	575	575	575	575	575	575	575	6325
Jack Welch (GE)	110	56	29	133	66	19	66	53	35	17	110	694
Bill Gates (Microsoft)	66	122	41	22	32	76	149	143	25	12	88	776
Andy Grove (Intel)	52	77	19	54	26	88	76	88	56	15	75	626
Lou Gerstner (IBM)	65	43	85	87	45	19	46	54	98	28	81	642
Gewichtungspunkte (obige Nennungen x Gewichtung)												
Jack Welch (GE)	550	168	58	266	132	38	198	106	105	34	1100	2755
Bill Gates (Microsoft)	330	366	82	44	64	152	447	286	75	24	880	2750
Andy Grove (Intel)	260	231	38	108	52	176	228	176	168	30	750	2217
Lou Gerstner (IBM)	325	129	170	156	90	38	138	108	294	56	810	2314

* Die Gallup-Frage: „Wenn Sie einmal an die heutigen Führungskräfte in Wirtschaft und Verwaltung der Vereinigten Staaten denken – wer würde Ihnen zuerst einfallen, wenn es um folgende Bereiche geht:
1. Langfristige Ergebnisse;
2. Visionäre und strategische Fähigkeiten;
3. Fähigkeit, Herausforderungen zu bewältigen;
4. Organisations- und Menschenführung;
5. Integrität und Charakterstärke;
6. Unternehmens- und Pioniergeist;
7. Nachweisbarer Einfluss auf eine Branche, die Wirtschaft oder Gesellschaft;
8. Karriereweg bei Innovationen;
9. Exemplarische Kundenorientierung;
10. Engagement beim sozialen Ausgleich und
11. Gesamtführung".

Abb. 1: Ergebnisse der Gallup-Studie

Schon dieser methodische Schritt ergab eine faszinierende Einsicht in die Art, wie eine breit angelegte Gruppe von gleichrangigen Managern verschiedene Unternehmensführer und ihre unterschiedlichen Stärken einschätzten.

Wie Abb. 1 zeigt, werden die jeweiligen Unternehmensführer aus unterschiedlichen Gründen hochgeschätzt. Gates zum Beispiel erhielt in den Schlüsselbereichen der Vision und strategischen Fähigkeiten, für den Einfluss auf Branche, Wirtschaft und Gesellschaft, für Innovation und Unternehmertum die höchsten Punkte. Welch wurde am besten für die Gesamtführung bewertet, ebenso für Bereiche mit langfristig gutem Ergebnis, für Organisation und Menschenführung. Gerstner war der am höchsten Rangierende bei der Kundenorientierung und seiner Fähigkeit, Herausforderungen zu meistern. Und Grove wurde für seinen Unternehmens- und Pioniergeist am höchsten eingestuft.

Nach Abschluss und Auswertung der Gallup-Studie bestand unser nächster Schritt in der quantitativen Festlegung des Wertes, den der gegenwärtige Top-Manager für seine Organisation zusätzlich geschaffen hatte[4]. Dazu nahmen wir die Hilfe von Lazard Asset Management in Anspruch. Wie im Anhang 2 detailliert beschrieben ist, prüfte Lazard Asset Management ein breites Spektrum von finanziellen Maßzahlen für Unternehmensergebnisse, bevor sie auf zwei kamen, die sie als die stärksten betrachten:

➢ der Gesamtertrag für die Aktionäre und
➢ das Wachstum des Cash-Flow im Verhältnis zum Marktwert des Unternehmens.

Wir schränkten die auf diese Weise ermittelten Daten auf zehn verschiedene Arten ein, um die Ergebnisse der 1.000 größten US-Aktiengesellschaften analysieren zu können:

➢ *Cash-Flow-Wachstum im Verhältnis zum Marktwert* im Gesamtvergleich und innerhalb jeder Branche über einen Zeitraum von fünf und zehn Jahren;

---

[4] Wo es uns unmöglich war, diese Festlegung zu machen, etwa bei Personengesellschaften oder Nonprofit-Organisationen, verließen wir uns stärker auf die Gallup-Ergebnisse, Referenzen aus der Branche und das kollektive Urteil von Spencer Stuart.

➤ *Gesamtertrag für Aktionäre* im Gesamtvergleich und innerhalb jeder Branche über einen Zeitraum von einem Jahr, fünf und zehn Jahren;

➤ *einen Querschnitt* der Unternehmen, die unter den ersten 200 ihrer Branche innerhalb einer Fünf- und Zehnjahresperiode lagen.

Bei der Auswahl unserer Top-Manager entschieden wir, uns aus zwei Gründen auf den Fünf-Jahres-Zeitraum zu beschränken:

1. Er ist lang genug, um relevant zu sein, und
2. er umfasst näherungsweise die normale Amtszeit eines CEO in einer größeren US-Unternehmung. Unsere Recherchen zeigen, dass tatsächlich 60 Prozent der CEOs in Amerikas größten Unternehmen nur fünf Jahre oder kürzer auf ihrem Posten waren. 1980 betrug diese Zahl noch 40 Prozent.

Wir erkannten frühzeitig, dass es auch wichtig war, die Ergebnisse innerhalb der Branchen zu ermitteln, um die Top-Performer im Wettbewerbsumfeld zu bewerten. Das war auch deshalb notwendig, um sicherzustellen, dass wir unseren Horizont nicht nur auf diejenigen begrenzten, die in den letzten fünf Jahren aus den „heißesten" Branchen wie Technologie oder Finanzdienstleistungen kamen.

Da die Cash-Flow-Wachstum/Marktwert-Relation selbst nicht wirklich bedeutungsvoll ist, konzentrierten wir uns mehr darauf, wo Unternehmen innerhalb der gesamten Geschäftswelt von 1.000 Unternehmen und innerhalb ihrer Branchengruppen einzuordnen waren, und weniger auf die Zahlen selbst. Offensichtlich rangiert ein Unternehmen in beiden Kategorien umso höher, je höher seine Einstufung ist.

Die folgende Abbildung zeigt die Resultate für dieselben vier Unternehmen, die wir gerade nannten, und zeigt, wie gut sie (und ihre Top-Manager) beim Wachstum des Cash-Flow abschnitten im Vergleich zu ihrem Marktwert am Beginn der Fünf-Jahres-Periode.

Rang unter 1000 Unternehmen	Unternehmen	Branche/Bereich	Rang innerhalb des Bereichs (Gesamtzahl d. Unternehmen)
80	Intel	Technologie/ Komponenten	2 (von 14)
726	IBM	Technologie/ Hardware	24 (von 30)
164	Microsoft	Technologie/ Software	4 (von 9)
612	GE	Elektrik/Diverses	21 (von 27)

Abb. 2: Cash-Flow-Wachstum/anfänglicher Marktwert

Wie Abb. 2 zeigt, rangiert Intel auf Platz 80 beim wachsenden Cash-Flow unter den größten 1.000 Unternehmen in Relation zum Marktwert, und als Zweiter unter allen 14 Komponenten-Herstellern.

Microsoft rangiert ebenfalls hoch und zählt zum zweiten Zehntel der größten 1.000 US-Aktiengesellschaften. General Electric jedoch, oft als das am besten geführte Unternehmen der Welt bezeichnet, rangiert in der Gruppenmitte aller großen US-Unternehmen. Wie kann das sein? Liegt es am Unternehmen oder am Maßstab?

Der Grund dafür ist, dass GE unter einer Art „Fluch des Siegers" litt. Das Unternehmen hatte vor fünf Jahren, dem Startpunkt unserer Cash-Flow-Bewertung, einen außergewöhnlich hohen Unternehmenswert. Sein großer – und wachsender – Marktwert machte es außerordentlich schwer, den Cash-Flow genauso schnell wachsen zu lassen wie den Marktwert des Unternehmens.

Das GE-Beispiel erteilt uns eine weitere Lektion bei dem Versuch, erfolgreiche Unternehmensleistung und -führung zu quantifizieren: *Ein einziger Maßstab genügt nicht, um die Leistung zu bewerten.*

Wenn wir das Cash-Flow-Wachstum in Relation zum Marktwert alleine als Maßstab verwenden müssten, dann könnte ein Unternehmen allein schon dadurch einen hohen Rang erreichen, dass der Zähler (Cash-Flow-Wachstum) groß oder der Nenner (Marktwert) klein wäre. Einige Unternehmen, die vor fünf Jahren in rezessiven Bereichen mit niedrigem Marktwert waren, zeigen eine stark gegen diesen Maßstab gerichtete Tendenz. Fluggesellschaften beispielsweise hatten einen niedrigen Marktwert, schafften es aber, ihren Cash-Flow deutlich zu steigern, dank eines besseren Managements beim Umsatz, der Preisgestaltung, dem Betrieb und aufgrund fallender Ölpreise, und natürlich bekam die Reisebranche auch von einer starken Wirtschaft Rückenwind. Als Ergebnis zeigen sie bei diesem Maßstab eine außerordentlich gute Leistung. Continental Airlines etwa war 38ster unter allen großen US-Unternehmen bei der Relation „wachsender Cash-Flow zu Marktwert". Das General-Electric- und Continental-Beispiel zeigt, warum wir *zwei* quantitative Leistungsmaßstäbe benutzten.

Wenn der Beitrag eines Top-Managers zum Erfolg eines Unternehmens bestimmt werden soll, wäre es ideal, wenn beides erfüllt wäre: Sowohl ein wachsender Cash-Flow in Relation zum Marktwert – im wesentlichen, *worauf das Management Einfluss hat* – als auch ein Gesamtertrag für die Aktionäre, die der Investorengemeinschaft *die Managementfähigkeiten auf den Gebieten der Strategie, Zielerfüllung und Wachstumsperspektiven* beweist.

Die Anteilseigner unter der Lupe

Der nächste Schritt in unserer Analyse bestand darin, den Gesamtertrag für die Aktionäre zu betrachten. Jedes der vier Unternehmen, die wir als Beispiel herangezogen haben – Microsoft, GE, IBM und Intel – befand sich unter den am höchsten Rangierenden beim Gesamtertrag für Aktionäre. Sie platzierten sich gut unter dem ersten Zehntel der 1.000 größten Aktiengesellschaften in den Vereinigten Staaten, wie Abb. 3 eindeutig zeigt.

Rang unter den 1000 Unternehmen	Unternehmen	Branche/ Bereich	Rang innerhalb des Bereichs auf ein Jahr bezogen (Gesamtzahl im Bereich)	Fünfjahresertrag
4	Microsoft	Technologie/ Software	1 (von 9)	69 %
21	Intel	Technologie/ Komponenten	2 (von 14)	51 %
32	IBM	Technologie/ Hardware	9 (von 30)	47 %
101	GE	Elektrik/ Diverses	4 (von 27)	34 %

Abb. 3: Ertrag für die Aktionäre

Abb. 9 im Anhang erläutert alle Jahreserträge auf Einjahres- und Fünfjahresbasis für jedes Unternehmen, das in *Von den Besten lernen* dargestellt wird. Die Ergebnisse dieser Gruppe von Unternehmen sind in der Tat beeindruckend. Wenn Sie in eine der 46 Aktiengesellschaften auf unserer endgültigen Liste investiert hätten – wir haben Non-Profit-Unternehmen, Personengesellschaften und soziale Organisationen ausgeschlossen –, dann hätten Sie den S&P-500-Index in den letzten fünf Jahren grob gerechnet zu 50 Prozent übertroffen, wie Abb. 4 belegt.

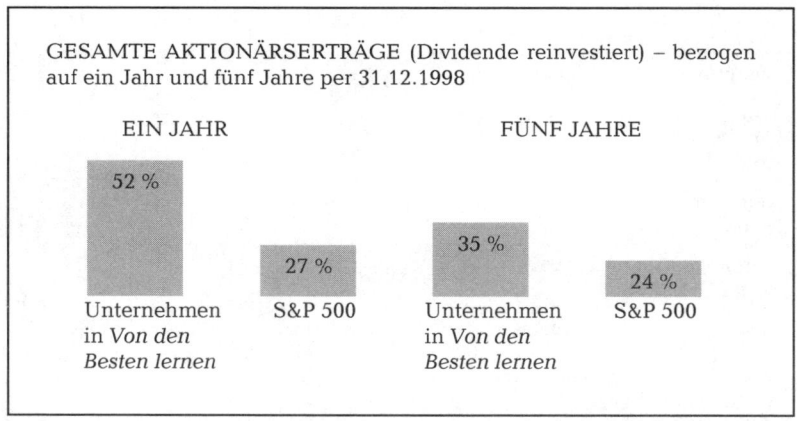

GESAMTE AKTIONÄRSERTRÄGE (Dividende reinvestiert) – bezogen auf ein Jahr und fünf Jahre per 31.12.1998

EIN JAHR   FÜNF JAHRE

52 %
27 %
35 %
24 %

Unternehmen in *Von den Besten lernen* — S&P 500 — Unternehmen in *Von den Besten lernen* — S&P 500

Abb. 4: Ein Vergleich der Aktionärsverträge

Wenn dieses Ergebnis einmal über die Fünf-Jahres-Periode betrachtet wird, dann wären aus 1.000 US-$, in die S&P 500-Unternehmen investiert (bei einer durchschnittlichen jährlichen Wachstumsrate von 24 Prozent) 2.932 $ geworden. Die selben 1.000 US-$, investiert in Unternehmen der *Von den Besten lernen*, wären auf 4.484 US-$ angewachsen.

Damit wir sicher sein konnten, alle Unternehmen mit Spitzenertrag zu erfassen, also nicht nur die, deren CEOs von der Gallup-Studie als Kandidaten genannt wurden, half uns Lazard bei der Auswahl jener Unternehmen, die in den zwei Top-Zehntel lagen, die *sowohl* den Maßstab wachsender Cash-Flow im Verhältnis zum Marktwert *als auch* Gesamtertrag der Aktionäre betrafen. Auf diese Weise konnten wir auch Unternehmen erfassen wie die in Abb. 5 aufgelisteten, die einen Spitzenertrag erwirtschafteten.

Unter-nehmen	Branche/Bereich	5-Jahres-ertrag Um-satz-Zehntel	aufs Jahr bezogener	Cash-Flow-Zehntel
America Online	Freizeit/Unterhaltung	134 %	1	1
Charles Schwab	Finanzdienst-leistungen	65 %	1	2
Cisco Systems	Technologie	67 %	1	2
Citigroup	Finanzdienst-leistungen	33 %	2	1
Computer Associates	Technologie	29 %	2	2
Continental Airlines	Transport	27 %	2	2
Dell Computer	Technologie	153 %	1	1
Herman Miller	Industrie	30 %	2	2
Intel	Technologie	51 %	1	1
MCI WorldCom	Telekommuni-kation	43 %	1	1
Merrill Lynch	Finanzdienst-leistungen	28 %	2	2

Microsoft	Technologie	89 %	1	1
Starbucks	Einzelhandel	38 %	1	1
Tyco International	Elektrik/ Verschiedenes	43 %	1	1

Abb. 5: Unternehmen mit Spitzenertrag

Wie die „lange Liste" schrumpfte

Auf Grundlage der Gallup-Studie und der Analyse der Unternehmensergebnisse, die von Lazard Asset Management bereitgestellt wurden, sowie unserer zusätzlichen Recherche stellten wir eine Liste von *potenziellen* Kandidaten auf, die wir profilieren wollten. Insgesamt identifizierten wir 240 Personen. Wir gewöhnten uns daran, dies die „lange Liste" zu nennen.

Ehe wir festlegen konnten, wer auf unsere endgültige Liste kommen und wen wir einladen würden, in unserem Buch zu erscheinen, mussten wir noch einige wichtige Informationen über diese 240 Leute ergänzen, die jene von uns bereits bestimmten Unternehmen und Organisationen leiteten. Insbesondere mussten wir die gegenwärtige Führungskraft bei jeder einzelnen dieser hochrangigen Unternehmen feststellen und seine oder ihre Amtszeit bestimmen. Schließlich war es unser Ziel, die Unternehmensführer herauszuschälen, die am meisten dazu beigetragen hatten, dass ihr Unternehmen auf die Liste gekommen war.

Zu diesem Zweck gingen wir in die eigene Datenbank von Spencer Stuart, Quest NT (ein Akronym für *Qu*ality *E*xecutive *S*earch *T*racking System – Neue Technologie), um mehr über die Unternehmensführer, ihre Amtszeit, ihren Karrierehintergrund und weitere qualitative Angaben zu erfahren. Nachdem wir diese Daten ergänzt hatten, vervollständigten wir die „lange Liste". Abb. 6 stellt dar, wie sie aussah, als wir die vier in diesem Abschnitt als Beispiele geschilderten Top-Manager betrachtet hatten.

Top-Manager	Unternehmen Umsatz 1998 Netto-Ertrag	Branche/Bereich	Gewichtete Gallup-Punkte	5-Jahres Gesamt-Ergebnis-Wachstum	Gesamt-Ertrag f. Dezil	Gesamt-Ergebnis der Branche (Gesamtzahlzahl der Unternehmen)	Cash-Flow-Rang innerh. Dezil	Cash-Flow-Gesamt-Ergebnis der Branche (Gesamtzahl der Unternehmen)
Jack Welch (CEO seit 1981)	GE 99,8 Mrd. US-$ 9,3 Mrd. US-$	Elektrik/ Diverses	2755	34 %	1	4 (von 27)	7	21 (von 27)
Bill Gates (CEO seit 1975)	Microsoft 16,6 Mrd. US-$ 6,4 Mrd. US-$	Technologie/ Software	2750	69 %	1	1 (von 9)	2	4 (von 9)
Lou Gerstner (CEO seit 1993)	IBM 81,7 Mrd. US-$ 6,3 Mrd. US-$	Technologie/ Hardware	2314	47 %	1	8 (von 30)	8	24 (von 30)
Andy Grove (Chairman seit 1997; CEO 1987-97)	Intel 26,3 Mrd. US-$ 6,1 Mrd. US-$	Technologie/ Komponenten	2217	51 %	1	2 (von 14)	1	2 (von 14)

Abb. 6: Die Zusammenstellung der auf die Unternehmensführer bezogenen Daten

Nachdem wir diese Angaben vervollständigt hatten, begannen wir mit dem Aussieben der „langen Liste". Wir entschieden, nur die gegenwärtig aktiven Unternehmensführer zu berücksichtigen, nicht die vielen talentierten, aber bereits pensionierten CEOs, die unsere Kriterien von Führung und Erfolg erfüllten.

Bei der Endauswahl machten wir Ausnahmen von dieser Regel. Die erste betraf Dan Tully, ehemaliger Chairman von Merrill Lynch. Der gegenwärtige CEO von Merrill ist David Komansky, der 1997 als Top-Manager der größten Wertpapieranlagenfirma des Landes die Führung von Tully übernahm. Komansky hat beispielhafte Arbeit geleistet, indem er es zum weltweiten Unternehmen machte und mit starker Hand während der tumultartigen Finanzmärkte in der zweiten Hälfte des Jahres 1998 führte. Er verdient es, auf der Liste zu sein. Jedoch fiel die Umwandlung von Merrill Lynch von einer am Massenmarkt ausgerichteten Broker-Firma zu der weltweit führenden, voll integrierten Investment-Bank weitgehend in die Zeit von Tullys Amtstätigkeit zwischen 1992 und 1997. Diese Verwandlung war überaus ungewöhnlich. Und Tully, der als Sohn eines Monteurs aufwuchs, ist für seine Führungsprinzipien bekannt. Deshalb haben wir auch ihn auf unsere Liste gesetzt (und beide, Komansky und Tully, in das Kapitel über Merrill Lynch aufgenommen).

Zweitens haben wir ein besonders knappes Kapitel über Peter F. Drucker, unser „31. Unternehmensfüher", als Teil des abschließenden Abschnitts des Buches mit aufgenommen. Wie Drucker selbst uns gegenüber herausstellte, ist er kein Wirtschaftsführer gemäß den Definitionen, die wir für dieses Buch verwendet haben. Aber sein Einfluss ist so markant, dass sein Fehlen ein ernsthaftes Versäumnis dargestellt hätte: Wir haben mehrere Stunden umfassende Bänder von Interviews, in denen Wirtschaftsführer darüber sprachen, wie stark Druckers Vorstellungen ihre eigenen beeinflusst haben, und die Gallup-Studie weist Drucker als einen der hochrangigsten Führer aus. Sie können dieses Kapitel ab Seite 319 lesen.

Der endgültige Zuschnitt

Ähnlich wie bei einem Suchauftrag für Führungskräfte, bei dem wir die Zahl der potenziellen Kandidaten prioritätsmäßig von einer langen Liste von 10 oder 20 auf eine kurze von drei oder vier Finalisten kürzen müssen, so mussten wir auch einige Festlegungen treffen, um unsere Liste von 240 potenziellen Kandidaten auf eine besser zu handhabende Zahl einzugrenzen. Im diesem Fall stützten wir uns auf unsere gemeinsame Erfahrung von mehr als 30 Jahren in der Bewertung von Menschen und Führungsfähigkeiten bei der Besetzung von Top-Positionen für Kundenunternehmen. Zusätzlich wurde unsere Prioritätenbildung ja von der oben ausgeführten Analyse der Unternehmensergebnisse gestützt, plus zusätzlicher Untersuchungen, Referenzen und Erfahrungen aus erster Hand, die wir – oder unsere Kollegen – mit diesen Personen gemacht hatten.

Die Hilfe unserer Kollegen stellte sich als unschätzbar heraus. Beispielsweise unterteilten wir die „lange Liste" nach Wirtschaftsbereichen und begannen, die potenziellen Kandidaten in jedem Bereich zusammen mit unseren Partnern bei Spencer Stuart, die als Dienstbereichsleiter tätig sind, zu interviewen. In unserer Firma haben wir weltweit neun Dienstbereiche: Luftfahrt, Borddienste, Kommunikation und Medien, Verbrauchsgüter und Dienstleistungen, Finanzdienstleistungen, High-Tech, Industrie, Life Sciences und Energie. Innerhalb des Unternehmens konzentrieren sich die meisten unserer Kollegen darauf, Führungskräfte und Board-Mitglieder für Klienten zu rekrutieren, deren Unternehmen einem dieser Bereiche zuzuordnen sind. Einer oder mehrere unsere Senior-Partner arbeiten als Strategen, Account-Planer oder Koordinatoren für jeweils einen Sektor als Dienstbereichsleiter.

Wir baten jeden von unseren Dienstbereichsleitern um Hilfe bei der Ermittlung einer Liste von Wirtschaftsführern auf der Grundlage unserer zehn Kriterien der Führung und des Erfolgs. Wir baten, um ein Beispiel aus dem Technologie-Sektor zu nehmen, unseren Dienstbereichsleiter „High-Tech", die in Abb. 7 genannten herausragenden ergebnisstarken Führungskräfte zu bewerten.

Unsere Kollegen verschafften uns Einsichten darüber, warum jedes dieser Unternehmen den bemerkenswerten Erfolg gehabt hatte, den es vorweisen konnte. Sie lieferten eine Bewertung der organisatorischen, strategischen und visionären Fähigkeiten von jeder Führungskraft. Und sie sagten uns, welche Hauptherausforderungen deren Organisationen noch vor sich haben. Diese Einsichten halfen uns bei der Aufstellung unserer Liste.

CEOs (SEIT...)	UNTERNEHMEN
Jerald G. Fishman (1996)	Analog Devices
James C. Morgan (1987)	Applied Materials
John T. Chambers (1995)	Cisco Systems
Eckhard Pfeiffer (1991-99)	Compaq Computers
Charles Wang (1984)	Computer Associates
Michael Dell (1984)	Dell Computer
Michael Ruettgers (1992)	EMC
Lewis Platt (1992)	Hewlett-Packard
Louis V. Gerstner, Jr. (1994)	IBM
Andrew S. Grove (1987-98)	Intel
Richard M. McGinn (1997)	Lucent
Steven R. Appleton (1996)	Micron Technology
William H. Gates III (1981)	Microsoft
Christopher Galvin (1997)	Motorola
Lawrence Ellison (1977)	Oracle Corp.
Scott McNealy (1981)	Sun Microsystems
Eric Benhamou (1981)	3Com Corp.

Abb. 7: Die Auswahl der Unternehmensführer im Bereich
   Technologie

Die Ergebnisse

Nach zahllosen Computerläufen, ständiger Überprüfung der Zahlen und lebhaften Debatten im Kreis von Spencer Stuart waren wir bereit, eine Selektion vorzunehmen.

Wir kombinierten die Tiefenanalyse unserer drei unterschiedlichen Informationsquellen – der Gallup-Studie, der Erfolgsbewertung von Lazard Asset Management und unserer eigenen Beurteilung auf Grundlage von zusätzlichen Untersuchungen, Referenzen sowie persönlichem Wissen, unseres und das unserer Kollegen – und stellten eine Liste der Unternehmensführer zusammen, die Sie auf Seite 48f. sehen können.

Noch ein Wort zum Geleit

Wir hoffen, dass *Von den Besten lernen* im Gegensatz zu den meisten „How-To"-Wirtschaftsbüchern und bereits auf den Bücherregalen stehenden Biografien von Top-Managern eine ungewöhnlich breite Leserschaft finden wird – heutige wie zukünftige CEOs, Manager, Unternehmer, Board-Mitglieder, Investoren und Studenten der Betriebswirtschaft. Damit Sie davon lernen und sich am Beispiel dieser Profile ausrichten können, während Sie auf dem Weg zur Erfüllung ihrer eigenen Träume und Bestrebungen sind. Unsere Hoffnung ist, dass es Lesern möglich sein wird, von diesen Unternehmensführern zu lernen, damit sie ihre eigene Karriere und ihr eigenes Leben so gestalten können, dass sie ihr Potenzial voll ausschöpfen.

Wir erwarten Ihre Gedanken, Reaktionen und Kommentare dazu, wer – und wer nicht – auf die Liste kam und die Themen, die wir damit abdeckten. Sie können mit uns direkt über den Besuch unser Website www.lessonsfromthetop.com Kontakt aufnehmen.

Thomas J. Neff   James M. Citrin
New York, New York   Stanford, Connecticut

Teil II

Profile

Die Profile im Überblick

Von Anfang an hatten wir vor, *Von den Besten lernen* um die Menschen herum aufzubauen, die zu den besten Unternehmensführern in Amerika gehören. Deswegen gingen wir direkt heran und schufen für jeden Unternehmensführer und seine oder ihre Organisation ein alleinstehendes Kapitel, statt Führungsthemen zu ermitteln, die dann durch die Profile weiter ausgeführt würden. Auf diese Weise findet ein Top-Manager wie Mike Armstrong von AT&T die Möglichkeit, ausführlich über das zu sprechen, was *er* für die Menschen als wichtig empfindet, die heute eine Organisation führen wollen.

Es stellte sich heraus, dass Armstrong, der gehobene Führungspositionen bei IBM und Hughes Electronics innehatte, ehe er als CEO von AT&T angestellt wurde, an fünf Schlüsselaktionen glaubt, die jeder Unternehmensführer ausführen muss. Wenn wir das Buch nach Themen aufgebaut hätten, wäre Armstrong nur in den Abschnitten über „Vision" oder „Führungsstrategien" aufgetaucht. Damit wären sowohl er wie auch wir zu kurz gekommen.

Wie dieser Teil aufgebaut ist

Mit allem Respekt vor Alfred Zeien von Gillette, dessen Profildarstellung auf Seite 305 beginnt, haben wir diesen Teil alphabetisch nach dem Namen der Top-Manager aufgebaut (und damit Zeien unglücklicherweise als Letzten genannt).

Wir überlegten, ob wir die Kapitel nach verschiedenen Gesichtspunkten gliedern sollten, etwa nach Branche, Größe, Finanzkraft, Geografie, alphabetisch nach Firma und sogar rein zufällig. Am Ende haben wir uns aber nach vielen Diskussionen mit Kollegen und Teilnehmern an diesem Projekt dazu entschlossen, dass die alphabetische Aufzählung nach Unternehmensführer am besten funktionieren würde.

Jedes Kapitel über Profile hat vier Teile:

➢ Eine Einführung, die nicht nur das Szenarium bereitet, sondern zeigt, was der Topmanager im Umfeld erreicht hat;

➢ einen Kasten mit einer Zusammenfassung, die den zeitlichen Aufstieg der Führungskarriere zeigt;

➢ die „Geschichte" um den Unternehmensführer und seiner oder ihrer Unternehmung, die auf unseren Gesprächen beruht;

➢ eine Übersicht, welche die Produkt- oder Dienstleistungspalette des Unternehmens zusammen mit einer Liste seines „Heimatstandorts", seines Ticker-Symbols (soweit anwendbar) und seiner Finanzzahlen zeigt.

Jedes Kapitel kann für sich alleine stehen. Teil III enthält die Essenz der Führungsprinzipien und gemeinsamen Merkmale, die diese großen Unternehmensführer alle teilen.

Hier ist die Liste der 30 Topmanager, die in *Von den Besten lernen* dargestellt werden.

UNTERNEHMENSFÜHRER	UNTERNEHMEN
Mike Armstrong	AT&T
Gordon Bethune	Continental Airlines
Larry Bossidy	AlliedSignal
Steve Case	America Online
John Chambers	Cisco Systems
Michael Dell	Dell Computer
Bob Eaton	DaimlerChrysler
Michael Eisner	Walt Disney
Don Fisher	The Gap
Bill Gates	Microsoft
Lou Gerstner	IBM
Andy Grove	Intel
Martha Ingram	Ingram Industries
David Johnson	Campbell Soup
Herb Kelleher	Southwest Airlines
Ralph Larsen	Johnson & Johnson
Shelly Lazarus	Ogilvy & Mather

Bill Marriott	Marriott International
Lou Noto	Mobil
Paul O'Neill	Alcoa
John Pepper	Procter & Gamble
Charles Schwab	Charles Schwab
Walter Shipley	Chase Manhatten
Bill Steere	Pfizer
Alex Trotman	Ford Motor Company
Dan Tully and David Komansky	Merrill Lynch
Charles Wang	Computer Associates
Sandy Weill	Citigroup
Jack Welch	General Electric
Al Zeien	Gillette

Abb. 8: Die 30 für die Profile ausgewählten Unternehmensführer

Mike Armstrong
(AT&T)

„Sie müssen die Nerven haben, um Entscheidungen zu treffen".

C. Michael Armstrong verschwand auf 90 Tage, sobald er im Oktober 1997 zum neuen Chairman und CEO von AT&T ernannt worden war. Er kam zwar jeden Tag zur Arbeit, aber niemand außerhalb des Unternehmens – mit Ausnahme einiger Schlüsselkunden – sah ihn. Es gab keine Pressekonferenzen. Keine Reden. Keine Treffen mit Wertpapier-Analysten.

„Ich habe das Top-Management für drei Monate in einen Konferenzraum eingeschlossen", erklärt Armstrong. „Das ist eine lange Zeit. Aber während dieser Zeit haben wir etwas Außerordentliches getan. Wir schmiedeten eine völlig neue Strategie für AT&T".

Ironischerweise beflügelte Armstrongs mangelnde Sichtbarkeit eine frenetische Presseaktivität. Es sah so aus, als hätte jeder eine Meinung darüber, was Armstrong mit AT&T tun wollte – oder sollte. Aber selbst die kühnsten Spekulanten wurden überrascht. Letztendlich entschieden Armstrong und sein Team, die Firma auf den Kopf zu stellen.

Karriere
Oktober 1997 – Heute: Chairman und CEO, AT&T Corporation
1993 – 1997 Chairman und CEO, Hughes Electronics
1992 – 1993 Chairman, President und CEO, IBM Europa/Naher Osten
1984 – 1987 Gruppen-Chef Kommunikation, IBM
1978 – 1983 President, Datenverarbeitungs-Division, IBM
1961 – 1976 verschiedene Linien- und Stabspositionen weltweit, IBM

Ausbildung
B.S. Miami Universität von Ohio, 1961
Advance Management Curriculum, Dartmouth Institute, 1976

Familie
Verheiratet mit Anne, Kinder: Linda, Julie, Kristy

Geboren in Detroit, Michigan, am 18. Oktober 1938

Armstrong, der Hughes Electronics geführt hatte (die den Fernsehsatelliten-Betreiber DirecTV gründeten) und vor kurzem noch Gruppenchef der IBM-Kommunikation war, verstand etwas von der Telekommunikation. Und er hatte nahezu drei Jahrzehnte bei

IBM gearbeitet, während der Umstrukturierung des Unternehmensgeschäfts in Europa. Er wusste, was notwendig war, um ein Geschäft umzudrehen. Deshalb war er nicht unerfahren in dem, was getan werden musste.

Nach Ablauf dieser 90 Tage begann AT&T mit einem Weg, der zu nichts Geringerem führen würde, als das Unternehmen wieder zu einem der großen in der Welt zu machen. Die Investoren reagierten enthusiastisch. Der Börsenkurs des Unternehmens, am 21. Oktober 1997 (dem Tag vor der Ernennung Armstrongs zum Chairman und CEO) bei 34 US-$ gelegen, stand in weniger als einem Jahr bei 61 US-$ und ein halbes Jahr später (am 7. Mai 1999) betrug der Marktwertzuwachs 92 Mrd. US-$.

> *„Ich erwarte nicht, dass jemand perfekt ist. Das liegt nicht in der menschlichen Natur. Was ich erwarte ist, dass Sie Risiken auf sich nehmen, Fehler korrigieren und von beidem lernen. Und wenn Sie das nicht machen, gemessen am Markterfolg, dann werden wir eine Änderung vornehmen. Das ist nichts Persönliches. Und das werde ich tun, selbst wenn Sie mein bester Freund sind. Wir müssen dieses Unternehmen bis zu seinem vollen Potenzial ausschöpfen".*

Wir geben zu, dass wir überrascht waren. Als Vorbereitung zum Interview schickten wir jedem Top-Manager eine Liste mit Fragen. Wir wollten ihnen eine Vorstellung von der Art der Themen geben, die wir mit ihnen zu diskutierten hofften. (Siehe Anhang 3).

Einige der Unternehmensführer blickten nur kurz auf die Fragen, weil sie eine spontane Unterhaltung vorzogen. Andere machten wortreiche Randbemerkungen auf die Unterlagen, die wir ihnen gefaxt hatten, und bezogen sich während unserer Unterhaltung laufend darauf. Und einige andere gingen bei der Vorbereitung so weit, dass sie Charts hervorholten und besondere Teile von Reden, die sie gehalten hatten.

Trotzdem waren wir nicht ganz auf Mike Armstrong gefasst. „Ich habe mir einmal Ihre Fragen als Gesamtheit angesehen", begann er. „Es sieht danach aus, als wollten Sie wirklich wissen, wie es dazu kam, dass ich eine Organisation wie diese führe, richtig?" Als wir zustimmten, zog uns Armstrong in eine der bündigsten und klarsten Diskussionen über Unternehmensführung, die wir je geführt hatten.

Die Führungsprinzipien von Mike Armstrong

„Aus meiner Sicht gibt es fünf Quellbereiche. Über den ersten wurde bereits ausführlich geschrieben, aber er ist auch völlig klar: Sie müssen eine eindeutig erkennbare Idee haben. Einige nennen es ‚Vision‘. Andere nennen es ‚Strategie‘. Ich bin mir nicht sicher, ob es darauf ankommt, die richtige Form dafür zu finden. Aber es muss etwas sein, das realistisch ist, Substanz hat und das die Leute abkaufen, an das sie glauben können".

Bevor Armstrong kam, war die Strategie von AT&T hauptsächlich darauf abgestellt, das Ferngesprächsgeschäft des Unternehmens zu schützen, das Kapital zu erhalten und den Cash-Flow zu optimieren.

„Ich sah mir das an und dachte nicht, dass die Unternehmensstrategie tragfähig und haltbar war", erinnert sich Armstrong. „Meine grundsätzliche Idee für AT&T war, in die netzorientierte Breitbandkommunikation zu gehen. Wir wären dann nicht nur im Inlandsmarkt, sondern weltweit tätig. Wir würden nicht nur schmalbandige Ferngesprächsdienste verkaufen, sondern über drahtloses Breitband, Internet und Kabel nahtlos arbeiten. Statt als Telefonunternehmen für Ferngespräche von Punkt zu Punkt zu operieren, wären wir eine ‚Jede-Entfernung-Gesellschaft‘ für Kunden, die von wo auch immer jeden gewünschten Ort erreichen könnten. Wir würden Menschen und PBXs verbinden; zu unserem Local Area Network, unserem externen Netzwerk, Internet-Netzwerk und Ihrem persönlichen Netzwerk. Wo auch immer Sie in der Welt sein würden, jeder Dienst, jede Entfernung sollte über AT&T erreichbar sein". Kurz gefasst konnte diese Vision auf einen Punkt gebracht werden: AT&T würde der einzige Kommunikationsdienstleister sein, den ein Kunde jemals benötigen würde.

Für Armstrong konnte der Weg, das Unternehmen in dieser Art zu positionieren, kaum klarer sein. „Hier befanden wir uns in einer hervorragenden Wachstumsindustrie – Telekommunikation – , die sagenhafteste Wachstumsindustrie auf Jahrzehnte hin, und AT&T, das größte Unternehmen in dieser Branche, wuchs nicht. Es verteidigte ein Geschäft, das – auf einer Stand-Alone-Basis – bei der gegebenen Technologie und Deregulierung noch nicht einmal lebensfähig war. Wir mussten in die Offensive gehen".

Und wenig später als ein Jahr hatte das Unternehmen mehr als 100 Mrd. US-$ ausgegeben, um genau das zu tun. Es investierte 12 Mrd. US-$ für Teleport Communications, 5 Mrd. US-$ für das Global Network von IBM, 5,5 Mrd. US-$ in ein 11-Mrd.-Joint-Venture mit British Telecom und 48 Mrd. US-$ für TCI, die zweitgrößte Kabelgesellschaft der Vereinigten Staaten. Zusätzlich war AT&T bereit, die MediaOne-Gruppe für 54 Mrd. US-$ zu kaufen.

Das waren riesige Entscheidungen. Das bestätigt Armstrong, aber er fügt hinzu, dass Entscheidungen in dieser Größenordnung ein Schlüsselelement der CEO-Tätigkeit bilden.

„Schließlich müssen Sie die Nerven haben, um eine Entscheidung zu treffen. Sie werden niemals alle Daten besitzen, die Sie benötigen. Sie werden nie in der Lage sein, alle Alternativen, drohenden Gefahren und Risiken zu erkennen, die vor Ihnen liegen. Sie nehmen die richtigen Informationen und verknüpfen Sie mit den richtigen Instinkten, um sich zu dieser Entscheidung zu befähigen. Dann heizen Sie Ihre Organisation auf, um diese Entscheidung am Markt umzusetzen.

Ich würde sagen, dass 90 Prozent das, was wir aufgrund unseres ersten Strategie-Meetings beschlossen hatten, akzeptierten. Die anderen 10 Prozent waren Leute, die mit diesem neuen Schritttempo nicht umgehen konnten. Sie waren es gewohnt, Monate um Monate mit Analysen, Rechenaufgaben und Nachprüfungen zu verbringen. Auf eine bestimmte Art war dieses schnelle Vorgehen ein Risiko, aber ich fühlte deutlich, dass AT&T nur mit dieser Strategie sein Potenzial ausspielen konnte".

Armstrong meint offensichtlich, dass eine übergreifende Strategie, an die die Menschen glauben können, entscheidend ist.

Vorwärtsbewegung

„Das Zweite, was Sie brauchen, ist Mut zum Wettbewerb. Es gibt keine Strategie oder eindeutige Idee, die die Wettbewerbsfeindlichkeit eines Unternehmens überwinden kann.

Als ich hierher kam, machten die SG&A (die Verkaufs-, Allgemein- und Verwaltungskosten) 29,6 Prozent des Umsatzes aus. Der Branchendurchschnitt lag bei 22 Prozent. Und damit habe ich ein Zeichen gegeben: ‚Wir werden auf 22 Prozent in 24 Monaten runtergehen und innerhalb von zwei Jahren 18.000 Mitarbeiter entlassen‘“.

Das Unternehmen erreichte diese ehrgeizige Ziel in gerade mal zwölf Monaten. Durch Reorganisation, Verschlankung und eine Reduzierung der Mitarbeiterzahl um 20.000 holte das Unternehmen bei den Allgemeinkosten und Ausgaben über 1,6 Mrd. US-$ in einem Jahr heraus.

Diese Formen von dramatischen Bewegungen, sagt Armstrong, seien zwingend. „Nur sehr wenige wettbewerbsintensive Geschäfte haben einen tragfähigen Erfolg, wenn sie keine Niedrigkosten-Erzeuger sind. Dieses Unternehmen hat keine Ausrede dafür, kein Niedrigkosten-Erzeuger zu sein und Kosten als einen Vorteil auf seinem Markt zu nutzen. Natürlich muss dies eine fortwährende Priorität sein. Sie können nicht mal eben bei den Kosten wettbewerbsfähig werden und sich dann anderen Dingen widmen. Sie müssen jedes Jahr darauf achten“. Das gegenwärtige SG&A-Ziel? 21 Prozent des Verkaufsumsatzes.

„Die dritte fundamentale Sache, die Sie haben müssen, ist Verständnis, Respekt und Vertrauen in Ihr Management-Team. Sie können nicht fortwährend eine Kultur und das gesamte Management-Team ändern. Während meiner Treffen mit dem Board (1997, ehe Armstrong angeworben wurde), stellte ich klar, dass ich die Stelle nicht eher annehmen würde, bis ich verstanden hätte, wer die Führungskräfte waren und ob wir, nach meinem Urteil, gegenseitigen Respekt und Vertrauen haben könnten, um als Team voranzukommen. Es ist wie im Sport. Es gibt eine Menge hervorragender Einzelsportler da draußen, aber nur das Team, das am besten zusammenspielt, gewinnt den Super Bowl. So ist es auch im Geschäftsleben.

Das hier ist ein 60-Milliarden-Dollar-Geschäft. Auf keinen Fall kann dieses Büro alles durchführen. Sie müssen Zuversicht und Vertrauen in Ihr Team haben. Von unseren 16 höchsten Führungskräften haben acht eine neue Stelle und vier kamen neu in das Unternehmen. Aber das bedeutet, dass etwa die Hälfte zu dem damaligen Team gehörte, als ich eintrat".

Hohen Anteil daran, diese Führungskräfte für seine „Idee" zu engagieren, hat die Art und Weise, wie Armstrong seine Tätigkeit ausübt. „Sie müssen durch Beispiel führen", sagt er. „Es gibt CEOs, die verlieben sich in ihr Büro. Sie müssen raus in die Märkte gehen. Sie müssen Ihre Kunden treffen. Sie müssen Ihre Wettbewerber verstehen. Sie müssen sehr viele Male die selbe Rede halten. Sie müssen mit Disziplin an das Mögliche gehen. Ich schreibe jeden Monat einen Beitrag für die Unternehmenszeitung. Ich mache Videobänder und Unternehmensradio. Kommunizieren, kommunzieren, kommunizieren! Sie dürfen kein entferntes Götzenbild bleiben. Sie müssen greifbar, fühlbar, hörbar und glaubhaft sein.

Und Sie müssen für das einstehen, was Sie vertreten. Wenn das Unternehmen unter Feuer gerät – sei es von Washington, vom Wettbewerb oder von Branchenanalysten her –, dann müssen Sie draußen sein, um den Angriff von woher auch immer aufzuhalten und durch Beispiel zu führen.

Unternehmen (Börsenkurzzeichen): AT&T Corporation (T)
Standort: New York, New York
Topmanager: C. Michael Armstrong

AT&T auf einen Blick: Mit mehr als 80 Millionen Kunden und 119.000 Mitarbeitern ist AT&T die größte Kommunikationsgesellschaft der Vereinigten Staaten. Das Unternehmen hat sein Kommunikationsgeschäft ausgeweitet, um drahtlose Telefonie (inklusive Zellen-, Messaging- und Luft-Boden-Dienste), Internet-Zugang (AT&T WorldNet) sowie lokale und internationale Telefondienste anzubieten. AT&T erwarb die zweitgrößte Kabelgesellschaft des Landes, die Tele-Communications, Inc. (TCI), die es dem Unternehmen ermöglichen wird, Ortsgespräche über Kabelanschluss anzubieten, seinen Internet-Zugang zu verstärken, Kabelfernsehen in sein Angebot aufzunehmen und AT&T über die Liberty Media-Gruppe von TCI ins Unterhaltungsgeschäft zu bringen.

Um seinen Einstieg in die lokalen Breitband-Dienste und in Kabelfernsehen zu fördern, stimmte AT&T zu, in Partnerschaft mit Time Warner Cable und Comcast die MediaOne-Gruppe zu kaufen.

Finanzergebnisse 1998:
➢ Umsatz: 53,2 Mrd. US-$
➢ Netto-Ertrag: 5,1 Mrd. US-$

Gesamter aufs Jahr bezogener Aktionärsertrag:
➢ 1 Jahr: 26 %
➢ 5 Jahre: 20 %

Das Vierte, was Sie tun müssen, bezieht die Entscheidungsfindung mit ein. Große Unternehmen institutionalisieren manchmal ihre Entscheidungsfindung. Geschäfte sind keine demokratischen Institutionen. Einige mögen sich aufgrund ihres momentanen Erfolgs für eine Führung durch Konsensentscheidungen entschlossen haben. Aber es gibt nur ganz wenige, die sich diesen Luxus erlauben können. Besser führen Sie mit Intelligenz, Instinkt, Urteil und fällen Entscheidungen, wenn dabei auch ein Risiko ist, oder Sie werden auf Ihren Märkten keine Führung übernehmen.

Das war hier eines der Probleme. Es lief wie ein Hürdenrennen. Jeder Manager auf jedem Hierarchie-Level konnte die Umsetzung jeder guten Idee auf alle Zeit verhindern. Das mussten wir durchstoßen und Entscheidungen treffen".

Wie macht das Armstrong?

„Jeden Montag treffen sich die Top-Führungskräfte des Unternehmens – acht bis zehn Leute – für einen ganzen Tag. Und wir ziehen, schleifen und inspizieren dieses Unternehmen, um sicher zu gehen, dass wir auf den Markt und Wettbewerb reagieren. Das ist keine ‚befohlene Veranstaltung'. Sie müssen nicht teilnehmen,

wenn das Thema, das wir an diesem Tag diskutieren werden, nicht
für Ihren Bereich von Bedeutung ist. Aber es ist eine Pflichtveran-
staltung, wenn das doch der Fall ist. Und wenn Sie das Meeting
versäumen, dann treffen wir eben die Entscheidung ohne Sie.

Das Letzte, was Sie meiner Ansicht nach unbedingt tun müssen, ist die Verpflichtung auf Werte beim Erzeugen von personaler
und organisatorischer Energie. Sie müssen sowohl Anreize als
auch Chancen schaffen. Wir alle opfern der Arbeit so viel Zeit,
dass sie genauso Freude und Belohnung für die Menschen sein
soll. Sie sollen öfter lächeln als die Stirn zu runzeln. Sie sollen
sich bestätigt und in ihrer Arbeit wohl fühlen. Sie müssen fühlen,
dass der beste Tag in ihrer Woche der Montag ist. Wenn Sie dieses
Umfeld schaffen können, dann arbeiten die Leute bis zum Umfal-
len. Und wenn Sie eine Organisation mit Leuten haben, die das
tun, dann werden Sie gewinnen. Das sind die fünf Dinge, die aus
meiner Sicht die Unternehmensführung ausmachen".

Es ist klar, dass Armstrong glaubt, wenn er diese Prinzipien
genau befolgt, wird AT&T seine Vision und seinen Erfolgs-
wunsch erfüllen.

„Ob Sie mit Kabel verbunden sein möchten oder drahtlos, wir
werden für Sie da sein, indem wir Ihnen jede von Ihnen benötigte
Kommunikation bieten, wo immer Sie sein mögen. Dieser Art
wird unser Unternehmen sein. Und das ist eine lange Wegstrecke
von einem heimischen Punkt-zu-Punkt-Anbieter für Ferngespräche. Die Technologie für diese Umsetzung ist bereits vorhanden.
Und meine Aufgabe ist es, dieses Unternehmen bei diesen Tech-
nologien an der Spitze zu halten".

Jenseits der Führung und Durchsetzung, die für die Realisie-
rung dieser Vision nötig ist, hat das Unternehmen noch einen großen Vorteil – sein Markenzeichen.

„Es ist unser Glück, dass das AT&T-Markenzeichen bereits
mehr darstellt als wir sind. Wenn Sie in das Gebiet von RBOCs
(regional operierende Bell-Gesellschaften wie Bell Atlantic oder
SBC Communications) gehen und fragen: ‚Wer stellt die lokalen
Dienste zur Verfügung?‘, dann sagen 23 Prozent der Leute AT&T.
Und wir sind noch nicht einmal im lokalen Geschäft. Wenn Sie
fragen: ‚Wer liefert Ihr Kabelfernsehen?‘, dann werden 14 Prozent
sagen AT&T. Auch in diesem Geschäft sind wir bis jetzt nicht

tätig. AT&T gilt als vertrauenswürdigste Marke, nicht nur in Amerika, sondern in der ganzen Welt. Um das Potenzial dieser Marke auszuschöpfen, muss unsere Strategie durchgeführt werden. Glücklicherweise ist die Marke uns weit im Markt voraus. Das ist wirklich ein Vorteil und ein Aktivposten".

Noch einmal, Menschen – gleich ob Kunden, Mitarbeiter, Lieferanten, strategische Partner oder die Investoren – glauben an das, wofür AT&T heute steht. Das mag, mehr als alles andere, Armstrongs bleibendes Vermächtnis sein.

Gordon Bethune
(Continental Airlines)

So sollten Sie eine Fluggesellschaft führen.

Wenn Sie nicht selbst in ihren schlechten alten Tagen – in den 80er und frühen 90er Jahren – mit Continental geflogen sind, dann können Sie sich kaum vorstellen, wie miserabel diese Fluggesellschaft war. Die Flugzeuge starteten dauernd zu spät. Genauso schwankten Ankunftszeiten, waren nur vage Schätzungen, die nichts mit der Wirklichkeit zu tun hatten. Und keiner, der jemals mit dieser Fluglinie geflogen war, gab sein Gepäck beim Check-in ab, wenn es auch möglich war, das zu tun. Der Grund dafür ist einfach. Es gab keine Veranlassung zu erwarten, dass Ihr Gepäck zur selben Zeit in der selben Stadt wie Sie ankam.

Die Fluggesellschaft war zweimal bankrott gegangen und war dabei, auch ein drittes Mal – und wahrscheinlich letztmalig – abzustürzen, als Gordon M. Bethune am Valentinstag 1994 zum Präsidenten und COO, im November 1994 zum CEO und im September 1996 zum Chairman ernannt wurde.

Als High-School-Abbrecher, der später sein G.E.D. (General Equivalency Diploma), High-School-Diplom, seinen College-Abschluss und eine Urkunde von der Harvard Business School Advanced Management Program für

Karriere
1996 – Heute: Chairman, Continental Airlines, Inc.
1994 – Heute: CEO
1994 – President und COO
1988 – 1994 Vice President und General Manager, Boeing Commercial Airplane, Group's Renton Division, Vice-President und General Manager der Kundendienst-Division
1984 –1988 Piedmont Airlines, Senior Vice President, Flugbetrieb
1983 Western Airlines, Vice President, Wartung und Technik
1979 – 1982 Braniff Airways, Vice President, Wartung und Technik
1968 – 1978 Marine der Vereinigten Staaten, Flugzeugwartungs-Offizier

Ausbildung
Advanced Management Program, Harvard Business School; 1992 Bachelor of Science, Abilene Christian University

Familie
Verheiratet mit Tommie Richardson; drei Kinder: Xavier, Michael und Grady

Geboren in San Antonio, Texas, am 29. August 1941

leitende Angestellte erwarb, erkennt Bethune jetzt im Rückblick, dass er keine Vorstellung davon hatte, wie schlimm die Probleme waren.

Wenn er es gewusst hätte, bekennt er, ist er sich nicht sicher, ob er jemals Boeing verlassen hätte, um die Fluglinie wieder auf die Beine zu stellen. Wie schlimm war es?

Continental besaß fast kein Bargeld mehr, die Mitarbeiter hatten das Vertreauen zum Management verloren, und die Fluggesellschaft rangierte als letzte bei allen Kategorien, die für Fluggäste wichtig waren: pünktliche Ankünfte und Starts, verlässliche Gepäckabwicklung, gutes Essen zu den Mahlzeiten.

Bethune, der ein eigenes Buch darüber geschrieben hat (*From Worst to First*), wurde auch in einem kleinen, leider nicht beachteten Buch mit dem Titel *Comeback* (von Martin Puris) beschrieben. Wir können uns keinen besseren Unternehmensführer vorstellen, der in einem Werk mit diesem Titel enthalten ist.

Der Plan zur Unternehmensrettung

> *„Sie müssen das Pferd nicht schlagen, damit es schneller läuft. Manchmal wird es sogar schneller, wenn Sie mit dem Peitschen aufhören. Wir unterließen das Peitschen und die Dinge verbesserten sich".*

Nachdem er entschieden hatte, dass es Continental wert war, wegen seiner starken Privilegien im Markt gerettet zu werden, so erklärt Bethune, erhob sich die Frage nach dem Wie. Während einer Reihe von Essen (für die er die Bezeichnung „unsere letzten Abendmahle" eingeführt hatte), skizzierten Bethune und Greg Brenneman (zunächst ein Consultant bei Bain & Company und jetzt President und Chief Operating Officer von Continental) eine Wende-Strategie.

Im Rückblick erscheint ihr Plan ganz einfach dem gesunden Menschenverstand zu entsprechen. Aber dabei müssen zwei Dinge berücksichtigt werden. Erstens: Das Unternehmen steckte mitten in einer Krise. (In einem ihrer dunkelsten Augenblicke hatte die Unternehmung gerade noch für sechs Wochen Geld, um die Löhne und Gehälter zu zahlen). Und der zweite Punkt: So gradlinig der Plan auch erschien, niemand hatte je so etwas aufgestellt, noch ausgeführt. (Die Fluglinie hatte in zehn Jahren zehn Presidents verschlissen).

„Der erste Schritt bestand darin, exakt darzustellen, was wir tun wollten", sagt Bethune. „Wir mussten eine ganz einfache klare Strategie entwickeln, die jeder verstehen würde, und von der wir, nach ihrer Implementierung, nicht abweichen durften".

Leichter gesagt als getan. Wenn Sie mitten in einer Notfallsituation stecken – und die Rettung einer Fluggesellschaft, die knapp bei Kasse ist, berechtigt zu dieser Bezeichnung – , dann gibt es eine natürliche Tendenz, nach jedem Strohhalm zu greifen, nach allem, was Geld bringt, um ein oder zwei Wochen länger liquide zu bleiben. Bethune erkannte diese Versuchung und wehrte sie ab. Das Unternehmen sollte sich einzig und allein auf vier Dinge konzentrieren, die zusammen als der „Vorwärtsplan" bekannt wurde.

➤ *Wieder profitabel werden.* Ein Teil davon war die Kostenreduzierung. CALite, der Billigflieger des Unternehmens, wurde eliminiert, und defizitäre Flüge wurden vom Flugplan gestrichen. Aber das war nur die Hälfte des Schlachtplans. Continental sollte auch auf seine Stärken setzen, vor allem seine Flugzentren in Cleveland, Houston und Newark.

➤ *Einen positiven Cash-Flow erreichen.* Darlehen wurden umgeschuldet und der Betrieb verschlankt. Das Unternehmen reduzierte z.B. die Zahl der Flugzeugtypen von 13 auf sechs mit Tendenz zu vier, um Wartung und Kauf zu vereinfachen sowie die Liquidität zu erhöhen.

➤ *Ergebnisse zeigen.* Pünktliche Starts und Landungen sollten erhöht, Fälle von verlorenem Gepäck geringer und die Qualität des Essens besser werden.

➤ *Eine neue Unternehmenskultur schaffen.* Eine, mit der jeder Einzelne im Unternehmen gewann – oder verlor. Meinte Bethune: „Wir werden alle gewinnen, oder keiner".

Nach Implementierung dieser Strategie ging Bethune daran, diese den Mitarbeitern aller Ebenen zu verkaufen. Vom mittleren Management abwärts „schluckten" alle dieses Rezept. Obwohl viele Passagiere, die unter der Continental der 80er und frühen 90er Jahre leiden mussten, dies nicht wissen, kann die Fluglinie doch eine reichhaltige Geschichte von beispielhaften Leistungen vorweisen. Diese Leistungen datieren zurück auf die Tage, als Robert F. Six, ein ehemaliger Kunstflieger, die Fluggesellschaft gegründet hatte. Langjährige Mitarbeiter, die sich an Six erinnerten, wünschten sich, dass Bethune die Gesellschaft wieder in die Gewinnzone, wenn nicht sogar zum Ruhm zurückführte, und Angestellte mit weniger Erfahrung wollten ihre Stellen sichern.

„An den Menschen, die bei uns arbeiteten, war nichts falsch", sagt Bethune. „Es war ein funktionsgestörtes Unternehmen, aber das hatte mehr mit der Kultur zu tun als mit irgendetwas anderem. Das frühere Management hatte die Mitarbeiter schlecht behandelt. Im Ergebnis benahmen sie sich wie missbrauchte Kinder, aber sie waren eine gute Truppe".

Doch während die Mitarbeiter sich schnell um Bethune und Brenneman zusammenscharten, war das bei den leitenden Angestellten eine andere Sache. Sowohl aus internen wie auch aus externen Gründen standen große Änderungen bevor.

Niemand gibt gerne Fehler zu, und eine Veränderung der Geschäftsabläufe bei Continental wäre einem Eingeständnis der alten Manager gleichgekommen, diese Probleme in erster Linie verursacht zu haben. Da sie sich dagegen sträubten, ihre Fehler einzugestehen, mussten sie notwendigerweise neue Initiativen bekämpfen. Wären diese Manager geblieben, hätte dies interne Probleme ausgelöst. Und ihr Bleiben hätte auch außerhalb des Unternehmens zu Problemen geführt. Da logischerweise zu erkennen war, dass insbesondere die alten Manager Continental in Schwierigkeiten gebracht hatten, warum sollten dann Kunden oder Investoren glauben, dass dies die richtigen Leute seien, um Continental aus seinem Schlamassel herauszubringen?

Notwendig waren umfassende Änderungen. „Die notleidendsten Patienten brauchen die besten Ärzte. Ich holte deshalb ein Team der besten Führungskräfte, um mir bei der Ordnung dieser Sache zu helfen", sagt Bethune. „In der Zeitspanne von einigen

Monaten ersetzten wir 50 unserer 61 leitenden Angestellten durch etwa 20 Personen. Da wir so viele Leute ersetzten, mussten die neu eingestellten Manager die absolut Besten auf ihrem Gebiet sein".

Bethune sagt, dass zwei positive Ergebnisse direkt aus diesen Änderungen resultierten. „Wir konnten die Bürokratie und die Kosten beschneiden, aber auch wichtige Sachen, wie die richtige Kultur, zurückbringen. Jedes Unternehmen besitzt eine Kultur. Und die Leute, die diese hier entwickelt hatten, kamen aus einer Kultur mit dem Fokus auf Parteilichkeit. Ich gewinne. Du verlierst. Die meisten dieser Leute waren nicht fähig, als Teammitglieder zu arbeiten. Wir mussten Änderungen vornehmen".

Diese Änderungen erstreckten sich durch die gesamte Organisation vom höchsten Supervisor bis runter zum Gepäckabfertiger. Bethune war bemüht, alle Spuren der schlechten alten Continental zu beseitigen.

Und dann kam der harte Teil

Aber die richtigen Leute an Bord zu haben, hilft Ihnen nicht viel, wenn Sie keine Kunden haben, und Continental hatte diese in Scharen verloren. Vielflieger hatten die Fluggesellschaft wegen ihrer schlechten Leistungen in der Vergangenheit gemieden. Damit zu werben, dass Bethune eine „neue und verbesserte" Continental erschaffen wollte, würde keine Kunden zurückbringen. Nutzer – insbesondere die von Continental – würden bei dem Ausmaß ihrer Enttäuschung einem solchen Ansatz nicht folgen.

Das erste, was Bethune und sein Team machten, war eine Anrufaktion bei Vielfliegern und früheren Vielfliegern, um sich dafür zu entschuldigen, wie Continental sie in der Vergangenheit behandelt hatte. Jedoch nutzten die neuen Manager diese Telefonate auch, um noch etwas anderes zu tun. Sie fragten jene Vielflieger, was sie sich von einer Fluglinie wünschten – und wofür sie gerne zahlen würden.

Beide Bestandteile der Frage sind wichtig. Wenn Sie jemanden fragen, was er sich von einem Dienstleister wünscht, dann werden Sie eine nicht endenwollende Liste bekommen. Wenn Sie jedoch

Kunden fragen, für welche Dinge auf ihrer „Wunschliste" sie zu zahlen bereit sind, dann wird die Liste schnell kürzer.

Bei einem Blick auf das, was die Kunden bezahlen wollten, erkannte man, was für schlechte Arbeit Continental geleistet hatte. Die Kunden sagten, dass sie Terminals und Flugzeuge wünschten, die sicher waren, pünktliche Flüge, verlässliche Gepäckabfertigung und genießbare Mahlzeiten zu normalen Essenszeiten. Mit Ausnahme der Sicherheit, bei der Continental immer schon gute Ergebnisse vorweisen konnte, stand die Fluglinie miserabel da.

Also gingen Bethune und sein Team bei Continental auf die Basisdinge zurück. Und es passierte etwas Erstaunliches. Mit Mitarbeitern, die zusammenarbeiteten, statt sich zu bekriegen, und mit einem Management, das dem Gewinn und nicht der Kosteneinsparung verpflichtet war, verbesserte sich der Service. Und zwar dramatisch.

Bei der Kundenzufriedenheit stieg Continental von der am schlechtesten eingestuften großen Fluggesellschaft auf Rang eins. In einem Jahr. Und seine Einstufung blieb permanent hoch.

„Das einzige, was mich überrascht hat, war die Veränderungsrate", sagt Bethune. „Ich wusste so ungefähr, dass wir richtig lagen, wenn wir ein gutes Produkt und Menschen hätten, die gerne hier arbeiteten. Was mich erstaunte, war der dramatische Wechsel im Verhalten unserer Mitarbeiter, und wie schnell wir herausragend wurden. Ich dachte, dass wir eine Reihe von Jahren brauchten, um diesen Laden umzukrempeln. Aber wenn Sie Leute haben, die sich nach Anerkennung und Wertschätzung sehnen, und sie mithelfen lassen, einen Plan für das, was Sie tun wollen, zu entwickeln, dann kann das Ergebnis so dramatisch sein".

Das, fügt Bethune sofort hinzu, stimmt mit dem überein, was er in seinen vorherigen Tätigkeiten gesehen hat.

„Ich habe für einige gute Unternehmen wie Piedmont und Boeing gearbeitet. Und ich habe für Unternehmen wie Braniff gearbeitet, die zu weit gegangen sind. Überall habe ich Misserfolge gesehen, die zu 100 Prozent dem menschlichen Faktor zuzuschreiben waren. Das größte Einzelkriterium für Erfolg als Unternehmensführer besteht darin, Ihre Untergebenen anzuerkennen und offen zu loben. Sie werden für Sie durchs Feuer gehen, wenn Sie das tun. Aber wenn Sie sie nur wie Ziffern behandeln, dann wer-

den sie Ihnen auf hundert verschiedene Arten zeigen, warum Sie
das nicht tun sollten."

Unternehmen (Börsenkurzform): Continental Airlines Inc.
  (CAL)
Standort: Houston, Texas
Top-Manager: Gordon F. Bethune

Continental auf einen Blick: Continental Airlines ist die
fünftgrößte Fluggesellschaft der Vereinigten Staaten, mit
mehr als 2.200 täglichen Flügen zu 127 inländischen und 79
ausländischen Städten. Mit ihren Flugzentren in Newark,
Houston und Cleveland bedient Continental
(http://www.continental.com) ein breites Netz in Nord- und
Südamerika, Europa und Asien. Kürzlich startete Continental eine strategische globale Allianz mit Northwest Airlines.
Continental liegt in der oberen Hälfte von *Fortune's* „Die 100
besten Arbeitgeber in America" und erhielt erste oder zweite
Plätze im *Frequent Flyer* Magazin sowie J. D. Power-Preise
in vier aufeinanderfolgenden Jahren. Continental hat zahlreiche Preise für seine BusinessFirst-Klasse erhalten (von
den Magazinen *Condé Nast Traveler, OAG Official Airline
Guides, Entrepreneur* und *Smart Money*), für sein OnePass-
Vielfliegerprogramm (*Inside Flyer's* Freddie-Preis) sowie für
seinen Gesamtbetrieb und sein Management (*Air Transport
World's* Fluglinie des Jahres 1997).

Finanzergebnisse 1998:
➢ Umsatz: 8 Mrd. US-$
➢ Nettoertrag: 383 Mio. US-$

Gesamter aufs Jahr bezogener Aktionärsertrag:
➢ 1 Jahr: - 30 %
➢ 5 Jahre: 27 %

„Implementierung ist ein wichtigerer Faktor, um Erfolg zu haben
als es die meisten Strategien sind. Ich sage nicht, dass Sie nicht
wissen sollten, welches der richtige Hügel ist, den Sie einnehmen
sollten. Aber zu wissen, welchen Hügel Sie nehmen müssen, ist

nur ein Teil der Schlacht. Sie müssen Ihre Leute dazu bekommen, dass sie den Hügel einnehmen wollen. Und wenn Sie wissen, wie Sie das anstellen müssen, dann werden Sie erfolgreich sein. Sie finden immer jemanden, der Ihnen beim strategischen Teil hilft. Es gibt eine ganze Menge Business-School-Absolventen, die etwas von Mathematik, Planung und strategischem Benchmarking verstehen. Aber Sie sollten fähig sein, zu den Leuten offen zu reden und sie dazu zu bewegen, Ihnen zu helfen".

Die Ergebnisse dieses Handelns sind beeindruckend gewesen.

Larry Bossidy
(AlliedSignal)

„Es gab einmal eine Zeit, da dachte ich, Intelligenz wäre alles".

Die Beispiele von Leuten, die als hoch angesehene Nummer Zwei von einem größeren Unternehmen weggingen und die Spitzenposition in einer ums Überleben kämpfenden Firma übernommen haben, sind viel zu zahlreich, um sie zu erwähnen. Oft scheitern solche Führungskräfte. Wie sie bald entdecken, ist es eine Sache, dabei mitzuwirken, ein Unternehmen – vor allem ein blühendes – auf der täglichen Arbeitsgrundlage zu führen, und eine andere, derjenige zu sein, der letztlich die Verantwortung trägt.

Dann gibt es noch Lawrence Bossidy von AlliedSignal, den Modell-Manager für alle Nummer-Zwei-Leute schlechthin.

Bossidy kam 1991 zu dem Konglomerat in New Jersey, nachdem er Jack Welch als rechte Hand bei General Electric gedient hatte.

Karriere
1992 – Heute: Chairman AlliedSignal, Inc.
1991 – CEO
1957 – 1991 bei General Electric in zahlreichen Positionen, inklusive der Führung und als Vice Chairman die folgenden überwachend: G.E. Capital, G.E. Industrie und Kraftwerke, G.E. Beleuchtung, G.E. Kunststoffe

Ausbildung
1957 B.A. in Wirtschaft, Colgate University

Familie
verheiratet mit Nancy seit 1956: Kinder: Lynn, Larry, Paul, Pam, Nancy, Mary Lane, Lucy, Michael, Kathleen

Geboren am 5. März 1935 in Pittsfield, Massachusetts

Durch eine Unzahl von durchgreifenden Initiativen krempelte Bossidy das Unternehmen um, von einem Total Quality Management-Programm bekannt als Sechs Sigma bis zur Arbeitsplatzreduzierung um 20 Prozent.

Wie fast immer bei einem Schiff mit Schlagseite der Fall, hängt das Aufrichten davon ab, dass sichergestellt ist, dass die 80 Prozent verbleibenden Mitarbeiter nicht nur auf die richtigen Ziele ausgerichtet wurden, sondern auch an die Sache glauben. An genau dieser Stelle konnte sich Bossidy, Vater von neun erwachsenen Kindern, hervortun. Ein Investment-Banker, der mit ihm zusammengearbeitet hat, sagt: „Nachdem Larry es bei AlliedSignal geschafft hat, könnte er auch Football-Coach von Notre Dame werden. Er würde genauso erfolgreich sein. Er hat diese gewisse Art von Persönlichkeit".

Diese Analogie mit dem Sport ist angemessen. Bossidy war ein Starwerfer in seinem Hochschul-Baseball-Team in Pittsfield (Massachusetts). Er war tatsächlich so gut, dass die Detroit Tigers ihm ein Handgeld von 40.000 US-$ für einen Vertrag boten. Seine Eltern, die nie die Möglichkeit für eine höhere Ausbildung gehabt hatten, bestanden darauf, dass er statt dessen aufs College ging. Bossidy kam mit einem Sportstipendium auf die Colgate University.

Jene AlliedSignal, die Bossidy übernahm, war im Kern ein Unternehmen auf drei Standbeinen mit einem Umsatz von etwa zwölf Milliarden Dollar. Diese drei Divisionen – Raumfahrt, Automobil-Zulieferung und Industriematerial – gibt es immer noch, nur etwas produktiver als früher.

Bossidy zeigte, was er von Welch gelernt hatte, indem er der Strategie von General Electric folgte, Allianzen über die ganze Welt zu schmieden. Beispielsweise war Allied in Europa schwach bei Lastwagen-Bremssystemen. Die Firma Knorr-Bremse aus Deutschland war überhaupt nicht in den Vereinigten Staaten vertreten. Die beiden bildeten eine großes – und erfolgreiches – Joint-Venture.

> „Vor zwanzig Jahren bedeutete die Nachfolge auf einem CEO-Posten eine Fahrkarte zur Omnipotenz. Heute stellt sie eine echte Herausforderung dar. Es wird mehr erwartet und es gibt eine direktere Verantwortlichkeit".

Larry Bossidy erzählt, dass er „enttäuschte und desillusionierte Mitarbeiter" vorgefunden habe, als er 1991 zu AlliedSignal geholt wurde. „Es waren keine schlechten Arbeitskräfte, aber solche, die wenig Grund hatten, erfolgreich zu sein", erklärt er. „Am Bestand hatte sich nichts geändert, und es gab zwei Akquisitionen in den vergangenen fünf oder sechs Jahren (Bendix und Signal), die nicht im Entferntesten so gut integriert worden waren, wie es möglich gewesen wäre".

Dann gab es das Thema „verschiedene Kulturen", verursacht von den zahlreichen Divisions des Unternehmens, was Bossidy von den Leuten als Problem geschildert wurde.

„Aus meiner Sicht war das aber kein Problem. Es war wunderbar. Sie möchten so viele Kulturen in einem Unternehmen wie möglich haben, denn dadurch bekommen Sie mehrere Gesichtspunkte. Wir werden niemals dieselbe Kultur bei unseren Raumfahrt-Leuten haben wie bei unseren Material-Leuten. Sie verkehren in verschiedenen Kreisen. Sie haben verschiedene Ausbildungen, und ich meine, das ist prima".

Allerdings brauchte AlliedSignal etwas, um diese verschiedenen Kulturen und Menschen zu vereinen. Als Startbasis kreierte Bossidy eine visionäre Aussage, die lautete: „Wir wollen eine erstklassige Unternehmung werden, deutlich unterscheidbar und erfolgreich in allem, was wir tun." „Wir versuchten festzulegen, was erstklassig bedeutete, damit sich jeder damit identifizieren konnte. Für die Rechtsabteilung beispielsweise sagten wir, erstklassig bedeute präventives Recht. Ich möchte nicht die besten Rechtsanwälte der Welt hier haben. Was ich möchte, ist eine gute Ausbildung für sie, damit diese Leute mit dem Recht und mit der Unternehmenspolitik umgehen können, um nicht von vornherein in Rechtsstreitigkeiten verwickelt zu werden".

So klar auch diese visionäre Aussage war, so wusste Bossidy doch, „dass daran nichts Einzigartiges war". Das Unternehmen brauchte noch etwas Weiteres, das als vereinigende Kraft dienen konnte. Die Lösung: Six Sigma, das Qualitätsverbesserungsprogramm. Indem Bossidy dieses Programm in der ganzen Unternehmung einführte, verbesserte er nicht nur die Qualität – das Herzstück des Programms bestand darin, den Leuten beizubringen, wie sie systematisch Defekte erkennen und jene Systeme korrigieren können, die dafür ursächlich verantwortlich waren. Er schuf auch eine gemeinsame Sprache.

Damit die Bedeutung dieser Idee erkennbar wurde, begann Bossidy an der Unternehmensspitze.

„Wir nahmen einige von unseren Top-Leuten und gingen zu einer Six-Sigma-Akademie. Dann holten wir einige Leute von außen, die Six Sigma kannten und stellten sie als Ausbilder im Unternehmen an. Schließlich entwickelten wir etwas, das wir unsere „Meister mit schwarzen Gürteln" nannten. Sie dienten uns als Trainer, als wir Six Sigma in der ganzen Unternehmung verbreiteten.

Wir begannen in der Fertigung, weil wir dachten, dass wir dort einen höheren Ertrag hätten. In den letzten Jahren weiteten wir jedoch das System auf alle Funktionsbereiche aus, weil wir gelernt hatten, dass dieses System genauso gut im Marketing funktioniert wie in der Fertigung.

Wo immer Six Sigma eingeführt wurde, funktionierte es. Und es funktionierte auf einer ganzen Anzahl von Stufen. Es steigerte nicht nur die Effizienz, sondern das Unternehmen behauptete sich auch besser in Krisenzeiten.

Es veränderte die Geisteshaltung, und das ist, glaube ich, ein Positivum. Wenn wir heute ein Problem in unserem Unternehmen haben, dann wenden die Leute die Methode von Six Sigma als Lösungsweg an. Und darüber hinaus haben unsere Leute das Gefühl, Spitzenleistungen zu erbringen. Sie halten mehr von sich selbst und auch mehr von ihrem Unternehmen. Die Ergebnisse sind hervorragend, und die Anwendung des Systems erfolgt jetzt durchgängig".

Diese Allgemeingültigkeit ist für ein weit ausgedehntes Unternehmen wie AlliedSignal wichtig. Insgesamt arbeiten die 77.000 Mitarbeiter des Unternehmens in 40 Ländern und erwirtschaften einen Umsatz von 15 Mrd. US-$.

„In einem so diversifizierten Unternehmen wie dem unseren müssen Sie Wege finden, um das Unternehmen mit einer gemeinsamen Vision, gemeinsamen Zielen oder gemeinsamen Werten zu verbinden", sagt Bossidy. „Aber dann müssen Sie sicherstellen, dass Sie jede Division unabhängig voneinander arbeiten lassen, und zwar in dem Sinn, dass sie verschiedene Kunden und verschiedene Märkte zu bedienen haben".

Es ist gängige Weisheit, dass der Erfolg mit einem Konglomerat schwieriger ist als mit einem Unternehmen, das sich auf einen spezifischen Markt konzentriert. (Deshalb sind Konglomerate auch nicht mehr beliebt). Bossidy hatte dieses Argument vorher gehört – und weist es zurück.

„Ich glaube nicht, dass die Alltagsarbeit des Managements schwieriger ist, wenn Sie eine Multi-Produkt-Unternehmung haben", sagt Bossidy. „Theoretisch ist es einfacher, weil Sie mehr strategische Alternativen haben. In einem Ein-Produkt-Unternehmung haben Sie für den Fall, dass die Sache schlecht für Sie läuft, nicht sehr viele Möglichkeiten. Es gibt eine Reihe von Nachteilen mit einer Multi-Produkt-Unternehmung in dem Sinn, dass Sie immer erklären müssen, wer Sie sind und was sie machen, im Gegensatz zu einem reinen Einzelspieler. Aber ich denke, es gibt auch Vorteile, wie den Manövrierraum und die Tatsache, dass Sie sich – bis zu einem gewissen Grad – gegen die Konjunkturzyklen schützen können".

Die Aufgabe des CEO

Aber ob man ein Konglomerat führt oder eine Start-up-Gesellschaft mit einer speziellen Marktnische, die Aufgabe des Verantwortlichen bleibt immer dieselbe, meint Bossidy.

„Ich glaube, dass der CEO heute viel stärker eingreifen muss als in früheren Zeiten. Er muss weit intensiver kommunizieren im Sinne der verschiedenen Auftraggeber, denen das Unternehmen dient. Und ich denke, er muss weitaus behender sein.

Hier ein Beispiel. Unternehmen hatten normalerweise strategische Fünf-Jahres-Pläne. Heute haben die meisten sie auf drei Jahre heruntergebrochen, und das ist wahrscheinlich noch zu lang. Bei der Geschwindigkeit, mit der sich die Welt ändert, müssen Sie viel öfter nachsehen, wo Sie gerade stehen, oder der Bus fährt vorbei.

Deshalb frage ich mich immer, wie kann ich dieses Unternehmen beeinflussen? Ich beeinflusse den Mitarbeiterprozess. Ich beeinflusse die Strategie und den Betriebsablauf. Und ich versuche, meine Zeit in diese drei Dinge zu stecken. Ich meine nicht, dass der CEO, der die Arbeit seiner leitenden Mitarbeiter beaufsichtigt, nur in einem Land tätig sein kann. Ich glaube, er muss sich viel stärker engagieren, wegen der Dinge, die ich aufgezählt habe".

Und da sich die Aufgabe gewandelt hat, hat sich auch Bossidys Glaube an das verändert, was einen erfolgreichen CEO ausmacht. „Es gab einmal eine Zeit, da dachte ich, Intelligenz wäre alles. Diese Ansicht hat sich in letzter Zeit eingetrübt. Ich glaube, dass Intelligenz wichtig ist, aber heute betrachte ich auch eine Menge von Nebenpunkten. Ich suche Menschen, die Teams aufbauen können, gute Kommunikatoren, mutige Leute, die nicht mit einer Idee steckenbleiben. Sie brauchen Menschen, die flinker sind, die fähig sind, Organisationen in sich ändernden Zeiten leicht und ohne Panik zu führen. Das bedeutet nicht, dass Sie Ihre Prinzipien opfern müssen, aber es bedeutet ganz sicher, dass Sie einen zweiten Blick auf Themen und Ideen werfen. Sie können in einem Jahr eine ganz andere Sicht haben als jetzt."

„Zum sicheren Verständnis", sagt Bossidy, „müssen Sie den Leuten sagen, wohin Sie das Unternehmen bringen möchten. Die müssen in der Lage sein, auf die Frage: ‚Warum mache ich das hier?' antworten zu können. Wenn ich Sechs Sigma haben möchte, muss ich den Zweck des Einsatzes von Sechs Sigma erklären. Oder wenn ich den Ertrag um zehn Prozent steigern möchte, müssen die Mitarbeiter wissen, warum. Sie müssen nicht nur darlegen, was Sie tun möchten, sondern auch, was es bedeutet, wenn es erreicht ist.

Darüber hinaus, denke ich, müssen Sie laufend sicherstellen, dass die Mitarbeiter wissen, wie wichtig sie sind. Als CEO brauchen Sie Menschen mehr, als dass diese Sie brauchen. Mit anderen Worten: Meine Aufgabe besteht darin, unsere Leute dafür zu gewinnen, dass sie bleiben, arbeiten, mit diesem Unternehmen wachsen und erfolgreich sind".

Bossidy entwickelt diese Philosophie noch einen Schritt weiter und weitet sie auf die Menschen aus, die er auf gehobene Management-Positionen setzt.

„Ich möchte Führer finden, die menschliche Wesen sind, und die ein Interesse daran haben, für sich selbst erfolgreich zu sein und diesen Erfolg mit anderen zu teilen.Wenn ich solche Menschen bekomme, dann können sie leicht geführt werden".

Nach welcher Charaktereigenschaft sucht er insbesondere? „Positiv eingestellte Menschen, um es gleich zu sagen. Ich liebe es, Menschen mit einem Lächeln auf dem Gesicht zu sehen. Das

Geschäftsleben ist schwierig. Es ist so viel schöner, die Welt mit einem Lächeln auf dem Gesicht zu grüßen. Sie können mir keine Leute mit großen Fähigkeiten zeigen, die negative Menschen sind. Und wenn es auch einfach klingt, so ist es aus meiner Sicht wichtig. Ich sehe auch gerne ehrgeizige Leute, die etwas bewegen wollen. Dann sehe ich darauf, ob sie ihr Ego zügeln können. Sehe ich eine Person, die gut mit anderen zusammenarbeiten kann? Sehe ich eine Person, die einiges Interesse für andere gezeigt hat? Sind das die Menschen, die ihr Wissen gerne und bereitwillig mit anderen teilen können? Oder sind sie sehr auf sich selbst konzentriert, sehr ehrgeizig, aber nicht unbedingt zum Nutzen Anderer?"

Unternehmen (Börsenkurzzeichen): AlliedSignal, Inc. (ALD)
Standort: Morris Township, New Jersey
Top-Manager: Lawrence Arthur Bossidy

AlliedSignal auf einen Blick: AlliedSignal ist eines der weltweit führenden Unternehmen auf dem Gebiet hochentwickelter Technologie und Fertigung. Das Unternehmen beliefert Kunden auf der ganzen Welt mit Produkten für Raumfahrt und Autos, Chemikalien, Fasern, Kunststoffen und hochentwickeltem Material. AlliedSignal ist in 12 strategische Geschäftseinheiten untergliedert, die in 40 Ländern tätig sind. Im Juni 1999 entschloss sich AlliedSignal, die Honeywell, Inc. für 13,8 Mrd. US-$ zu kaufen.

Finanzergebnisse 1998:
➤ Umsatz: 15,1 Mrd. US-$
➤ Nettoertrag: 1,2 Mrd. US-$

Gesamter aufs Jahr bezogener Aktionärsertrag:
➤ 1 Jahr: 16 %
➤ 5 Jahre: 19 %

Gibt es eine Frage, die Bossidy dabei hilft, Erkenntnisse über Leute zu gewinnen, die er befördern möchte? „Ich frage Menschen, ,Worin sind Sie gut?'. Es ist erstaunlich, wieviele Leute auf diese Frage nicht mit einer gewissen Erkenntnis antworten. Sie müssen wissen, worin Sie gut sind. Ich habe Glück, ich kann Dinge zum Laufen bringen. Ich kann Menschen dazu bewegen, sich mit dem zu identifizieren, was wir machen wollen, und ich kann erreichen, dass es getan wird. Sie müssen wissen, worin Sie gut sind, weil das die Karten sind, die Sie zum Spiel mitbringen." Mit anderen Worten: Sie brauchen ein Gefühl dafür, wer Sie sind und wohin Sie möchten, um ein erfolgreicher Manager zu sein.

„Ich denke, Führung hat etwas mit Vision zu tun. Sie beruht darauf, Menschen von Ihrer Vision zu überzeugen. Und ich glaube, sie besteht darin, die richtigen Leute auszuwählen, damit sie alle Verpflichtungen erfüllen können, die die Organisation von ihnen einfordert. CEO sein bedeutete einmal, alles zu wissen. Aber es ist eine Tätigkeit, die bescheiden macht. Und je mehr Sie suchen, umso mehr werden Sie gute Gründe finden, bescheiden zu sein, weil es jederzeit noch jede Menge mehr zu tun gibt".

Steve Case
(America Online)

Sie haben Post bekommen.

Über Jahre hinweg hatten die technologisch Eingeweihten America Online bereits abgeschrieben. Und tatsächlich sah es bei verschiedenen Anlässen so aus, als würde das Unternehmen ihnen Recht geben.

Als erstes, so argumentierten die „Experten", lag die Technologie des Unternehmens hoffnungslos hinter der Entwicklung zurück. Viele Leute benutzen AOL als Eingangstor ins Internet, und Mitte der 90er Jahre herrschte die Ansicht vor, wenn die Menschen sich erst mit der neuen Technologie vertraut gemacht hätten, würden sie direkt ins Internet gehen, unter Umgehung der Service-Provider wie AOL.

Als das Unternehmen dann auf eine Niedrigpreispolitik umschaltete, indem es nur eine feste Monatsgebühr für unbegrenzten Zugang statt einer Stundengebühr verlangte, wurde es von potenziellen Nutzern überschwemmt.

Karriere
1985 – Heute: Mitbegründer, Chairman und CEO von America Online, Inc.
1983 – 1985 Vice President Marketing bei Control Video Corporation
1982 – 1983 Manager der New Pizza Entwicklungsabteilung, Pizza Hut Division von PepsiCo.
1980 – 1982 Marken-Assistent & Assistant Brand Manager bei Procter & Gamble

Ausbildung
1980 B.A. Williams College

Familie
Verheiratet mit Jean; fünf Kinder

Geboren am 21. August 1958 in Honolulu, Hawai

Die Unfähigkeit, online zu gehen, löste eine rasche Gruppenaktion aus.

Niemand spricht heute mehr über AOL's bevorstehendes Ausscheiden. Das Problem andauernder Besetztzeichen ist weitgehend eine Sache der Vergangenheit – dank zusätzlicher Kapazität. Und die Ankündigung des Unternehmens Ende 1998, dass AOL Netscape kaufen wird, hat auch Kritiker beruhigt, die das Unternehmen als „Internet mit Hilfsrädern" bezeichneten.

Kunden blieben bei AOL, weil es bestimmte Inhalte und Optionen anbietet – die „chat rooms" des Unternehmens sind erstaunlich beliebt – und weil seine Dienste extrem leicht zu nutzen sind.

Eigentlich sind die Prinzipien, die Case in seinem Business Plan ausgeführt hat, immer noch dieselben. Gib den Kunden ein Produkt, das

- ➢ leicht zu benutzen,
- ➢ wirklich brauchbar,
- ➢ erschwinglich ist und
- ➢ Spaß macht.

Gründer und CEO Steve Case war nicht nur der, der zuletzt lachte, er erreichte auch noch etwas mehr: die Erfüllung einer Vision, die er 15 Jahre zuvor gehabt hatte. Als Case AOL 1985 gründete, war sein Ziel die Schaffung eines Massenmarktes für Online-Dienste – und genau das hat er getan.

Ein ganz klares Zeichen für seinen Erfolg war die Entscheidung Hollywoods, AOL's universelle Botschaft „Sie haben Post bekommen", jedesmal zu hören, wenn ein Nutzer ein E-Mail bekommt, zum Titel eines Film-Hits mit Tom Hanks und Meg Ryan zu machen.

> *„Der Schlüssel zum Aufbau eines dauerhaften neuen Mediums heißt Passion, People, Perseveranz (Ausdauer), Perspektive und Paranoia".*

Der Unternehmensfriedhof ist übersät mit den Überresten von tausenden von Firmen, die den Schritt vom unternehmerischen Start-up zum voll entwickelten, großen, dauerhaften Konzern nicht geschafft haben.

Die Erklärung ist häufig dieselbe: Der Gründer wächst und adaptiert nicht schnell genug. Im Ergebnis entwickelt sich das Unternehmen, das er begann, nie über den Punkt hinaus, an dem es noch von einer Person gemanagt werden kann.[5]

Steve Case, der es sich zum Prinzip gemacht hat, die Geschichte solcher Leute zu studieren, die neue wirtschaftliche Kategorien schufen – kennzeichnender Weise meist die Pioniere der Automobil-, Fernseh- und Computerindustrie – , ist sich sehr wohl dieses Problems bewusst, aber er meint, dass er den Übergang vom Unternehmer zum Manager relativ leicht gefunden hat.

„Grundsätzlich kam ich auf eine Idee zurück, die ich schon vor fünf Jahren hatte", erklärt er. „Ich sagte mir, warum gehst nicht davon aus, dass im Augenblick gar nichts zu tun ist und organisierst die Dinge entsprechend, statt dauern zu denken, dass du alles machen musst? Es dauerte ein wenig, bis das praktiziert wurde, aber dann erwies sich die Idee als absolut richtig.

Fünf oder zehn Jahre zuvor hatten wir nur einige hundert Leute, und ich war in jede Entscheidung mit einbezogen. Ich schrieb Mitteilungen und Texte für Anzeigen. Ich leistete genau diese klassische unternehmerischen Tätigkeit. Aber dann kommt der Punkt, an dem einfach zu viel abläuft. Dann gibt es zu viele sich bewegende Teile. Die Sachen häufen sich auf Ihrem Schreibtisch und Sie kommen nicht dazu. Die Leute werden frustriert. Und dann begreifen Sie, dass der einzige Weg zur Schaffung einer bedeutenden Unternehmung darin liegt, eine Situation zu erreichen, in der Sie Dinge *anleiten* statt sie zu *tun*".

Das „Geheimnis" bei der Umsetzung dieses Ansatzes, sagt Case, „sollte nicht überraschen. Der Schlüssel ist, wirklich großartige Menschen einzustellen, Menschen an die Sie glauben und denen Sie vertrauen können. Dann organisieren Sie alles in der Weise, dass eine Person die Verantwortung für eine Sache übernimmt, ein anderer für eine andere, bis es nichts mehr gibt, wofür Sie die Verantwortung tragen.

Wenn Sie das tun, ändert sich Ihre Rolle als Top-Manager. Statt Ihren Beitrag daran zu messen, wieviele Sachen Sie erledig-

---

[5] Interessanterweise ist gerade die Überwindung dieser Fallgrube ein sicherer Weg zum unternehmerischen Erfolg. Sieben von den 30 Unternehmensführern in diesem Buch, inklusive die Top-Manager von Dell, Federal Express, Intel, Microsoft und Schwab sind Gründer (oder Mitbegründer) jener Unternehmen, die sie noch führen.

ten und wieviele Einzelentscheidungen Sie trafen, messen Sie ihn jetzt nur daran, wieviele *Grundsatz*entscheidungen Sie trafen.

Das Nachdenken über meine Rolle in dieser neuen Weise war der entscheidende Faktor bei meinem Übergang vom Unternehmer zum Unternehmensführer", ergänzt Case. „Aber es erfordert eine andere Geisteshaltung. Wenn ich von einem Problem höre, muss ich fragen: ‚Ist das wirklich etwas, das meine persönliche Aufmerksamkeit erfordert?' Und wissen Sie was? Fast immer ist das nicht der Fall. Es gibt einige Sachen, die das erfordern, die Mehrzahl jedoch nicht".

Jeder muss wissen, wofür wir stehen

Case untertreibt natürlich. Aber seine Feststellung stimmt. Der Gründungsunternehmer muss die Sache gehen lassen. Aber wenn Sie diese Art des Loslassens anwenden, dann müssen Ihre Leitlinien innerhalb der gesamten Organisation bekannt sein. Das ist bei AOL der Fall.

Vielleicht sind die beiden wichtigsten Faktoren für Case's Erfolg Passion und Paranoia. Er hat legitime Gründe dafür, glühend an beide zu glauben. Inzwischen ist es eine bekannte Geschichte, was passierte, als Case vor ein paar Jahren den Chairman von Microsoft, Bill Gates, aufsuchte. Gemäß der (wahren) Geschichte sagte ihm Gates: „Wir können 20 Prozent von AOL kaufen, wir können 100 Prozent kaufen oder wir können Sie begraben".

Diese Art von Bemerkung von einem Branchenführer ist geeignet, Ihre Aufmerksamkeit zu erregen und Sie davon zu überzeugen, dass Sie sich nicht alleine darauf konzentrieren müssen, was Sie erreichen wollen, sondern auch auf die Wettbewerber, egal, aus welcher Ecke sie kommen mögen.

„Vor fünf Jahren existierten Unternehmen, die jetzt Hauptkräfte in unseren Märkten sind, wie Yahoo und Amazon, noch gar nicht", erklärt Case. „Jetzt sind sie wichtige neue Marken. Klar, es hat eine Beschleunigung bei der Schaffung von Märkten gegeben, und eine Anzahl von Firmen hat begonnen, diese Märkte zu bedienen. Unternehmen können in dieser so genannten Internet-Zeit entstehen oder zerbrechen.

Das macht ein Gefühl für Paranoia sehr wichtig. Ich weiß, dass Sie das von anderen Leuten ebenso gehört haben. An dem Tag, an dem dieses Unternehmen keck und selbstgefällig wird, stecken wir in ganz tiefen Problemen, weil wir in einem so wettbewerbsintensiven Markt tätig sind, einem, der sich in solch rapidem Tempo ändert. Wenn wir selbstgefällig werden, dann sind wir nicht mehr fähig, die besten Leute zu bekommen. Sie werden gelangweilt, frustriert und weglaufen. Und wir werden auch so ein schwerfälliger Riese, dessen beste Tage hinter ihm, nicht vor ihm liegen".

Aber Paranoia an und für sich nützt gar nichts, wenn den Leuten nicht wirklich etwas liegt an dem Produkt, das sie kreieren.

„Wenn Sie sich anschauen, warum AOL erfolgreich gewesen ist", erklärt Case, „dann reduziert sich alles auf die Einstellung und das Halten von großartigen Menschen. Ich bin immer erfreut, wenn ich mit jemandem spreche, der gerade ein Meeting mit einem unserer Leute hatte und mir erzählt, wie beeindruckt er nicht nur von dessen Intellekt war, sondern auch von dessen leidenschaftlichem Engagement".

Leidenschaft (Passion) ist ein wichtiger Faktor. „Wenn Sie wirklich glauben, dass das, was Sie tun, richtig und wichtig ist, und Sie wirklich fühlen, dass Sie bahnbrechend Neues leisten, dann können Sie einige Fehler machen, aber Ihre Energie und Ihr Engagement wird Ihnen helfen, das zu überstehen. Diese Ausdauer ist vor allem in neuen Branchen wichtig, weil Sie viele Male bei einer so genannten tollen Sache aufgeben müssen oder gegen eine Wand rennen. Aber dann müssen Sie denken ‚Gut, wir werden einfach dranbleiben. Das ist entscheidend'".

Und diese Ausdauer angesichts langer Ungewissheit zieht sich durch die ganze Geschichte von AOL. Ganz am Anfang war selbst die Verbindung zum Internet bekannterweise schwierig. Und wenn es auch viele Menschen inzwischen vergessen haben: Es gab lange Zeiten, in denen es gängiges Wissen war, dass AOL von jedem aus dem Geschäft gedrängt werden konnte, sei es von Prodigy – ein Internet-Dienst, der ursprünglich von CBS, IBM und Sears gegründet wurde – über Compuserve bis zu verschiedenen Konkurrenzprodukten von AT&T, MCI und anderen.

Dann kamen die Probleme, die mit der Umstellung auf Niedrigpreise zusammenhingen, die etwa zur selben Zeit eintraten, als

William J. Razzouk, von Federal Express abgeworben als Chief
Operating Officer bei AOL, nach nur vier Monaten das Unternehmen verließ[6]. In Anbetracht all dieser Probleme war Ausdauer
bei AOL mehr als notwendig; es war eine Sache des Überlebens.

Aber Sie brauchen mehr

Mit der Ausdauer, sagt Case, muss eine Perspektive verknüpft
sein. „Weil ich das schon so lange mache, bringe ich einen histori-
schen Kontext und eine Art von ausgewogener Perspektive für die
Dinge ein, da ich gewöhnlich schon einmal eine Version dieses
Films gesehen habe. Einige von den Leuten, die erst kürzlich zu
uns gekommen sind, haben das nicht. In einer neuen Branche dauert es einige Zeit, bis eine Sache anzieht", fügt Case hinzu. „Das
erfordert einen Balance-Akt. Auf der einen Seite müssen wir leidenschaftlich an die Möglichkeiten glauben, die sich bieten könnten, wenn wir eine Gesellschaft hätten, in der jeder miteinander
verbunden wäre. Aber gleichzeitig werden wir niemals das gelobte
Land erreichen, wenn wir so darauf fixiert sind, dass wir die notwendigen Schritte dazu vergessen. Also müssen wir die richtige
Ausgewogenheit zwischen Vision und Leidenschaft auf der einen
Seite, und einem pragmatischen Ansatz auf der anderen Seite finden".

Wenn man den Erfolg von AOL betrachten, dann kann man
sehen, dass Case genau das gemacht hat. Wenn er gefragt wird,
woher seine Antriebskraft kommt, nachdem er dazu beigetragen
hat, einen neuen Wirtschaftszweig zu schaffen, dann ist seine
Antwort einfach.

„Ich glaube, es wäre eine richtige Tragödie, wenn in 50 Jahren
die Geschichtsbücher über dieses Medium urteilten, dass es viel
versprach, aber das Potenzial nicht entsprechend ausgeschöpft
wurde. Ich denke, es wäre enttäuschend, wenn unser Medium so
betrachtet würde wie das Fernsehen. Zwar glaube ich, dass das
Fernsehen eine Menge guter Dinge bewirkt hat, aber die Leute
haben eher einen negativen Eindruck davon, wie von einer riesigen Wüste".

---

[6] Case hat diese besondere Episode mehr als ausgebügelt, indem er Bob Pittman – ein
    Mitgründer von MTV, der später die Six Flags-Themenparks von Time Warner und die
    Century 21 Real Estate leitete – als President und Chief Operating Officer einstellte.

Unternehmen (Börsenkurzzeichen): America Online, Inc.
   (AOL)
Standort: Dulles, Virginia
Top-Manager: Stephen M. Case

AOL auf einen Blick: AOL ist der größte Online-Dienst der Welt mit 16 Millionen Mitgliedern. Zu den Hauptprodukten zählen Handel, E-Mail, Chat und Internetzugang. Täglich nehmen AOL-Mitglieder durchschnittlich 8,9 Millionen Nutzerstunden in Anspruch, schicken 33 Millionen E-Mails, machen 1 Milliarde Webansprachen und schicken 283 Millionen Sofort-Mitteilungen. 1999 schloss das Unternehmen den Erwerb des Internet-Software-Marktführers Netscape ab.

Finanzergebnisse 1998:
➢ Umsatz: 3,3 Mrd. US-$
➢ Nettoertrag: 254 Mio. US-$

Gesamter aufs Jahr bezogener Aktionärsertrag:
➢ 1 Jahr: 586 %
➢ 5 Jahre: 134 %

Die Vision von Case für den Online-Dienst im Allgemeinen und für AOL im Besonderen geht viel weiter. Er möchte ein globales Medium schaffen, das im Leben der Menschen eine so zentrale Rolle spielt wie das Telefon, aber sogar noch wertvoller ist.

„Wir werden von der Tatsache beflügelt, dass in 50 Jahren unsere Leute in der Lage sein werden, ihren Enkeln zu erzählen: ‚Ich war dabei. Ich war einer von den Pionieren, die mitgeholfen haben, das aufzubauen, was jetzt das Interaktive Medium genannt wird‘. Es gibt Anzeichen dafür, dass Case auf dem Weg dahin ist. Als er aufwuchs, liebte es Case, wie viele Kinder, Post zu bekommen. „Ich konnte nie genug davon haben. Das Problem habe ich nicht mehr. Ich bekomme jeden Tag etwa 5.000 E-Mails (auf SteveCase@aol.com)“.

John Chambers
(Cisco Systems)

„Jeder hier weiß, was wir erreichen wollen".

Es kann sein, dass wir alle danach streben sollten, einen uns antreibenden Verfolgungswahn zu entwickeln. Andy Grove von Intel schuf sich sein eigenes Mantra, als er mit dem Titel für seinen Bestseller *Nur die Paranoiden überleben* herauskam. Und als John Chambers gebeten wurde, sich selbst zu beschreiben, war er schnell dabei, ebenfalls das „P"-Wort zu verwenden. Möglicherweise ist etwas an all dieser Paranoia dran, weil die Leistung von Cisco System unter der Führung von Chambers nicht weniger eindrucksvoll ist als die von Intel.

Als John Chambers 1991 zu Cisco kam, hatte das Unternehmen einen Umsatz von 1,2 Mrd. US-$. Acht Jahre später erreichte er zehn Mrd. US-$. Das strategische Ziel von Chambers ist genauso eindrucksvoll.

Karriere
Januar 1991 – Heute: CEO, Cisco System Inc.
1982-1990 Senior Vice President, Wang Laboratories, mit Positionen in Nord- und Südamerika, Asien-Pazifik und US-Geschäft
1976-1982 Verschiedene Positionen bei IBM

Ausbildung
M.B.A., Indiana University 1975
J.D., West Virginia University 1974
B.S/B.A Business, West Virginia University 1971

Familie
Verheiratet mit Elaine; Kinder: Jonathan, Lindsay

Geboren am 23. August 1949 in Cleveland, Ohio

Er möchte Cisco als Nummer eins oder zwei in jedem größeren Computer-Netzwerk-Segment und letztlich ein Netzwerk mit Internet-Einkauf aus einer Hand für den Kunden haben.

Um das zu erreichen, muss Cisco augenscheinlich von innen heraus wachsen. Aber genauso wichtig sind weitere Akquisitionen. Das Unternehmen hat so ungefähr ein Dutzend in jedem Jahr getätigt, seit Chambers CEO ist. Das Abwickeln von Akquisitionen ist immer heikel, so dass es nicht überraschen wird, dass Chambers sowohl einen juristischen Abschluss als auch einen

Master of Business Administration besitzt, zusätzlich zu seinem technischen Sachverstand.

Nachdem er so viele Unternehmen gekauft hat, besitzt Chambers ein Händchen dafür, was nötig ist, um sie erfolgreich zu machen. Er hat seine Gedanken in einer fünf Schritte umfassenden Formel zusammengefasst:

➢ Es muss eine gemeinsame Vision bei den beiden Unternehmen geben.
➢ Fast augenblicklich müssen kurzfristige Erfolge kommen, oder die Menschen in beiden Unternehmen verlieren das Interesse.
➢ Es muss ein langfristiges Potenzial in der Allianz stecken.
➢ Die Chemie zwischen den Menschen in beiden Unternehmen muss stimmen.
➢ Geografische Nähe hilft dabei, dass Verluste an talentierten Mitarbeitern minimiert werden.

Chambers verwendete eine Menge Zeit für Punkt fünf. In einer Branche, in der Talent ein Schlüssel und die Besten anzulocken, eine Kunst ist, hat Cisco sich bewährt. Der Trick? Stock-Options. Nach gerade mal einem Jahr beim Unternehmen besitzt der durchschnittliche Mitarbeiter über 125.000 US-$ an Wertpapiergewinn aus noch nicht ausgeübten Optionen. Das kommt noch auf das Anfangsgehalt drauf, das etwa 70.000 US-$ beträgt. Für jemanden Anfang 20 ist das nicht schlecht.

> *„Wir haben keine geheiligten Grundsätze, was Technologie betrifft. Wenn Kunden sagen, das wollen sie tun, ohne Berücksichtigung unserer technischen Sichtweise, dann werden wir ihnen helfen, das zu tun".*

Wenn Sie John Chambers fragen, was er erreichen möchte, dann zögert er keine Sekunde. „Wir wollen beispiellose Möglichkeiten für unsere Kunden, unsere Mitarbeiter, unsere Anteilseigner und unsere Partner eröffnen".

Wenn seine Antwort vorformuliert klingt, dann stimmt das. Jedes der Unternehmensziele wurde auf eine kleine Karte gedruckt, die jeder Mitarbeiter immer bei sich trägt. Das ist nur ein kleiner Schritt, mit dem Chambers sicherstellt, dass Cisco auf seinen Zielen beharrt.

„Mit meiner Ernennung zum CEO haben wir diese Ziele aufgestellt", sagt er. „Ich habe sozusagen den Fehdehandschuh geworfen und gesagt, dass wir diese Ziele erfüllen werden. Wir werden etwas tun, was noch niemand gemacht hat, und der eindeutige Führer in unserer Branche werden".

Der Erfolg von Cisco – an der Wall Street sind die Aktien des Unternehmens ein Kürzel für die gesamte High-Tech-Industrie geworden – ist ein Beweis dafür, dass ihm das geglückt ist.

Das Erfolgsgeheimnis? Das Aufrechterhalten der heiklen Balance zwischen dem Vertrauen in die technologischen Fähigkeiten des Unternehmens und der Konzentration auf die Kundenbedürfnisse. „Von Anfang an glaubte ich daran, dass wir das erreichen konnten – und es bedarf einer gesunden Verrücktheit, diese beiden Dinge im Gleichgewicht zu halten. Ich war überzeugt, dass es nahezu unbegrenzt nach Oben weiterging. Und es hat sich in dieser Weise entwickelt. Wir sind der Führer bei Datennetzwerken geworden. Und wir haben gute Chancen, das am schnellsten wachsende, gewinnträchtigste Computerunternehmen der Geschichte zu werden. Wir waren auch die Ersten, die so schnell eine Börsenkapitalisierung von 100 Mrd. US-$ erreichten". (Cisco erreichte diese 100 Mrd. US-$ nach zwölf Jahren; Microsoft benötigte dafür 20 Jahre).

Um sicherzustellen, dass Cisco Marktführer bleibt, hat Chambers das Unternehmen in ein lebendes Beispiel für die gesamte Marktentwicklung verwandelt, so wie er sie voraussieht.

„Wir sind auf fünffache Weise die Nummer Eins der elektronischen Marktplätze der Welt. Wir holen jeden Tag 20 Millionen Aufträge rein; 64 Prozent unserer gesamten Aufträge werden über Internet abgewickelt. Etwa 70 Prozent unserer Verbindungen mit Kunden laufen ohne menschliche Eingriffe über das Netz. Vier Jahre haben wir gebraucht, bis die Kunden es vorzogen, lieber über das Netz zu gehen, als mit unseren Ingenieuren zu reden. Das hat uns mittels Einsparung von Personal 150 Millionen US-$ gebracht.

Wir begannen, das Informationssystem von einem Kostenfaktor, der es bei meinem Eintritt war, in einen Wettbewerbsvorteil zu verwandeln. Dieses Jahr sparten wir 500 Millionen US-$ an einer Ausgabenbasis von zwei Milliarden durch sieben Web-Anwendungen. Das haben wir wieder in F&E sowie Distribution gesteckt. Wir *sparen* jedes Jahr mehr, als unser nächster Konkurrent für F&E *ausgibt*. Sie brauchen auch einem technisch unbedarften Geschäftsmann nicht zu erklären, was das in Bezug auf den Wettbewerbsvorteil bedeutet".

Dieses Bekenntnis zur Technologie hat internen Nutzen. „Jede Kommunikation mit Mitarbeitern – von dem Zeitpunkt ihres Eintritts bei Cisco bis zu ihrer letzten Vergütung – läuft über Internet. Auch unsere Zulieferer sind Teil unserer virtuellen Unternehmung, genau, wie es in allen Lehrbüchern beschrieben wird.

Wenn Sie den Leuten erklären, was das alles bedeutet, und wenn Sie mit ihnen alles langsam durchgehen, indem Sie zuerst Cisco als Beispiel nehmen und dann ausweiten zu unserem Einfluss auf andere Branchen, dann fangen die Leute an zu begreifen, warum das Internet dabei ist, alles zu verändern. Die industrielle Revolution schuf eine Neuordnung, welche Länder, und welche Unternehmen die besten individuellen Chancen boten. Genau das wird die Internet-Revolution auch tun. Sie wird das Spielfeld einebnen, und jene Länder, Unternehmen und Menschen, die daraus Vorteile ziehen, werden jene sein, die wachsen und überleben".

Und klarerweise wird Chambers Cisco so aufbauen, dass es an der Spitze dieses Wandels steht, aber nicht nur als Unternehmen, das überlebt, sondern das die Entwicklung vorantreibt.

„Wir messen alles"

Damit das auch sicher eintritt, ist Chambers unerbittlich dabei, die Zahlen des Unternehmens zu verfolgen.

„Wir messen alles, in allen Bereichen, zeitgleich. Beispielsweise weiß ich am Ende des Tages, wie meine Aufträge nach Ländern, Produkttyp und Gewinnmarge aufgeschlüsselt sind. Das prüfe ich jeden Tag. Wir können unseren Jahresabschluss jetzt in fast zwei Tagen machen. Kein Unternehmen, das mir bekannt ist, war jemals dazu in der Lage. Und wir sind dabei, das simultan zu erreichen. In anderen Worten: Wir bewegen uns auf den Punkt zu, an dem wir niemals mehr unseren Abschluss machen müssen. Wir werden dann zu jedem Zeitpunkt genau wissen, wo wir stehen".

Die Verfolgung der Zahlen ist eine Sache, damit zu agieren eine andere, gibt Chambers zu. Und so gibt er ein Beispiel, wie Cisco damit umgeht.

Unternehmen (Börsenkurzzeichen): Cisco Systems Inc. (CSCO)

Standort: San Jose, Californien

Top-Manager: John T. Chambers

Cisco auf einen Blick: Das Unternehmen ist der führende Anbieter von Produkten, die das Internet stützen. Es hat den beherrschenden Marktanteil für Netzwerk-Routers (die den Informationen und Nachrichten mitteilen, wohin sie gehen sollen) und ist auch ein Marktführer bei Local Area Networks (LAN) Schaltungen. Seine anderen Produkte umfassen Wahl-Zugangs-Server und Netzwerk-Management-Software. Cisco ist sowohl durch aggressive interne Entwicklung als auch durch Zukäufe gewachsen, die seine Produktlinie erweitert haben.

Finanzergebnisse 1998:
➢ Umsatz: 10 Mrd. US-$
➢ Nettoertrag: 1,4 Mrd. US-$

Gesamter aufs Jahr bezogener Aktionärsertrag:
➢ 1 Jahr: 149 %
➢ 5 Jahre: 67 %

„Die Kundenzufriedenheit ist für mich der wichtigste Maßstab, und wenn Sie wirklich daran glauben, dann müssen Sie diese Größe mit ihrem Belohnungssystem verknüpfen, mit Ihren Management-Leistungen, und das tun wir. Lassen Sie mich erzählen, wie das funktioniert.

Wir messen Kundenzufriedenheit auf jede nur denkbare Weise.
Wir messen sie auf einer Skala von eins bis fünf nach jedem Kun-
denbesuch. Wir untersuchen jedes Problem daraufhin, wie gut wir
reagiert haben, und ich betrachte jeden Abend, wie wir mit jedem
kritischen Posten zurecht gekommen sind. Diese Messungen werden nicht nur in absoluten Größen vorgenommen, sondern auch in
Relation zu unseren Hauptkonkurrenten. Einmal im Jahr stellen
wir alle Ergebnisse zusammen und bezahlen die Manager danach,
wie gut sie abschnitten".

Das alles ist Teil von Chambers Vorstellung, welche Art von
Unternehmen er erschaffen will. „Wenn Sie mich fragen würden,
worauf ich am stolzesten bin, dann auf die drei Dinge, die unseren
Erfolg begründet haben. Zuerst ist das unser geradezu fanatischer
Einsatz für den Kundenerfolg. Wir sagen nicht, dass wir etwas tun,
wir tun es. Wir halten unsere Versprechen, wir verbinden das mit
dem Belohnungssystem, und wir verknüpfen es mit der Art, wie
wir unsere Zeit verwenden. Das ist etwas, das ich keinem in unserem Unternehmen noch erklären muss.

Als Zweites die Qualität des Teams, das wir aufgebaut haben.
Als Unternehmensführer bin ich am meisten darauf stolz, wie breit
und tief unser Team angelegt ist. Es war uns möglich, die besten
10 oder 15 Prozent der Leute in unserer Branche zu bekommen
und sie zu motivieren, als Team zusammenzuarbeiten. Aufgrund
der guten Aktienbewertung unseres Unternehmens ist fast jeder
auf dem Niveau der gehobenen Führungskräfte finanziell unabhängig, so dass der einzige Weg, diese Leute zu halten, darin besteht, sie zu motivieren, sie zur Zusammenarbeit zu reizen, um im
Team etwas zu erreichen. Die können bei uns nicht gehalten werden, weil Sie ihnen einen Scheck anbieten. Sie brauchen kein
Geld.

Schließlich bin ich stolz darauf, dass wir eine Vision eingeführt
haben. Wir haben die Schlüsselelemente zur Messung unseres
Erfolgs bestimmt und wir bewerten nun danach. Sie können das
daran sehen, dass wir keine kleinen Jungs sind. Wir nutzen unser
System, um einen riesigen Wettbewerbsvorteil zu gewinnen. Wir
behaupten zu wissen, was in der Gesellschaft geschehen wird. Wir
werden alle schrittweise mehr miteinander verbunden werden, und
die Informationsgeschwindigkeit wird aufgrund des Internet sogar

noch schneller werden. Und wir liefern das beste Beispiel für ein Unternehmen auf Internet-Basis".

Diese Strategie funktioniert überall

Stelle den Kunden über alles. Bleibe konzentriert. Nutze alle Ressourcen um dich herum. Das ist Chambers Beschreibung für den Cisco-Erfolg. Und es überrascht nicht, dass er dies auch sagt, wenn er um einen Karriererat gebeten wird.

„Das erste, was ich immer sage ist, dass Sie innerhalb gewisser Grenzen fast alles im Leben erreichen können, was Sie sich wünschen, wenn Sie bereit sind, dafür hart – und clever – zu arbeiten. Das Zweite ist, das Leben so zu nehmen, wie es ist, und nicht, wie Sie es gerne hätten. Und wenn Sie Hindernisse in den Weg gestellt bekommen, dann müssen Sie lernen, sie zu überwinden, statt sich davon verwirren zu lassen. Ich hatte eine Lernbehinderung (Leseschwäche). Es gab Zweifel, ob ich überhaupt in der Lage sei, die High School zu absolvieren. Nun teilten meine Eltern niemals diese Befürchtung, aber einige Leute. Das stellte ein Problem für mich dar, das ich durch harte Arbeit und die Hilfe eines wundervollen Lehrers überwand, der mir beim Verständnis der Dinge half, die in meinem Gehirn vorgingen, lange bevor die Lernbehinderungen richtig verstanden wurden. Und das benutze ich als ein Beispiel für unsere jungen Leute, die sagen ‚Ich kann das nicht schaffen, weil ...‘ Ich sage ihnen, das sei nur eine Ausrede.

Drittens sollten Sie Menschen so behandeln, wie Sie selbst behandelt werden wollen. Der letzte Baustein? Haben Sie Freude. Nehmen Sie das Leben nicht zu ernst".

Dieser Ansatz war unbezweifelbar für John Chambers richtig – und für Cisco.

Michael Dell
(Dell Computer)

Die Macht des Direkten

Es könnte das kürzeste – und effektivste – Aktionärstreffen aller Zeiten gewesen sein.

Alles geschah vor ein paar Jahren, als die Dell-Computer-Aktionäre sich zur jährlichen Hauptversammlung trafen. Als Gründer und Chairman Michael Dell die Bühne betrat, erschien hinter ihm ein Dia, das die Ergebnisse von Dells Aktien im Vergleich zu solchen wie Coca-Cola, Compaq, Intel und Microsoft zeigte. Es dauerte weniger als fünf Sekunden, bis das Publikum erkannte, dass die mit „Dell" bezeichnete Aufwärtskurve mindestens zweimal so steil war wie die der anderen Unternehmen. Dell hatte diese viel bekannteren Unternehmen mit großem Abstand hinter sich gelassen.

Karriere
1984 – Heute: Gründer, Chairman und CEO der Dell Computer Corporation

Ausbildung
Student der Universität von Texas 1983 - 1984

Familie
Verheiratet mit Susan Lieberman am 23. Oktober 1989; vier Kinder

Geboren am 23. Februar 1965 in Houston, Texas

Gerade als die „Ahs" und „Ohs" der anerkennenden Aktionäre ihren Höhepunkt erreicht hatten, blickte Dell ins Publikum und sagte: „Und damit beende ich unsere Präsentation". Der Applaus war ohrenbetäubend.

Dell machte natürlich weiter, aber er hätte es nicht tun müssen. Das Chart hatte bereits entschieden. Es ist schon bemerkenswert, wenn jemand die Branche einmal revolutioniert. Aber das ein zweites Mal zu erreichen – und noch vor seinem 30. Geburtstag – ist genug, um jedermann innehalten zu lassen. Und dann ist Michael Dell noch sehr beeindruckend, wie Investoren – besonders jene, die früh in das von ihm gegründete Computer-Unternehmen einstiegen – erfahren haben.

Doch jetzt ist die Geschichte von Dell und seinem Unternehmen ziemlich gut bekannt. Um seinen Eltern einen Gefallen zu tun, schrieb sich Dell 1983 als Student der Medizin an der Universität von Texas ein, aber dann war er nur noch daran interessiert, an Computern zu basteln.

Während seines ersten Semesters kaufte er übriggebliebene, ausgemusterte IBM-PCs von lokalen Händlern, rüstete sie in seinem Schlafzimmer auf und begann, sie zu verkaufen, nicht nur um den Campus herum, sondern auch in Geschäften der Stadt. Der Umsatz betrug 180.000 US-$ – *im ersten Monat.*

Dell merkte schnell, dass er – statt ältere Computer aufzurüsten – viel günstiger Komponenten kaufen und selbst den ganzen PC bauen konnte. Er verkaufte die Geräte, die er zusammenbaute, direkt an die Kunden mit einem Abschlag von 15 Prozent auf den Preis, den etablierte Hersteller verlangten, *obwohl seine Modelle wesentlich mehr Leistung aufwiesen.*

Ganz ohne Arbeit hatte er seine erste Revolution hervorgerufen. Bis zu diesem Augenblick wurden Personal Computer wie andere Einzelhandelsprodukte verkauft, über Läden (die entweder nur Personal Computer verkauften) oder Absatzmärkte für Elektronik-Artikel. Dell hatte gerade bewiesen, dass dies nicht notwendig war und sein Vertriebsmodell war geboren.

Die zweite Revolution ereignete sich einige Jahre später, als Dell seine Computer – die zu diesem Zeitpunkt schon seinen Markennamen trugen – im Kundenauftrag fertigte. Ein Kunde ruft an oder meldet sich via Internet beim Unternehmen und erklärt exakt, was er in seinem Computer haben möchte – oder was nicht –, und erhält innerhalb von 36 Stunden sein maßgefertigtes Gerät.

Dieser Ansatz, der dem Unternehmen ein Minimum an kostenintensiver Einrichtung ermöglicht, hat sich als so erfolgreich herausgestellt, dass die Konkurrenten von Dell ihn zu kopieren begannen, obwohl sie in keinster Weise den Erfolg von Dell Computer erreichen, den er mit dem direkten Zugang zum Kunden erzielte.

Persönlich hat Dell jeden Meilenstein umgestürzt, den es gibt. 1992 wurde er – mit 27 – der jüngste CEO der Fortune-500-Unternehmen und wird inzwischen generell als der reichste Mann in Texas bezeichnet.

„Wir wissen, wer wir sind und was wir tun".

Wenn die Dell Computer Corporation nach einem musikalischen Motto Ausschau halten sollte, dann gibt es eines, vor ein paar Jahren herausgekommen, das passen würde: „The Future's So Bright, I Have to Wear Shades" (Die Zukunft ist so hell, dass ich einen Augenschutz tragen muss).

Betrachten wir einmal diese drei Faktoren:

➢ Das Unternehmen ist grandios positioniert.Während die Wettbewerber erst dabei sind herauszubekommen, wie sie mit Kunden direkt arbeiten können, um bei fallenden Computerpreisen ihre Spannen zu vergrößern, beherrscht Dell das schon meisterhaft. Er verkauft Computer nur direkt an Nutzer.

➢ Das Internet hilft, Dells Position als Direktverkäufer zu festigen.

➢ Das Computer-Unternehmen hat schon viele jener Diversifikations-/Expansionsprobleme überwunden, die relativ neue Organisationen wie Dell plagen, das erst 1984 gegründet wurde, obwohl es so scheint, als bestünde es schon immer.

Michael Dell geht nacheinander auf diese Punkte ein.

„Vom ersten Moment an überlegten wir, dass wir direkt an Nutzer verkaufen könnten, ohne Händler und ohne ihren Preisaufschlag", erklärt Dell. „Wenn Sie dem Kunden einen besseren Preis, ein besseres Service-Niveau und die neueste Technologie bieten können, warum sollen Sie über einen Händler verkaufen?"

Der Direktverkauf gewährt Dell einen gewissen Schutz in dem ungeheuer wettbewerbsintensiven Computergeschäft. Auch wenn Wettbewerber – wie Compaq und IBM – ebenfalls einen Direktverkauf begonnen haben, zusätzlich zu ihren traditionellen Vertriebswegen, ist Michael Dell nicht sonderlich beunruhigt.

„Die Frage ist doch die: Können sie wirklich die Effizienz erreichen, die wir haben, indem sie ihre Systeme verwenden? Ich denke, dass fast jeder Analyst, der unsere Branche betrachtet, heute damit übereinstimmen würde, dass die Effizienz eines Modells wie dem unseren im Grunde nur erreicht werden kann, wenn Sie die Händler weglassen. Damit haben Sie aber einige Probleme, wenn Sie IBM oder Compaq heißen.

Zum einen widerstreben die Händler dieser Absicht recht entschieden. Zum anderen ist es ziemlich hart für ein Unternehmen, das sein gesamtes Geschäft auf dem Füttern eines Rohrleitungssystems – das heißt, auf den Händlerverkauf – aufgebaut hat, auf Direktverkauf umzustellen. Es hat keine Kompetenz im Handel mit Endverbrauchern aufgebaut.

Lassen Sie mich nur einmal, um eine Sekunde mit Gedanken zu spielen, annehmen, dass Sie alle 22.000 Mitarbeiter von Dell in einen Raum stecken und sagen, ,Statt direkt zu verkaufen, werden wir jetzt über Händler gehen'. Das ist ein ganz schön radikaler Wechsel. Wenn Sie in einer Branche des indirekten Vertriebs groß geworden sind, dann ist der direkte Ihr Feind.

Deshalb ist das, was unsere Wettbewerber versuchen, indem sie auch direkt verkaufen, ein großer Wandel. Können Sie mir ein Unternehmen nennen, das in irgendeiner Branche diese Phase der Umwandlung vom indirekten zum direkten Vertrieb erfolgreich durchgemacht hat?" lautet Dells rhetorische Frage.

Verborgene Vorteile

Doch wenn Dell's Erfahrung beim Direktvertrieb an Kunden schon ein Vorteil ist, dann ist das nicht die einzige Besonderheit des Unternehmens, wie sein Chairman argumentiert.

„Dell wird oft sterotyp eingeordnet. Die Leute sagen, wir sind gerade mal der Vertriebskanal. Nun, das sind wir natürlich, aber wir geben auch fast 300 Millionen US-$ pro Jahr für Forschung und Entwicklung aus, haben 2.000 Ingenieure und können einige hundert Patente pro Jahr vorweisen. Wir sind in der Branche bei Auszeichnungen führend und, diskutabel, auch Produktführer.

Wir geben nicht viele Dollar für Grundlagenforschung aus, oder für die Entwicklung von Computer-Architekturen. Eher versuchen wir herauszubekommen, wie die Milliarden von Dollar, die Computer-Unternehmen jedes Jahr in F&E investieren, für die Lösung von Kundenproblemen aufgewandt werden können.

Also ist unsere Position auf dem Markt nicht nur mit dem Produktvertrieb oder der Logistik oder der Fertigung verbunden, sondern es ist eine Kombination dieser Gebiete.

Ich kann mich erinnern, dass jemand mal vor vier oder fünf Jahre vorgeschlagen hatte, Dell sollte sich vielleicht in eine Produktions- und eine Vertriebsfirma aufspalten, um jede sich bis zu ihrem vollen Potenzial entwickeln zu lassen. Ich dachte einige Zeit darüber nach und sagte, ja, da ist vielleicht etwas dran. Aber als ich das später richtig durchdachte, merkte ich, dass es völlig falsch war. Der Grund für den Erfolg dieses Unternehmens ist der Gleichklang, in dem diese beiden Teile in einer Weise zusammenarbeiten, die niemand vorher erreichen konnte".

Der Aufstieg des Internet kann nur hilfreich sein.

„Wenn Sie sich zurücklehnen würden, um eine Technologie zu entwickeln, die dieses Unternehmen in radikaler Weise positiv beeinflussen könnte, dann wäre es schwierig, etwas Besseres zu schaffen als das Internet", sagt Dell. „Das führt uns wesentlich näher an unseren Kunden heran. Es ist für uns die höchste Form des Direktgeschäfts. Und da wir bereits direkt mit unseren Kunden verkehren, bedeutet es eine ganz natürliche Ausweitung für uns. Wir müssen unsere Art, wie wir das Geschäft betreiben, nicht ändern, um Geschäfte über das Netz zu machen. Alles ist bereits vorhanden. Im Ergebnis senkt das Internet die Geschäftskosten für unsere Kunden und für uns und beschleunigt die Transaktionen, ob wir jetzt über Verkauf, Support oder Kundeninformationen reden.

Ich möchte Ihnen ein Beispiel geben. Wir haben für unsere Großabnehmer Kundenbeauftragte. Das sind unsere Verkaufskanonen, die rausgehen und an die Fords dieser Welt verkaufen. Und für Ford können wir eine Menge Kundenbeauftragte haben, denn die kaufen jedes Jahr ungefähr 50.000 Geräte.

Ein kleiner Abnehmer möchte vielleicht nur 100 Geräte pro Jahr abnehmen, und bei dieser Größenordnung können wir wirklich keinen Kundenbetreuer schicken. Also haben wir etwas geschaffen, das wir virtueller Kundenbetreuer nennen. Einem kleinen Unternehmen, das sich für Dell-Produkte interessiert, geben wir im Wesentlichen eine Kurzinformation online. Wir arrangieren dieses Briefing sagen wir um 14.30 Uhr. Der Verkäufer ruft den Kunden an und bleibt am Apparat, während wir dem Kunden sagen, dass er seinen Computer anstellen und mit seinem Browser auf www.dell.com.virtualae gehen soll. In diesem Augenblick hat es der Kunde mit drei verschiedenen Medien zu tun. Da ist der Verkäufer am Telefon, der ihn durch das Briefing führt. Dann ist da ein Videofilm online, der im Wesentlichen dem entspricht, was ein Großkunde während eines Live-Briefings durch Führungskräfte sehen würde. Beispielsweise werden Sie mich sehen, während ich über das Geschäftsmodell von Dell spreche. Und gleich im Anschluss gibt es eine PowerPoint-Präsentation, welche die Vorzüge herausstreicht, die Dell zu bieten hat.

Auf diese Weise nutzen wir die Internet-Technologie so, dass sie uns eine viel effektivere Art des Verkaufs ermöglicht, als wir sie jemals hatten. Wir haben diesen Vorgang online-fähig gemacht. Wir haben nicht mehr die Kundenbeauftragten, die Profanes äußern wie ‚Sagen Sie mir Ihren Postcode und ich schicke Ihnen dieses Zeugs‘. Ihre Zeit wird viel produktiver.

Im Ergebnis sind wir viel effizienter geworden. Der Kunde erhält einen schnelleren Zugang zu den Informationen, und wir sind unter den Mehr-Wert-Anbietern vorangekommen. Wir nutzen unsere Instrumente effektiver.

Ein anderes Beispiel dafür wäre unsere Website, genannt Web Talk. Sie hat jetzt zehntausende von registrierten Anwendern und ist eine Art von Online-Bulletin oder Chat-Room, mit der Ausnahme, dass er nur Dell-Anwendern offensteht. Darüber helfen eine Menge von Anwendern anderen bei der optimalen Nutzung ihrer Geräte. Es handelt sich dabei nicht um Themen wie ‚Meine Tastatur ist kaputt‘ oder ähnliches. Sondern mehr von der Art ‚Ich entwickle gerade diese komplizierte Software, und sie leistet nicht das, was ich mir vorgestellt habe. Hat irgendjemand eine Idee?‘ Jemand verschickt das und irgendeiner antwortet: ‚Oh, klar, das habe ich auch gemacht, hier ist etwas, wie es perfekt funktioniert‘.

Solche Sachen sind kein Ersatz und ersparen uns nicht die Notwendigkeit, dass wir mit unseren Kunden persönliche Gespräche führen oder Telefonkontakt haben, aber sie erhöhen die Effizienz dieser anderen Aktivitäten“.

Die Internet-Aktivitäten sind voll in alles integriert, was Dell macht. Eine Tatsache, von der Dell sagt, dass sie seinem Unternehmen zu einem Wettbewerbsvorsprung verhilft.

Unternehmen (Börsenkurzzeichen): Dell Computer Corporation (DELL)

Standort: Round Rock, Texas

Top-Manager: Michael Dell

Dell auf einen Blick: Dell Computer ist einer der weltweit führenden Hersteller von Personal Computern und die Nummer Eins bei den Computer-Direktvertreibern. In naher Zukunft erwartet das Unternehmen einen Verkaufsanteil von 50 % über Internet. Geführt vom Gründer Michael Dell (der dienstälteste CEO unter denen der größeren US-Computerfirmen), dem 16 % des Unternehmens gehören, verkauft es Hardware und vermarktet Software Dritter sowie Peripheriegeräte. Die Produkte umfassen Notebooks, PCs und Netzwerkserver. Dell vermarktet auch eine Vielzahl von Peripherie und Software für andere Hersteller. Etwa 90 % seiner Systeme werden an Wirtschafts- und Staatsunternehmen verkauft.

Finanzergebnisse 1998:
➢ Umsastz: 18,2 Mrd. US-$
➢ Nettoertrag: 1,5 Mrd. US-$

Gesamter aufs Jahr bezogener Aktionärsertrag:
➢ 1 Jahr: 249 %
➢ 5 Jahre: 153 %

„Nehmen wir an, Sie wären einer unserer Wettbewerber, die indirekt über Einzelhändler verkaufen. Wenn Sie im Internet präsent werden, dann ist das sogar schlechter als wenn Sie direkt verkaufen. Und zwar deshalb: Sagen wir, einer Ihrer Händler betreut Chrysler. Er verkauft denen pro Jahr tausende von Computern. Nun hat Chrysler eine ziemlich clevere Einkaufsabteilung, die sich irgendwann fragt, ob sie dieses Produkt nicht irgendwo anders kaufen kann. Und dann geht sie online und sieht, dass sie es von Ihnen, dem Hersteller, direkt über das Netz kaufen kann, und zwar um 45 US-$ billiger als bei dem Händler, der sie betreut. Glauben Sie, dass der Wiederverkäufer jemals noch Ihr Produkt an Chrysler verkaufen kann? Keine Chance.

Das ist also das Dilemma, in dem indirekt verkaufende Unternehmen gefangen sind. Sie müssen ihren Händler eliminieren, der 98 Prozent ihres Umsatzes bringt, um aus ihrer Zelle herauszukommen und mit dem direkten Verkauf zu beginnen".

Dieses Problem hat Dell offensichtlich nicht, was aber nicht bedeutet, dass das Unternehmen keine Fehler macht. Es macht sie. Aber wie bei allen Hochleistungsfähigen lernt es davon, um letztlich noch schärfer eingestellt zu werden.

„Wenn Sie in die späten 80er zurückgehen, da entwickelte Dell seine eigene Version von UNIX, was für unser Unternehmen eine sehr ungewöhnliche Sache war", sagt der Chairman. „Zu jener Zeit schien es eine ziemlich gute Idee zu sein, aber sie stellte sich als geradezu grauenhafte Verschwendung von Ressourcen und Zeit heraus.

Wir waren auch die erste größere PC-Unternehmung, die PCs über einen Weg verkaufte, der heute PC-Superstore-Channel heißt. Wir betrachteten das als eine Art Kreuzung aus Direktverkauf und traditionellem Einzelhandel. Bei dieser Entscheidung haben wir geschlafen. Die Leute erzählten uns, dass wir nur groß werden könnten, wenn wir nicht nur direkt verkaufen würden, und wir glaubten ihnen. Sie lagen falsch, aber wir hörten auf sie. Das war ein riesiger Fehler. Glücklicherweise wurde das nie ein großer Teil unseres Geschäfts. Als wir das endlich loshatten, steigerte es sicher unser finanzielles Ergebnis. Noch wichtiger war aber die daraus resultierende Klärung der Unternehmensstrategie. Wir verkaufen direkt. Und diese Klarheit hat sich als geradezu ehrfurchtseinflößend erwiesen. Sie hielt uns davor zurück, in fünf verschiedene Richtungen zu laufen. Wir wurden unglaublich fokussiert".

Das Ergebnis ist eine tatsächlich sehr helle Zukunft.

Bob Eaton
(DaimlerChrysler)

„Sie möchten kein Manager, Sie möchten ein Führer sein".

Die Autoindustrie war schon immer zyklisch gewesen. Aber irgendwie trafen solche Wirtschaftszyklen Chrysler – den kleinsten der „Großen 3" unter den Detroiter Autoherstellern – immer am härtesten.

Die staatlichen Darlehensgarantien in den frühen 80ern waren dafür das wichtigste Beispiel. Aber das Unternehmen hatte schon vorher in zahlreichen Schwierigkeiten gesteckt. Deshalb bot uns Robert J. Eaton auf die Frage nach seinen Zielen nach seinem Eintritt bei Chrysler 1992 eine Antwort, die Insider zum Lächeln brachte. Eaton, der seine gesamte Karriere bei GM zubrachte, sagte, dass eines seiner Ziele war, „der erste Chairman von Chrysler zu werden, der das Unternehmen nie vom Rand des Bankrotts zurückbringen muss. Ich wollte uns auf der entgegengesetzten Seite haben, als das finanziell stabilste Autounternehmen der Welt".

Karriere
1998 – Heute: Chairman und Co-CEO, DaimlerChrysler Corporation
1993 – 1998 Chairman und CEO, Chrysler Corp.
1992 – 1993 Vice Chairman und COO, Chrysler
1988 – 1992 President, General Motors Europe
1982 – 1988 Vice President und Group Executive, GM
1979 – 1988 Assistant Chief, Oldsmobile Division
1976 – 1979 Chefingenieur für Autos, GM
1974 – 1976 Ingenieur-Stab, GM

Ausbildung
B.Sc. Maschinenbau, Universität von Kansas, 1963

Familie
Verheiratet mit Connie, zwei Söhne

Geboren am 13. Februar 1940 in Buene Vista, Colorado

Schon vor der Fusion 1998 mit Daimler-Benz, dem Hersteller von Mercedes-Benz, war Eaton nah an diesem Ziel. Die Daimler-Führungskräfte führten sogar verschiedentlich die Leistung Eatons als einen der Gründe an, warum sie mit Chrysler fusionieren wollten. Heute ist Eaton Chairman und Co-CEO der neuen DaimlerChrysler.

Es ist nicht schwierig zu erkennen, warum Daimler-Benz Chrysler so attraktiv fand. In der Automobilindustrie bedeutet Image nicht alles, doch es ist sicher sehr wichtig. Schon die reine Anwesenheit Eatons bedeutete eine Botschaft. Erstens erwartete von ihm jeder eine Ausweitung der internationalen Präsenz von Chrysler, weil er der frühere Chef von GM-Europa war. Südostasien und Südamerika sahen besonders vielversprechend aus. Die Tatsache, dass Chrysler dabei war, seine Exporte zu verstärken, war kein Nachteil für Mercedes.

Zweitens ist Eaton ein „Autonarr". Er besitzt vier Wagen und wird solange Sie wollen darüber reden, warum es so viel Spaß macht, seine beiden Dodge Vipers, den Plymouth Prowler Coupé und den Jeep Wrangler (komplett mit Gewehraufsatz) zu fahren.

All diese Autos ziehen die verliebten Blicke von Autofans auf sich, und sie bilden auch Elemente der Erklärung dafür, warum das Durchschnittsalter der Chrysler-Kunden heute viel niedriger liegt als beim Amtsantritt von Eaton. Auch das war attraktiv für Mercedes, das jetzt das jüngere Publikum hofieren möchte.

Schließlich ist Eaton ausgebildeter Ingenieur, womit erklärt ist, warum nach den Worten eines US-Analysten „Chrysler mehr als jeder andere Autohersteller, ob inländisch oder ausländisch, seinen Produktentwicklungsprozess zu einer wirksamen Waffe im Wettbewerb geschmiedet hat". Beispielsweise brauchte der Intrepid 1993 39 Monate von der Konzeption bis zum Verkauf. Der 98er Durango SUV (Sport Utility Vehicle) benötigte 23 Monate. Der Branchendurchschnitt liegt bei 30 Monaten. Auch die Deutschen sind wegen ihrer Leidenschaft für Ingenieurwesen und Effizienz bekannt.

Wie es Maryann Keller, Autobranchen-Analystin bei Fuhrman Seltz, vor der Fusion ausdrückte: „Chrysler ist deutlich der Beste im amerikanischen Trio hinsichtlich Befähigung, Kostenstruktur und Schaffung neuester Produkte".

Wenn Einkäufer in einen neuen Markt gehen, dann holen sie zuerst die beste Ware. Also kein Wunder, dass Daimler zu Chrysler kam, als sie nach einem amerikanischen Partner suchten.

Die Fusion war eine Überraschung. Aber sie stimmte völlig mit dem überein, was Eaton gesagt hatte, seitdem er CEO wurde. In Reden und Interviews hebt er hervor, „Ich möchte bekannt werden als jemand, der das beste Team von allen Unternehmen in der Welt hat, ein Team, das sich darauf konzentriert, Fahrzeuge zu bauen, die Menschen kaufen und an denen sie sich erfreuen wollen".

Das würde sich auch nach der Fusion mit Mercedes nicht ändern, wie er den Mitarbeitern von Chrysler vermitteln konnte.

„Ich habe natürlich von Anfang an gedacht, dass die Fusion eine großartige Sache für das Unternehmen sein würde, aber ich glaubte, dass es etwas schwieriger sein könnte, unsere verschiedenen Interessengruppen davon zu überzeugen. Aber das war nicht der Fall. Vom ersten Tag an fanden unsere Gewerkschaften Gefallen daran, unsere Mitarbeiter und auch unsere Händler. Im Grunde genommen zeigten alle Interessengruppen eine sehr, sehr positive Resonanz".

> *„Ein Führer ist jemand, der eine Gruppe von Menschen zu einem Ort bringen kann, von dem sie dachten, dass ihn nicht erreichen könnten".*

Wie es sich für einen Ingenieur ziemte, zog Bob Eaton einen genauen Konstruktionsplan hervor, als er darüber nachzudenken begann, was für den Erfolg von Chrysler nötig war.

„Wir legten unsere Haupterfolgsfaktoren fest, und welche Art von Überzeugungen und Werten wir als Unternehmen wünschten, und wir haben uns seit ungefähr sechs Jahren genau daran gehalten", erklärt er. „Wir entschieden, dass der Zweck dieses Unternehmens die Herstellung von Personen- und Lastkraftwagen sein sollte, die Leute kaufen, gerne fahren und wieder kaufen werden. Wir setzten uns als Ziel, mit dem Jahr 2000 das Automobilunternehmen Nummer Eins in der Welt zu sein.

Jeder in diesem Unternehmen versteht jetzt, wohin wir gehen und wie wir dahin gelangen wollen. Wir glauben nicht an Schlagworte oder an das Aufhängen von Sprüchen, weil jeder sie kennt. Wir verinnerlichen sie".

Im weitesten Sinne war es das Ziel, ein Unternehmen um das Konzept der laufenden Verbesserung herum zu bauen. Während

das unverbindlich klingt, ist die Art, wie Chrysler diese Idee ver-
wirklichte, alles andere als unverbindlich.

„Ich bin stark davon überzeugt, dass Sie sich über fünf, und nur
fünf, Sachen Gedanken machen sollten, gleich in welchem Geschäft Sie tätig sind. Ich sage immer, was die sechste Sache auch
sein sollte, sie wird niemals so weit oben auf der Prioritätsliste
stehen, um daran zu arbeiten.

Das Wichtigste ist das Produkt, und das gilt für jedes Unter-
nehmen, auch wenn Sie ein Dienstleistungsunternehmen haben.
Da ist, ganz offensichtlich, der Service das Produkt. Dann gibt es
Kosten, Qualität, Kundenzufriedenheit und Menschen. Und wir
messen laufend, wie gut wir in jeder dieser fünf Kategorien sind.
Beim Produkt gibt es beispielsweise eine Menge verschiedener
Maßstäbe. In unserem Geschäft haben wir jede Menge Wettbe-
werbe und Auszeichnungen, und wir betrachten auch die Vorlie-
ben der Kunden. Wir verwenden eine Zusammenfassung all dieser
Maßstäbe bei der Produktmessung".

Diese fünf Maßstäbe bewegen alles bei Chrysler, einschließlich
der Organisationsweise, auch wenn das Unternehmen jetzt Teil
von DaimlerChrysler ist. Das können Sie sehen, wenn Sie einen
Blick auf die Arbeit der Produktentwicklungsabteilung werfen.

„Wir sind in Plattform-Gruppen mit Vertretern aus allen Fach-
richtungen organisiert – Marketing, Produktion, Produktvorberei-
tung, Gestaltung, Beschaffung und Verkauf – jeder ist vertreten.
Und bereits ganz früh einigen wir uns als Unternehmen auf die
Hauptentscheidungen und schließen tatsächlich einen Einseiten-
vertrag mit einer Gruppe von Leuten, das können von 80 wie beim
Prowler (ein Sportwagen) bis zu 1.000 Leuten sein, die auf einer
größeren Plattform arbeiten, an einem unserer großvolumigen
Fahrzeuge".

Der Vertrag über die Produktionsarbeiten ist aber in allen Fällen gleich. „Er wird 12-Fächer-Graph genannt", sagt Eaton. „Es
gibt buchstäblich zwölf kleine Fächer auf diesem Stück Papier, die
alles abdecken, von der Treibstoff-Ökonomie, der Aerodynamik,
dem Kostenrahmen, der Gesamtprofitabilität, der Investition und
dem Gewicht bis zu den Spaß-am-Fahren-Zielen. Letztere umfassen Dinge wie die Fahreigenschaften, die Handhabung und die
Laufruhe des Fahrzeugs. Wir stimmen uns zu Beginn darüber ab,

und so lange die Gruppe innerhalb der Parameter dieses Graph bleibt, müssen sie nicht auf das übergeordnete Management zurückkommen. Sie können alles alleine durchführen.

Das bewirkt nun zwei Dinge. Nummer eins: Es bringt die Zeit herunter – sie müssen nicht dauernd wegen Zustimmung und Finanzierung zur Zentrale kommen. Aber noch wichtiger ist, dass es ein Gruppenprojekt wird. Sie müssen nicht über ihre Schulter blicken, um zu sehen, ob wir irgendetwas ändern werden, oder sie laufend überprüfen. So lange sie innerhalb dieser Parameter bleiben, ist es ihr Programm. Und ganz augenscheinlich strengen sie sich an, darin zu bleiben, damit wir ihnen nicht über die Schulter sehen.

Unternehmen (Börsenkurzzeichen): DaimlerChrysler Corporation und DaimlerChrysler AG (DCX)
Standorte: Stuttgart, Deutschland, und Auburn Hills, Michigan
Top-Manager: Robert James Eaton, Chairman und Co-CEO
Jürgen E. Schrempp, Chairman und Co-CEO

DaimlerChrysler auf einen Blick: DaimlerChrysler, 1998 zustandegekommen durch die Fusion von Chrysler und Daimler-Benz, ist umsatzmäßig der drittgrößte Fahrzeughersteller der Welt nach General Motors und Ford. (Er ist Fünfter nach verkauften Fahrzeugen). Die Kombination mit Daimler – Hersteller von Mercedes – gibt Chrysler einen großen Antrieb in der internationalen Arena, während Daimler von dem breiten Produktspektrum, dem Marketing-Know-how, der Produktionseffizienz und dem US-Händlernetz profitiert.

Finanzergebnisse 1998:
➤ Umsatz: 122,4 Mrd. US-$
➤ Nettoertrag: 6,1 Mrd. US-$

Gesamter aufs Jahr bezogener Aktionärsertrag:
➤ 1 Jahr: 35 %
➤ 5 Jahre: 18 %

Auf diese Weise haben wir im Grunde das obere Management bei der täglichen Arbeit ausgeschaltet. Wir lassen die Gruppe arbeiten".

Diese permanente Konzentration auf das, was wichtig ist, beherrscht inzwischen alles, was das Unternehmen tut.

„Der größte Fehler, den Chrysler in den letzten zehn oder zwölf Jahren gemacht hat, passierte allen in der Branche, aber möglicherweise hat er uns am meisten betroffen", sagt Eaton. „Der Fehler lag in der Diversifikation. Die Vorstellung war, dass in einer zyklischen Branche mit mehreren verschiedenen Geschäftsbereichen ein Ertragsausgleich möglich sein müsse, wenn Sie in andere Geschäftsfelder diversifizieren, und nicht ganz die Ertragsschwankungen haben wie im zyklischen Automobilgeschäft üblich.

Aber in Wirklichkeit hatten wir in vielen unserer Geschäftsbereiche weder die Kompetenz noch die Größenordnung, um so konkurrenzfähig zu sein, wie es notwendig gewesen wäre. Und so sind wir, in unserem Fall, wieder umgekehrt".

Das Unternehmen, das Gulf Stream Aviation verkaufte, bevor Eaton kam, ging auch aus dem Rüstungsgeschäft und der Autovermietung und den Finanzdiensten (mit Ausnahme der Finanzierung von Pkw und Lkw) heraus.

„Wir haben einen Fokus auf unser Kerngeschäft – und wir haben sogar die vertikale Integration bei diesem Kerngeschäft reduziert – und ich denke, diese gemeinsame Richtung hat einen sehr, sehr positiven Effekt gehabt".

Die Entscheidung über einen Richtungswechsel in der Unternehmung ist typisch dafür, wie Eaton die sich stets wandelnde Rolle des CEO betrachtet.

„Ich glaube, dass sich die Arbeit des Chief-Executive sehr dramatisch verändert hat. Zuerst einmal gibt es einen großen Unterschied zwischen Managen und Führen, und ich glaube, wenn Sie 20 Jahre zurückgehen, da haben die meisten Leute, die ein Unternehmen leiteten, gemanagt. Jetzt, meine ich, werden Menschen an der Spitze großer Unternehmen nicht viel Zeit für Management aufbringen, oder sie sollten es wenigstens nicht. Ihre Hauptzeit sollte sich auf Führung ausrichten. Die Welt ist sehr viel wettbewerbsintensiver und wandelt sich schneller, so dass den

Führungskräften nicht genug Zeit für das Managen, Kontrollieren und Ergebnisberichte bleibt. Sie müssen sich auf Visionen, Anschauungen, Werte, die Inspiration von Menschen und das Aufbrechen von Blockaden konzentrieren, um mehr erreichen zu können".

Das ist es, was bei Chrysler unter Eaton geschah. Und nachdem nun aus dem Unternehmen DaimlerChrysler wurde, ist es das Ziel, dies noch einmal zu tun. (*Anmerkung des Übersetzers: Eaton ist Ende März 2000 zurückgetreten*).

Michael Eisner
(Walt Disney)

„Wonach Sie wirklich streben sollten, ist Verzauberung, nicht Perfektion".

Michael Eisner erzählt eine Geschichte, die illustriert, wie hoch das öffentliche Interesse an ihm und der Walt Disney Company als zweitgrößtem (hinter Time Warner), aber bekanntestem Medien- und Unterhaltungsunternehmen der Welt ist.

Sie ereignete sich 1994, einem ungewöhnlich schwierigen Jahr für das Unternehmen, angefangen mit dem tragischen Tod von Eisners langjährigem Geschäftspartner, Disney-President Frank Wells; über den Rückzug vom Disney-Projekt „America", ein in Virginia geplanter historischer Themenpark, gegen den sich die Öffentlichkeit empört hatte, bis hin zu Eisners vierfacher Bypass-Operation.

„Während ich noch ganz fertig von diesem Eingriff war, erfuhr ich, dass ein Redakteur einer dieser Hollywood-Zeitschriften eine Reporterin zu mir schicken würde, die vorgeben sollte, dass sie Krankenschwester am Cedars-Sinai-Krankenhaus in Los Angeles sei, um in mein Zimmer zu gelangen und mich zu interviewen. Am folgenden Tag, als die Reporterin in ihr Büro kam, fragte sie der Redakteur ‚Haben Sie die Geschichte bekommen?'.

Karriere
1984 – Heute: Chairman und CEO, Walt Disney Company
1976 – 1984 President und COO, Paramount Pictures (Gulf + Western)
1976 Senior Vice President, Prime Time Production and Development, ABC
1975 – 1976 Vice President, Programmplanung und -entwicklung, ABC
1971 – 1975 Vice President, Tagesprogramm, ABC
1968 – 1971 Manager für Specials und Talente, Programmentwicklungsdirektor Ostküste, ABC
1966 – 1968 Landesprogramm, ABC
1964 – 1966 Programmabteilung, CBS

Ausbildung
Bachelor of Arts, Denison-Universität, 1964

Familie
Verheiratet mit Jane Breckenridge; Kinder: Breck, Eric, Anders

Geboren am 7. März 1942 in Mt. Kisco, New York

‚Nein‘, sagte sie, ‚Ich wurde vom Arzt der *L.A. Times* rausgeworfen‘“.

Es ist eine der Folgen von Eisners und Disneys bemerkenswertem Erfolg, dass die ganze Welt jeden Zug dieses Unternehmens zu beobachten scheint. Weil die nationalen Medien und verschiedensten Interessengruppen ihnen so auf den Fersen sind, werden Fehlschläge des Unternehmens übertrieben. Und Disney wird an einem höheren Standard gemessen, weil die Qualität seiner Dienstleistungen und Produkte als garantiert gilt.

Aber viele Leute neigen dazu, zu vergessen, dass dies nicht immer so war. Als Eisner 1984 zum Chief Executive Officer ernannt wurde, nachdem er gerade Paramount Communications als President und Chief Operating Officer verlassen hatte, war Walt Disney Co. eine kleine und in Problemen steckende Trickfilm- und Themenpark-Gesellschaft. Disneyland und Disney World liefen schlecht und Filmhits gab es nur noch als ferne Erinnerung. Beutejäger aus der Wall Street wollten das Unternehmen kaufen und in Stücke aufteilen.

Über die letzten 15 Jahre führte Eisner Disney zu einer machtvollen Renaissance und steigerte den Börsenwert des Unternehmens von ungefähr 3 Mrd. US-$ auf heute über 70 Mrd. US-$. Dies geschah durch die Wiederbelebung des Trickfilms mit Hits wie *Die kleine Meerjungfrau, Aladdin, Der König der Löwen, Toy Story, Mulan* und *Das Leben eines Käfers*. Eine neue Film-Division, Touchstone, wurde geschaffen, um Filme zu produzieren, die nicht als „Nur für Erwachsene geeignet“ eingestuft wurden. Die Themenparks wurden erheblich aufgerüstet und bereichert durch zusätzliche Attraktionen, so z. B. die Eröffnung des jetzt sehr erfolgreichen Disneylands Paris, das kürzlich freigebene Königreich der Tiere und die Disney-Kreuzfahrt-Linie. Die ganze Zeit über wurden tausende von neuen Hotelzimmern in den Themenparks geschaffen, so dass Besucher beliebig lange bleiben konnten. Hunderte von Disney-Läden kamen hinzu, in denen sowohl das breite Feld der Verkaufsprodukte des Unternehmens angeboten, als auch im Verbund kommende Angebote auf Großleinwand oder über den Kabelkanal von Disney gezeigt werden.

Der größte Schachzug von Eisner war 1995 der Erwerb von Cap Cities/ABC für 19 Mrd. US-$, mit dem sowohl ABC Television Network als auch eine der Kronjuwelen des Kabelfernsehens, der starke Sportsender ESPN, hinzugefügt wurden.

Disney ist auch aggressiv ins Buch- und Zeitschriftenverlagsgeschäft eingestiegen, ins Internet (mit Disney Online, ESPN.com und mit Infoseek-Partner GO.com), in den Sport (mit Mannschaften wie die Mighty Ducks und Anaheim Angels) und ins Theater, mit *Die Schöne und das Biest* und *Der König der Löwen* am Broadway.

Jenseits der Expansion dieser Geschäftsbereiche hat Eisner jedoch am meisten Respekt für etwas verdient, was bisher noch nie im Unterhaltungsgeschäft geschehen war – tatsächlich Synergien quer durch alle Geschäftsfelder zu schaffen. Während das Wort Synergie oft (und zu Recht) als Manager-Schlagwort belächelt wird, zeigt die Art, wie Disney neue Zeichentrickfilme mit Unterstützung und Promotion aller Geschäftseinheiten auf den Markt bringt, wie ein solches Konzept umgesetzt werden sollte.

> *„Nichts bewegt mehr, als über neue Ideen nachzudenken und zu reden".*

Eine der Fragen, für die Peter Drucker berühmt ist, lautet: „In welchem Geschäft sind Sie (wirklich) tätig?" Wir stellten Michael Eisner diese Frage in einem leicht veränderten Gewand: „Wen sehen Sie als Wettbewerber an?"

Eisners Antwort erhellt in hohem Maß Disneys Erfolg. „Ich meine, jeder in der Freizeitindustrie, im Bildungsbereich oder im Geschäft mit der verfügbaren Zeit der Menschen ist Wettbewerber", beginnt er. „Es kann eine Filmgesellschaft sein. Es kann eine Musik- oder eine Rundfunk- und Fernsehgesellschaft sein. Es kann eine Internetfirma sein. Es kann ein Hardware-Produzent sein, der Neigung hat, in die Software zu gehen. Es kann Microsoft oder eine Telefongesellschaft sein. Jeder scheint zu verstehen, dass Unterhaltung wichtig ist, und deshalb gibt es eine Menge Leute, die mit uns im Wettbewerb stehen. Jede Branche steht im Wettbewerb um die Zeit der Menschen, ob die nun in ein Einkaufszentrum oder zu einer Sportveranstaltung gehen. Aber wir

kennen, anders als Pepsi-Cola mit Coca-Cola als Hauptkonkurrenten, nicht den Luxus, nur einen einzigen Wettbewerber zu haben".

Und diese Konkurrenten können von überall her kommen. „Einige unserer größten Konkurrenten sitzen *nicht* in den Vereinigten
Staaten, wie Bertelsmann, Newscorps und Polygram. Dann gibt es
einige Hauptkonkurrenten in den Vereinigten Staaten wie Time
Warner. Aber jedes Unternehmen, das Leute unterhält oder informiert, stellt für uns Wettbewerb dar".

Wie gehen Sie mit diesem Wettbewerb um? Eisners Antwort:
„Wir haben einen Mehrfrontenkrieg. Als Unternehmen haben wir
entschieden, dass wir mit den Menschen an zwei Orten zu tun
haben können – zu Hause und außerhalb. Außerhalb umfasst den
Besuch von Sportveranstaltungen, Konzerten, Broadway-Shows
wie auch Kinos und Vergnügungsparks. Zu Hause ist es das Fernsehen und der Einfluss durch Computer und TV. Ich denke, wenn
wir auch zukünftig bedeutend sein wollen, nicht ein Dinosaurier,
dann müssen wir Marktführer in allen diesen Bereichen und Tech-
nologien sein, einschließlich Internet. Das Internet ist ein sehr
wichtiger Ort für Unterhaltung, Ausbildung und Kommunikation.
Also erklärten wir es zur strategischen Priorität für das Unternehmen. Und da die Welt ziemlich schrumpft, sehen wir zu, überall
zu sein. Ein Disney-Themenpark in China mag bis zu unserem
150. Jubiläum (das sich im späten 21. Jahrhundert ereignen wird)
keine Goldgrube sein, wahrscheinlich wird das aber doch viel eher
schon eintreten".

Wie klar Eisner verstanden hat, in welchem Geschäft er tätig
ist, erweist seine Antwort auf eine andere von Drucker angeregte
Frage. Zahllose Unternehmensführer haben Druckers Satz „Was
messbar ist, wird gemessen" zu ihrem Motto erklärt. Und wenn
ein typischer Manager gefragt wird, was er misst, dann antwortet
er: Verkauf pro Mitarbeiter, Umsatzwachstum, Aktionärsertrag
und Kundenzufriedenheit.

Als wir jedoch Eisner fragten, sagte er: „Das erste, was ich
messe, ist Inhalt. Ich möchte wissen ‚Wie gut ist die Show? Wie
unterhaltsam der Film? Wie schmeckt das Essen im Park?' Ich
konzentriere mich wie besessen auf das Produkt, weil ich während

der Jahre in meinem Geschäft gelernt habe, dass ein Spitzenerzeugnis in unserer Branche all unsere Inkompetenz beseite fegt. Wenn Sie also dafür sorgen können, dass irgendetwas zum großen Hit wird, dann ist das der beste Weg, um sich durch ein Problem, das Sie haben, hindurchzubeißen. Genauso wird ein heutiges ökonomisches Problem aufhören, ein ökonomisches Problem in unserer Branche zu sein, wenn es sich auf der Basis einer Sache entwickelt, die wirklich gut ist.

Warum ist das der Fall? Weil Sie Mundpropaganda haben und weil Qualität sich am Ende immer durchsetzt. Deshalb ist unser Thema Nr. 1, vielleicht unser einziges Thema, das wir tagein, tagaus bewerten, die Qualität unserer Produkte. Und wenn wir über Qualität sprechen, dann beziehen wir darin alles von der Behandlung des Publikums in unseren Parks und Hotels bis zur Freude der Betrachter von Filmen, Fernsehprogrammen, Büchern, Zeitschriften und Websites mit ein.

Natürlich gibt es eine Reihe von anderen Faktoren, die wichtig sind, alles von der finanziellen Verantwortung bis zu verschiedenen menschlichen und weiteren Dingen, die uns zu dem Unternehmen machen, das wir sein wollen. Doch wenn Sie ganz genau herausbekommen wollen, was unser Überleben und Wachstum sichert, dann müssen Sie fragen, ob wir die letzte Anstrengung mit der Broadway-Show *Der König der Löwen* unternommen haben. Sind wir die „letzte Meile" beim Königreich der Tiere gegangen? Oder beim Disneyland Paris? Das sicherzustellen, darum dreht sich alles.

Manchmal sind wir überrascht, dass etwas, das wir für großartig halten, von niemand anderem geschätzt wird. Oder es gibt wiederum Fälle – sehr viel seltener –, dass etwas, das wir für schrecklich hielten, von der Öffentlichkeit akzeptiert wird. Aber im Großen und Ganzen können wir ziemlich klar festlegen, ob wir gute Arbeit geleistet haben, wenn wir uns von peripheren Einflüssen lösen und uns keine Sorgen darüber machen, was die Presse denken wird".

Interessanterweise wird Disney, aufgrund seiner vergangenen Erfolge, auf einen höheren Standard verpflichtet. Eisner sieht darin kein Problem.

„Auf der einen Seite werden wir definitiv auf einen höheren Standard festgelegt und wir müssen uns dessen bewusst und vorsichtig sein. Auf der anderen Seite dürfen wir uns davon nicht lähmen lassen. Wenn wir uns nämlich lähmen ließen, würden wir nichts tun, und all unsere Produkte wären langweilig und geistlos. Deshalb würden Sie erstaunt sein, wie weit wir gehen, bis wir sagen, das ist nicht angemessen. Ich meine damit nicht Dinge wie überflüssige Gewalt oder Sex. Aber es gibt immer eine feine Grenzlinie zwischen dem, was für das Unternehmen angemessen ist und was nicht, weil wir wissen, dass alles, was wir tun, immer mit der Lupe untersucht wird.

Außerdem bedeutet Qualität – und das ist etwas, was ich von (dem Filmproduzenten und Regisseur) George Lucas gelernt habe – nicht Perfektion. Die Kosten für Perfektion werden Sie aus dem Geschäft werfen. Wonach Sie streben sollten ist Verzauberung, nicht Perfektion".

Sich voranbewegen

Bei dem hohen Leistungsprofil von Eisner und Disney und aus der Tatsache heraus, dass es keinen Nachfolger gibt, wird seit Jahren spekuliert, wer Eisner als nächster CEO des Unternehmens ersetzen wird. Offensichtlich ist Eisner nicht bereit, Namen zu nennen, aber er erläutert gerne die Merkmale, die er für notwendig erachtet.

„Ich hoffe, dass Disney immer versuchen wird, seine Top-Leute von der kreativen Mannschaft des Unternehmens zu holen. Gleichzeitig werden diese eine gute Kenntnis der Finanzen benötigen. Total kreativ zu sein und kein finanzielles Verständnis zu haben, stellt ein Problem dar. Ich meine, um so unternehmerischer und kreativer Sie als Chief Executive sind, umso besser, solange Sie eine Art finanzielles Gehäuse um sich herum haben".

Das trifft auf jedes Unternehmen zu, sagt Eisner, nicht nur auf solche in der Unterhaltungsbranche. „Ich glaube, dass selbst in der profansten Branche, die je Sie finden können, immer interessante Produkte geboten werden, wenn die führenden Personen kreativ sind".

Unternehmen (Börsenkurzzeichen): The Walt Disney Company (DIS)
Standort: Burbank, Californien
Top-Manager: Michael Dammann Eisner

Walt Disney auf einen Blick: Disney ist der zweitgrößte Medien- und Unterhaltungskonzern der Welt (nach Time Warner). Das Unternehmen besitzt Anteile an Film- und Fernsehproduktionen (mit der Buena Vista Motion Pictures Gruppe, Buena Vista Television und Miramax Film), Themenparks (mit Königreich der Tiere, Disneyland, Disneyland Paris, Epcot Center und dem am häufigsten besuchten Themenpark Nordamerikas, Disney World), Verlagsgesellschaften (Disney Press, Hyperion Press und Mouse Works), eine neue Kreuzfahrtlinie, ein größeres Internetgeschäft, Buena Vista Interactive (Disney Online, ESPN.com, Infoseek, Starwave und GO.com) und Konzessionen im Profi-Sport (an der Eishockey-Mannschaft von Mighty Ducks Anaheim und einen Anteil an der Baseball-Mannschaft von Anaheim Angels). Die ABC Fernseh-Division von Disney umfasst das ABC Fernsehnetz, mehrere Dutzend Fernsehstationen und das Eigentum bzw. Anteile von fünf Kabelkanälen, nämlich ESPN, The Disney Channel, A&E, Lifetime und den History Channel. Disney produziert auch Musikaufnahmen und betreibt eine Verkaufskette mit mehr als 600 Läden.

Finanzergebnisse 1998:
➤ Umsatz: 23 Mrd. US-$
➤ Nettoertrag: 1,7 Mrd. US-$

Gesamter aufs Jahr bezogener Aktionärsertrag:
➤ 1 Jahr: - 8 %
➤ 5 Jahre: 17 %

Doch gleich welche Branche, argumentiert Eisner, was den Erfolg bestimmt, wird immer dasselbe bleiben. „Es läuft wirklich darauf hinaus, dass Sie nach höchster Leistung bei allem streben müssen, was Sie machen. Wenn Sie Soap-Operas machen, dann machen

Sie die beste aller denkbaren Soap-Operas. Wenn Sie ein Spielzeug herstellen, dann das bestmögliche Spielzeug. Wenn Sie der
Coach des Fußball-Teams Ihres Sohnes sind, dann seien Sie der
beste Coach, der Sie sein können.

Mit anderen Worten: Streben Sie nach Höchstleistung auf allen
Gebieten, in denen Sie in Ihrem Leben jeweils tätig sind. Wenn
Sie das tun, denke ich, werden Sie letztlich viel mehr ausrichten".

Don Fisher
(The Gap)

Die Gap-Erfolgsformel ist so einfach wie das Einmaleins: Glück, gesunder Menschenverstand und Bescheidenheit.

„Fall into the gap" („Fall in die Lük-ke"): Wenn Sie in einem bestimmten Alter sind, haben sie vielleicht diese vier Worte gehört, stündlich, wie es schien, von einer dröhnenden Basstimme gesungen, als sie in Ihrer Jugend eine von den „Top 40" Rockmusikstationen eingeschaltet hatten. „Fall into the gap" war eine Formulierung, der man fast nicht entgehen konnte.

Das Konzept hinter diesem Slogan war noch schlauer als der Name. (Er ist eine Anspielung auf den Begriff „Generationslücke"). Hier sollte zum ersten Mal ein riesiges Kaufhaus entstehen, das sich dem Verkauf des Herzstücks der Gegenkultur gewidmet hatte – den Bluejeans. Reihe über Reihe nur Bluejeans.

Karriere
1995 – Heute: Gründer und Chairman, Gap Inc.
1969 – 1995 Gründer, Chairman und CEO
1957 – 1969 President, Fisher Property Investment Co.
1950 – 1957 Partner, M. Fisher & Son

Ausbildung
Bachelor of Science, Universität von Kalifornien, 1950

Familie
Verheiratet mit Doris Feigenbaum; Kinder: Robert, William, John

Geboren am 3. September 1928 in San Francisco, Kalifornien

Das Kaufhaus war augenblicklich ein Hit. Davon ausgehend fügten Don Fisher und sein Management-Team noch andere Bekleidungsketten hinzu – wie GapKids, Old Navy und Banana Republic –, während das Unternehmen rund um die Welt bis zu dem Punkt wuchs, an dem es sich heute als ein kraftstrotzendes 9-Milliarden-Dollar-Unternehmen des Einzelhandels präsentiert.

Fisher, der im Immobiliengeschäft begann, gab Ende 1995 den CEO-Titel an Millard (Mickey) Drexler ab, allgemein bekannt als einer der besten Kaufleute des Landes. Heute konzentriert sich

Fisher auf die Grundstücks-Holding von Gap, die langfristige Strategie und das Wachstum der Unternehmensmarken, sowohl international wie auf dem heimischen Markt.

Schritt 1: Glück

Als wir ihn nach der langfristigen Vision fragen, die er von seinem Unternehmen hatte, als er es vor drei Jahrzehnten gründete, lacht Donald Fisher nur.

„Was für eine Vision?" fragt er. „Fünf Umstände kamen zusammen, bevor ich meinen ersten Laden überhaupt eröffnen konnte. Wenn einer von diesen Fünf nicht eingetreten wäre, hätte es Gap wahrscheinlich nie gegeben.

Ich bin im Grundstücksgeschäft groß geworden, indem ich zuerst mit meinem Vater zusammengearbeitet habe und mich dann auf eigene Füße stellte. Als ich mein eigenes Unternehmen startete, begann ich mit dem Erwerb alter Hotelmietverträge. In einem der ersten, die ich erwarb (in Sacramento), hatte Levi Strauss ein kleines Geschäft. Eines Tages kaufte ich von dem Verkäufer dort einige Kleidungsstücke, aber ich kaufte die falsche Größe. Ich ging zu Macy's und versuchte, sie umzutauschen, aber das Umtauschverfahren war schrecklich".

Die Erfahrung mag schrecklich gewesen sein, aber sie stieß einen Gedanken an. Es musste einen besseren Weg geben, um Levi's zu verkaufen. Fisher entschied, dass er ein (selbsternannter) Franchise-Nehmer von Levi's werden wollte.

„Wenn ich also nicht dieses Hotel gekauft, und Levi's dort keinen Laden gehabt hätte, oder wenn ich niemals Kleidung von dem Verkäufer gekauft oder wenn sie gepasst oder wenn Macy's eine gute Bluejeans-Abteilung gehabt hätte, dann wäre Gap möglicherweise niemals entstanden. Ich hatte eher Glück als Verstand". Oder die alles überspannende Vision, um eine der bestbekannten Marken des Landes zu werden.

Schritt 2: Gesunder Menschenverstand – Teil 1

> „Ich spiele nicht in Kasinos. Aber im Geschäftsleben spiele ich immer. Jedes Kaufhaus ist ein Glücksspiel. Zu verlieren gefällt mir weit weniger als zu gewinnen."

Warum ein Kaufhaus eröffnen, das nichts als Bluejeans verkauft? Sie waren die offizielle Uniform der Baby-Boomer-Generation, was könnte es also Besseres geben? Für Fisher war das nichts als gesunder Menschenverstand.

„Ich denke, gesunder Menschenverstand bildet einen großen Teil des geschäftlichen Erfolgs. Sie können in irgendeiner Hinsicht brillant sein, aber wenn Sie nicht die richtigen Entscheidungen treffen, werden Sie Misserfolg haben. Ich hatte Erfahrung mit Grundstücken und Gebäuden, so dass ich wusste, wie ich unsere Kaufhäuser bauen musste. Und ich hatte ein gutes Gefühl für die richtigen Standorte sowie ein gut Teil Geschäftserfahrung".

So gefällig Fishers Einzelhandelskonzept auch war, so gab es doch zwei Probleme. Problem Nummer eins? Levi's vergab keine Franchises. Das, entschied Fisher, machte nichts. Er würde ein de-facto-Franchisenehmer werden, indem er nichts anderes auf Lager nahm als Levi's Produkte. „Ich dachte, Levi's wisse alles über Männerhosen. Das war alles, was sie zu jener Zeit herstellten".

Fisher kratzte 63.000 US-$ zusammen – fast alles Geld, das für die Ausbildung seines Sohnes gedacht war – und eröffnete The Gap.

Problem Nummer zwei. Fisher wusste überhaupt nichts vom Einzelhandel. „Ich holte einen Kerl zum Führen des Ladens, der ein Freund meines Vaters war. Er war kein Treffer, so dass ich ihn etwa einen Monat nach Eröffnung feuerte. Und dann fand ich mich in der Lage wieder, dass ich der Kaufmann und auch alles sonst noch war".

Schließlich sollte Fisher Drexler finden, der bei Ann Taylor gearbeitet hatte. „Bis Mickey vorbeikam, fand ich nie jemanden, der verstehen oder umsetzen konnte, was ich mit dem Geschäft vorhatte".

Gesunder Menschenverstand – Teil 2

Was wollte Fisher tun? Das Geschäft in einer Weise wachsen lassen, die Sinn machte.

„1974, fünf Jahre nachdem wir das erste Geschäft eröffnet hatten, begannen wir, Levi's für Mädchen zu führen, ihre zweite Produktlinie, für Frauen. Wir dachten, Levi's würde nicht allzuviel über das Design von Frauenkleidung wissen. Also entschlossen wir uns, unsere eigene Linie zu entwickeln.

Wir hatten nicht viel Zeit, einen Namen auszudenken, also nannten wir unsere Frauenmarke „The Gap" Jeans und siedelten sie preislich niedriger an als die Levi's für Frauen (1980 ließen wir das „The" fallen).

Warum ein eigenes Label? Natürlich war die Skepsis gegenüber Levi's auf dem Gebiet der Damenmode nicht der volle Grund, oder?

„An diesem Punkt hatten wir Konkurrenz bekommen. County Seat (gehörte Super Valu) war ein Wettbewerber geworden, und Levi's hatten ein Konzept von Levi's-Läden gestartet. Unter diesem Blickwinkel entschied ich, dass ich mich von jedem anderen unterscheiden wollte, um einen Wettbewerbsvorteil zu haben. Nun, ich war nie auf eine Business-School gegangen und ich bin nicht sicher, dass ich das 1974 exakt in dieser Weise formuliert habe. Aber ich wusste, dass ich mich unterscheiden wollte. Ich wünschte mir, dass Kunden in unserem Kaufhaus Kleidung finden würden, die sie sonst nirgendwo bekämen, so dass ihre erste Wahl auf uns fallen würde.

Also reduzierten wir den Anteil von Levi's jedes Jahr ab 1974 um etwa 5 Prozent, und erhöhten den Anteil, den wir unter eigenem Namen verkauften, um denselben Prozentsatz. Es dauerte fast 20 Jahre, aber im Lauf des Jahres 1991 verkauften wir das letzte Paar Levi's".

Der ursprüngliche Plan bestand darin, dass die Gap-Linie etwas billiger verkauft würde als Levi's. "Unsere Strategie war, Sonderangebote anzubieten, wie sie es im Supermarkt gibt, wenn sie den Butterpreis für eine Woche senken und in der folgenden wieder erhöhen. Nun opponierten aber die Leute, die das Geschäft machten, gegen den Plan, weil sie das Niedrigpreis-Angebot so gut verkauften. Statt also den Preis für zehn Tage zu senken, ließen sie ihn für 20 oder 30 Tage unten und hoben ihn manchmal überhaupt nicht mehr. Und das machte mich verrückt.

Zum Schluss war das ganze Geschäft voll gelber Sonderangebotsschilder, und die Läden begannen, billig auszusehen. Es lief großartig, aber ich hasste das Geschäft. Ich mochte nicht das Konzept des Verkaufs auf Preisbasis. Wenn Sie nicht jemand wie Wal-Mart sind, können Sie das Spiel nicht gewinnen.

Ich wollte eher schlauer als billiger sein. Aber ich traf nie jemanden, der verstand, was ich wollte, bis Mickey zu uns kam. Zusammen knobelten wir aus, wie wir das machen müssten".

Unternehmen (Börsenkurzzeichen): Gap Inc. (GPS)
Standort: San Franzisko, Kalifornien
Top-Manager: Donald G. Fisher, Chairman; Millard „Mikkey" S. Drexler, CEO

Gap auf einen Blick: The Gap ist ein Branchenführer im Kleidungseinzelhandel, der über 2.300 Freizeitbekleidungsgeschäfte in den Vereinigten Staaten, Kanada, Frankreich, Deutschland, Japan und Großbritannien betreibt. Sein Flaggschiff Gap-Kaufhaus bietet eine große Vielfalt von männlicher und weiblicher Freizeitbekleidung (T-Shirts, Jeans, Khakis). Die anderen Ladenketten des Unternehmens sind GapKids, BabyGap, Banana Republic und Old Navy Clothing Co. The Gap ist vertikal integriert. Es entwirft, lässt produzieren und verkauft exklusiv über seine eigenen Geschäfte. Gründer und Chairman Don Fisher und seine Frau Doris besitzen 24 % des Unternehmens.

Finanzergebnisse 1998:
➢ Umsatz: 9,1 Mrd. US-$
➢ Nettoertrag: 825 Mio. US-$

Gesamter aufs Jahr bezogener Aktionärsertrag:
➢ 1 Jahr: 138 %
➢ 5 Jahre: 46 %

Schritt 3: Überprüfe Dein Ego an der Türe

Ebenso wie Fisher hart daran arbeitete, jeden Teil des Herstellungsvorgangs zu integrieren, bemühte er sich sicherzustellen, dass sein Unternehmen auch aus personeller Sicht voll integriert war.

„Ich denke, das Ego der Menschen ist ein großes Problem beim Betreiben eines Geschäfts. Ich habe nicht zugelassen, dass mein Ego mir im Weg war. Ich bin eher bereit, andere Leute das Lob für gute Ergebnisse einheimsen zu lassen, als mich selbst. Wenn ich mir alles selbst anrechnen würde, dann wäre das für die Person, die wirklich die Arbeit geleistet hat, sehr entmutigend. Wir hatten einen Fall, bei dem jemand eine unglaubliche Werbekampagne kreiiert hatte. Doch derjenige, der die Abteilung leitete, wollte alle Verdienste für sich einheimsen und gab nichts an den anderen ab. Der wirkliche Schöpfer der Kampagne kündigte deswegen. Und das war nicht richtig. Der Lohn muss an den gehen, dem er gebührt. Ich meine, es ist sehr wichtig, dass Menschen Anerkennung für das erhalten, was sie tun.

Ich muss die Ideen der anderen Leute genauso respektieren. Es gibt keinen Grund, nicht für Ihre Vorstellungen zu kämpfen, wenn Sie meinen, dass sie richtig sind. Aber wenn die Ideen der anderen Person besser sind, dann sollten Sie das akzeptieren und deren starker Befürworter werden".

Das ist etwas, was viele Menschen – vor allem gerade frischgebackene Masters of Business Administration – nicht begreifen können, sagt Fisher.

„Sie glauben, weil sie eine Business School absolviert haben, sind sie besser und klüger als andere, die bereits im Geschäftsleben stehen. Doch ich meine, gesunder Menschenverstand ist etwas, das Sie nicht auf der Business School lernen. Gesunder Menschenverstand ist wichtig. Bevor Sie anfangen, groß herumzutönen, wie Dinge verändert werden sollten, müssen Sie die Unternehmenskultur verstehen. Kommen Sie nicht und meinen, dass Sie alles verstehen".

Bill Gates
(Microsoft)

Der Missionar

Bill Gates hat so lange Zeit im Rampenlicht gestanden, dass viele Leute oft vergessen

> wie bedeutend eigentlich die Unternehmung ist, die er geschaffen hat, und
> dass er noch nicht 45 Jahre alt ist.

Es ist leicht zu verstehen, warum Leute über diese Tatsachen hinwegsehen. Es gibt keinen anderen Geschäftsmann, der diesen kultähnlichen Status erreicht hat. Fast alles, was über ihn geschrieben wurde, gipfelt darin, wie clever er ist, oder wie reich. (Fast sein gesamtes Reinvermögen besteht aus Microsoft-Aktien, und im Frühjahr 1999 besaß Gates grob gerechnet 80 Mrd. US-$, womit er verschiedentlich als reichster Mann der Welt galt.[7])

Karriere
1975 – Heute: Gründer, Chairman und CEO, Microsoft Corp.

Ausbildung
Student der Harvard Universität 1973 – 1975
Absolvent der Lakeside High School, Seattle, Washington 1973

Familie
Verheiratet mit Melinda French, 1994; Kind: Jennifer

Geboren am 28. Oktober 1955 in Seattle, Washington

---

[7] Wir sprachen Gates darauf an, dass Leute manchmal annehmen, er sei in unserer Epoche das, was John D. Rockefeller in seiner war. „Dieser Vergleich macht keinen Sinn", antwortet Gates. „Ich bin sicher nicht so reich, wie es Rockefeller war. An seinem Todestag betrug das Vermögen von Rockefeller mehr als 1,5 Prozent des US-Volkseinkommens (Anmerkung: Laut dem *Forbes* Magazin macht Gates' Vermögen 0,58 Prozent des US-Volkseinkommens aus). Was noch wichtiger ist, Rockefellers Geschäft bestand in der Kontrolle über knappe Ressourcen und Verteilungsmechanismen. Sein Produkt (Öl) änderte sich nicht. Es gibt keine Analogie dafür zur Software, deren Ressourcen aufgeweckte Menschen sind, die durch laufend veränderte Produkte erneuert wird, und wo es keine Hindernisse für die Verteilung gibt, teilweise dank dem Internet. Die Software-Branche ist die sich am schnellsten wandelnde, wettbewerbsintensivste und pulsierendste Industrie der Welt, in die jeden Monat mehr Unternehmen einsteigen".

Hier der Vorspann zu einem typischen Persönlichkeitsprofil, wie es in der Presse steht: „Cleverer als die meisten Tycoons, reicher als mehrere kleinere Länder und so mächtig wie ein kleiner Gott, ist William Henry Gates III ..."

Diese Art von überschwenglicher Darstellung hat Gates zu einer ausgewachsenen Berühmtheit gemacht. Alle vom *Fortune* Magazin bis zu Barbara Walters haben ihn interviewt, und er ist ein häufiges Ziel der Satire. (In Winblows '98, einem Software-Humbug, wird Ihnen vorgespiegelt, dass Sie Bill Gates seien und „vom mittellosen Depp zum höchsten Herrscher der Galaxis aufsteigen"). Es ist auch weithin bekannt, dass er eine spannungsreiche Persönlichkeit ist, viel arbeitet und wie brüsk er mit Leuten umgeht, die sich nicht vorbereitet haben. Er ist eine solche Berühmtheit, dass sein Abbild sogar Golfschläger ziert (auf der „Großen Bertha" von Callaway).

Alles gut und schön, aber das verbirgt den wesentlichen Tatbestand dessen, was Gates alles erreicht hat. Er hat, zusammen mit Andy Grove von Intel, den Aufbau des weltweiten Personal-Computer-Geschäfts eingeleitet. Das Betriebssystem, das Microsoft, gegründet von Gates und seinem Jugendfreund Paul Allen, geschaffen hat, steckt in über 80 Prozent aller Personal Computer der USA. (Die Marktbeherrschung und aggressiven Geschäftspraktiken des Unternehmens führten zu einem der höchstrangigem Antitrust-Verfahren in der Geschichte der Vereinigten Staaten).

Gates Führungsstil ist, wie bei fast allen Unternehmensführern in diesem Buch, auf Dauer mit seiner Persönlichkeit und seiner Intelligenz verflochten. Durch höchste Intensität und Gründlichkeit in seiner persönlichen Arbeit hat Gates einen extrem hohen Standard gesetzt, den seine Mitarbeiter verzweifelt zu erreichen versuchen. Viel öfter als bei den meisten Unternehmensführern, die wir beschreiben, neigen die Angestellten von Microsoft dazu, seinen Stil und seine Art zu kopieren.

Ein Teil dieser Arbeitsweise ist die permanente Fokussierung auf die Zukunft: Gates hat immer einen unverfrorenen Optimismus hinsichtlich der technologischen Macht gezeigt, die alles von unserer Lebensweise bis zur Marktgestaltung verändern wird. Der folgende Absatz aus seinem Buch *The Road Ahead* über unsere zukünftige Kommunikation ist typisch dafür:

> *Sie werden genaue Zugangsverfahren für alle eingehenden Kommunikationsinhalte aufstellen, die Sie erhalten. Sie werden entscheiden, wer Sie während des Essens anrufen kann, Sie in Ihrem Auto erreichen darf oder wenn Sie in Ferien sind, und welche Anrufe oder Botschaften es wert sind, dass Sie mitten in der Nacht geweckt werden.*

Interessanterweise sagt Gates, trotz allem Geld, das Microsoft und die anderen Software-Unternehmen in Forschung gesteckt haben, dass dies nicht genug sei, in Anbetracht der umfassenden Ausweitung der Computer und des Internet.

> *„Der PC und das Internet werden morgen so beherrschend sein wie das Auto heute".*

Bill Gates kann nicht warten, bis die Zukunft kommt. „Einer der größten Fortschritte der nächsten Jahre wird die Ausweitung des PC-Modells auf neue intelligente Geräte aller Größen sein. Sie werden alles von intelligenten Pagern und tragbaren Telefonen bis zu „tafelartigen PCs" und elektronischen Büchern sehen, die man genauso einfach lesen kann wie solche auf Papier. Das alles wird mit dem Internet auf eine Weise verbunden sein, die völlig nahtlos und transparent für die Nutzer ist. Gleichzeitig wird die Software den Computern die Fähigkeit zum Sprechen, Hören, Sehen und Lernen geben. Im Rückblick werden wir die heutigen PCs einmal als unglaublich unangepasst und kümmerlich empfinden".

Gates mit seinem Selbstverständnis über seinen Standort in der Geschäftswelt hat sich ausführlich über die Entwicklung von neuen Branchen informiert und er hebt hervor, „dass es einige unglaubliche Parallelen zwischen der Entwicklung der Autoindustrie und dem gibt, was in der der PC-Branche gerade anfängt".

Das ist ein Thema, das viele seiner Reden beherrscht.[8]

„Die ersten Autos wurden von begeisterten Leuten gekauft, gerade wie die PCs. Leute, die die ersten PCs kauften, bekamen einen Kick davon, etwas mit dem Personal Computer zu erledigen, auch wenn es nicht gerade die effizienteste Möglichkeit war. Die Leute fuhren gerne mit ihrem Auto herum und zeigten es. Es gab einige herrliche Zeitschriften in der Anfangszeit dieser Branche. *My Automobile* und *Horseless Age* waren zwei davon.

Wenn Sie einmal zurückblenden und sich *Horseless Age* anschauen, dann sehen Sie, dass es ähnlich ist wie die Zeitschrift *Byte* in der Computerbranche, nämlich sehr fachlich. Es versuchte, alle Modelle bis in die Einzelheiten darzustellen und ihr „Innenleben" zu erklären. Auch wenn *Horseless Age* kein langfristiger Erfolg war, dann doch sicher ein Teil der Weiterentwicklung. Frühe Autos hatten einige schreckliche Einschränkungen, und im Rückblick muss ich über den Gedanken lachen, dass man aussteigen und das Auto mit der Handkurbel anlassen musste.

Ich weiß nicht, ob der Startprozess eines PC besser oder schlechter ist, aber er ist ziemlich archaisch. Und es gab eine Epoche, da mussten die Leute, die irgendetwas mit ihrem PC anstellen wollten, das Gehäuse öffnen, eine Leiterkarte einstecken und all die unterschiedlichen Schalter verstehen, sogar gewisse Quellkonflikte, die bei einem Computerbefehl innerhalb des Geräts entstanden. Selbst die hartgesottendsten Leute fanden es entmutigend, wenn sie sich nach den Zusatzteilen umtun mussten, die erst die volle Leistung ihrer Computer ermöglichten.

Die frühen Autos konnten nicht einfach losfahren. Es gab unwegsame Straßen, und sie blieben im Schlamm stecken. Die ursprüngliche Aufgabe eines Chauffeurs war nicht das Herumfahren der Leute. Viel wichtiger war, dass Ihr Fahrer jemand war, der das Auto reparieren konnte, wenn es zusammenbrach, so dass Sie immer noch weiterkamen. Und natürlich war dieser Ansatz nicht sehr erfolgreich. Sie mussten die Autos ein ganzes Stück zuverlässiger machen, so dass jeder damit umgehen konnte. Beim PC sind wir immer noch nicht ganz soweit".

---

[8] Wer prüfen möchte, ob Gates das verkörpert, was er predigt, kann seine Reden auf der Microsoft Web-Site Microsoft.com erhalten.

Gates sagt, dass die Parallelen zwischen Automobilen und Personal Computer auch für die Zeit bestehen, in der sich beide als Innovationen durchsetzten.

„Das Auto stand, als es eine beträchtliche Verbreitung erreichte, im Brennpunkt unglaublicher Innovationen. Es gab einige Aktivitätszentren wie Detroit, die besonders wichtig waren, aber im ganzen Land traten neue Unternehmen auf und schlugen neue Dinge vor. Eine Menge dieser neuen Ideen waren nicht erfolgreich, aber aus vielen wurden Schlüsselelemente der Fahrzeuge, Sachen wie Scheinwerfer, die Fahrten bei Dunkelheit erlaubten, was ursprünglich nicht möglich war. Dann hatten sie die Idee, den Elektroantrieb dafür zu nutzen, dass man nicht mehr so viel Kraft für die Lenkung aufbringen musste, die Einführung der Bremskraftverstärkung, oder um die Fenster hoch- und runterzufahren.

Im Fall des PC brauchen wir eine Menge ähnlicher Dinge. Gewiss war die Verbesserungsrate erstaunlich, und auf diesem Gebiet liegt unsere Geschwindigkeit höher. Es gab eine exponentielle Verbesserungsrate, aber immer noch gibt es viel zu tun".

Und als Quelle neuer Ideen, meint Gates, gibt es für seine Branche kaum Besseres, als sich die Automobilbranchenentwicklung genau anzusehen.

„Eines meiner Lieblingsbücher über dieses Geschäft ist das von Alfred Sloan *(Meine Jahre bei General Motors)*. Er ist derjenige, der General Motors übernahm und es zu bemerkenswertem Erfolg führte. Sloan erfand eine Menge moderner Management-Techniken. Er entwickelte das Konzept des Modell-Jahres, er durchdachte die Bedeutung von Gebrauchtwagen im Markt.

Eines der interessanten Dinge, an die er glaubte, war die Notwendigkeit der Integration, was nach meiner Ansicht eine sehr starke Parallele zur PC-Industrie ergibt. Er schrieb, dass die Entwicklungsproblematik des Autos in der Anhebung seiner Leistungsfähigkeit bestand, und das bedeutete oft die Anhebung des Integrationsniveaus. Das Auto ist ein sehr komplexes und eng verzahntes Stück Maschine. Und wir können das auf mehreren Gebieten in unserer Branche sehen, wie bei den Chips. Man muss nicht länger nach draußen gehen und einzelne Chips für seinen Computer kaufen. Sie sind bereits da. Wir sehen es auch auf dem Gebiet der Software. Wenn Sie Windows 98 betrachten, wieviele verschiedene Software-Elemente Sie dazu benötigen würden, um den gleichen Nutzen zu bekommen, dann merken Sie, dass das eine ganze Menge wären.

Bis jetzt war der Aufbau einer riesigen Zahl von verbundenen Betrieben erforderlich, damit die Menschen alles aus ihrem Wagen herausholen konnten. Man benötigte Autoaustellungen und Verkaufsräume, Fahrschulen, Tankstellen – um überall, wo man wollte, tanken zu können – und man brauchte sogar Orte zum Rasten, wenn man auf einer längeren Fahrt war. Das erste Motel wurde 1925 eröffnet.

Für die Computer-Industrie ist das ein interessantes Gebiet, weil es ein klein wenig zum Flaschenhals werden könnte. Wir müssen jede Menge Leute ausbilden, damit sie die Systeme verstehen. Die Zahl der Stellen und Dienstleistungen im Bereich der Hochtechnologie steigt noch schneller als das Angebot. Das ist ein erstaunliches Tätigkeitsfeld. Ob es diese neuen kleinen Unternehmen sind, die Dienstleistungen anbieten, oder große Firmen wie EDS oder Arthur Andersen, alle wachsen mit schier unglaublicher Geschwindigkeit".

Die Welt wird nie mehr dieselbe sein

„Die Folge von all dem kann kaum übertrieben werden", erklärt Gates. „Ich glaube, wenn einmal so etwas geschehen ist, müssen Sie Ihr ganzes Gedankengebäude verändern. Sie können auch nicht einfach zurücksehen und vergleichen, vor allem, wenn dieser Wandel über mehrere Generationen ablief, weil doch alles sehr verschieden ist".

Schnell führt Gates eine Reihe von Beispielen dafür an, was alles seit der umfassenden Einführung des Automobils geschehen ist.

„Für uns ist das Konzept der Einkaufszentren beispielsweise ganz normal. Die Durchschnittsgröße eines Geschäftes ist heute viermal größer als vor 30 Jahren, und nur, weil die Menschen mit dem Auto kommen und mehr mitnehmen können. Die ganze Idee der Vororte entspringt aus der Freizügigkeit, die das Auto ermöglichte.

Die äquivalente Idee beim PC lautet, dass Entfernung keine Rolle mehr spielt. Sie können heute weitab wohnen, wenn Sie einen Internet-Anschluss besitzen, dann sind Sie dabei, ob Sie nun Ihre Arbeit machen möchten[9] oder einfach nur eine Verbindung suchen, um ein Spiel mit mehreren Teilnehmern zu machen. Ich spiele oft Computer-Bridge mit einigen Freunden, die über die Vereinigten Staaten verstreut leben. Einige haben sich so an die Interaktion mit den Internet gewöhnt, dass sie überhaupt nicht mehr auf ein persönliches Treffen eingerichtet sind. Sie sind daran gewöhnt, kleine kernige Kommentare einzugeben oder nicht darüber nachzudenken, was sie anhaben. Ich denke, dass einige von ihnen es eigentlich bevorzugen, über das Internet zu spielen. Sie sind dadurch ein bisschen verzogen worden.

Und obwohl das Auto Dinge verändert hat – wo Menschen wohnen und wo sie einkaufen –, denke ich, dass die Veränderungen durch Computer und Internet bei weitem größer sein werden. Der Gedanke, sich nach draußen zu wenden und überall in der Welt Sachverstand zu finden, indem man das Internet benutzt, um jemanden zu finden, der – sagen wir mal – genau den Ingenieur-Hintergrund hat, der Ihnen bei einem Problem hilft, wird große Bedeutung bekommen. Es bedeutet, dass Dienstleistungen, die notwendigerweise lokalisiert sind, weil Zusammenarbeit und Zusammenfinden notwendig sind, sich auf dieselbe Weise zu einem globalen Markt entwickeln werden, wie es die Fabrikation getan hat. Das ist ein sehr, sehr grundlegender Wandel".

Wann wird das alles geschehen? Viel früher, als man denkt, sagt Gates. „Es dauerte fast ein Jahrhundert von der Zeit, als das erste Auto erschien bis zu dem Punkt, an dem 75 Prozent der Menschen in den Vereinigten Staaten in der Lage waren, ein Auto zu benutzen und es als gewöhnlichen Bestandteil ihrer normalen Aktivitäten anzusehen.

Im Falle des PC erfolgte das Wachstum – und die Akzeptanz – sehr viel schneller. Dafür gibt es eine Menge Gründe. Heute ist ein PC viel weniger teuer als bei seiner Einführung, und das Land ist wohlhabender, aber auch die Verbesserungsrate spielt hierbei eine

---

[9] Interessanterweise ist festzustellen, dass Gates die von uns gestellten Fragen per E-Mail beantwortete. Die Autoren, mit Sitz in Manhatten bzw. in Stamford, Connecticut, schickten ihm die Frageliste wie im Anhang 3, und er beantwortete sie online.

sehr, sehr große Rolle. Ich denke, innerhalb der kommenden drei Jahre werden wir weiterhin einen rapiden Anstieg der Marktdurchdringung sehen. Wir werden bis 2001 zu einem Stand kommen, an dem 60 Prozent der Haushalte einen PC haben und 85 Prozent davon eine Internetverbindung. Das ist wirklich ein beispielloser Anstieg der Haushalte, die etwas ganz Neues machen. Der Knalleffekt des PC wird deshalb erstaunlich sein. Wir stehen gerade am Beginn dieser Sache". Und der Grund dafür sind, sagt Gates, die Leute, die auf der Hardware-Seite die Ressourcen für die Software-Enwickler zugänglich machen.

„Es ist unglaublich, was die Hardware-Leute uns liefern", sagt Gates. „Wenn Sie heute einen Personal Computer kaufen, dann ist es schwierig, ein Gerät mit weniger als vier Gigabyte Speicherplatz zu kaufen, einfach deshalb, weil die Mengenersparnis bei der Produktion von Speicherplatten so ist, dass ein Ein-Gigabyte-Treiber kaum weniger Kosten verursacht als einer mit zwei Gigabyte. Und falls dies auch während der kommenden fünf oder zehn Jahre so anhält, dann werden Sie hunderte von Gigabytes auf Ihrem Zentralspeicher haben. Doch all diese Energie deutet auf die Notwendigkeit einer wirklich besseren Überlegung und Forschung im Gebiet der Software hin".

Konsumenten sind anspruchsvoll, sagt Gates. „Die Leute wollen Informationen aller Art aufbewahren. Sie möchten Ihre Fotografien aufheben, die für sie interessante Musik, auch Video-Clips, und sie möchten sie alle auf einem Träger haben, und so, dass sie alle gespeicherten Informationen leicht finden können. Die Hardware stellt dabei kein Problem dar. Sie wird uns mit genug Platz ausstatten, um all jene aufregenden Dinge zu tun, die wir wünschen".

Die Software-Industrie muss einen Weg finden, das zur Verfügung zu stellen, und das wird beachtliche Beträge für Forschung erfordern, sagt Gates, ein Gebiet, auf dem die Branche Mängel aufweist.

„Ich glaube ganz stark an Forschung und ihre Gegenleistung, die sie bringen kann. Und ich bin eigentlich etwas überrascht, wie wenig die Softwarebranche in Forschung investiert hat. Die Gegenleistung ist ganz, ganz klar. Der Bedarf ist ganz, ganz klar. Im Informationszeitalter ist die Fähigkeit, Information zu verarbeiten, damit die Menschen Zugang zu allen für sie wichtigen Dingen erhalten, die aufregendste Problematik überhaupt.

Der Informationsüberfluss stellt ein großes Problem dar. Alles, was Sie wünschen, wird im Internet sein. Die Frage ist, können Sie auch herankommen? Und die meisten Nutzer würden das am liebsten über Eintippen einer Frage oder über Spracheingabe machen – genau in der Weise, wie sie einen anderen Menschen fragen würden. Die kommerzielle Gegenleistung, die kommt, wenn das leicht ermöglicht wird, ist dramatisch.

Kein Zweifel, dass da noch eine Menge getan werden muss,", ergänzt er. „Informationen können heute auf einem PC sehr schwer gefunden werden. Wir haben sie auf viele, viele verschiedene Arten abgespeichert. Wir haben verschiedene Dateibegriffe. Denken Sie nur einmal, wie viele Suchbefehle man wissen muss. Wir haben eine Fülle von Bereichen, in denen wir Fortschritt brauchen. Ich setze „Bedienerfreundlichkeit" an die Spitze einer Liste mit diesen Bereichen (in denen die Branche am meisten Forschung betreiben muss)".

Gates setzt das Geld von Microsoft dort ein, wovon er spricht. „Vor etwa fünf oder sechs Jahren kamen wir in das Stadium, wo wir entschieden, diese Art von Änderungen tatsächlich durchzuführen. Also sind wir in Gebiete wie natürliche Sprache und Grafik gegangen. Und ich glaube, es war vor etwa drei oder vier Jahren, dass wir mit einigen Arbeiten an der Datenbasis begannen. Das wurde zu dem am schnellsten wachsenden Teil von Microsoft, und das wird weiterhin auch noch in vielen, vielen Jahren der Fall sein. Das einzige, was uns noch bremst, ist wie schnell wir gute Leute bekommen können, aber das galt schon immer für das ganze Unternehmen".

Der Nutzen aus der Forschung, die Microsoft betreibt, reicht weit über die Forschungszentren des Unternehmens in Redmont, Washington (bei der Unternehmenszentrale), San Francisco und Großbritannien hinaus, sagt er.

„Wirklich die gesamte Branche profitiert davon, denke ich, wenn Unternehmen in Forschung investieren. Und ich hätte es gerne, dass andere Software-Unternehmen mehr auf diesem Gebiet tun, weil das meiste an guter Arbeit geteilt wird. Das kann wirklich helfen, das Tempo zu erhöhen, mit dem wir die Vorteile all dieser Computerfähigkeiten nutzen".

Unternehmen (Börsenkurzzeichen): Microsoft Corporation (MSFT)
Standort: Redmond, Washington
Top-Manager: William Henry Gates III

Microsoft auf einen Blick: Microsoft ist die Nummer Eins der Software-Hersteller in der Welt. Seine Produkte umfassen das Windows (95, 98 und NT) Betriebssystem, Excel-Diagramme, Textverarbeitungsprogramme (Word) und Referenzprogramme (z.B. Encarta).
Seine MSN Web-Site bietet online Inhalte, Handel, E-Mail, Sucher und andere Dienste für Nutzer. Zusammen mit NBC betreibt das Unternehmen den Kabelnachrichtenkanal MSNBC. Gründer, Chairman und CEO Bill Gates besitzt 21 % des Unternehmens.

Finanzergebnisse 1998:
➢ Umsatz: 16,7 Mrd. US-$
➢ Nettoertrag: 6,4 Mrd. US-$

Gesamter aufs Jahr bezogener Aktionärsertrag:
➢ 1 Jahr: 115 %
➢ 5 Jahre: 69 %

Warum investiert die Branche nicht mehr? Teilweise wahrscheinlich aus dem Grund, weil die Gegenleistung auf sich warten lässt. „Bei Forschung ist ein Langzeithorizont wichtig", sagt Gates. „Sie sollten nicht gerade eine Gegenleistung in fünf oder zehn Jahren erwarten". Das lässt sich in einer Branche schwer verkaufen, in der die Aktien gewöhnlich mit einem hundertfachen Gewinn gehandelt werden. In dieser Art Umfeld kann jeder Pfennig, der in nicht in Forschung geht, Ihren Aktienkurs um fünf Dollar hochtreiben.

Angesichts des rapiden Wandels in der Softwarebranche ist kurzfristige Forschung einfach kurzsichtiges Denken, behauptet

Gates. „Sehen Sie, als Sie früher daran dachten, die beste Versicherung abzuschließen oder einen drei Jahre alten Gebrauchtwagen zu kaufen, haben Sie bestimmt nicht überlegt, ob Ihr PC Ihnen dabei helfen kann. Heute dagegen tun Sie das, also kommen wir voran. Aber ich gehe soweit zu sagen, dass wir wirklich noch in einem Stadium wie die Autoindustrie 1920 stecken, wenn wir uns damit vergleichen. Es muss noch eine Menge getan werden. Eine Menge Dinge, die eine Neuordnung erfordern".

Dazu ist mehr Forschung notwendig. Microsoft gibt jetzt mehr als 3 Mrd. US-$ jährlich dafür aus, dass dies alles geschieht. Man gewinnt den klaren Eindruck, dass Gates es gar nicht anders haben will. „Ich habe den erfreulichsten Job auf Erden, und ich liebe es, jeden Tag zur Arbeit zu kommen, weil es dort immer neue Herausforderungen, neue Möglichkeiten und Neues zu lernen gibt. Wenn Sie Ihre Arbeit so sehr lieben, werden Sie niemals ausbrennen".

Lou Gerstner
(IBM)

„Wenn Sie erst einmal an das denken, was Sie erfolgreich gemacht hat, dann werden Sie es nicht sein".

Louis V. Gerstner, Jr., ist so ziemlich das genaue Gegenteil eines Rockstars. In einer Branche, in der ein Button-Down-Hemd und ein Paar Bluejeans schon als formelle Kleidung gelten, lässt sich Gerstner fast immer mit einem dunkelblauen Anzug fotografieren, der ihm wohl ansteht als Chairman von IBM – der er ist.

Trotzdem stehen auf Computerausstellungen Kunden – genauso wie Programmierer, die für die Konkurrenz arbeiten – für sein Autogramm Schlange. Und Leute, die für Unternehmen mit Millionenumsätzen verantwortlich sind, sprechen über ein Treffen mit ihm in gleicher Art, wie sie vor Jahrzehnten über eine Plauderei mit Elvis oder den Beatles geredet hätten. Der Mann war sogar Thema einer *Jeopardy!* (Rateshow in den USA) Antwort.

Nicht Gerstners Fähigkeit zum Smalltalk haben eine derartige Berühmtheit und Bewunderung bewirkt.

Karriere
April 1993 – Heute: Chairman und CEO, IBM Corp.
März 1989 – 1993 CEO, RJR Nabisco
1978 – 1989 Executive Vice President, dann President, American Express
1965 – 1978 Berater/ Prinzipal/Direktor, McKinsey & Company

Ausbildung
Master of Business Administration, Harvard Business School, 1965
Bachelor of Arts, Dartmouth College, 1963

Familie
Verheiratet mit Elizabeth Robbins Link 1968; Kinder: Louis III, Elizabeth

Geboren am 1. März 1942 in Mineola, Long Island

Vor nahezu jedem wichtigen internen Meeting fordert er ein schriftliches Briefing an, um den Hintergrund abzuhandeln und schnell auf eine Entscheidungsfindung hinzusteuern. Ähnlich bei externen Board-Meetings, gesteht Gerstner ein: „Ich komme zwei

Minuten vor dem Treffen an und verlasse es unmittelbar nach dem Ende".

Und die Befähigung zum Smalltalk macht einen auch nicht zum jüngsten Partner in der Geschichte der Consultingfirma McKinsey. Genauso wenig macht die Fähigkeit, Menschen zu erfreuen, einen nicht notwendigerweise geeignet, bei American Express die Wende zu schaffen und den gezielten Buy-Out von RJR Nabisco zu bewerkstelligen, wie es Gerstner bereits getan hatte, als er die 50 erreichte.

Es sieht in der Tat so aus, dass alles, was er in seiner Vergangenheit gemacht hat, eine Vorbereitung zu seiner jetzigen Tätigkeit war. Gerstners Amtszeit bei „Big Blue" kann in zwei große Hälften aufgeteilt werden:

➢ Die Kehrtwende von IBM einzuleiten
   und
➢ es wieder zu einer der hervorstechendsten Unternehmungen zu machen.

Viele Leute haben vergessen, dass IBM dabei war, in seine Teile aufgebrochen zu werden und dann abzutrudeln, à la AT&T (mit Ausnahme dessen Staatsmandat), bevor Gerstner 1993 vom Board eingestellt wurde.

Das erste Ziel – die Aufrichtung des Unternehmensschiffs mit Schlagseite – ist sicher erreicht worden, und das Unternehmen auf dem Weg, das zweite Ziel zu erfüllen. Produkte kommen schneller auf den Markt, und – was genauso wichtig ist – sie werden wieder als Spitzenerzeugnisse geschätzt. Das Dienstleistungsgeschäft des Unternehmens kommt hoch, und die Rede vom Aufteilen der Firma gehört der Vergangenheit an.

Wie es ein Wirtschaftsmagazin vor nicht allzu langer Zeit in seiner Titelgeschichte ausdrückte: „IBM ist zurück".

„Wir stellen alles, was wir tun, permanent in Frage – und pflegen so eine Kultur der pausenlosen Selbsterneuerung".

Die größte Entscheidung, die Lou Gerstner jemals traf, war vielleicht, gar nichts zu tun.

Vom IBM-Board geholt, nach einer der wohl am stärksten publizierten Topmanager-Besetzungen in der Geschichte, stand Gerstner unter einem erheblichen Druck, etwas zu tun, und zwar schnell, als er am 1. April 1993 seine Tätigkeit aufnahm.

Investment-Banker (von Morgan Stanley) waren geholt worden, um IBM aufbrechen zu helfen und die Teile der Allgemeinheit zum Fraß vorzuwerfen. Verschiedene Divisions (wie die Mikroelektronik und das Speicherplattengeschäft) sollten abgestoßen werden, und die Investoren – und jeder sonst, schien es – warteten gespannt darauf, dass sich Gerstner damit einen Namen machen würde.

Aber Gerstner gab nie den Startschuss für diese Aufteilung. Er machte das, was man erwarten würde: Er kündigte eine Verschlankung und ehrgeizige neue Ziele an. Doch der Mann, der sich gerne als „energisch, konkurrenzbewusst, konzentriert, harsch und hart" beschreibt, hat „Big Blue" nie aufgeteilt.

Der Grund dafür war einfach, sagen jene, die Gerstner damals nahestanden. „Lou musste immer an seine Zeit bei American Express zurückdenken, als er ein Kunde von IBM war", sagt ein Kollege. „Er kam nicht zu IBM nur wegen eines Produkts oder einer Dienstleistung. Er kaufte dort wegen der Tiefe ihrer Produktlinie, wegen der Forschung und wegen des legendären Kundendienstes".

Kurz gesagt, er kaufte Lösungen. Er machte Geschäfte mit IBM aufgrund aller Elemente, aus denen dieses Unternehmen bestand, nicht nur wegen einem einzigen Aspekt. Gerstner folgerte nach näherem Studium des Unternehmens, das ihm anvertraut worden war, dass IBM in der Tat mehr bedeutete als die Summe seiner Teile, und dass das Letzte, was in der informationstechnischen Industrie gebraucht wurde, noch mehr Nischenprodukte waren. Er glaubte, dass die Kunden von IBM Integration schätzten. Nachdem er die Richtigkeit dieses Eindrucks in einer Reihe von Meetings mit Schlüsselkunden und Wirtschaftsführern in den zwei Monaten nach seinem Amtsantritt überprüft hatte, gab Gerstner bekannt, dass er IBM als Einheit erhalten wollte.

Nachdem Gerstner diese überraschende Entscheidung getroffen hatte, traf er noch eine weitere. Er machte sich nicht daran, eine neue, überspannende Vision für IBM zu schaffen. Nicht, dass dazu keine Notwendigkeit bestanden hätte – eine Interpretation vieler Leute von Gerstners Kommentar auf einer frühen Pressekonferenz („Das Letzte, was IBM gerade jetzt braucht, ist eine Vision"). Eher hatte die Analyse von IBMs Situation Gerstner überzeugt, dass die Priorität nicht bei einer „Vision" lag – irgendeiner träumerischen, utopischen Sicht der Zukunft, von der Informationstechnologie geformt. Die Kunden und Aktionäre von IBM wollten wissen, wohin das Computergeschäft steuerte, doch gab es zunächst eine Menge Basisthemen. IBM musste sich stabilisieren, in die Gewinnzone zurückkehren und wachsen. Es musste sich wieder mit dem Markt und seinen Kunden in Kontakt bringen. Es musste bessere Produkte bauen und sie schneller liefern – alles notwendige Schritte für die Rückkehr zu Führerschaft und eine berechtigte Ausgangsbasis für das Entwickeln einer Vision.

Nachdem dies alles im Herbst 1995 geschafft war, enthüllte Gerstner seine Vision. Sie wurde Netzwerk-Technik genannt (später E-Business) und stellte die erste klare Aussage über ein Computermodell dar, das von leistungsfähigen globalen Netzwerken wie dem Internet beherrscht wurde. (Das geschah vor dem IPO von Netscape und ehe Microsoft seine Strategie am Internet ausrichtete).

Hier eine Aussage, wie sie Gerstner kürzlich bei einem Fernsehinterview machte: „Wir haben dieses Unternehmen wie besessen auf den Kunden eingestellt", sagte er CNBC. „Alles, was wir im Unternehmen gemacht haben, wurde von Suche nach dem bestimmt, wer unsere Kunden sind und was sie wünschen. Das hat uns an die Spitze dieser ganzen Netzwerktechnik/E-Business-Welt gebracht. Darum führen wir diesen Bereich an. Weil unsere Kunden sagten, dass sie genau das wünschten".

Und dann fügte Gerstner hinzu, dass etwas Interessantes geschah, während IBM begann, das Unternehmen auf die Sicht des Kunden zuzuschneiden. „Wir schieden einen Großteil der Beschäftigung mit uns selbst aus, die im Unternehmen vorhanden war", etwas, von dem jeder – inklusive langjährige IBM-

Mitarbeiter – überzeugt war, dass es das Unternehmen in Schwierigkeiten gebracht hatte.

> *Von jetzt an werden wir nur noch*
> *nach draußen blicken*

Gerstner hat sich Mühe gegeben, sicherzustellen, dass das Unternehmen nach außen orientiert bleibt. IBM-Mitarbeiter stellen kleine, aber beredte Beispiele heraus, wie Gerstner die Unternehmenskultur neu orientierte. Er änderte die Art, wie das Unternehmen Meetings durchführte, indem er die Verwendung von Overhead-Projektoren und was IBMer „Folien" nennen, die Transparentbilder, die für Projektoren genommen werden, verbannte.

Der Punkt ist dabei nicht, dass Gerstner gegen Overheads eingestellt ist. Was ihm aber nicht so am Herzen lag, waren einspielte Rituale für Unternehmensmeetings: abgedunkelte Räume, langwierige Präsentationen mit Ablenkung der Aufmerksamkeit vom Sprecher auf die Charts und eine augenscheinlich außergewöhnliche Verschwendung von Mitarbeiterzeit, um erst einmal das Terrain abzustecken.

Indem er die Overhead-Projektoren abschaffte – in Wahrheit werden sie noch von Zeit zu Zeit benutzt – , zwang Gerstner die Organisation zur Abklärung ihrer Gedanken, bevor ein Meeting einberufen wurde, und stellte sicher, dass jene Leute, die an der Konferenz teilnahmen, darauf vorbereitet waren, eine Entscheidung zu treffen und nicht beim Informationsaustausch zu bleiben oder in einer internen Debatte zu versinken.

Theoretisch ist jede dieser Änderungen gut. Aber sie bleiben genau das – eine Theorie, solange die Menschen in der Organisation nicht an die Gedanken dahinter glauben.

Die meisten Mitarbeiter, die Gerstner erbte, taten es. Einige waren durch die von ihm veranlassten Änderungen entmutigt, und andere nahmen die Abfindung, die ihnen unmittelbar nach seinem Eintritt angeboten worden war. Doch die Mehrzahl der IBM-Mitarbeiter identifizierten sich mit dem, was Gerstner vorhatte, und das mit mehr Tatkraft, als die meisten erwartet hatten.

Gerstner war über diese Reaktion jedoch nicht überrascht. „Wir haben eine unglaublich talentierte Gruppe neu belebt, Menschen, die auf Führung gewartet haben, die das Unternehmen wieder auf den Erfolgsweg zurückbringt", ist seine Lesart. „Und sie waren großartig. Das habe nicht ich getan, sondern 280.000 Menschen. Wir nahmen Änderungen in der Ausrichtung, in der Einstellung vor und eine große talentierte Gruppe von Menschen verband alles miteinander und veränderte das Unternehmen".

Die Zahlen sprechen für sich selbst. Seit Gerstner CEO wurde, nahmen die Aktionärserträge mit einer jährlichen Rate von 47 Prozent zu, mit dem Ergebnis eines Börsenwertzuwachses von 1993 bis Ende 1998 um 146 Mrd. US.-$ aufgrund der Restrukturierung. Genauso wichtig ist, dass IBM wieder eine Hauptrolle in jedem Wettbewerbsfeld spielt, am deutlichsten sichtbar in der Prägung des Begriffs E-Business und als Vorreiter bei der sinnvollen Nutzung des Internet durch Personen, Branchen und Institutionen.

Gelernte Lektionen

Darauf angesprochen, ob er überrascht gewesen sei, dass IBM in Schwierigkeiten geriet, sagt Gerstner: nein.

„Ich glaube, was uns passiert ist, geschieht heute vielen großen Unternehmungen. Ich nenne es das ‚Erfolgssyndrom'. Sie haben ein Programm, das funktioniert, das vertrauenswürdig und abgesichert ist, und dann bleiben Sie zu lange daran. Dass die Welt sich ändert, ist eine Sache. Eine andere, den Verhaltenskodex umzuschreiben, dem man seit Jahrzehnten folgte".

Das war etwas, was IBM nicht machte. „Wir maßen IBM an internen Maßstäben. Wir hatten eine interne Struktur aufgebaut, die ein Verhalten vorgab, welches in der Vergangenheit funktioniert hatte. Das war einige Zeit ungeheuer erfolgreich – aber als die Branche und Konsumentenbedürfnisse sich verlagerten, hielt unsere Bürokratie sich an vorhandenen Verhaltensmustern fest, obwohl diese keinerlei Beziehungen mehr zum Marktgeschehen hatten. Deshalb hatten wir im Frühjahr 1993 eine manifeste Krise. Glücklicherweise waren dann, als wir reagieren mussten, tausende von Menschen da, die nicht nur zum Wandel fähig waren, sondern auch dazu bereit und darauf erpicht".

Es überrascht nicht, dass Gerstner zukünftig IBM gegen Selbstgefälligkeit wappnen will. Wie er erklärt, befindet man sich in Schwierigkeiten, wenn man glaubt, der Job ist getan.

Unternehmen (Börsenkurzzeichen): IBM Corp. (IBM)
Standort: Armonk, New York
Top-Manager: Louis V. Gerstner, Jr.

IBM auf einen Blick: IBM ist weltweit führender Anbieter von informationstechnischen Lösungen. Es ist der größte Hardware-Hersteller und zweitgrößter Software-Anbieter nach Microsoft. Das Unternehmen stellt eine breite Palette von Computern her, mit PCs, Mainframes und Netzwerk-Severn. IBM produziert auch Software und Peripheriegeräte. 25 % seines Umsatzes kommen aus dem schnell wachsenden Dienstleistungsbereich. Nahezu 60 % der Verkäufe des Unternehmens gehen zu Kunden außerhalb der Vereinigten Staaten. IBM ist ein Marktführer im Internet-Geschäft unter der Dachkampagne E-Business.

Finanzergebnisse 1998:
➢ Umsatz: 81,7 Mrd. US-$
➢ Nettoertrag: 6,3 Mrd. US-$

Gesamter aufs Jahr bezogener Aktionärsertrag:
➢ 1 Jahr: 77 %
➢ 5 Jahre: 47 %

„Wenn man denkt, jetzt ist der Zeitpunkt gekommen, um etwas niederzuschreiben, ein Handbuch zu erstellen und eine Formel darzulegen, dann erforscht man nichts mehr, stellt den gegenwärtigen Zustand nicht mehr in Frage", sagt Gerstner. „Meiner Meinung nach sind alle großen, erfolgreichen Unternehmen der Versuchung ausgesetzt, ihren Erfolg zu kodizifieren. Und wenn Sie das versuchen, konzentrieren Sie sich mehr auf Ihre Interna. Sie werden von dem in Anspruch genommen, was intern passiert.

Wenn das geschieht, befinden Sie sich in Schwierigkeiten. Die nach vorne strebenden Unternehmen werden vom Kunden hinter ihnen angetrieben und nicht vom Innenbetrieb, der nach draußen schaut".

Andy Grove
(Intel)

Der Boss muss für die Schulung verantwortlich sein.

Nach den Worten des früheren Redakteurs von *Forbes,* James W. Michaels, wird Andrew S. Grove als derjenige in die Geschichte eingehen, der Verfolgungswahn zu Ansehen verhalf. Tatsächlich ist dank Grove's Erfolgs dieses Leiden nicht mehr eine Psychose, behauptet Michaels, „es ist ein Überlebensmerkmal".

Nun ist es eine Sache, wenn Michaels, weitgehend als Vater der heutigen Unternehmensberichterstattung anerkannt, Grove's *Only the Paranoid Survive* als bestes Buch seit dem Erscheinen von Alfred Sloan's *My Years with General Motors* bejubelt. Michaels ist letzten Endes ein Journalist, und Intel stellt wahrhaft eine der größten Erfolgsgeschichten eines Unternehmens in der zweiten Hälfte des 20. Jahrhunderts dar.

Karriere
1998 – Heute: Chairman, Intel Corporation
1997 – 1998 Chairman und CEO
1987 – 1997 President und CEO
1979 – 1987 President und COO
1968 – 1978 nahm an der Gründung von Intel teil und bekleidete mehrere Führungspositionen
1963 – 1968 Fairchild Camera and Instrument Co.

Ausbildung
Doktorgrad der Universität von Kalifornien-Berkeley, 1963
Bachelor of Science, City College New York, 1960

Familie
verheiratet, zwei Kinder

Geboren 1936 in Budapest,

Aber wenn die Zeitschrift *Time* jemanden als Mann des Jahres herausstellt, wie Grove 1997, dann weiß man, dass man es mit jemandem zu tun hat, der einen bleibenden Eindruck bei allen in Amerika hinterlassen hat.

Und Grove hat das. Die Halbleiter von Intel haben jede Einzelheit in amerikanischen Leben verändert. Als President und CEO über zehn Jahre bei Intel tätig, bevor er im Mai 1997 die Pflichten eines Chairman übernahm, war Grove in den letzten 30 Jahren für fast jede der wichtigsten Divisions des Unternehmens verantwortlich gewesen. Er war von Anfang an dabei, als Intel 1968 mit einem Umsatz von 2.790 US-$ begann. Heute stellt das Unternehmen eine feste Größe in der amerikanischen Wirtschaft dar, und Grove gebührt großer Anteil an diesem Erfolg.

Das ist für jemanden, der im Alter von 20 Jahren von Ungarn in die Vereinigten Staaten emigrierte, mit wenig Geld und noch weniger Englischkenntnissen, gar nicht übel.

Vielleicht erklärt seine Lebensgeschichte die Wurzeln für sein Motto ‚nur der Verrückte überlebt'. Als András Grof geboren, verließ er sein Heimatland Ungarn anlässlich des Aufstands 1956 und kam auf einem ausgemusterten Truppentransporter nach New York.

Wenn Ausbildung und Leistungsbeurteilung anstehen, „sollten wir, denke ich, unsere Prioritäten umkehren. Sollten wir nicht mehr Zeit dafür verwenden, die Leistung unserer Stars zu verbessern? Letzten Endes tragen diese Menschen in einem unverhältnismäßig großen Anteil zur Arbeit in jeder Organisation bei. Um es anders auszudrücken: Die Konzentration auf Stars ist eine höchst förderliche Aktivität; wenn sie besser werden, ist die Wirkung auf das Gruppenergebnis wirklich sehr groß".

Grove, der seinen Namen schnell amerikanisierte, zog zu einem Onkel und trat in das City College von New York (CCNY) ein, wie viele tausend Emigranten vor ihm. Er erhielt ein Diplom als Chemie-Ingenieur vom CCNY, bevor er sich nach Westen wandte, um einen Doktorgrad an der Universität von Kalifornien-Berkeley zu erwerben.

Als Mitbegründer war Grove einer der ersten von Intels Angestellten und von Anfang an von der Angst begleitet, überholt zu werden – entweder von einem Wettbewerber oder von dem, was er einen „strategischen Wendepunkt" nennt, einem Wandel, der so fundamental ist, dass er die gesamte Art eines Geschäfts verändert. Diese Angst war eine beherrschende Macht bei jeder Entscheidung, die er fällte.

Ein kurzes Beispiel für diese Wachsamkeit werden Sie hier bekommen. Wir wollen uns nämlich auf Grove's Glauben konzentrieren, dass Manager einen erheblichen Anteil ihrer Zeit auf das verwenden sollten, was selten ihre Aufmerksamkeit gefangen nimmt – die Aus- und Weiterbildung ihrer Mitarbeiter.

Es gibt eine Menge zu dieser Wachsamkeit zu sagen. Intel beherrscht 85 Prozent des Mikroprozessorsegments im Halbleitermarkt der Vereinigten Staaten.

In seinem ersten Buch, *High Output Management,* erzählt Andrew S. Grove eine Geschichte vom einem auswärtigen Essen, die leicht verständlich macht, warum Schulung so wichtig ist.

„Die Frau, die am Telefon Reservierungen entgegennahm, schien verwirrt zu sein und gab offen zu, dass sie sich nicht auskannte. Egal, wir hatten reserviert. Als wir zum Essen erschienen, merkten wir schnell, dass das Restaurant seine Alkohollizenz verloren hatte, und von der Kundschaft erwartet wurde, dass sie ihren eigenen Wein mitbrachte, wenn sie welchen wollte.

Als der Restaurantchef sich schon die Hände rieb, fragte er: ‚Wurde Ihnen das nicht am Telefon gesagt, als Sie den Tisch reservierten?‘ Während wir unser Essen ohne Wein absolvierten, hörte ich, wie er dieses Gespräch mit jeder Gästegruppe führte, die er zum Tisch brachte. Ich bin mir nicht sicher, aber es ist vielleicht fair anzunehmen, dass niemand diese Frau instruiert hatte, den möglichen Gästen von der Situation zu erzählen. Statt dessen musste der Restaurantchef wieder und wieder diese unpassende Entschuldigung vorbringen, niemand hatte Wein – und nur deshalb, weil eine Angestellte nicht richtig geschult worden war."

Situationen wie diese kommen im Geschäftsleben relativ häufig vor. Unzureichend ausgebildete Mitarbeiter sind trotz ihrer guten Absichten ineffizient, da sie die besten Lösungswege nicht kennen. Am geringsten sind noch die dadurch verursachten höheren Kosten. Viel öfter, und das war der Fall, als Grove zum Essen ausging, führt es zu unglücklichen Kunden – oder noch Schlimmeres, wie Grove im Nachsatz zu seiner Geschichte herausstellt.

„Während eines kurzen Augenblicks beispielsweise geriet eines der hochentwickeltsten Teile unserer Produktionsanlage in der Siliziumfabrik – ein sogenannter Ionen-Implanter – ganz leicht aus dem Takt. Die Verantwortliche an der Maschine war, wie diese

Frau im Restaurant, relativ neu. Während sie mit den Grundopera-
tionen der Maschine vertraut war, war ihr nichts über die Zeichen
erzählt worden, an denen sie das fehlerhafte Arbeiten des Gerätes
erkennen konnte. Also machte sie damit weiter, unter den falschen
Maschinenbedingungen die Tagesproduktion an nahezu komplett
hergestellten Silizium-Wafers zu bearbeiten. Als diese Sachlage
schließlich erkannt wurde, war Material im Wert von mehr als
einer Million Dollar durch die Maschine gelaufen und musste
vernichtet werden. Da es über zwei Wochen dauert, bis eine solche Lücke mit frischem Material aufgefüllt werden kann, wurde
das Problem durch Verzögerung unserer Kundenlieferungen noch
verstärkt."

Angesichts der Probleme aus unzureichender Schulung – alles
von kleineren Unannehmlichkeiten bis zu größeren Missgeschik-
ken – ist es schwer, einen leitenden Manager zu finden, der nicht
an die Wichtigkeit von Schulung glaubt. Aber wenn er gefragt
wird, wer sich darum kümmern soll, dann nennen überlastete Führungskräfte normalerweise irgendjemanden sonst, entweder, weil
sie „nicht die Zeit dafür haben" oder weil sie meinen, dass Schulung am besten den Spezialisten überlassen bleiben soll.

Grove sagt, dass dies genau der *falsche* Weg ist. Er behauptet,
dass gerade die Schulung Aufgabe der Manager sei.

Diese Feststellung, meint er, ist nicht so seltsam, wie es zunächst scheint. Grove beginnt seine Erklärung damit, dass er zu
den Grundlagen zurückkehrt und auf das eingeht, was von einem
Manager erwartet wird. Er sagt, ein Manager ist verantwortlich für
„das Ergebnis seiner Organisation – nicht mehr, nicht weniger".
Daraus folgert, dass die Produktivität eines Managers davon abhängt, ob er mehr aus seinem Team herausholt.

Wenn man unter dieser Prämisse anfängt, stehen einem Manager im Grunde drei Wege offen, um die Leistung der Menschen,
die für ihn arbeiten, zu erhöhen:

➢ Bei gleichen Bedingungen kann er sie härter arbeiten lassen.
➢ Er kann sie dazu motivieren, mehr zu tun.
➢ Er kann ihre invididuellen Fähigkeiten steigern, so dass sie
   intelligenter arbeiten und ihre Produktivität erhöhen.

Zu dem letzten Punkt passt natürlich die Schulung. Wenn Motivation der Mitarbeiter – ein Weg zur Steigerung der Produktivität – als Aufgabe des Managers angesehen wird, warum nicht auch Schulung? fragt sich Grove. Sie ist, sagt er, „eine der wirksamsten Aktivitäten, die ein Manager ausführen kann".

Als Ingenieur quantifiziert Groves diese Aussage durch das Beispiel eines Managers, der gerade dabei ist, den zehn Mitarbeitern seiner Abteilung drei Vorträge zu halten. In diesem Beispiel nimmt Groves an, dass der Manager zur Vorbereitung jedes dieser einstündigen Vorträge drei Stunden benötigt, so dass sich eine Zeitinvestition von zwölf Stunden ergibt.

Wenn diese Reden nun zu einer Steigerung der Produktivität von einem Prozent bei jedem der zehn Mitarbeiter führend würde, wäre das Gesamtergebnis enorm.

Lassen Sie uns annehmen – ganz realistisch -, dass jeder dieser zehn Menschen 2.000 Stunden pro Jahr arbeitet. Also beträgt ihre addierte Arbeitszeit (10 Mitarbeiter mal 2.000) 20.000 Stunden. Eine einprozentige Verbesserung bedeutet, dass ihre Gesamtproduktivität um 200 Arbeitsstunden ansteigen wird, als Resultat der zwölf Stunden, die der Manager dafür aufgewendet hat. Das ist ein Ertrag von 1,667 Prozent.

Wenn Sie Schulung in dieser Weise betrachten, dann lässt sich wenig dagegen sagen, dass sie eine Aufgabe für Manager ist.

Das setzt voraus, dass der Manager weiß, was er tut

In Grove's Argumentation, das gibt er zu, ist enthalten, dass der Manager seine Schulung auf die richtigen Dinge konzentriert. Während man sicherlich etwas korrigieren möchten, wenn es falsch gelaufen ist, bildet die Art des Trainings, über die Grove spricht, „eine systematische und geplante, nicht als Rettungsanstrengung zur Lösung gegenwärtiger Probleme gedachte Sache. Mit anderen Worten: Schulung sollte ein Prozess sein, keine einmalige Veranstaltung".

Der Boss sollte es tun, um zu zeigen, wie wichtig das ist. Intel praktiziert, was Groves predigt. 1997 beispielsweise gab Intel mehr als 500 Millionen US-$ für Mitarbeitertraining aus. Die Intel Universität bietet 3.000 Kurse für alle Mitarbeiter an, ob sie Ingenieure, Techniker, Verwaltungsangestellte oder Manager sind. Es gibt ein ausführliches Pflichtprogramm zur Orientierung neuer Mitarbeiter, um ihnen die Eingewöhnung in die Arbeitsweise bei Intel zu erleichtern. Alle funktionalen Gruppen entwickeln Trainingspläne für Mitarbeiter, um arbeitsspezifische Fähigkeiten zu vermitteln, und alle Manager sind *verpflichtet,* mindestens vier Kurse pro Jahr abzuhalten.

Unternehmen (Börsenkurzzeichen): Intel Corporation (INTC)
Standort: Santa Clara, Kalifornien
Top-Manager: Andrew S. Grove Chairman
                Greg R. Barrett, CEO

Intel auf einen Blick: Für den beherrschenden Anbieter auf dem Mikroprozessor-Weltmarkt erscheint das Warenzeichen-Motto des Unternehmens – „Intel inside" – gerechtfertigt. Das Unternehmen entwickelt und vermarktet ebenfalls Flash-Memory-Chips, Microcontroller, Netzwerkkommunikation und grafische Produkte. Intel expandiert und rüstet seine Produkte und Produktionsstätten auf, um seine Führungsposition gegenüber rivalisierenden Chip-Herstellern wie Cyrix und Advanced Micro Devices zu behaupten. Diese Marktbeherrschung veranlasste die Federal Trade Commission zu einer Antitrust-Klage gegen das Unternehmen.

Etwa 55 % seines Umsatzes wird außerhalb der Vereinigten Staaten getätigt.

Finanzergebnisse 1998:
➢ Umsatz: 26,3 Mrd. US-$
➢ Nettoertrag: 6,1 Mrd. US-$

Gesamter aufs Jahr bezogener Aktionärsertrag:
➢ 1 Jahr: 69 %
➢ 5 Jahre: 51 %

Unterrichtet Groves auch Klassen? Ja, wie aus dieser Passage aus *High Output Management* erkennbar wird:

„Mein eigenes Trainingsrepertoire umfasst einen Kursus über Vorbereitung und Darstellung von Leistungsnachweisen, über Durchführung produktiver Meetings und eine dreistündige Einführung zu Intel, in der ich unsere Geschichte, Ziele, Organisation und Management-Praktiken beschreibe. Über die Jahre habe ich diese Rede einer ansehnlichen Zahl unserer professionellen Mitarbeiter gehalten. Ich wurde auch schon zum Einspringen bei anderen Management-Kursen geholt. (Zu meinem Bedauern ist mein Wissen viel zu überholt, als dass ich technische Kurse geben kann)."

Interessanterweise unterscheiden Grove und Intel unterschiedliche Schulungstypen. Der erste ist die Unterrichtung neuer Mitarbeiter – auf allen Ebenen – in den Fähigkeiten, die sie für ihre Tätigkeit brauchen.

Der zweite schließt das Unterrichten in neuen Ideen, Prinzipien oder Tätigkeiten ein.

Diese Unterscheidung ist wichtig, sagt Groves, weil die Ziele für jede dieser Aufgaben unterschiedlich sind.

Die Rückzahlung

Wenn man diese Idee der Schulung akzeptiert hat, was dann? Grove's erster Ratschlag ist der grundlegendste: Machen Sie eine Liste von allem, worin Ihrer Meinung nach Ihre Untergebenen und/oder die Mitarbeiter Ihrer Abteilung geschult werden sollten.

Aber während dieser Gedanke sehr einfach ist, sollte es Ihre Liste nicht sein. Sie sollte alles umfassen, von dem, was einfach erscheint, – die Unterweisung der Person, die Reservierungen vornimmt, damit sie die Gäste daran erinnert, ihren eigenen Wein mitzubringen – bis zu abstrakteren Dingen, der Wertschätzung Ihres Unternehmens und Ihrer Abteilung.

Stellen Sie diese Liste nicht alleine auf, rät Groves. Fragen Sie die Leute, die für Sie arbeiten, was sie nach ihrer Meinung benötigen. Sie werden Sie wahrscheinlich dadurch überraschen, dass sie Schulungswünsche auf Gebieten haben, an die Sie nie gedacht haben.

Schließlich sollten Sie Gewinn daraus ziehen, meint er, dass Sie etwas berücksichtigen, dem Manager oft nicht die nötige

Aufmerksamkeit widmen – Leistungsbewertung –, um mehr Einblick darüber zu gewinnen, was Ihre Mitarbeiter brauchen.Wie Grove schrieb: „Die Abgabe einer Leistungseinschätzung ist die wichtigste Form des auf die Aufgabe bezogenen Feedbacks, das wir als übergeordnete Personen geben können".

Warum?

Weil es die beste Einzelmaßnahme ist, sagt Grove, um Bereiche herauszustellen, in denen ein(e) Mitarbeiter(in) seine oder ihre Leistung verbessern kann. Während Sie Ihren schlechtesten Arbeitskräften eine detaillierte Wegbeschreibung zur Verbesserung ihrer Fähigkeiten geben können, sollten Sie mehr Zeit für Ihre Spitzenleistungsbringer aufbringen. Denn da das die Leute sind, die am meisten Arbeit im Unternehmen leisten, würde eine zweiprozentige Steigerung ihrer Leistung einen viel größeren Effekt auf das Unternehmen ausüben als die zwei Prozent mehr von einer Randperson.

Groves behauptet, dass es ziemlich leicht sei, die Gebiete in Ihrem Unternehmen zu erkennen, die eine Verbesserung aus all diesen Gründen nötig haben. Wenn Sie erst die Liste haben, ist Grove's Rat simpel und direkt:

➢ Ordnen Sie die Gebiete, die Verbesserungen brauchen, nach Prioritäten;
➢ beginnen Sie mit den Themen, die den größten Effekt auf die Produktivität haben, und
➢ machen Sie sich an die Arbeit.

Martha Ingram
(Ingram Industries)

Alles in Balance halten

Als „Grande Dame" von Nashville pflegte *Forbes* Martha Ingram zu bezeichnen. Das beruhte auf der Tatsache, dass sie maßgebend sowohl für den künstlerischen als auch für den gesellschaftlichen Geschmack der Stadt war. Diese Bezeichnung macht schon Sinn. Ingram half nämlich, das Nashville-Ballett, das Tennessee-Zentrum für Bildende Künste, das Tennessee-Repertoire-Theater zu gründen und das Nashville-Symphonieorchester zu vergrößern.

Aber dann grub das Magazin noch etwas tiefer und fand heraus, dass diese charmant zurückhaltende Frau („Ich bin ziemlich unbekannt, verglichen mit all den anderen Leuten auf Ihrer Liste", sagte sie, als wir sie zum ersten Mal um ein Gespräch baten) eine der reichsten Persönlichkeiten der Welt war.

Karriere
1995 – Heute: Chairman und CEO, Ingram Industries Inc.
1979 – 1995 Direktor Public Affairs, Ingram Industries
1971 – 1979 Koordinatorin des Projekts „Tennessee-Zentrum für Bildende Künste"

Ausbildung
A.B. Vassar College, 1957

Familie
Verheiratet mit Bronson Ingram im Oktober 1958 (verstorben 1995); Kinder: drei Söhne, David, John, Orrin; eine Tochter, Robin

Geboren 1935 in Charleston, South Carolina

(*Forbes* schätzt sie mit ihrem Vermögen von mehr als drei Mrd. US-$ als die reichste Geschäftsfrau in den Vereinigten Staaten ein. Vielleicht bezeichnete sie *Forbes* deshalb auch den Inbegriff einer „stählernen Magnolie".)

Nach dem Tod ihres Ehemannes Bronson 1995 übernahm Ingram das schnell expandierende Handelsunternehmen, das sie in drei Bereiche aufteilte, die sie auf ihre Söhne übertrug. David, 37, ist für den Video-Großhändler Ingram Entertainment zuständig; John, 38, verantwortet den größten Buchhandel des Landes (600 000 Titel auf Lager) und Orrin, 39, leitet die inländischen

Wassertransportbetriebe der Familie. So eindrucksvoll diese drei Divisionen auch sein mögen, ist der größte Geschäftsbereich des Unternehmens jedoch Ingram Micro, der 20 Prozent aller Computerprodukte umsetzt, die in den Vereinigten Staaten verkauft werden. Das Unternehmen ging 1996 an die Börse, aber die Familie Ingram besitzt oder kontrolliert immer noch 65 Prozent über die Ingram-Familien-Treuhandverwaltung.

Martha Ingram spielt eine Schlüsselrolle in jedem dieser vier Geschäftsbereiche, aber auch das hat sie immer getan, wie Frances Fergusson, Präsident des Vassar College (Frau Ingram's Alma Mater), sofort herausstellt. „Martha ist eine außerordentliche Frau, und eine der ungeschriebenen Tatsachen bleibt, dass Ingram Industries unter ihrer Führung einen Aufschwung erlebte. Wir sind schrecklich stolz darauf, sie für uns beanspruchen zu können und etwas dazu beigetragen zu haben, was aus ihr geworden ist".

Als ihr Mann noch lebte, hatte Frau Ingram ihr Büro neben dem seinen und war, neben anderen Dingen, für die Spendentätigkeit des Unternehmens verantwortlich. (Die Ingram-Gesellschaften spenden traditionell zwei Prozent ihres Einkommens vor Steuern für das Gemeinwohl). Während die Leute nur auf diese Tätigkeit achteten, übersahen sie, dass Frau Ingram auch als Vermittlerin zwischen dem Management und den Arbeitern des Unternehmens tätig war. Sie richtete in ihrem Büro eine Direktleitung (die es noch gibt) für Mitarbeiter ein, die solche Probleme besprechen möchten, welche nicht über normale Kanäle laufen können. Einige dieser Anrufe, die sie erhielt, führten zu Nachforschungen, die wiederum in disziplinarische Maßnahmen und Entlassungen mündeten.

Ihre Rolle als „Ombudsmann" hatte auch ein unerwartetes Ergebnis. All diese Kontakte mit Mitarbeitern verschafften ihr ein besseres Verständnis des Unternehmens, was sie natürlich auch viel besser darauf vorbereitete, das Unternehmen nach dem Tod ihres Mannes zu übernehmen.

Obwohl ihre Managementfähigkeiten erst seit kurzem weithin bekannt sind, wurde ihr Können schon seit langem in Tennessee geschätzt. Noch während der Zusammenarbeit mit ihrem Mann wurde Ingram das Angebot gemacht, einen Teil der staatlichen College-Organisation zu leiten.

„Werden Sie mich dafür bezahlen?" fragte Ingram, die aus ihrem Familiengeschäft kein Gehalt bezog. „Natürlich", kam als Antwort von einem Beamten, der ihr ein sechsstelliges Gehalt bot.

Ingram lehnte das Angebot ab, aber erwähnte es gegenüber ihrem Mann. „Soll ich dir dasselbe anbieten?" fragte er. „Ja, ich glaube schon", sagte sie. Bronson Ingram zahlte, gerne. Wie das Unternehmensergebnis zeigt, war das eine gute Entscheidung.

> *„Alles, was Sie tun können, ist das Beste zu geben. Bleiben Sie auf dem Absprung, wie Sie es vielleicht bei einem Tennisspiel machen. Seien sie zum Wechsel bereit, wenn erforderlich, aber tun Sie es nicht hastig (wie vielleicht beim Tennis), und vor allem, sorgen Sie sich um Ihre Kunden. Die können im Nu verschwinden".*

Berater haben gut davon gelebt, dass sie militärische Strategien, von denen Lao Tsus bis zu jenen Ulysses S. Grants, auf das Marktgeschehen anwendeten. Fachbuchautoren haben Managementbücher über die Weisheit von Winnie-der-Bär geschrieben, und Theoretiker haben sogar Fernsehshows – wie *Star Trek* und *The Andy Griffith Show* – in Materialien zur Führungskräfteschulung verwandelt.

Es liegt uns fern, eines dieser Werke in Frage zu stellen. Doch würden wir gerne eine viel näherliegende Quelle der Weisheit vorschlagen. Wir haben sogar einen Titel dafür. Wie wäre es mit *Alles, was ich über die Führung eines Unternehmens weiß, habe ich von Mammi gelernt?* Falls Sie jemals ein solches Buch schreiben sollten, wäre Ihr erstes Recherchegespräch idealerweise mit Martha Ingram zu führen. Wenn Sie ihre Lektionen beherzigen, dann würde sich Ihr Buch – oder das von Ihnen geführte Unternehmen – in der Tat gut machen.

„Ich hatte niemals die Absicht, ins Geschäft zu gehen, aber 1979 machte ich es", erläutert sie ihren Hintergrund bei Ingram Industries. „Ich hatte gerade ein achtjähriges Entwicklungsprojekt – und dann die Koordinierung – mit dem Tennessee-Center für Bildende Künste beendet. Wir machten aus Träumen Wirklichkeit.

Wir erhielten über den Gesetzgeber eine Anleihe von 36 Millionen $, stellten eine private Stiftung von 5,5 Millionen $ auf und hatten gerade einen fest angestellten Manager eingestellt, als mein Mann sagte ‚Was wirst du jetzt tun?'

‚Ich werde mich an der Strand legen'.

Und er sagte: ‚Das wird nicht lange dauern. Warum arbeitest du nicht für mich? Du hast bewiesen, dass du eine Menge Energie und eine starke Neigung für das Geschäft besitzt. Warum kommst du nicht hierher, nur mal für den Fall, dass mir etwas passiert. Komme ein oder zwei Tage in der Woche und versuche es'.

Ich hatte tatsächlich ernsthafte Vorbehalte, denn ich hatte vier Kinder. Und ich fragte mich, ob es eine gute Idee wäre, 24 Stunden am Tag mit ihm zusammen zu sein und damit die Grenze zwischen Arbeit und Familie aufzuheben. Doch ich überlegte, dass ich es mit einem Tag in der Woche probieren sollte. Nachdem ich einmal angefangen hatte, hörte nicht mehr auf, weil ich immer wieder Bereiche fand, in denen ich nützlich sein konnte".

Ingram wirkte dabei mit, das Buchgeschäft des Unternehmens auszuweiten. Bücher über Computer waren der erste große Vorstoß des Unternehmens. „Sie brachten uns zum Thema Software, weil es schien, dass auch dies etwas war, was für unsere Einzelhandelskunden im Buchhandel zusammenpasste.

„Zur gleichen Zeit", fügt Ingram hinzu, „gingen wir in das Handelsgeschäft mit Videos, um die Produktlinie für Buchhändler, unsere ursprünglichen Kunden, zu verstärken. Und dann gab es noch die unabhängigen Computer- und Videogeschäfte. Also ergänzten wir die Software durch Hardware. Und dieses gesamte Geschäft wuchs ständig".

Und Ingram arbeitete an der Seite ihres Ehemannes, der im Dezember 1994 erfuhr, dass er Krebs hatte. Nach seinem Tod sechs Monate später übernahm Frau Ingram das Unternehmen.

„Es war nicht meine Wahl, aber irgendjemand musste hineingehen. Bronson hatte mir, schon ehe er krank wurde, gesagt, dass – wenn immer ihm etwas zustoßen sollte – ich mich zum Chairman machen und mich mit den besten Leuten umgeben sollte, die ich finden könnte. Also habe ich versucht, das zu machen. Und glücklicherweise war ich bereits 16 Jahre im Büro tätig gewesen, bevor er starb, so dass ich mich im Geschäft wohl fühlte. Doch das große Problem war, dass Entscheidungen getroffen werden mussten".

Auf kurze Sicht ging es um Entscheidungen, bis ihre Kinder in der Lage waren, das Geschäft zu übernehmen. Langfristig bedeutete es, eine Entscheidung über die Verwaltung der Familien-Holdings zu treffen.

„Mir ist es sehr ernst mit der Feststellung, dass eine meiner Hauptaufgaben in dem Versuch bestand, einen Ausgleich innerhalb der Familie zu erhalten", sagt sie. „Das war immer meine Rolle gewesen, auch ehe ich im Unternehmen tätig war. Ich glaube, dass es Aufgabe der Mutter ist, die Familie im Gleichgewicht zu halten. Das war gewiss meine Rolle. Wir bekamen vier Kinder in fünf Jahren. Da gab es die ganze Zeit über eine Menge zu stabilisieren. Ich weiß, dass ich wie eine Pazifistin klinge, aber ich kann auch wie ein Teufel kämpfen, wenn ich muss. Doch das ist der letzte Ausweg. Die wirkliche Aufgabe besteht darin, alles stabil zu halten.

Ich habe oft gesagt, dass mein stärkstes Training für meine jetzige Aufgabe mein Muttersein war", fügt sie hinzu. „In beiden Tätigkeiten müssen Sie erreichen, dass jeder sich wohl fühlt und das Beste gibt, und Sie müssen alle dazu bewegen, das Beste aus ihren Fähigkeiten herauszuholen. Das ist auch die Rolle einer Person, die für ein Geschäft verantwortlich ist.

Meine zweite Herausforderung besteht darin, meine Söhne so schnell wie möglich weiterzubringen, weil ich langfristig kein Interesse daran habe, Chairman zu bleiben, und gewiß auch kein CEO. Sie übernehmen mehr und mehr die Rolle des CEO. Sie stecken im Betrieb. Das ist ihr Job. Ich möchte nur wissen, was los ist. Ich werde ihnen nicht nachschnüffeln, aber ich möchte Bescheid wissen. Wir haben ganz reguläre Berichtsabläufe.

Sie können sich vielleicht vorstellen, wie das ist, wenn Sie ein Unternehmen führen und Ihre Mutter trägt die Verantwortung. Aber sie sind dabei sehr süß gewesen. Direkt nach dem Tod meines Mannes sagte ich zu meinen Kindern: ‚Seht, ihr Burschen könnt jederzeit das Geschäft übernehmen. Ich trete einfach beiseite'.

Und sie sagten, 'Nicht so schnell, Mutter. Glaubst du, die Banken würden einem Haufen Dreißigjähriger die Menge Geld geben, die wir ausleihen?'

So hatte ich das gar nicht betrachtet. Sie sagten ‚Schau, ob du jetzt magst oder nicht, du musst dabei bleiben, bis wir einige graue Haare haben – mindestens, bis wir so um die vierzig sind'".

Ein Sinn für Spaß

Nachdem die Kinder damit einverstanden waren, dass Ingram noch einige Jahre verantwortlich blieb, setzte sie allmählich dem Unternehmen ihren eigenen Stempel auf.

„Ich würde sagen, was ich möglicherweise mitgebracht habe, zumindest nach meiner Meinung, ist ein Sinn für Spaß. Ich mag es, wenn Leute gerne zur Arbeit kommen. Ich möchte, dass sie eine gute Zeit haben. Bronson wollte, dass sie hervorragende Arbeitsbedingungen und ausgezeichnete Bezahlung hätten. Ich glaube, sie fanden das gut, aber jetzt reden wir auf den Gängen alle ein bisschen lauter und lachen auch viel.

Wenn ich manchmal in die Büros meiner Söhne oder Schwiegersöhne gehe – sie sitzen alle auf dem selben Stockwerk wie ich –, höre ich ihr Geplappere und Gelächter. Früher hätten Sie das nicht gehört. Wenn Sie für Ingram gearbeitet haben, waren Sie ernsthaft. Ich will Bronsons Arbeitsstil nicht kritisieren, aber ich kann auf diese Weise nicht arbeiten. Ich habe einen anderen Stil, vielleicht deswegen, weil ich mich um eine Familie kümmern musste. Ich wünsche mir, dass meine Kinder glücklich sind und eine gute Zeit haben, und ich glaube, dass sich diese Einstellung im ganzen Unternehmen verbreitet hat. Ich glaube, dass Sinn für Spaß gut sein kann. Die Menschen werden produktiver. Sie bekommen das Gefühl, dass fröhlich zu sein gut ist".

Hängt das damit zusammen, dass Frauen mehr bemuttern? Ingram ist sich nicht sicher. Während die Tatsache, dass sie eine der wenigen Frauen ist, die eine Milliarden-Dollar-Organisation leiten, häufig kritisch betrachtet wird, hat sie sich darüber noch nie viele Gedanken gemacht.

Unternehmen: Ingram Industries Inc. (Privatbesitz)
Standort: Nashville, Tennessee
Geschäftsführerin: Martha R. Ingram

Ingram Industries auf einen Blick: Ingram Industries Inc., eines der größten Unternehmen in den Vereinigten Staaten, das einer Frau gehört und von ihr geleitet wird, ist führend im Handel, Schiffstransport und Versicherungsgeschäft. Die Ingram Book Group ist der landesweit führende Buchgroßhändler mit jährlich über 115 Millionen versandten Büchern, Tonbändern und CD-ROMs. Ingram Books liefert etwa zwei Drittel der Bücher, die in den Vereinigten Staaten über Großhändler an den Buchhandel gehen. Die Ingram Marine Group betreibt 1.700 Lastkähne auf Vermietungsbasis. Die Ingram's Permanent General Versicherungsgesellschaft deckt Autofahrer mit hohen Risiken ab. Das Unternehmen befindet sich im Privatbesitz der Familie Ingram, der ebenso etwa 65 % der Computer-Großhändlers Ingram Micro, Inc. (22 Mrd. US-$ Umsatz) gehören.

Finanzergebnisse 1998:
➢ Umsatz: 1,8 Mrd. US-$
➢ Nettoertrag: 50 Mio. US-$ (geschätzt)

„Dazu werde ich hier und da mal gefragt, besonders im Schulbereich. Ich sitze im Board von zwei Mädchenschulen, zusätzlich noch in dem von zwei Colleges, beide jetzt vereint, Vanderbilt und Vassar. Und ich habe wirklich keinen Stress damit gehabt, wie ihn viele Frauen haben. Ich habe niemals das Gefühl gehabt, dass ich irgendwie betrogen wurde. Ich habe mich immer sehr privilegiert gefühlt.

Ich bin als Älteste in meiner Familie großgeworden. Und mein Vater hat nie zu mir gesagt ,Oh, zu schade, du bist ein Mädchen'. Er sagte nur ,Schau, wir haben ein erfolgreiches Radio- und Fernsehgeschäft und wir haben viel Kredit aufgenommen. Gibt acht, falls mir etwas passiert. Deine Mutter hat keinerlei Interesse, unser Geschäft zu führen. Dann wärst du verantwortlich'. Selbst als ich nach Vassar ging, ließ er mich auf die Bilanz und die Gewinn- und

Verlustrechnung sehen. Damals dachte ich, dass es die langweiligsten Dinge auf der Welt seien. Und manchmal fühle ich immer noch, dass es mich langweilt – bis ich mir eingestehe, was wirklich dahintersteckt.

Doch in Bezug auf die Benachteiligung als Frau habe ich niemals Probleme gespürt. Ich denke deshalb, weil mein Vater mich niemals fühlen ließ, dass dies ein Problem sein könnte. Ich sollte seine Nachfolgerin werden, wenn ich Vassar beendete. Aber dann habe ich Bronson geheiratet und bin weggezogen. Mein Vater war wirklich froh darüber, aber es bedeutete, dass er jemanden anstellen musste, der ins Geschäft kam".

Sieht sie sich als Modellfall? „Das ist auf gewisse Weise eine etwas merkwürdige Frage, weil eine Menge junger Frauen auf mich zukommen und wissen wollen ‚Wann wussten Sie, dass Sie Chairman und CEO werden wollten?' Ich sage ihnen immer, dass ich niemals Chairman werden wollte. Sondern nur Ehefrau und Mutter. Das war meine Generation. Ich wollte eine aktive freiwillige Helferin und in einer Gemeinschaft führend sein. Das war auch das, was meine Mutter gewesen war. Und was   meine Schwiegermutter war. Ich hatte wirklich keine geschäftlichen Ambitionen.

An was ich mich erinnern kann, war mein Wunsch, etwas zu verändern. Ich dachte jedoch nie, dass dies in der Geschäftswelt stattfinden würde. Ich wusste nicht, dass ich dort tätig sein würde. Aber ich hatte diese protestantische Herausforderung verinnerlicht, die besagt ‚Wem viel gegeben ist, von dem wird viel erwartet'. Am Ende unserer Tage sollte diese Welt irgendwie besser sein, weil wir durch sie gegangen sind.

Also hatte ich sicher Ambitionen. Aber nie die, ein Unternehmensführer zu werden. Ich sah die Arbeit im Geschäft mehr als eine Pflicht an, etwas, das ich tun müsste, wenn irgend jemand etwas zustoßen sollte. Aber was dann schließlich herauskam ist, dass ich das Geschäftsleben wesentlich erfreulicher finde, als ich geglaubt hatte. Und während ich diese Position niemals angestrebt habe, und auch niemals auf den Platz eines CEO in einem anderen Unternehmen gegangen wäre, macht mir das jetzt richtig Spaß.

Ich wollte einen Unterschied schaffen. Ich bin mir nicht sicher, ob ich das schon getan habe, aber ich arbeite daran".

David Johnson
(Campbell Soup)

Siegen

David Johnson, 66, kann nicht still sitzen. Der Chairman des 6,7-Milliarden-Dollar-Unternehmens Campbell Soup Co. läuft dauernd in seinem Büro herum. Zuerst sorgt er dafür, dass seine Besucher etwas zu trinken haben. Dann springt er von dem kleinen Konferenztisch in seinem Büro auf, um ein Papier zu holen, das genau zeigt, wieviel Marktanteil Campbell Soup in den letzten zehn Jahren seinen Mitbewerbern abgenommen hat. Dann tätigt er noch schnell einen Anruf, um sicherzustellen, dass das Mittagessen auf dem Weg ist...

Auch wenn er auf die Fragen hört, wendet sich Johnson hin und her, nach Notizen kramend, die genau vermitteln können, was er zu sagen wünscht.

Genau diese Energie und Konzentration waren für Johnsons Erfolg verantwortlich – und für den von Campbell. Nachdem Johnson 1990 CEO geworden war, bewegte er sich unermüdlich auf ein einziges Ziel hin: jedes andere Verbrauchsgüterunternehmen zu übertreffen und letztlich zu schlagen.

Karriere
1997 – Heute: Chairman, Campbell Soup Company
1993 – 1997 Chairman, President und CEO
1990 – 1993 President und CEO, Campbell Soup Company
1987 – 1989 Chairman und CEO, Gerber Products Co.
1982 – 1987 President und CEO, Entenmann-Division, General Foods
1980 – 1982 President, Specialty Foods Group, Warner-Lambert Co.
1973 – 1980 President, Warner-Lambert/Parke-Davis Asien
1959 – 1973 Verschiedene Führungspositionen bei Colgate-Palmolive Co. in Australien und Afrika

Ausbildung
M.B.A. Universität von Chicago 1958
B.Ec. Universität von Sydney 1954

Familie
Verheiratet mit Sylvia seit März 1966; Kinder: drei Söhne

Geboren am 7. August 1932

(Die Vergleichstabellen mit den vierteljährlichen Gewinnzahlen für Campbell und anderen Nahrungsmittelherstellern sind über die gesamte Unternehmenszentrale in Camden bei Philadelphia, New Jersey, verteilt).

Um sicherzustellen, dass Campbell Soup fähig wäre, die Konkurrenz zu schlagen, brachte Johnson die Kosten herunter. Er schloss mehr als 20 Fabriken, hob Führungsebenen innerhalb der Unternehmensstruktur auf, entließ hunderte von Managern und verkaufte schlecht laufende Geschäftsteile und Produkte – viele davon Suppen – im Wert von 500 Millionen US-$. Johnson verwendete diese Einsparungen, um andere Unternehmen – wie Pace Foods in San Antonio, den führenden Saucenhersteller des Landes – zu kaufen, die bessere Aussichten und höhere Spannen aufwiesen. Johnsons Mantra lautet: „20-20-20". 20 Prozent jährlicher Ertragszuwachs, 20 Prozent Kapitalrendite und 20 Prozent Barrendite.

Die unnachgiebige Fokussierung auf Zahlen ist ein Grund für die 180-Grad-Wendung von Campbell unter Johnson. Der andere ist unbeeindrucktes Antreiben, verknüpft mit aggressiven Zielsetzungen für all seine Manager.

Erreichen Sie Ihr Ziel, und Johnson wird buchstäblich eine Blaskapelle holen, um Sie zu feiern. Verfehlen Sie es mehr als einmal, dann suchen Sie sich eine andere Stelle.

Johnson, der 1997 auf seinen CEO-Titel verzichtete und jetzt als sehr aktiver Chairman arbeitet, sieht seine Verfahrensweise nicht als harsch an. Erstens einmal haben die Mitarbeiter Anteil am Unternehmenserfolg; ein Großteil der Managerbezahlung erfolgt über Boni und Aktienoptionen. Andererseits, sagt Johnson, „plant der Wettbewerb immer, Sie zu beseitigen. Sie müssen härter arbeiten".

Dieses Selbstvertrauen, das Johnson seinen Truppen vermittelt, ist etwas, das er während seiner Jugend auf einer Ranch in Australien gelernt hat. Er glaubt, dass alle Unternehmen diese „Eigentümermentalität" brauchen.

David Johnson hat einen Master of Business Administration (von der Universität Chicago). Er hat Unternehmensbereiche in der ganzen Welt geleitet (für Colgate-Palmolive, Warner-Lambert und General Foods). Und er hat sich nach oben hochgearbeitet, vom Verkäufer bis zum CEO (zweimal). Was hält er also für die beste Vorbereitung, um ein Multi-Milliarden-, multinationales Unternehmen zu führen? Seine ganze Kindheit auf einer Ranch in Australien zubringen.

> *„Wenn Sie ein Weltklasse-Könner sein wollen, und ich möchte niemanden bei mir haben, der nicht davon träumt, dann werden Sie keine Ziele setzen, die leicht erreichbar sind. Sie werden das nicht wollen, weil Sie sonst nicht mit sich selbst leben könnten. Sie wären es nicht wert, bekannt zu sein".*

„Wenn Sie auf dem Land auf einer Farm groß werden – ich nenne es Ranch, Sie können es Farm nennen, dann werden Sie vom Anbeginn Ihres Lebens in etwas eingeführt, was ich Eigentümermentalität nenne. Wir lernten früh, was wir verdienten und wie stark wir von unseren Talenten und Fähigkeiten abhingen – mit ein wenig Hilfe von Gott".

Und Johnson lernte noch etwas. Sein Bestes zu geben, war nicht genug. Wenn es ums Letzte ging, musste man etwas besser sein als die Konkurrenz, um zu überleben.

„Wenn Sie auf dem Land leben, werden Ihre Preise veröffentlicht, wenn Sie zu den Verkaufskoppeln gehen. Die Preise Ihrer fetten Lämmer oder Ihrer Kälber, und die von jedem sonst, sind für jedermann sichtbar, so dass Sie wissen, wie Ihre Preise im Vergleich zu den anderen liegen. Wir wurden laufend auf einer Vergleichsbasis bewertet".

Das erfordert Wachsamkeit, eine Lektion, die während einer seiner ersten Managertätigkeiten bestätigt wurde, als Chef des Reinigungsmittelgeschäfts von Colgate-Palmolive in Australien.

„Wir waren unglaublich erfolgreich. Wir waren so erfolgeich, dass wir unsere Läger völlig räumten, nicht mehr produzieren konnten und so viel wie möglich vom Ausland importierten. Also hatten wir ein Geschäftsleitungsmeeting und saßen herum, die Füße auf dem Tisch, und gratulierten uns selbst. Wir witzelten darüber, dass wir eigentlich einen Monat Urlaub machen könnten, weil unser Geschäft so unglaublich brummte und das Leben wundervoll war. Aber wissen Sie, was geschah? Die Konkurrenz – angestachelt von der durch uns zugefügten unglaublichen Niederlage – arbeitete insgeheim geradezu widerlich gut. Und in sechs, vielleicht auch acht Monaten kamen sie mit einer Serie von neuen Produktkampagnen, die uns völlig überraschte. Darauf waren wir nicht vorbereitet. Wir hatten uns entspannt, waren überaus sicher und selbstgefällig. Das war eine der großen Lektionen meines Lebens. Denn niemals mehr werde ich die Konkurrenz unterschätzen. Ich stelle mir immer vor, was die Konkurrenz jetzt gerade plant, und lasse niemals, oder nahezu niemals, zu, dass das Team irgendwo nachlässt.

Alles, was wir tun, geschieht mit dem Gedanken an die Mitbewerber. Man muss sich laufend mit ihnen vergleichen und sich über sie den Kopf zerbrechen. Ich sage Ihnen, dass die Konkurrenz Ihre Lebenskraft verzehren, mit Freude Ihren Umsatz verhindern und Sie vernichten würde, wenn sie könnte".

Die Notwendigkeit, selbstbewusst zu sein und die Konkurrenz zu übertreffen, hat alles beherrscht, was Johnson getan hat. Und er schaut sich nach Leuten um, die das Geschäftsuniversum genau so betrachten wie er.

„Wenn die Nacht kommt, dann plant die Konkurrenz, während wir schlafen. Deshalb müssen wir Leute haben, die rund um die Uhr arbeiten. Und es ist nicht genug damit getan, dass sie arbeiten, die Qualität ihrer Arbeit und ihr Erfindergeist ist wichtig, sonst können Sie schnell ausmanövriert werden".

Damit das gesichert ist, besteht Johnson darauf, dass alle Manager aggressive Ziele setzen. Nur zu versuchen, ihre Geschäftseinheiten zwei Prozent mehr als die Inflationsrate wachsen zu lassen, trifft das nicht. Johnson zieht eine Analogie zum Zirkus, um zu zeigen, worum es ihm geht.

„Es ist so, als wären unsere Mitarbeiter Trapezkünstler, und ich würde ihnen sagen, dass wir jetzt Dreifachsaltos machen möchten. Danach sind wir eigentlich bestrebt: nach dem Hochtrapez des Geschäfts. Und um das Risiko zu erhöhen, sage ich ihnen, ihr werdet kein Geld bekommen, wenn ihr das nicht erreicht. (Johnson übertreibt – allerdings nicht viel. Gerade mal 20 Prozent der Bezahlung einer Führungskraft stammt aus festem Gehalt. Der Rest ist mit seiner oder ihrer Leistung und der des Unternehmens verknüpft).

„Ich sage ihnen, das ist nun mal so. Wenn Sie ein schwaches Herz haben, dann gehen Sie jetzt, kommen Sie nicht nach vorn, denn es wird schwieriger, immer schwieriger. Doch wenn wir gut sind, dann wird es unglaublich sein.

Meine Botschaft an sie ist, dass man darauf eingestellt sein muss, Risiken auf sich zu nehmen, zusammen zu trainieren, mit den von uns erzielten Ergebnissen zusammen zu leben und zu sterben. Und wenn Sie hohe Ziele setzen, die Sie an eine aufsteigende Bemessungsgrundlage binden, und damit erfolgreich sind, dann ist das Gefühl unglaublich, weil wir über Vollendung sprechen.

Ich frage jeden: Sind Sie nicht aufgedreht gewesen, als Sie in der Schule eine Eins bekamen? Sind Sie nicht in Bestlaune gewesen, als Sie in die Erste Mannschaft berufen wurden oder befördert wurden? Waren Sie nicht aufgeregt, als Ihre Marschkapelle gewonnen hat? Okay. Das ist für uns das Gleiche. Wir müssen in die Endrunde kommen.

Die Frage ist für mich, wie kann ich das Geschäft in eine Art von Spaß umwandeln, bei dem das Teilhaben, die Anstrengung und Erfüllung genauso greifbar sind wie ein Abschluss mit ‚summa cum laude‘. Dann kommt der Punkt, wo Leute einsteigen. Dann sagen sie ‚ich werde unglaubliche Dinge machen‘“.

Um diesen Einstieg zu erreichen, beruft sich Johnson auf sein ursprüngliches Training – als Lehrer. Er denkt nicht, dass dies überraschen sollte. „Was ist meine Aufgabe sonst, wenn nicht laufendes Lehren und Coachen? Genau dazu wurde ich ausgebildet. Ich habe meinen Doktor auf dem Schlachtfeld des Geschäftslebens gemacht und ich bin Professor in dem Sinn, dass ich Leute aufziehe und belehre, sie coache, führe und mit ihnen kommuniziere“.

Wie jeder Lehrer weiß, ist Motivation der Schlüssel zur Leistung, und Johnson steht ein enormes Motivationsinstrument zur Verfügung – Geld. Und zwar eine Menge davon. Angesichts der Tatsache, dass ein immenser Teil der Vergütung – sowohl in Form von Boni als auch von Aktienoptionen – von der Leistung des Unternehmens abhängt, und angesichts der wahnsinnigen Leistungen Campbells über das vergangene Jahrzehnt hat Johnson eine Menge Leute wohlhabend gemacht.

„Ich bin stolz darauf, dass ich eine große Zahl von Menschen reich gemacht habe. Ich spreche nicht nur über Aktionäre, obwohl die auch gut gefahren sind. Ich spreche von hunderten von Menschen, die für das Unternehmen arbeiten. Wir haben ihr Leben bedeutungsvoller gemacht. Ihnen geht es so viel besser. Sie können ihre Kinder zur Ausbildung schicken. Geld bedeutet, dass sie sich früh zur Ruhe setzen können, wenn sie das wirklich wollen. Und ich missgönne es niemandem, wenn er genug hat. Sie sind Risiken eingegangen. Sie haben sich angestrengt. Sie haben ihr Haar verloren. Wenn die Zeit gekommen ist, ist es dann nicht wunderbar, dass wir ihnen Rücklagen ermöglicht haben, damit sie noch etwas ganz anderes machen, ein zweites Leben beginnen können, wenn sie wollen."

Für Johnson ist es nur fair, dass die Mitarbeiter am Unternehmenserfolg beteiligt sind. Logischerweise resultiert darin ihre Bemühen, möglichst hochqualifizierte Arbeit zu leisten und die Wettbewerber im Geschäft zu übertreffen.

„In gewisser Weise handelt es sich bei dem, was ich hier gepredigt habe, um die Einstellung einer Gruppe von Profis, die sich Risiken aussetzen. Menschen, die zuerst auf das Hochtrapez gehen und Dreifachsaltos oder was auch immer ausführen, und das gekonnt, während die Menge mit Bewunderung zuschaut.

Und wenn Ihre Leute wirklich gut sind, dann sagen Sie, ‚Nehmt die Netze weg‘. Die Stille ist beängstigend, wenn die Menge entsetzt zuschaut und sich fragt, ob Sie es schaffen. Und wenn Sie diesen Dreifachsalto schaffen, dann kommt Begeisterung auf und das Gefühl von Stolz über diese Leistung, welches Sie mit Ihrem Team teilen – und jedem, der dazu gehört.

Ich glaube daran, dass unsere Arbeit Teil unseres Lebens ist und eine Bedeutung hat. Ich glaube, dass jede gemeinsame Tätigkeit wirklich bedeutungsvoll ist und nicht nur die mechanische Angewohnheit, Arbeitsvorgänge auszuführen".

Es ist unvermeidbar, dass jemand, der 66 wird und sein Amt als CEO aufgibt, nach seinen zukünftigen Plänen gefragt wird. Wird er in den Ruhestand gehen? Was wird er von jetzt an tun? Die Antwort Johnsons ist ganz typisch.

„Wissen Sie, ich bin die glücklichste Person auf der Welt. Es ist ein Traum. Ich kann kaum glauben, dass mir das geschah und mir diese Möglichkeit gegeben wurde. Nun gab es Zeiten, da haben die Leute auf die Ringe unter meinen Augen geschaut. Ich bin sehr blass, und am Ende eines Arbeitstages mit herausfordernden Problemen bin ich ausgelaugt und grau – und die Leute sagen dann ‚Sie sehen schrecklich aus'. Und ich antworte ‚Aber ich fühle mich herrlich'. Das ist das Wesentliche. Ich fühle mich herrlich. Ich stehe unter Hochspannung, bin aufgedreht, unter Strom, herausgefordert. Aufregendes um mich herum. Arbeit ist Spaß.

Unternehmen (Börsenkurzzeichen): Campbell Soup Company (CPB)
Standort: Camden, New Jersey
Top-Manager: David W. Johnson, Chairman, Dale Morrison, CEO

Campbell Soup auf einen Blick: Angeführt von den starken Standard-Marken – Tomaten-, Hühner-, Nudel- und Pilz-kremsuppen – bestreitet Campbell ungefähr 85 % des Umsatzes bei allen Dosensuppen, die in den Vereinigten Staaten verkauft werden, und 10 % des gesamten Markts vorgefertigter Suppen außerhalb der Vereinigten Staaten, wo das Unternehmen expandiert. Weitere wichtige Geschäftsfelder von Campbell sind Saucen (Pace mexikanische Saucen, Prego Spagettisauce), Backwaren (Pepperidge Farm und Arnotts), Gaststättenprodukte (Restaurant-Suppen, Stockpot Refrigerated Soups), Godiva Schokoladen und andere Nahrungsmittel (SpaghettiOs und V8 Vegetable sowie V8 Splash Säfte).

Finanzergebnisse 1998:
➤ Umsatz: 6,7 Mrd. US-$
➤ Nettoertrag: 660 Mio. US-$

Gesamter aufs Jahr bezogener Aktionärsertrag:
➤ 1 Jahr: 6 %
➤ 5 Jahre: 26 %

Mehr als das. Heute bin ich mit Campbell als Chairman eines Boards verbunden, das für seine Sorgfalt berühmt ist. Und ich habe die Zeit, die großartigsten Möglichkeiten im Leben zu erkunden – wie der Besuch der Bayreuther Wagner-Festspiele in Bayern zusammen mit meiner Frau, oder Rafting mit meinen Söhnen oder die Erkundung des Nordpols".

Herb Kelleher
(Southwest Airlines)

„Kultur ist Ihre Priorität Nummer Eins".

Man kann würfeln, wofür Herb Kelleher besser bekannt ist – für seine Managerfähigkeiten oder für seine „Ich-habe-mehr-Spaß-als-irgendwer-sonst-auf-diesem-Planeten"-Haltung.

Einerseits ist das ein Mann, der zweimal von der *Financial World* zum CEO des Jahres ernannt wurde (1982 und 1990) und der Welt gezeigt hat, wie man eine bedeutende Fluggesellschaft aufbaut, während Leute wie Don Burr von People's Express und zahllose andere scheiterten.

Auf der anderen Seite sehen Sie einen Mann, der sich auch im Geschäftsleben verkleidet wie der Osterhase oder Elvis.

Was jedoch Menschen, die Kelleher gewahr werden, vielleicht nicht erkennen, ist die Tatsache, wie gut er in seinem Job ist. Irgendwann hat er ungefähr jede Funktion bei Southwest innegehabt oder überwacht, so dass er dieses Unternehmen besser versteht als irgendjemand sonst.

Karriere
1967 – Heute: Gründer, Chairman und CEO Southwest Airlines Company
1961 – 1978 Senior Partner Oppenheimer Rosenberg, Kelleher & Wheatley, Inc.
1959 – 1961 Partner Metthews, Nowlin, Macfarlane & Barrett
1956 – 1959 Gerichtsschreiber am Obersten Gericht von New Jersey

Ausbildung
LL.B. cum laude, New York Universität 1956
B.A. cum laude, Wesleyan Universität 1953

Familie
Verheiratet mit Joan Negley am 9. September 1955, Kinder: Julie, Michael, Ruth, David

Geboren am 12. März 1931 in Camden, New Yersey

Und die Geschichten, die sein Image als „good ol' boy" unterstreichen – dieser „prima Kumpel" wurde außerhalb von Philadelphia geboren und im Osten erzogen –, verführen dazu, die Disziplin zu verkennen, die für den Aufbau einer Fluggesellschaft Markt nach Markt notwendig war. Kelleher eröffnet typischerweise seine Flugzentrale nicht gerade in der Nähe einer Stadt, die seine Konkurrenz fast im Würgegriff hat. Das vermeidet so lange wie möglich einen Kopf-an-Kopf-Wettbewerb. Direkter Wettbewerb hat nahezu jede andere neue Fluggesellschaft zum Untergang verurteilt, die einem einfällt.

Die Standortwahl ist ein Grund für den Erfolg von Southwest. Und noch ein zweiter. In einem Geschäft, in dem jeder die selben Flugzeuge, die selbe Abfertigung und im Grundsatz die selben Flugpreise hat, weiß Kelleher, dass der einzige wirkliche Unterschied zwischen den Fluggesellschaften die Menschen sind, die dort arbeiten. Darum haben die Mitarbeiter auch ein großes Mitspracherecht bei Einstellungen. Kelleher geht von der Annahme aus, dass die Überprüfung des Hintergrunds entscheidet, ob jemand die technischen Fähigkeiten für die Ausübung seiner Tätigkeit hat. Die Stellungnahmen der Mitarbeiter lassen erkennen, ob der Bewerber in die Unternehmenskultur von Southwest passt, die unbürokratisch, spaßorientiert und darauf aufgebaut ist, dass jeder das Richtige für den Kunden und seine Kollegen leistet.

Natürlich passt Kelleher in diese Kultur. Wie jeder andere Angestellte von Southwest möchte er auch die Last mittragen. Hier ein einfaches Beispiel. Die Leute fliegen gerne am Thanksgiving Day, um ihre Familien zu besuchen. Das bedeutet, bei Southwest muss jemand arbeiten, während der Rest der Bevölkerung zu Hause sitzt und Truthahn isst. Kelleher war am Thanksgiving Day auf dem Posten und hat Tickets entgegengenommen oder Gepäck abgefertigt.

„Es ist schon interessant", sagt Kelleher. „Die Leute besuchen uns bei Southwest Airlines und sagen, sie wollen eine ähnliche Unternehmenskultur wie bei uns errichten. Wenn wir ihnen erzählen, dass wir einfach nur die Leute richtig behandelt haben, dann klingt das zu einfach für sie. Sie möchten etwas viel Komplexeres haben. Sie wünschen ein Programm. Wir haben immer geglaubt, ‚ein Programm' bedeutet den Tod dieser Sache".

Herb Kelleher beantwortet eine Frage mit einer Gegenfrage. Darauf angesprochen, woher die Idee stamme, eine Arbeitsumgebung mit Spaßcharakter – dem Kennzeichen von Southwest Airlines – zu schaffen, antwortet er: „Glauben Sie, dass Menschen besser arbeiten und produktiver sind, wenn sie Spaß oder wenn sie keinen Spaß an dem haben, was sie tun?

> *„Mitarbeiter suchen nach Aufrichtigkeit, und Sie zeigen das nicht dadurch, dass Sie ein Programm entwickeln. Das muss von Herzen kommen, weniger vom Kopf".*

Ich war immer der Meinung, dass man nicht seine Persönlichkeit verändern sollte, wenn man zur Arbeit geht. Also beschlossen wir, gute Leute einzustellen und sie das sein zu lassen, was sie sind, Individualisten. Wir werden ihnen eine Umgebung schaffen, in der wir ihnen, ihrem persönlichen wie auch ihrem geschäftlichen Leben einen großen Teil unserer Aufmerksamkeit schenken. Wir wollen ihnen zeigen, dass wir sie nicht als eine Art von Arbeitsautomaten ansehen. Wir wollen eine Umgebung schaffen, in der die Menschen an dem Spaß haben, was sie machen.

Die Leute machen viel Aufhebens darum und fragen sich, wie wir das Unternehmen auf diese Art betreiben können, aber jetzt beginne ich, Bücher zu lesen, die das anraten".

Allerdings, unterstreicht Kelleher sofort, kann man dieses Konzept nicht durch Lippenbekenntnisse in der Hoffnung auf das Erzielen von höheren Profiten umsetzen.

„Die Menschen spüren, ob Sie sie nur aus rein ökonomischen Gründen so behandeln oder ob Sie das machen, weil Sie Menschen mögen und sie schätzen. Und deswegen sagen wir, dass dieser Ansatz spontan sein muss".

Kelleher nennt ein Beispiel. „Unsere Leute ergatterten vor einiger Zeit eine Reihe von Abfertigungsräumen am Midway Flughafen in Chicago. Als Midway Airways diese Schalter aufgab, gingen unsere Leute einfach hin und besetzten sie, so dass wir mehr Platz für unsere Kunden haben würden. Und als sie davon zurückkamen, hatten wir in der Halle ein großes Banner mit der Aufschrift ‚Heil den Banditos von Chicago' aufgehängt. Das meine ich damit, Dinge spontan zu tun".

Solche Entscheidungen mögen spontan sein, aber die Entscheidung für die Unterstützung von Initiative und Individualität ist alles andere als das.

„Es hat einen entscheidenden Wandel in der Haltung der Menschen gegenüber der Arbeit innerhalb der amerikanischen Gesellschaft gegeben und gegenüber den Dingen außerhalb ihres Arbeitslebens", sagt Kelleher, der sein Berufsleben vor mehr als 40 Jahren begann. „Also müssen wir uns wandeln, um uns diesem anzupassen.

Vor einigen Jahren sagte ich einem unserer Büroangestellten, der mehr von der alten Schule, der militaristischen Art war, dass ich nicht mit ihm darüber streiten würde, ob die Entwicklung der menschlichen Gesellschaft gut oder schlecht sei. Mein Hauptinteresse liegt im Wohlergehen von Southwest Airlines und darin, die Stellen unserer Leute sicher und vielversprechend zu machen. Dabei müssen wir uns der Gesellschaft anpassen.Wissen Sie, wir werden nicht sehr erfolgreich sein, wenn wir dagegen kämpfen, also müssen wir uns ändern. Das bedeutet nicht, dass die Menschen irgendwie besser oder schlechter als früher sind. Es bedeutet nur, dass die Menschen andere Beweggründe und andere Zielrichtungen als früher haben. Und man muss lernen, sich diesen Wünschen entsprechend anzupassen.

Ich schenke denen, die da sagen, in Amerika gäbe es keine Arbeitsmoral mehr, nicht viel Beachtung, denn wir haben dauernd hervorragende Bewerber", fügt Kelleher hinzu. „Doch werden sie von anderen Dingen bewegt und motiviert als die Leute früher. Und deshalb muss man dafür offen bleiben".

Das ist für Southwest besonders wichtig, denn das Unternehmen verkauft im Grunde Massenware. In diesem Massengeschäft unterscheidet man sich von der Konkurrenz allein durch Service.

„Ich weiß, dass es simpel klingt, aber ich bleibe dabei: Folgen Sie der goldenen Service-Regel. Bedienen Sie die anderen so, wie Sie selbst bedient werden möchten. Ich frage immer unsere Leute ‚Gehen Sie gerne in ein Restaurant oder ein Kaufhaus und stoßen dort auf Verkäufer, die Ihnen gegenüber gleichgültig sind, sich nicht um Ihre Bedürfnisse kümmern und Sie wie ein Objekt behandeln?' Nun, jeder wird geradewegs antworten: ‚Nein, das möchten wir nicht'. Dann sage ich, also, verstellt euch nicht. Bietet einen besseren Service. Bietet den Service, den ihr selbst gerne hättet".

Allerdings bringt Beschwörung allein, wie ernsthaft auch immer, nicht sehr viel. Southwest braucht Menschen, die wirklich wünschen, dass die Kunden einen ungewöhnlich hohen angeneh-

men Flug haben. Deshalb verwendet das Unternehmen einen Zeitaufwand dazu, potenzielle Mitarbeiter zu befragen, damit sichergestellt ist, dass sie die richtige Einstellung haben. Das gilt nicht
nur für die Menschen, die direkt mit Kunden zu tun haben, sondern auch für jene, die hinter der Szene arbeiten.

„Wir haben immer an der Theorie festgehalten, dass jeder einen Kunden hat", erklärt Kelleher. „Aus der Sicht des Kunden
bedeutet das, es ist genau so wichtig, dass auch im Finanzbereich
die richtigen Leute sitzen wie irgendwo sonst. Denn die Art, in der
sie innerhalb des Unternehmens ihre Dienstleistung anderen anbieten, spiegelt sich schließlich in dem Service wider, den wir der
Öffentlichkeit bieten. Also müssen Sie im internen Kundendienst
beginnen. Ihre Mitarbeiter sind die wichtigsten Kunden".

„Wir suchen nach der richtigen Einstellung"

„Das ist ein ungeheuer zentrales Gebiet für uns. Bei der Einstellung von Leuten sind wir geradezu fanatisch. Um Ihnen ein Beispiel zu geben: Vor Jahren erzählte mir eine damalige Vice Presi-
dentin der Personalabteilung, dass sie etwas verzagt sei, weil für
eine Stelle als Ramp Agent in einer der kleineren Städte, die wir
bedienen, von 34 Bewerbern keiner geeignet gewesen sei. Natürlich war sie über diese Verzögerung besorgt, auch über die Kosten, die dadurch entstanden. Und ich sagte ihr, auch wenn Sie 134
Leute interviewen müssen, um den richtigen Ramp Agent zu finden, dann tun Sie es.

Wir sehen auf die persönliche Einstellung. Sie wissen, dass wir
uns im Wesentlichen auf die Einstellung konzentrieren. Verstehen
Sie mich nicht falsch – es ist wunderbar, jemanden mit einer guten
Ausbildung zu haben. Und es ist auch hervorragend, jemanden mit
Erfahrung, sogar mit wirklichem Sachverstand zu haben, aber
wenn er eine lausige Einstellung hat, dann wollen wir ihn nicht.
Wir werden jemanden mit schlechterer Ausbildung, geringerer
Erfahrung und weniger Sachverstand nehmen, denn eines können
Sie nicht ändern, die Einstellung. Wir holen jemand wegen seiner
Einstellung und bilden ihn aus, wenn es nötig ist.

Der Auswahlprozess mag Ihnen etwas verrückt erscheinen,
aber er hat System. Hier ein Beispiel. Wir hatten eine Gruppe von

Piloten-Bewerbern und sagten ihnen, dass wir niemanden im Anzug interviewen. Sie mussten statt dessen Southwest Airline-
Shorts tragen. Und so kamen sie mit Anzugjacken und Krawatten
und unseren Southwest Airline-Shorts. Nun, diejenigen, die damit
glücklich waren, haben wir eingestellt, und die anderen nicht".

Gleich, wie stark auch ihre technischen Fähigkeiten sein mögen, die Piloten mussten in die Southwest-Unternehmenskultur
passen.

Zusätzlich zu diesem ungewöhnlichen Verfahren verwenden
Southwest-Mitarbeiter eine unermessliche Zeit dazu, um „nur so"
mit Bewerbern zu sprechen. „Es kann sein, dass wir mit Ihnen
über Baseball sprechen, wenn Sie sich dafür interessieren. Wir
reden mit Ihnen vielleicht über Ihre Familie oder einen Artikel, der
gerade in der Zeitung stand. Auf die Art können Sie viel über die
persönlichen Werte erfahren. Wir suchen Menschen, die altrui-
stisch und idealistisch denken. Und gerade im Gespräch über die
Art, wie sie ihr Leben führen und woran sie Interesse zeigen, können Sie herausfinden, ob sie das sind".

Dieser zentrale Punkt hat sich nicht um einen Zentimeter ver-
schoben, seit das Unternehmen gewachsen ist. „Über Jahre hinweg
haben Leute mir gesagt ‚Oh ja, was Sie bei der Einstellung machen, ist großartig, aber warten Sie mal, bis Sie 500 Mitarbeiter
haben'. Und dann hieß es ‚Warten Sie, bis es 5.000 sind'. Sie
meinten immer, dass die Unternehmenskultur nicht standhalten
könne, und der Esprit de Corps verloren ginge, wenn man groß
wird. Wenn Sie natürlich in dieser Weise denken, gehen Sie unter.
Dann können Sie es nicht. Aber wenn die Kultur Ihre Priorität
Nummer Eins ist, dann schaffen Sie es".

Die Aufgabe des Chief Executive bei Southwest, sagt Kelleher,
besteht darin, dieses Verfahren im Geschäft aufrecht zu erhalten.
„Wir sind überhaupt nicht abgeneigt, uns mit den Leuten über
Begriffe wie Liebe, Idealismus oder allgemeinere philosophische
Themen zu unterhalten. Ich denke, Führung durch Beispiel ist sehr
wichtig. Aber wissen Sie, ich glaube, jeder muss erkennen, dass er
in eine Unternehmung von gewisser Größenordnung involviert ist,
deren Bedeutung und Sinn über das hinausreicht, was er jeden Tag
mechanisch verrichtet".

Unternehmen (Börsenkurzzeichen): Southwest Airlines Company (LUV)
Standort: Dallas, Texas
Top-Manager: Herbert D. Kelleher

Southwest auf einen Blick: Southwest hat mit 2300 täglichen Starts nach 52 Städten in 26 Staaten das Prinzip der preisgünstigen Flüge ohne Platzreservierung und sonstigem Service zur Vollendung entwickelt. Zur Senkung der Kosten für Wartung und Pilotentraining setzt die Fluglinie nur treibstoffsparende Boeing 737 ein. Sie besitzt eine Flotte von 280 Maschinen. Das Unternehmen rühmt sich wegen seiner partizipativen Unternehmenskultur und einer Serie von streikfreien 26 Jahren in der Gewinnzone. Die Fluglinie hat kürzlich ihren Betrieb von Küste zu Küste aufgenommen und damit ihre regionale Vorherrschaft ausgebaut.

Finanzergebnisse 1998:
➢ Umsatz: 4,2 Mrd. US-$
➢ Nettoertrag: 433 Mio. US-$

Gesamter aufs Jahr bezogener Aktionärsertrag:
➢ 1 Jahr: 38 %
➢ 5 Jahre: 7 %

Das alles gehört zur Unternehmensführung. „Ich würde Führung als Dienst beschreiben", sagt Kelleher. „Die besten Führer, denke ich, müssen gleichzeitig auch gute Gefolgsleute sein. Sie müssen recht offen für die Ideen anderer Menschen sein, auch wenn diese in Konflikt mit ihren eigenen geraten. Sie müssen bereit sein, Risiken für Ihre Leute zu übernehmen. Wenn Sie nicht für Ihre Leute kämpfen, dann können Sie auch nicht darauf zählen, dass diese für Sie kämpfen. Das, worauf ich in meiner Karriere am stolzesten bin, ist die Tatsache, dass Southwest Airlines in dieser tumultartigen, sehr zyklischen Branche noch nie jemanden in unbezahlten Urlaub schicken musste. Wir haben unseren Leute eine vollständige Arbeitsplatzsicherheit gewährt.

Sie müssen das alles zutiefst glauben, denn Sie werden auf lange, lange Zeit mit Ihren Leuten zusammen sein. Und sie werden ganz sicher auf die Dauer herausfinden, ob Sie ein Windbeutel, Heuchler oder Quacksalber sind.

Und das Letzte, was Sie wollen, ist der Verlust an Engagement bei jenen Leuten, die Sie führen. Ich habe allen vor kurzem eine Notiz über Wettbewerb geschrieben. Und wir haben natürlich eine Menge davon durch andere Linien. Ich habe auch erwähnt, dass Hochgeschwindigkeitszüge und sogar die Telekommunikation potenzielle Wettbewerber sind. Aber ich habe gesagt, dass mein Hauptaugenmerk für die Zukunft ‚uns‘ gilt.

Wie Pogo sagt, ‚der Feind sind wir‘. Die Welt wird sich ändern, und man muss sich anpassen oder wird nicht überleben. Aber wissen Sie, das, was wir am meisten vermeiden müssen, ist Selbstzufriedenheit, Überheblichkeit und Arroganz, und die Meinung, dass Erfolg etwas Endgültiges ist. Gemäß Winston Churchills Spruch ‚Success is never final‘ (‚Erfolg ist niemals endgültig erreicht‘) muss man ihn immer und immer wieder erringen.“

„Mit anderen Worten, es ist eine kulturelle Angelegenheit“, fügt Kelleher hinzu. „Wenn Sie glauben, dass Ihre Kultur das Wichtigste in Ihrem Unternehmen darstellt, dann sorgen Sie sich natürlich am meisten darum. Darauf konzentrieren Sie sich am meisten, darauf nehmen Sie am meisten Bezug.

In unserem Geschäft, dem Dienstleistungsgeschäft, sind die nicht bewertbaren Dinge weit wichtiger als die zahlenmäßig erfassbaren. Es genügt nicht, nur einen guten Wert anzubieten – ein gutes Produkt zu einem vernünftigen Preis – , Sie müssen einen geistigen Zustrom bieten. Anders ausgedrückt, wenn Sie im Dienstleistungsgeschäft sind, dann wollen die Leute nicht nur von A nach B fliegen und sagen ‚Juhu, wir haben es geschafft‘. Sie möchten sie mit dem Gefühl aus dem Flugzeug steigen lassen, dass sie willkommen waren, große Gastfreundschaft erlebten und vielleicht unterhalten wurden. Sie möchten, dass der Flug als herzerwärmendes Erlebnis in deren Leben verzeichnet wird, so dass sie wiederkommen. Und das ist für einen Wettbewerber die schwierigste Sache, der er nacheifern kann. Darum sage ich, dass nicht messbare Dinge wichtiger sind als messbare. Selbstverständlich können sie Flugzeuge kaufen, die Boeing Company wird sie Ihnen verkaufen. Und Sie können Flugreisebüros mieten, und Computer kaufen, aber die nicht messbaren Dinge – wenn Sie wollen, der Esprit de Corps – sind am schwierigsten nachzuahmen".

Ralph Larsen
(Johnson & Johnson)

„Anordnungen funktionieren nicht".

„Wir betrachten uns nicht als eine einzige Unternehmung im Gesundheitssektor mit 20 Milliarden US-$ Umsatz. Wir sehen uns als 170 kleine Unternehmen".

Diese gegen alle unmittelbare Anschauung sprechende Minibeschreibung von Johnson & Johnson aus dem Munde ihres Chairman und CEO reicht schon weitgehend aus, das bemerkenswerte Wachstum des Unternehmens zu erklären. Zwar ist Johnson & Johnson für seine Konsumgüter-Marken bekannt – Heftpflaster, Babypuder, Shampoo und Tylenol –, aber es ist inzwischen zu einem wirklichen Gesundheitsmittel-Giganten gewachsen. Tatsächlich repräsentieren die Konsumgüter nur ein Drittel des Gesamtumsatzes. Das Unternehmen wurde zu einem der bedeutendsten Hersteller von Medizinalausstattung – alles von künstlichen Hüft- und Kniegelenken bis zu Produkten für die Neurochirurgie – und gleichzeitig eines der größten Pharmaunternehmen der Welt.

Karriere
Johnson & Johnson
1986 – 1989 Vice Chairman
1985 – 1986 Company Group Chairman
1983 – 1985 President, Chicopee Division
1981 – 1983 President, Becton Dickenson Consumer Products
1977 – 1981 Vice President, McNeil Consumer Products Divsion von Johnson & Johnson
1962 – 1977 Stabs- und Management-Positionen bei Johnson & Johnson

Ausbildung
B.B.A. Hofstra Universität 1962

Familie
Verheiratet mit Dorothy M. Zeitfuss, Kinder: Karen, Kristen, Garret

Geboren am 19. November 1938 in Brooklyn, New York

Damit ein kontinuierliches Wachstum gewährleistet ist, darf jede Geschäftseinheit so unabhängig wie möglich sein. Dieser Ansatz steht in Übereinstimmung mit der Entstehungsgeschichte des Unternehmens. Man muss bis 1930 zurückgehen, als der langjährige Chairman Robert Wood Johnson die Idee der Dezentralisierung verkündete und die Eigenständigkeit auf die niedrigste

Entscheidungsebene verlagerte. Auf diesen Ebenen lautet die Frage „Wie können wir mehr aus dem machen, was wir haben". Wie Ralph S. Larsen es formuliert: „Wir sehen uns nicht im Produktgeschäft. Wir sind im Wissensgeschäft".

Damit sichergestellt ist, dass der Boss über alles in jeder Unternehmensecke informiert ist, bucht Larsen jedes Jahr für mehrere Tage ein Hotelzimmer und liest die Business Plans jeder einzelnen Geschäftseinheit, schreibt dabei Vorschläge, Fragen und sich ankündigende potenzielle Probleme auf.

> *„Bis zu dem Zeitpunkt, in dem jede Entscheidung in dieses Büro gelangt, gibt es nicht mehr ‚richtige' und ‚falsche' Antworten. Es gibt nur noch Grauschattierungen".*

Für den damals neu ernannten Chairman und CEO von Johnson & Johnson war das Problem offensichtlich. „Es begann eine Periode (beginnend mit 1989, als Larsen seine Spitzenpositionen einnahm), in der klar wurde, dass der vorangegangene Preisanstieg in unserem Geschäft nicht mehr anhalten würde. Und es war auch klar, dass man diesem immensen Anstieg der Gesundheitskosten, sowohl absolut als auch anteilig am Volkseinkommen, nicht auf alle Zeit ruhig zusehen würde. In den Vereinigten Staaten war der Anteil der Gesundheitsfürsorge auf 12 bis 13 Prozent des BSP angestiegen. In Großbritannien betrug er sechs oder sieben Prozent mit steigender Tendenz, und uns war es möglich gewesen, die Preise kontinuierlich in gleicher Höhe wie die Inflationsrate zu steigern. Es schien keine Begrenzungen für uns zu geben.

Diese Umfeldbedingungen können eine Menge Sünden verbergen und einen nachlässig machen. Ich war besorgt, dass wir nicht annähernd so wettbewerbsfähig waren, wie wir es sein mussten. Und ich war auch davon überzeugt, dass wir riesige Kostenbestandteile aus unserem Geschäft herausnehmen mussten, um in der kommenden ökonomischen Welt existieren zu können, einer Welt, in der es extrem schwierig, wenn nicht gar unmöglich sein würde, Preiserhöhungen durchzusetzen".

Die neue Welt, die Larsen vor seinem geistigen Auge sah, würde ein vollkommen neues Umfeld für Johnson & Johnson darstellen, einem Unternehmen, das sich niemals vorher einem ernsthaften Notprogramm gegenübergesehen hatte, und einem, das an gute, nicht an schlechte Nachrichten gewöhnt war.

„Jeder im Unternehmen hatte diese herrlichen Geschichten über uns gelesen, wir als eines der zehn am meisten bewunderten Unternehmen. Das Unternehmen hatte eine sehr gute Presse, die weitgehend verdient war, in einigen Aspekten auch weniger. Doch das führte, merkte ich, zu einem ungesunden Sich-allzu-Wohlfühlen im Unternehmen. Es ist ein hartes Unterfangen, Leute zum Wandel zu bewegen, wenn sie denken, dass alles wunderbar ist.

Schließlich kamen wir mit einem Veränderungsverfahren heraus. Wir entschieden, regelmäßig eine Fallstudie über das Unternehmen durchzuführen. Wir nannten die erste *Festlegung eines Wettbewerbsstandards*. Darin stellten wir alle dummen Sachen dar, die wir gemacht hatten, die begangenen Fehler, wie stark unsere Kosten ausgeufert waren. Beispielsweise erreichten unsere SG&A (Verkaufs- und allgemeine Verwaltungskosten) 40 Prozent, während unsere Wettbewerber häufig unter 30 Prozent lagen. Diese Aufzählung ging weiter und weiter. Mit dieser Erfahrung dramatisierten wir die Tatsache, dass nicht alles so gut lief wie es schien. Das war ein wichtiger Vorgang, denn die Leute blieben sehr ernüchtert zurück.

Aber gleichzeitig war es ein ungeheurer Lernprozess. Er begann, das gehobene Management für die Tatsache zu sensibilisieren, dass wir nicht so gut waren, wie wir dachten, und dass wir dieses Unternehmen ändern mussten".

Es ist kaum überraschend, dass einige Mitarbeiter und höhere Führungskräfte von Johnson & Johnson das Management für diese schlechten Nachrichten verantwortlich machte.

„Einiges an dieser Schuldzuweisung war in Ordnung. Wir hatten den Dingen zu lange ihren Lauf gelassen", sagt Larsen. „Doch wir drehten den Spieß auch rum und fragten Mitarbeiter und Manager ,Was werden *Sie* jetzt daraus für Lehren ziehen?'"

Es war für jeden wichtig, in die Entscheidung über die zukünftige Richtung des Unternehmens eingebunden zu werden, erklärt Larsen.

„Anordnungen funktionieren innerhalb von Johnson & Johnson nicht gut. Sie können Anordnungen erlassen, bis Ihnen schwarz vor Augen wird. Rein äußerlich können Sie die Leute dazu bewegen, das zu tun, was Sie von ihnen wollen, aber wenn sie nicht mit den Herzen dabei sind ...

Wir haben die ungeheure Geschichte mit der Dezentralisierung hinter uns. Die Leute sind hier alle sehr unabhängig. Sie müssen sie von der Richtigkeit ihrer Angelegenheit überzeugen, sonst wird sich nichts Substanzielles ereignen".

Damit das passieren konnte, rief Larsen eine zweite Studie mit dem Titel *Die Erschaffung Ihrer Zukunft* ins Leben. „Im wesentlichen nutzten wir das Feedback der Mitarbeiter auf die erste Studie, verpackten sie neu und sagten ‚Okay, hier ist das, was ihr uns als falsch angegeben habt. Und jetzt entwerft ihr Johnson & Johnson im Jahr 2005. Ihr sagt uns, wie wir diese Probleme lösen sollen'.

Ironischerweise erhielten wir in dieser Zeit starke Unterstützung von Clintons Gesundheitsreformvorschlägen, die gerade diskutiert wurden", fährt Larsen fort. „Und das verschaffte uns die Krise, die wir für die Aufmerksamkeit der Leute benötigten. In gewisser Weise war es das Beste, was Johnson & Johnson passieren konnte, denn es zog unsere Aufmerksamkeit auf dieses Thema der Gesundheitskostenspirale. Weltweit wurde darüber nachgedacht, vernünftige Systeme der Gesundheitsfürsorge zu entwerfen. Statt in die Defensive zu gehen, dachten wir darüber nach, wie wir ein produktiver Teil dieser Lösung sein könnten.

Das entfesselte eine ungeheure Energie innerhalb des Unternehmens und führte zu einer umfassenden Restrukturierung. Ich veranlasste das nicht. Unsere Leute machten das. Nicht dadurch, dass sie länger oder härter arbeiteten, sondern indem sie buchstäblich alles, was wir machten, hinterfragten".

Larsen nennt ein paar Beispiele. „Wir hatten 20 inländische Unternehmen, die alle ihre eigene Gehaltsbuchhaltung besaßen, mit ihren eigenen Überweisungsvorgängen. Ich glaube, es waren über 100 Leute damit beschäftigt. Und als unsere Mitarbeiter anfingen, auf die Kosten zu schauen, fragten sie: ‚Warum machen wir das? Mit Hilfe der Informationsverarbeitung, das wussten wir, konnten wir alles von einem Ort aus erledigen. Wir konnten Gehaltsschecks mit verschiedenen Firmennamen ausdrucken, alles in einer Zentrale, und eine Menge Geld sparen.

Und wir hatten tausende von Leuten, die jeden Tag Anwesenheitsformulare ausfüllten. Tausende von Blättern mussten verarbeitet werden. Irgendjemand sagte ‚Warum brauchen wir Anwesenheitslisten? Die meisten kommen jeden Tag zur Arbeit und die meisten Mitarbeiter kommen pünktlich. Wenn sie in Urlaub gehen oder Überstunden leisten, dann können wir dafür eine 800er Nummer einrichten. Sie brauchen nur anzurufen und diese Ausnahme eintragen zu lassen‘. Dann sagte irgendein anderer ‚Wie kann man sicher sein? Die Leute werden schwindeln‘.

Wir sagten, die Leute werden nicht mogeln, denn wenn sie das machen, fliegen sie raus. Also, wieviele Leute werden schwindeln? Das Endergebnis war, dass wir die Zahl der Leute dort um 60 Prozent verminderten. Sehr wenige füllen noch Lohnzettel oder Anwesenheitslisten aus. Wir haben diese Aufgabe weitgehend eliminiert“.

Einmal auf die richtige Spur gesetzt und durch schnelle Erfolge ermutigt, entdeckten Mitarbeiter überall potenzielle Effekte.

„Wir fanden heraus, dass jede Division ihre eigenen Chemikalien einkaufte. Ich wette, dass wir 20 Divisions oder mehr hatten, die von Dow oder FMC kauften. Also errichteten wir dort Einkaufsgruppen für Verbrauchsgüter, wo wir kleine Teams hatten, die Chemikalien kauften, und handelten Vertragspreise für das gesamte Unternehmen aus. Wirklich ganz einfache Sachen“.

All diese Verdopplungen rührten von Johnson & Johnsons dezentralem Ansatz her. Ihre Unabhängigkeit veranlasste Divisionen, jeweils eigene Lohnbuchhaltungen und Einkaufsabteilungen zu errichten.

Die selbe Unabhängigkeit ließ sie allerdings auch das Problem lösen, nachdem Larsen und sein Team ihnen das Thema signalisiert hatten.

Stimmt das mit dem Credo überein?

Interessanterweise stimmte der Lösungsansatz, den die Mitarbeiter wählten, um Johnson & Johnson wettbewerbsfähiger zu machen, mit dem berühmten Credo des Unternehmens überein, einem Ethik-Code, der als Blaupause zeigt, wie das Unternehmen geführt werden soll.

Larsen war nicht überrascht darüber. „Das Credo unterlegt alles, was wir tun. Und wenn es in dieser komplizierten Welt etwas gibt, das Johnson & Johnson eine dezentrale Organisation ermöglicht, dann ist es das Credo. Wir können 170 oder 180 verschiedene Divisions führen, weil wir das Credo als Bindemittel haben.

Wenn Sie meinen, dass das Credo nicht wichtig ist, oder Sie nicht an seine Werte glauben, dann werden Sie nicht lange bei Johnson & Johnson bleiben. Die Organisation wird Sie zurückweisen, denn früher oder später werden Sie etwas tun, was dem Unternehmen schadet. Die Organsation wird Sie ausscheiden, genauso, wie der Körper fremde Organismen ausscheidet.

Für uns ist das Credo wie der Polarstern. Wir sitzen oft zusammen und versuchen, einen Aktionsplan zu entwickeln, und dann wird einer sagen ‚Wie passt das mit dem Credo zusammen?'"

Und so war es auch mit der Verschlankung von Johnson & Johnson. „Das Credo bestimmt, dass unsere erste Verantwortung unseren Kunden gegenüber besteht. Deshalb sagten wir uns, dass wir die beste und wettbewerbsfähigste breit angelegte Unternehmung für Gesundheitsprodukte der Welt sein wollten. Wir standen unter starkem Druck, in genetische Produkte zu gehen, eine „alles in Ordnung"-Produktlinie und verschiedene Qualitätsniveaus aufzubauen. Wir erwogen das alles und sagten: ‚Nein, wir wollen nur Produkte höchster Qualität herstellen. Wir wollen die beste, wettbewerbsfähigste Gesundheitsproduktfirma der Welt sein'.

Jedes dieser Worte hat eine Bedeutung. Als wir zum Beispiel sagten ‚am wettbewerbsfähigsten', meinten die Leute ‚Was meinen Sie damit? Bedeutet das erbarmungslos? Bedeutet es, dass wir die Qualität vermindern?' Und wir sagten ‚Nein, wenn es heißt ‚am wettbewerbsfähigsten', dann reden wir über Wettbewerb im olympischen Sinn. Wir wollen die am besten Geschulten und Leistungsstärksten sein.

Unternehmen (Börsenkurzzeichen): Johnson & Johnson (JNJ)
Standort: New Brunswick, New Jersey
Top-Manager: Ralph S. Larsen

Johnson & Johnson auf einen Blick: Johnson & Johnson ist weltweit eines der größten und am meisten diversifizierten Hersteller von Gesundheitsprodukten. Das Unternehmen ist auf drei Segmenten tätig: Konsumgüter (mit Marken wie Tylenol und Motrin Analgetika, Reach-Zahnbürsten, Band-Aid-Bandagen), Medizinalprodukten (AcuVue Kontaktlinsen, Operationsinstrumenten, Gelenkersatzteilen, Diagnosegeräten) und Pharma-Produkten (einschließlich Risperdal, ein Antipsychotikum, und Sporanox, ein Mittel gegen Pilzinfektionen, sowie Ortho-Novum, ein orales Empfängnisverhütungsmittel).

Finanzergebnisse 1998:
➤ Umsatz: 23,7 Mrd. US-$
➤ Nettoertrag: 3,1 Mrd. US-$

Gesamter aufs Jahr bezogener Aktionärsertrag:
➤ 1 Jahr: 29 %
➤ 5 Jahre: 32 %

Wir wollten nicht nur die Besten, wir wollten auch die Wettbewerbsfähigsten sein. Wir wollten auch auf breiter Basis arbeiten. Und viele Leute argumentierten, und die Investment-Analysten-Gemeinde schlug vor, dass wir einzig und allein eine Pharma-Unternehmung sein sollten. In diesem Bereich gibt es hohe Spannen. Wir sollten ihn behalten und die anderen Geschäftsbereiche abstoßen. Und wir sagten ‚Nein, wir wollen breit angelegt sein. Wir sind nicht clever genug, um herauszufinden, wohin der Gesundheitsbereich geht‘".

Auf der Grundlage dieser Richtungsvorgabe begannen die Johnson & Johnson-Mitarbeiter, das Unternehmen ganz gewaltig zu verbessern. Über die letzten fünf Jahre hat das Unternehmen die jährlichen Betriebskosten um zwei Mrd. Dollar gesenkt.

Überraschenderweise erhielten die Mitarbeiter von Johnson & Johnson keinen Bonus, der an diese ganzen Kosteneinsparungsmaßnahmen geknüpft war.

„Wir haben kein auf Formeln beruhendes Vergütungsprogramm, was uns wahrscheinlich von den meisten Unternehmen unterscheidet", gesteht Larsen zu. „Wir haben uns jeden Plan unter der Sonne angesehen, inwieweit spezifische Ziele mit Bonuszahlungen verknüpft werden können, aber ich habe bei unseren Geschäftsrichtlinien eine natürliche Abneigung dagegen. Wir sind im Gesundheitsgeschäft; die Produkte, die wir herstellen, können Leben retten. Das sind keine Produkte, bei denen man Kompromisse eingehen kann, um Kosten zu reduzieren und einen größeren Marktanteil zu gewinnen. Deshalb bezahlen wir die Leute gemäß ihrem langfristigen Beitrag zum Geschäft. Das ist höchst subjektiv. Wir sind uns bewusst, dass da eine Menge von persönlichem Urteil drinsteckt.

Wir werden nicht von Formeln gesteuert. Und oft stecken wir gerade unsere besten Leute in die schwierigsten Geschäfte. Beispielsweise machten wir nichts im Bereich der endoskopen Chirurgie. U.S. Surgical hat auf diesem Geschäftsfeld wirklich Pionierarbeit geleistet; wir waren hoffnungslos abgeschlagen und konnten schnell gar nichts erreichen. Ich glaube, wir hatten einen Marktanteil von zehn Prozent.

Wir wandten uns an eine unserer begabten Führungskräfte, jemanden, der einen guten Erfolgsnachweis hatte, und fragten ihn, ob er diese Herausforderung annehmen würde. Er stimmte zu, und wir stellten ein ungeheuer gutes Team zusammen.

Wir fragten ihn ‚Wie lange werden wir brauchen, um ein bedeutender Mitspieler in diesem Geschäft zu werden? Wir möchten Marktführer werden'.

Er sagte ‚Ich denke, dass wir es in fünf Jahren schaffen'. Und dann sprachen wir über die Vergütung. Wir dachten daran, einen Bonus für das Team sehr eng an Zahlen für das jeweilige Jahr zu knüpfen. Die Kehrseite ist natürlich dabei, dass sie bestraft würden, wenn sie nicht ‚die Zahlen erreichen'. Ich denke gerade nicht, dass Sie auf diese Weise das Beste aus den Leuten herausfördern.

Offensichtlich haben Ziele ihre Bedeutung, aber wir haben hier Leute um uns, die hochmotiviert sind, die sich ein Bein ausreißen, um eine hervorragende Arbeit zu leisten, und die im allgemeinen sehr viel höhere Ansprüche an sich stellen, als wir sie jemals stellen würden. Und aus meiner Sicht ist es abwertend und falsch, eng begrenzte finanzielle Zielgrößen aufzustellen, um die Menschen wie Zitronen auszupressen. Außerdem wird es dann zum Spiel, in dem die Leute das Ziel eher niedriger als höher ansetzen werden.

Wir bezahlen gut, und wir bezahlen unsere guten Leute sehr gut. Für mich ist die Vergütung das Billigste, was wir für gute Leute haben. Und das Teuerste für mittelmäßige Mitarbeiter.

Ah, noch zu unserem Endo-Chirurgie-Team. Es reüssierte in vier Jahren. Die ersten paar Jahre waren ziemlich trüb – und die Leute wären bestraft worden, wenn wir ein rigides Bonus-System gehabt hätten. Aber sie haben ihren Job geschafft". Und über die letzten zehn Jahren hat Larsen das auch.

Shelly Lazarus
(Ogilvy & Mather)

360-Grad Markenbildung

Die genauen Zahlen schwanken, aber es fällt nicht schwer zu glauben, dass der durchschnittliche Amerikaner jeden Tag hunderten von Werbebotschaften ausgesetzt ist. Es gibt natürlich die Werbespots im Radio und Fernsehen. Aber das ist nur der Anfang. Es gibt Plakatwände, an denen wir auf dem Weg zur Arbeit vorbeigehen, wir lesen Anzeigen in Zeitungen und Zeitschriften, die Firmenlogos auf der Kleidung unserer Freunde und Kollegen: selbst auf dem Büromaterial, das wir benutzen. Wohin wir uns auch wenden, überall steckt ein bisschen Werbung.

Deshalb ist es nicht erstaunlich, dass all diese Werbebotschaften sich vermischen, und wenn wir gefragt werden, fällt es uns schwer, auch nur einen Bruchteil von dem zu erinnern, was wir in den letzten 24 Stunden gesehen haben.

Karriere
1997 – Heute: Chairman und CEO, Ogilvy & Mather Worldwide
1995 – 1996 President und COO
1994 – 1995 President, Ogilvy & Mather Nordamerika
1991 – 1994 President, Ogilvy & Mather New York
1989 – 1991 President Ogilvy & Mather Direct U.S.

Ausbildung
M.B.A. Columbia Universität 1970
B.A. Smith College 1968

Familie
Verheiratet mit George Lazarus; drei Kinder

Geboren am 1. September 1947 in Brooklyn, New York

Das ist keine gute Nachricht für jemanden aus der Werbebranche, in der die Kunden dafür zahlen, dass ein *bleibender* Eindruck entsteht.

Während einige Firmen darauf festgelegt sind, sich „durch den Wirrwarr zu kämpfen", indem sie lauter auf uns einbrüllen, verwenden andere den Humor oder ungewöhnliche Ansätze, um unsere Aufmerksamkeit zu gewinnen.

Shelly Lazarus hat eine andere Vorstellung. Sie beginnt mit der Prämisse, dass der Kunde eigentlich einen fortlaufenden Strom

von Botschaften über seine Produkte aussendet. Sie bezieht sich
dabei nicht nur auf dessen Anzeigen, sondern auf alles von der
Verpackung und Broschüren des Unternehmens bis zu Verkaufs-
material und Bestellformularen. Wenn jemand all diese Botschaften aussenden möchte, dann, sagt sie, sollten sie alle zusammen
wirken, ob im Inland oder weltweit. Wenn ein potenzieller Kunde
auf diese Weise einen Eindruck empfängt, verstärken sich all die
anderen, die vorher kamen.

Bei einer so internationalen Kundenliste, die führende Unternehmen wie American Express, Ford, IBM und Unilever umfasst,
muss der Ansatz von Lazarus bei den Kunden Eindruck gemacht
haben.

> *„Der wirkliche Trick beim Marketing besteht im Finden ei-
> ner Schlüsselidee, die von der Welt genutzt werden kann.
> Sie finden das Universelle und dann machen Sie das zum
> Kern aller Aktivitäten".*

Es ist leicht vorstellbar, dass die Ingenieure der Ford Motor Co.
das Meeting mit einem Hauch von Skepsis beginnen. Was sollte
schon *ein Werbemensch* – noch dazu eine Frau – ihnen darüber
erzählen, wie man ein Automobil-Unternehmen besser managen
könnte?

Für sie sprach, dass Shelly Lazarus ihre Zuhörerschaft kannte.
„Eines der ersten Dinge, die ich ihnen sagte, war, dass ich ziemlich neu im Autobereich sei, aber dass da Einiges wäre, was ich
nicht verstünde. Wenn ein Ford sich von einem Jaguar unterscheiden würde, vom einem Mazda, von einem Buick und einem
Volkswagen, warum sähen dann alle Ausstellungsräume gleich
aus?"

Es herrschte Stille, denn die Gruppe kam sofort zu derselben
Erkenntnis. Alle Autohäuser sehen tatsächlich gleich aus. Dann
brachte Lazarus die Sache auf den Punkt. „Sie haben eine Ziel-
gruppe mit einem so hohen Interesse für das, was Sie verkaufen,
dass sie tatsächlich zu Ihren Geschäftsräumen gefahren ist, um
Ihnen eine Stunde ihrer kostbaren Zeit zu schenken und herauszu-

finden, was Ihr Produkt eigentlich bedeutet. Und was sehen sie, wenn sie dort sind? Diese gesichtslosen Ausstellungsräume.

So, und jetzt vergleichen Sie das mit Nike Town, einem Laden, aber in Wirklichkeit einer lebendigen Marke, gefüllt mit interaktiven Erfahrungen. Warum können Sie kein Nike Town für Ford schaffen?"

Sie können es natürlich. Und der Ruf nach einer Art allumfassender Markenerfahrung steht im Zentrum von Ogilvys Mission, die Werbestrategie von Ford zu planen und auszuführen.

„Markenbewusste" Ausstellungsräume sind nur ein Beispiel dafür, was Lazarus die „360-Grad-Markenbildung" nennt, die nicht nur aus Werbung besteht. Sondern darin, bei jedem Kontakt des Unternehmens – direkt oder indirekt – mit dem Kunden einen markanten Eindruck zu hinterlassen.

„Der mit Ford exerzierte Prozess ist einfach. Wir gehen jeden Kontaktpunkt durch, untersuchen ihn und fragen ‚Ist das „Ford"?' Und meistens ist das nicht der Fall, einfach, weil keiner je diese Frage gestellt hatte. Hier ein Beispiel. Wir führen für das Unternehmen einige wirklich interessante Arbeiten auf der Web-Site durch. Diese Site setzte sich aus allen möglichen unvereinbaren Bildern zusammen".

Das war nicht überraschend. Es ist schwierig, eine firmeneigene Web-Site zu finden, die das selbe Image und Gefühl vermittelt wie das übrige Marketing-Material des Unternehmens. Das, argumentiert Lazarus, ist eine Verschwendung von Ressourcen.

„Das führt auf die 360-Grad-Markenbildung zurück", sagt sie. „Wenn Sie daran glauben, dass jeder Kontaktpunkt die Marke widerspiegeln soll, dann scheint mir das auch im Internet erforderlich zu sein. Schon früh hatten wir ein paar Leute bei Ogilvy, die sehr an interaktivem Austausch interessiert waren. Das war vor zehn Jahren, als noch nicht einmal darüber gesprochen wurde. Und in den letzten zwölf Monaten hat der interaktive Bereich einfach abgehoben. Er ist ein wirklich bedeutsamer Teil unseres Geschäfts geworden.

Weil es eine neue Technologie war, sind viele von unseren Kunden zuerst in ein Geschäft gegangen, das von vier Typen mit Ohrringen geführt wurde. Sie gingen deshalb dahin, weil sie dachten, diese Kerle wüssten, wie man eine Website mit all den durcheinander wirbelnden Bildern herstellt. Doch die Kunden erkennen jetzt, dass dies nicht das Entscheidende ist, um das es geht. Sie wissen jetzt, dass die Web-Site geprägt sein muss von all den Einsichten, die sie über ihre Kunden und über ihre Marke gewonnen haben. Deshalb kommen viele auf uns zu, als ihre Marken-Statthalter. Ich erwarte, dass dieser Teil unseres Geschäfts enorm wachsen wird, obwohl ich nicht annehme, dass er das Wachstum unserer anderen Arbeitsgebiete aufhalten wird. Ich glaube, jedes von unseren Marketing-Werkzeugen wird eine Rolle spielen. Nur wird das Kommunikationsgefüge, das wir für jeden sich weiterentwickelnden Kunden aufbauen, sehr viel interessanter, reichhaltiger und abwechslungsvoller sein".

Was die Marke repräsentiert

Ob es aber Websites, Ausstellungsräume, Broschüren, Preisschilder am Auto oder Fernsehwerbesendungen sind, ihr Ziel ist immer dasselbe: sicherzustellen, dass der Kunde eindeutig kommuniziert, was seine Marke ist und wofür sie steht.

Lazarus illustriert mit einem weiteren Beispiel, was sie meint. „Einer unserer langjährigsten Kreativen auf dem IBM-Account arbeitete mit dem Kunden daran, das Marken-Grundkonzept an Stellen einzufügen, die zwischen die klassischen ‚Marketingkommunikations-Knaller' fallen. Eines seiner Projekte bestand darin, für sechs Monate der Markenberater vor Ort für ein Team zu sein, das die neue Ausstellung von IBM im Epcot Center von Disney World entwickeln sollte.

Nun weiß er gar nichts über Themenpark-Design oder interaktive Einrichtungen. Aber er kennt die Marke – und damit meine ich nicht, dass er nur das blaue Farbenschema oder die Schriftart überwacht.

Er arbeitete intensiv mit den Architekten und Designern zusammen. Seine Aufgabe war es, jede Entscheidung zu hinterfragen, das Layout, die Ergonomie, die Sprache, die Zeichen, den Gesamteindruck. Und sie bestand darin, sicherzustellen, dass alles aussagte: ‚IBM Marke', ‚freundlich', ‚zugänglich' und das mit einem Lächeln anbot. Kurz, alles sollte dem Besucher ein gutes Gefühl bei IBM verschaffen.".

Lazarus kommt auf Ford zurück, um Weiteres über die Macht von Marken auszuführen. „Ich liebe es, mit Leuten über Marken zu sprechen, die nie darüber nachdenken. Denn sobald Sie mit ihnen darüber sprechen, sind sie sofort bei Ihnen, weil sie im Herzen Käufer sind. Sie verstehen, wie diese Dinge funktionieren, wenn Sie sich wirklich einen Moment Zeit nehmen, um es ihnen zu erklären".

Und weil sie es verstehen, sind die Arbeitsbeziehungen zwischen Ogilvy und Ford immer enger geworden. „Einige von unseren Leuten sind eingeladen worden, in ihre Produktentwicklungsgruppen zu kommen. Das geschah, weil das Management jenseits des Marketing sagt, ‚Okay, ich verstehe‘. Der Ingenieur sagt ‚Warum ist nicht jemand bei mir, der die Marke kennt, wenn ich zum ersten Mal über das Design von Produkten nachdenke? Wenn das so wäre, würde ich Produkte entwerfen, die tatsächlich die Marke Ford widerspiegeln‘. Statt ein Produkt zu entwerfen – und das war der traditionelle Weg – und dann zu fragen, welches Zeichen sollen wir darauf anbringen? Jaguar? Mazda? Mercury? Lincoln? Ford? Das ist sehr interessant für uns, weil unsere Welt viel weiträumiger wird".

Und interessanterweise ermöglicht die 360-Grad-Markenbildung den Kunden von Ogilvy, diesen ganzen draußen bestehenden Werbebotschaftswirrwarr zu durchbrechen. Wenn man in einer Welt lebt, in der Firmennamen oder -motive auf frischem Obst zu finden sind, in der aus jeder Web-Site Bannerwerbung in die Augen springt, und in der man sich anstrengen muss, eine Stunde seines Tages zu finden, in der man nicht irgendeine Form von Werbung sieht, dann wird eine herausragende Botschaft immer wichtiger.

Das ist etwas, was Lazarus ganz vorn in ihrem Kopf behält. „Vor etwa einem Jahr baten wir unsere Manager bei Ogilvy, uns herauszusuchen, mit wieviel Prozent des Gesamtbudgets eines Kunden sie arbeiten. Ich bin nicht mehr daran interessiert, wie schnell das Werbebudget wächst, weil ich denke, dass dies ein kurzfristiges Ziel ist. Ich bin mehr daran interessiert, woran sie arbeiten, um alles zu integrieren, was mit dem Markenkontakt des Kunden zu tun hat. Durch diese Frage haben wir unsere Fokussierung und Aufmerksamkeit verändert".

Werden diese Menschen zu uns passen?

Ogilvy hat, wie die meisten Werbeagenturen – ja, wie generell die meisten Unternehmen – eine spezielle Art, Dinge durchzuführen. Wie schafft es Lazarus, Leute zu finden, die in die Kultur ihrer Firma passen?

„Das ist sehr stark vom Fingerspitzengefühl abhängig", sagt sie. „Ich weiß nicht, ob es irgendwelche besonderen Fragen gibt, die wir stellen, aber ich weiß, dass man sofort fühlen kann, ob jemand passt. Ich habe mit jeder Menge Leute gesprochen, die ich für brillant und reizvoll halte. Das sind Menschen, mit denen ich gerne essen gehen, die ich aber nicht unbedingt zu Ogilvy holen würde, weil ich spüre, dass sie in unserer Kultur nicht vorwärtskommen würden".

Wie ist diese Kultur beschaffen? „Wie bei vielen großen Unternehmen beruht auch bei uns die Kultur stark auf Werten. Und wenn ich jemanden abschätzig reden höre, auch wenn er sich humorvoll über Kollegen oder Kunden äußert, dann weiß ich, dass diese Person hier nicht gut arbeiten wird. Wir haben einen tief verwurzelten Respekt für einander und für den Kunden. Das kann irgendwo sonst funktionieren – es gibt sogar Agenturen, die auf diese Haltung stolz sind –, aber hier funktioniert das nicht.

Das hier ist eine unpolitische Kultur, ein Ort, der Politiker hasst, Politik hasst. Hier spielt keiner Menschen gegen andere aus. Man macht das hier einfach nicht. Es ist eine Organisation, die ihre Mitarbeiter für verantwortlich hält. Wir bekommen Schwierigkeiten, wenn wir Leute halten wollen, die nichts zu unserer Kultur beitragen. Nicht, weil das höhere Management die Leute unter Druck setzt, sondern weil die Kollegen drumherum ihnen das übel nehmen und lautstark gegen sie stimmen werden.

Manchmal möchten Sie jemand halten, weil Sie sehen, dass er in einem Jahr tatsächlich in der Lage wäre, einen Beitrag zu leisten. Aber in dieser Kultur fällt das schwer, weil jeder den anderen für verantwortlich hält".

Wenn das jetzt so klingt, als würde Lazarus eine Menge Aufmerksamkeit auf die Firmenkultur verwenden, dann stimmt das auch. Sie hat entschieden, dass die Kultur ein Umfeld schafft, das den Mitarbeitern die besten Arbeitsbedingungen ermöglicht. Sie sagt, dass diese prägende Kultur bis auf die Ursprünge der Agenturgründung zurückverfolgt werden kann.

„Wir haben gerade das 50. Firmenjubiläum gefeiert, so dass ich oft über David Ogilvy nachgedacht habe. Sein Genius bestand darin, einen starken Standpunkt hinsichtlich der Leitung einer Organisation einzunehmen, und von diesem Standpunkt aus einen Katalog von Prinzipien zu entwickeln – etwa das erstaunlich hohe Maß an intellektueller Strenge, die erforderlich ist –, die tatsächlich in unseren Menschen weiterlebten".

Ogilvy war nicht der Lehrmeister von Lazarus. Zu der Zeit, als sie in die Firma kam, war dieser legendäre Werbemann dort nur noch drei Monate im Jahr, und dann jeweils nicht länger als drei Wochen am Stück, tätig. Aber es ist offensichtlich, dass er bei ihr einen bleibenden Eindruck hinterließ.

„Ich wurde mit David dadurch bekannt, weil er sehr demokratisch in dem Sinne ist, dass er keine Ahnung hatte, wer in der Agentur welchen Rang oder Titel besaß. Ich denke, er wollte es bewusst *nicht* wissen. Und würde dadurch genau die Leute finden, die ihn interessierten. Ich lernte ihn deshalb kennen, weil ich im neuten Monat war, als er einmal in die Firma kam. Und er hatte noch nie jemanden gesehen, der im neunten Schwangerschaftsmonat in seiner Agentur arbeitete. So sah ich jeden Nachmittag um sechs Uhr von meinem Schreibtisch hoch und da stand David im Gang. Er stand einfach nur da und starrte mich an, und als ich aufsah, fragte er ,Ist alles in Ordnung?' Er kam dann herein und wir unterhielten uns. Und dadurch lernte ich ihn sehr gut kennen.

Ich nenne diese Firma immer eine ,Meritokratie' (in etwa: Verdienstherrschaft), und zwar wegen der Art, wie David sie geleitet hat. Ihm machte es nicht nur nichts aus, dass ich eine Frau und schwanger war, er liebte es sogar, weil es eine Herausforderung gegenüber dem bedeutete, was jeder sonst dachte. Denken Sie daran, dass dies bereits viele Jahre her ist. Mein Sohn ist jetzt 24. Es gab damals noch Unternehmen, die Ihnen kündigten, wenn Sie schwanger waren. Bei General Foods mussten Sie, sobald Sie Mutterschaftskleidung trugen, das Gebäude verlassen. Für David bedeutete das eine andere Art, den Status quo in Frage zu stellen".

Gemäß Davids Bild

Als Frau weiß CEO Lazarus, dass sie einen Modellfall darstellt, wenn es ihr auch nicht besonders angenehm erscheint.

„Ich bin nicht so anmaßend anzunehmen, dass alles, was ich tue, was ich trage und wie ich mein Leben führe, Dinge sind, die Anderen als Vorbild dienen sollten. Ich lebe eben so. Doch akzeptiere ich das und bin mir dessen bewusst. Ich bin eine sehr private Person. Die Tatsache, dass Leute mich beobachten, ist wahrscheinlich etwas, was mich mehr überrrascht als irgendetwas sonst. Doch gerade heute morgen, während einer Branchensitzung, an der ich teilnahm, kam eine Frau auf mich zu, den Tränen nahe, und sagte mir ,Ich wollte mich nur vorstellen. Ich habe Sie während einer Veranstaltung vor vier Jahren gehört, als ich schwanger war. Ich hörte, was Sie über Ausgewogenheit sagten, und ich habe mein Leben während der letzten vier Jahre auf dem aufgebaut, was ich von Ihnen gehört hatte. Das bedeutete für mich einen riesigen Unterschied, und noch wichtiger, auch für meine Tochter'.

Ich war eigentlich etwas überrascht, denn wenn ich einen Vortrag halte, denke ich nicht daran, dass vielleicht Menschen unter den Zuhörern sind, die das, was ich zu sagen habe, als Wegweisung für ihre Lebensführung sehen. Aber ich bin bereit, das zu akzeptieren.

Ich weiß, dass der Ausgleich zwischen Arbeit und Familie wichtig ist. Und es macht mich froh, wenn ich höre, dass andere Frauen bei uns im Unternehmen oder bei Kunden ganz selbstverständlich auf Schulveranstaltungen gehen, weil ich das auch immer mache".

Da Lazarus ein Vorbild ist, bitten junge Frauen sie fortwährend um Karriereberatung. „Es gibt etwas, das ich immer sage: Sie müssen lieben, was Sie in Ihrem Berufsleben machen. Wann immer Sie einen Ausgleich finden wollen, müssen Sie Ihre Arbeit lieben, und da Sie Ihre Kinder lieben werden, ist das schon fast vorgegeben.

Wenn die Dinge aus der Balance geraten, und sich Frauen schlecht fühlen, dann geschieht das, wenn sie nicht mögen, was sie beruflich machen. Sie ärgern sich dann über jede Minute, die sie von jenen Dingen trennt, die sie lieben, und deshalb wird der Job noch laufend unerträglicher, weil immer mehr Verärgerung ihr Leben bestimmt.

Davon ausgehend habe ich zwei Beobachtungen gemacht. Die Menschen – ob Mann oder Frau – die am erfolgreichsten sind, sind Menschen, die leidenschaftlich lieben, was sie tun.

Also ist der erste kleine Rat, den ich gebe, etwas zu finden, was man liebt. Bleiben Sie nicht bei einer Sache, die Sie als etwas öde und als nicht besonders interessant empfinden.

Und was ich als Zweites sage ist, dass die Liebe zum Beruf der Weg ist, den Ausgleich zu finden. Selbst wenn Sie in schwierigen Augenblicken eine Wahl treffen müssen, weil Sie etwas Privates vorhaben. Aber dann ist das wenigstens ein Problem einer beiderseitigen Annäherung, das sehr viel befriedigender und erfüllender ist als ein Konflikt zwischen Annäherung und Vermeidung auf der ganzen Linie".

Ganz offensichtlich hat Lazarus den richtigen Ausgleich sowohl für sich selbst wie für ihre Klienten gefunden.

Unternehmen: Ogilvy & Mather Worldwide
Standort: New York, New York
Top-Manager: Rochelle Lazarus

Ogilvy & Mather auf einen Blick: Ogilvy & Mather ist eine weltweit tätige Marketingkommunikationsgesellschaft, die 1948 von David Ogilvy gegründet wurde und jetzt ganz zur britischen WPP-Gruppe gehört. Ihre Kundenliste umfasst so bekannte Marken wie American Express, Ford, Hershey, IBM, Kodak, Mattel, Sears und Unilever. Die Agentur beschäftigt in 377 Büros in 97 Ländern über 10.000 Menschen.

Bruttohonorarsumme: 8,8 Mrd. US-$

Bill Marriott
(Marriott International)

Sich um die Kunden kümmern, und um die Menschen, die sich um die Kunden kümmern

Bei Marriott International erzählen sich die Mitarbeiter eine Geschichte über ihren CEO, die schon großenteils den Erfolg des Unternehmens erklärt.

J. Willard Marriott, Jr. steckte mitten in den entscheidenden Verhandlungen, ob es ihm möglich sein würde, das Flaggschiff seiner Hotelkette zu bauen. Er jonglierte mit mehreren Anrufen gleichzeitig herum. Auf Leitung eins hatte er seinen potenziellen New Yorker Hausbesitzer. Auf Leitung zwei seinen Unternehmensberater. Und dann rief noch sein Vater auf Leitung drei an.

„Ich dachte mir, dass ich den Anruf meines Vaters zuerst entgegenehmen sollte", erinnert sich Marriott. „Papa rief von einem Marriott-Hotel unten in Virginia an und wollte mir mitteilen, dass der Teppich draußen am Schwimmbad ersetzt werden müsste.

Karriere
1985 – Heute: Chairman und President Marriott International, Inc.
1972 – Heute CEO
1964 President
1956 zu Marriott, beaufsichtigte den Bau des ersten Hotels
1954 – 1956 Marine der Vereinigten Staaten

Ausbildung
B.S. Universität von Utah 1954

Familie
Verheiratet mit Donna Garff, vier Kinder

Geboren am 25. März 1932 in Washington, D.C.

Ich hörte ihn eine Weile an und sagte dann ,Paps, ich verspreche, mich darum zu kümmern, aber es kann ein paar Tage dauern. Ich bin gerade dabei, etwas auszuhandeln, was der größte Deal in der Geschichte unseres Unternehmens sein könnte'.

,Mein Sohn', sagte er mir, ,wenn du dich nicht um die kleinen Dinge kümmerst, dann wirst du kein Unternehmen haben'".

Der Teppich wurde sofort ausgetauscht. Und, nebenbei bemerkt, das Marriott Marquis – gebaut zu einer Zeit, als niemand sicher war, dass die Wiederbelebung des Times Square in Manhatten erfolgreich sein würde – ist heute eines der erfolgreichsten Häuser innerhalb der Kette.

Aufmerksamkeit für Details und eine Bereitschaft zum Wandel waren die Kennzeichen von Marriott International unter Bill Marriott. Er hat das Unternehmen zu dem ausgeweitet, was es heute ist. Es betreibt nicht nur elf verschiedene Marken – einschließlich der Ritz-Carlton- und der Renaissance Hotel-Gruppe –, es ist auch ein führender Entwickler und Betreiber von Seniorenwohnheimen. Darüber hinaus werden Wohlfahrtsempfänger über das Pathways-Programm von Marriott eingestellt und geschult, damit sie Mitarbeiter von Marriott werden. Das Programm, das älteste und größte im Lande, wurde in ganz Amerika begrüßt – und kopiert.

Auch wenn das Unternehmen sich gewiss von dem A&W-Bierlokal unterscheidet, das sein Vater vor fast 75 Jahren gegründet hatte, so ist doch ein Kennzeichen geblieben: die laut Bill Marriott erste Priorität seines Vaters, seine Mitarbeiter glücklich zu machen. Der Gedanke von Marriott Senior war dabei: Wenn die Mitarbeiter gerne zur Arbeit kämen, dann würden sie sich um die Gäste kümmern. Glückliche Mitarbeiter? Glückliche Kunden. Der Gedanke war damals richtig. Er ist es auch heute.

> *„Wir haben drei Stakeholder-Gruppen: Mitarbeiter, Gäste und Aktionäre, und sie hängen alle drei voneinander ab. Wenn wir uns um unsere Mitarbeiter kümmern, werden die sich um unsere Gäste kümmern. Unsere Gäste werden wiederkommen. Als Resultat werden die Aktionäre davon profitieren".*

Es ist immer interessant, Top-Manager, häufig Objekt der Bewunderung, zu fragen, wen sie selbst bewundern. Bill Marriott rattert die Namen von vier Leuten herunter, fast ohne Atempause.

Er beginnt, natürlich, mit seinem Vater Bill Marriott, Sr., der das, was einmal Marriott International werden sollte, mit einem kleinen Straßenlokal begann, das er in den 20er Jahren eröffnete.

Die zweite Person, die er nennt, ist allerdings überraschender. „Ich habe, außer über meinen Vater, immer über den deutschen

General Rommel gesprochen, wie er Europa am Beginn des Zweiten Weltkriegs durchquerte. Er nahm Frankreich in 45 Tagen. Das war eine unglaubliche Kriegsleistung. Nichts konnte sich in seinen Weg stellen. Wenn die Franzosen eine Brücke sprengten, ging er stromaufwärts und fand einen anderen Übergang. Er saß im ersten Panzer und führte seine Mannschaft an.

Ich hatte auch eine Menge Hochachtung vor Conrad Hilton, obwohl ich nicht meine, dass er ein besonders guter Manager war. Er baute die erste richtige Hotelkette auf. Unglücklicherweise hatte er keinen Nachfolger-Plan. Die Leute, die nach ihm kamen, dachten im Grundsatz, dass Hotels ein risikoreiches Geschäft wären und nicht genug Rendite abwerfen würden, weshalb sie in andere Dinge investierten. Aber ich bewunderte ihn. Er sagte, das Wichtigste sei der Standort, nur der Standort. Und er hatte Recht, er besaß einige sehr gute Standorte.

Und dann war da noch Ray Kroc, der Mann, der McDonald's schuf. Er war ein richtiges Genie. Er kümmerte sich um die Qualität, die Sauberkeit der Toiletten, und darum, dass die Hamburger genau richtig gebraten wurden. Er bestand darauf, dass die Pommes frites in genau dem richtigen Öl zubereitet wurden. Das war die Art von Dingen, mit denen ich groß wurde. Ich denke, er hat ein unglaubliches Unternehmen geschaffen".

Man kann die Einflüsse von allen vier Männern auf das Unternehmen sehen, das Marriott geschaffen hat. Wie Hilton bleibt Marriott der Ausweitung seiner Führungsposition im Hotelgewerbe verpflichtet, indem das Unternehmen einige der besten Standorte kontrolliert. Marriott nimmt sich ein Beispiel an Rommel, indem er schnelle Entscheidungen trifft und Hindernisse überwindet. Und wie Kroc ist der CEO von Marriott pausenlos auf sein Produkt konzentriert. Aber wenn man die Leistung seines Unternehmens untersucht, dann wird klar, dass Bill Marriotts Vater den größten Einfluss hatte.

Während das Unternehmen von dem Trend zur Diversifikation in den späten 70er und weiter in den 80er Jahren erfasst wurde, ist Marriott heute wieder primär im Beherbergungsgeschäft engagiert. (Es hat 1995 seine Grundstücksbereiche in eine eigene Aktiengesellschaft eingebracht – die Host Marriott). Und man kann die

Gedanken von Marriott-Senior widerklingen hören, wenn sein Sohn über die Zukunft des Unternehmens spricht.

„Nach unserer heutigen Vision sind wir ein globales Beherbergungsunternehmen, das großartigen Service bietet, eine Vielzahl von Marken, und die Kulturelemente weiterentwickelt, die mein Vater und meine Mutter 1927 eingeführt haben. Wir wollen uns um den Kunden kümmern, und um die Mitarbeiter, die sich um den Kunden kümmern.

Mein Vater glaubte ganz stark daran, dass Leute, die bei ihrer Arbeit glücklich sind, sich gut um ihren Kunden kümmern würden, und dass der Kunde immer wieder zurückkommen würde. Er glaubte es und führte es durch. Er hatte eine unglaubliche Loyalität seinen Mitarbeitern gegenüber, und wir haben dies immer noch, denke ich.

Das ist etwas, das wir wirklich betonen und woran wir arbeiten. Obwohl wir eine finanziell orientierte Unternehmung sind und uns über den Aktionärsertrag Gedanken machen, nicht zu viele Schulden zu haben und das Geschäft auszuweiten, geht doch alles darauf zurück. Wir stellen nichts her. Wir sind ein Dienstleistungsunternehmen. Und unsere Leute tauschen sich jeden Tag mit Millionen und Abermillionen von Kunden aus, die von zu Hause und den Menschen, die sie lieben, getrennt sind. Sie sind müde. Ihre Füße tun weh. Sie hatten einen lausigen Flug, und sie bekamen nicht den Leihwagen, den sie wollten. Oder sie verirrten sich auf dem Weg zum Hotel. Und vielleicht haben sie auch den Deal verloren, wegen dem sie kamen. Was es auch sein mag, in dem Augenblick, in dem sie an unseren Empfang kommen, sind sie gerädert, und wir müssen uns um sie kümmern. Und um das zu erreichen – sicherzustellen, dass das passiert – müssen wir uns um unsere Mitarbeiter kümmern; wie können wir sonst von ihnen erwarten, dass sie sich um unsere Kunden kümmern?

Wenn Sie auf einen mürrischen Mitarbeiter an der Zimmerreservierung treffen, oder an ihrem großen Tag zum Frühstück herunterkommen und die Kellnerin Ihnen nicht ‚Guten Morgen‘ wünscht, dann werden Sie Ihren Aufenthalt nicht genießen. All diese Dinge machen den großen Unterschied".

Für den Mann, dessen Name über der Türe steht, ist es eine Sache, über die Notwendigkeit zu sprechen, einen exzellenten Kundendienst zu bieten. Und eine andere, dies auch bei allen 2.000 Hotels durchzusetzen, die Marriott führt.

„Es muss sich über alle Stufen bis zu jedem unserer Mitarbeiter durchsetzen. Die Mehrzahl der Geschäftsführer unserer Hotels hat sich durch diese Stufen hochgearbeitet, glaubt an diese Kultur, versteht sie und arbeitet mir ihr. Und jedes Mal, wenn ich eine Rede halte, und zwar jedes Mal, spreche ich darüber und woran wir glauben. Wir wollen Menschen helfen – nicht nur unseren Kunden, sondern auch den Menschen, die sich um unsere Kunden kümmern, den Mitarbeitern. Wir wollen, dass unsere Leute merken, das ist ein Unternehmen mit Chancen. Dass sie über die Arbeit bei Marriott sich persönlich weiterentwickeln, sich schulen lassen und lernen können, und damit besser im Leben vorankommen, weil Marriott sich um sie als Menschen, als Individuen kümmert".

Es verwundert nicht, dass ein großer Teil der Vergütung auf der jeweiligen Einstufung fußt, die jeder über die Abfrage der Kundenzufriedenheit erhält.

„Wir verfolgen die Kundenzufriedenheit sehr sorgfältig. Und jedes Hotel hat Ziele. Wenn Sie hinter den Empfang gehen, dann können Sie die Zeit des Ein- und Auscheckens sehen und Messgrößen über die Freundlichkeit des Empfangspersonals. Wenn Sie in die Zimmerservice-Abteilung gehen, dann können Sie dort eine Grafik sehen, die die Sauberkeit der Zimmer und der Baderäume anzeigt. In der Bewirtungsabteilung können Sie Charts mit der Bewertung unserer Frühstücksqualität sehen, der Essensqualität. Sie werden die Einschätzung der Menschen beim Service und bei der Betreuung sehen. Das sind sehr genaue Messgrößen. Ich bin erstaunt, wie akkurat sie sind".

Sie werden von jedermann hautnah überwacht, einschließlich dem CEO. Doch das Unternehmen hat auch interne Maßeinheiten.

„Parallel zu den Messungen der Kundenzufriedenheit machen wir zweimal jährlich eine Meinungsumfrage, in der wir jeden in unseren Hotels über seine Arbeitsbedingungen und seinen Chef befragen".

Natürlich wünscht Marriott, dass seine Hotelmanager profitable Häuser führen, aber „ungefähr 30 bis 40 Prozent ihrer Vergütung hängt von anderen Punkten ab, wie Zufriedenheit der Mitarbeiter und der Gäste".

Auf diese Weise verstärkt Marriott die Werte, die er herüberbringen will. Auch Bill Marriott bekräftigt – ohne Worte – jedesmal diese Werte, wenn er eines seiner Hotels besucht.

Den Weg entlanggehen. Buchstäblich.

„Ich gehe durch das ganze Gebäude. Ich besuche die Küche, die Wäscherei, die Zimmerverwaltung, das Front-Office, das Back-Office, die Gästeräume, den Parkplatz, die Warenannahme. Wonach schaue ich? Ich möchte wissen, ob alles sauber ist, alle aufmerksam sind. Wie sind unsere Leute? Sind sie glücklich? Haben sie bei ihrer Arbeit Spaß? Wie ist der Hoteldirektor? Wie gut kennt er seine Leute? Mein Lieblingsdirektor ist ein Typ, der von 50 Metern Entfernung aus zu einem Mitarbeiter sagen kann 'Guten Morgen, Sam. Wie geht's Joan, fühlt sie sich besser? Und wie geht's dem kleinen Jim, ist er noch im Baseball-Team?' Das ist die Art von Dingen, die unsere Hotels und unsere Manager, denke ich, sehr von einer Menge anderer unterscheiden.

Das Hotelgeschäft ist in vielen Fällen, besonders außerhalb der Vereinigten Staaten, eine Geschäft von Prinzen. Die Direktoren der großen europäischen oder japanischen Hotels, die sind Könige. Sie sind es wirklich. Sie sitzen in ihrem Büro und bestellen den Zimmerservice für ihr Frühstück, und das kommt dann auf einem silbernen Tablett.

Als wir das Essex House in New York kauften, ging ich in den Speisesaal, und der Restaurantchef sagte zu mir: ‚Welchen Tisch wünschen Sie?

Ich sagte: ‚Was meinen Sie, welchen Tisch ich wünsche?' ‚Nun, wir haben den Tisch zum Park hin, den der Direktor in Begleitung nimmt. Oder wir haben den normalen Tisch drüben an der Seite, den er nimmt, wenn niemand bei ihm ist'.

Ich sagte: ‚Wer benutzt diese Tische in der restlichen Zeit?', Oh, niemand sonst. Sie sind immer für den Direktor reserviert'".

Das genau ist die Einstellung, die Marriott auf jeden Fall verhindern will. Wie? „Man erreicht das, indem das Unternehmen verstärkt zu einer dynamischen, proaktiven, unternehmerisch eingestellten Firma verwandelt wird. Ich mache es auf jede Art und Weise, die mir möglich ist. Ich springe eine Menge herum. Ich spreche mit Hoteldirektoren und ich spreche mit Angestellten. Ich spreche mit Marken-Verantwortlichen. Der Großteil meiner Besprechungen findet mit Leuten statt, die nicht direkt an mich berichten. Die Jungs hier akzeptieren das. Ich meine, es ist sehr wichtig für den CEO, Kontakte bis nach ganz unten zu haben.

Unternehmen (Börsenkurzzeichen): Marriott International, Inc. (MAR)
Standort: Bethesda, Maryland
Top-Manager: J. Willard Marriott, Jr.

Marriott auf einen Blick: Mit mehr als 1.600 eigenen oder Franchise-Hotels weltweit ist Marriott International die zweitgrößte Beherbergungsunternehmung der Welt. (Starwood Hotels & Resorts Worldwide ist die größte). Die Marken der Marriott-Hotels umfassen Courtyard, Marriott, Residence Inn und Ritz-Carlton. Weitere Betriebe sind Marriott Vacation Club International (Time-Sharing-Anlagen), Marriott Senior Living Services (Seniorenheime) und Marriott Distribution Services (eine Catering-Gesellschaft).

Finanzergebnisse 1998:
➢ Umsatz: 9,5 Mrd. US-$
➢ Nettoertrag: 390 Mio. US-$

Gesamter aufs Jahr bezogener Aktionärsertrag:
➢ 1 Jahr: 6 %
➢ 5 Jahre: 20 %

Kürzlich habe ich eine ganze Woche in Europa mit unserem Vice President Europe verbracht. Er sitzt drei Stufen unter mir, aber wir sprachen darüber, wie wir dort vorankommen und was wir verbessern könnten. Wir besuchten 26 Hotels. Das war eine erfüllte Woche. Wir waren in zehn Ländern und wir hatten eine großartige Zeit zusammen. Ich lernte eine Menge. Und ich denke, wir konnten in kurzer Zeit viel erledigen".

Das, sagt Marriott, kommt durch Konzeption. „Energie ist wahrscheinlich das Wichtigste für einen CEO", fügt Marriott hinzu. „Er
muss die Energie haben, jeden Morgen aufzustehen und zusehen,
dass alles läuft und sich den ganzen Tag hart darum bemühen.
Durch Energie bringen Unternehmen Leistung. Es ist wie bei einem Sportler. Wenn Sie einen Sportler nehmen, der irgendwie
lustlos ist, dann könnte er es genauso gut auf dem Spielfeld sein.
Aber wenn Sie einen hochmotivierten Linebacker, Quarterback,
Fullback oder was auch immer nehmen, dann haben Sie einen
erfolgreichen Burschen.

Und, natürlich ist Aufrichtigkeit das Allerwichtigste. Die Leute
müssen dem CEO vertrauen. Sie müssen erfahren, dass er hält,
was er verspricht, oder dass sie hält, was sie verspricht. Sie müssen erkennen, dass der CEO noch an etwas Anderes außer den
Gewinn denkt. Wir streben und leben mit einem sehr starken
Glauben an die Bedeutung des Individuums und die Wichtigkeit
unserer Mitarbeiter. Wir glauben, dass Gewinne wichtig sind, aber
sie sind nicht so wichtig wie das Individuum.

Deshalb braucht man heute Energie, Integrität, Aufrichtigkeit
und soviel Sorge für die Mitarbeiter wie für die Gewinne, um Erfolg zu haben. Das ist es, was ich rüberbringen will".

Lou Noto
(Mobil)

„Sie müssen das tun, was Sie gut machen".

Am 1. Dezember 1998, auf einer der am stärksten besuchten Pressekonferenzen in der amerikanischen Wirtschaftsgeschichte, kündigten Mobil und Exxon ihre Fusionierung an, womit (nach Abschluss der Transaktion) das größte Unternehmen der Welt entstehen würde.

Nur einige Wochen vorher saßen die Autoren mit Lucio A. Noto, Chairman und CEO der Mobil Corporation, in der Zentrale des Unternehmens in Fairfax, Virginia, und besprachen die Veränderungen des Unternehmens während der letzten fünf Jahre.

Wir ahnten nicht, dass vieles von dem, was Noto, ein geselliger Mann und ungeheuer guter Geschichtenerzähler, mit uns besprach, von Exxon am meisten begehrt wurde: die erfolgreiche Neuordnung der Vermögensbestandteile, die Marketing- und Explorationsfähigkeit und die globale Reichweite von Mobil.

Karriere
1994 – Heute: Chairman und CEO, Mobil Corporation
1993 – 1994 President
1989 – 1993 Chief Financial Officer
1988 Vice President, Finanzen
– 1988 Vice President für Planung und Volkswirtschaft
1985 – 1986 Chairman, Mobil Saudi-Arabien
1981 – 1985 President
1962 – 1981 verschiedene Positionen bei Mobil weltweit – einschließlich Japan und Italien

Ausbildung
M.B.A. Cornell Universität 1962
B.S. in Physik, Universität von Notre Dame 1959

Familie
Verheiratet mit Joan, fünf Kinder

Geboren am 24. April 1938 in Brooklyn, New York

Man muss sich vorstellen, dass das vereinte Unternehmen, unter dem Namen Exxon Mobil, sich damit rühmen kann, einen Umsatz von 200 Mrd. US-$, 12 Mrd. US-$ Nettoertrag (vor nahezu 3 Mrd. US-$ geschätztem Steueraufkommen) und fast 120.000 Mitarbeiter in mehr als 140 Ländern zu haben.

Es wird die Schlagkraft und Größenordnung besitzen, um in einer volatilen Weltwirtschaft voll billigen Erdöls als führender globaler Wettbewerber aufzutreten.

Während allein die schiere Größe des zukünftigen Unternehmens anfänglich vielen Analysten zu denken gab, zeigt eine nähere Betrachtung, dass die beiden Unternehmen in nahezu jeder Facette des Geschäfts gut zusammenpassen.

„Allianzen waren immer schon Teil des Erdölgeschäfts".

Da vorgeschriebene Beschränkungen die Informationen von Seiten der Unternehmen über die Fusion vor dem Versenden des Proxy-Statement an die Aktionäre begrenzen, können wir nur raten, wie Lee R. Raymond, Chairman und CEO von Exxon, und sein Team eigentlich Mobil bewertet haben.

Wir unterstellen, dass sie ihr endgültiges Urteil zum großen Teil darauf gründeten, wie Noto das Unternehmen nach seiner Ernennung 1994 entwickelte.

Manchmal muss sich der Mitarbeiterstab eines Unternehmens, das gerade einen neuen CEO ernannt hat, so fühlen, als würde er in Lewis Carrolls Wunderland leben. Neue Top-Manager rennen oft (bildlich gesprochen) durch die Räume und rufen „Herunter mit ihren Köpfen. Herunter mit ihren Köpfen", und eine große Anzahl von Managern verlassen plötzlich das Unternehmen, um „anderen Interessen nachzugehen".

Da dies eine ziemlich allgemeine Erscheinung geworden ist, zieht sie nicht mehr viel Aufmerksamkeit auf sich. Ein neuer CEO ist berechtigt, sein eigenes Führungsteam zu ernennen, heißt die Begründung, also verschwendet niemand viel Zeit darauf, um sich zu fragen, ob es eine gute Idee ist, all jene Führungskräfte zu feuern.

Lou Noto wusste, wie das Spiel lief, als er vom Board zum Chairman und CEO von Mobil ernannt wurde. Aber es gab keine große Kündigungswelle, keine radikale Restrukturierung. „Warum sollte ich mir das gewünscht haben?" fragt er in seiner typisch direkten Art. „Das Unternehmen ist in guter Verfassung".

Statt also das Unternehmen abzureißen – was vielleicht vorhersehbar gewesen wäre –, entschied er, auf den Stärken des Öl-Giganten aufzubauen. Noto weiß, dass seine Entscheidung, die bestehende Führungsmannschaft zu belassen, manchen merkwürdig vorkam. Aber wenn man ihm zuhört, dann erkennt man, dass diese Entscheidung, zunächst einmal nicht viel zu ändern, auf einer Reihe von wohldurchdachten Gründen fußt.

„Ich wusste viel weniger über das Unternehmen Mobil als viele Leute, die ich in meinem Management-Team vorfand", erklärt Noto. „Ich kannte einige Teilgebiete wie die internationale Organisation und Finanzierung, aber ich hatte mehr Zeit außerhalb als in meinem Büro verbracht. Ich hätte ein kompletter Trottel sein müssen, wenn ich nicht diese Haltung angenommen hätte: ‚Seht, Leute, ich bin nun mal hier. Ich wurde dafür ausgewählt, aber wenn wir nicht als Team arbeiten, dann sehe ich nicht, wie wir irgendetwas bewegen können'. Es wird oft als selbstverständlich unterstellt, dass man alles Vorgefundene rauswerfen muss, wenn man CEO wird, aber ich tat es nicht".

Es gab keinen Grund dafür. „Ich fand ein starkes Unternehmen vor. Allen Murray, CEO von 1986 bis 1994, hat einen guten Teil seiner Zeit geopfert, um wirklich eine sagenhafte Sache für Mobil zu tun – unsere Akte zu bereinigen. Als Murray das Amt übernahm, gehörte uns Montgomery Ward, Container Corporation und eine Anzahl von Zusatzgeschäften, die wir in den Tagen von President Carter erworben hatten. Zu dieser Zeit dachte jeder, dass die Branche durch die Bank reguliert werden würde. Also suchte das Unternehmen Investitionsmöglichkeiten, die antizyklisch zur Ölindustrie waren".

Als klar wurde, dass das Unternehmen nicht übermäßig reguliert werden würde, wurden die Zusatzgeschäfte verkauft, und Noto fand sich in Verantwortung für ein relativ gut strukturiertes Unternehmen, das sich um Öl, Gas und Chemikalien drehte.

Doch auch so, wie es fokussiert war, gab es doch einige Teile, die nicht passten. „Wir hatten noch ein Grundstücks- und ein Kunststoffgeschäft. Am Ende des Tages überlegte die Management-Gruppe, dass wir wirklich besser dran wären, wenn wir uns noch ein wenig mehr konzentrierten. Wir hatten diese angenehme Möglichkeit nur, weil Murray einen schwierigen Part geleistet hatte. Der Verkauf von Kunststoff und Grundstücken war ein Klacks verglichen mit der Erzielung eines gutes Preises für Ward und Container Corporation".

Nachdem Mobil einmal auf seine Kernkompetenzen getrimmt war, machte sich Noto daran, das Unternehmen auf Trab zu bringen. Das erste Projekt war die Abschmelzung einer erschreckenden Fülle von Bürokratie.

„Wir hatten drei relativ saubere operative Einheiten, aber es gab eine Menge von Doppelfunktionen. Als ich die CEO-Stelle antrat, ging das Management-Team heraus nach Williamsburg, um zwei Tage lang ganz offen von Angesicht zu Angesicht darüber zu reden, was wir tun müssten. Eine der ersten Sachen, die sehr klar herauskam, war eine neue Betrachtung unserer Stabsfunktionen. Wir hatten großartige Support-Mitarbeiter auf Unternehmensebene, aber sie generierten auch eine Menge Stabsarbeit. So konnte der Unternehmens-Controller den Divisions-Controller fragen ‚Warum belaufen sich Ihre Kosten auf 13 statt 12 Cents?' Und dann kam es zu einer großangelegten Untersuchung".

Noto beschloss, dass das Unternehmen reorganisiert werden musste. Drei Faktoren, sagt er, leiteten diese Entscheidung ein.

„Erstens konnten wir es nicht zulassen, dass jeder dieser drei Geschäftsbereiche – Öl, Gas und Chemikalien – bei seinen Ertragserwartungen mit einer Überhierarchie außerhalb der Linienfunktionen belastet würde. Zweitens entschieden wir, die Stabsleistungen zu zentralisieren, statt einen Controller da, einen Controller dort, einen PR-Menschen da und einen PR-Mann dort zu haben. Und Drittens, wir waren nicht konsequent. Wir konnten die besten Geschäftspraktiken in einer Unternehmenseinheit anwenden, aber nicht in der Einheit nebendran.

Diese Struktur führte zu Kostenerhöhung, Komplexität und Verlangsamung der Geschäftstätigkeit. Als wir uns das sorgfältig ansahen, bemerkten wir, dass jeder ziemlich gute Arbeit auf seiner oder ihrer kleinen Stelle leistete. Aber niemand kümmerte sich um den Prozess in der Gesamtorganisation. Wir optimierten die Dinge nicht so, wie wir es tun konnten.

Wir überlegten, wie wir alles neu ordnen könnten, aber um die Wahrheit zu sagen, war das ein Albtraum. Diese Branche beschäftigt Leute von der Wiege bis zur Bahre. Ich bin seit 37 Jahren bei Mobil, und eine lebenslange Karriere beim Unternehmen ist ziemlich typisch. Die Reorganisation brach mit dieser Tradition. Wenn Sie dieses Bündnis aufkündigen, ist das hart für die Leute".

Insgesamt 4.700 Mitarbeiter, rund sieben Prozent der Belegschaft, wurden entlassen. „Auf einen Schlag war der alte Sozialvertrag, der für die Mitarbeitern galt, nichtig geworden", sagt Noto.

„Daraufhin erhob sich die Frage: ‚Wie erreicht man wieder das Gefühl für Einsatz und Bedeutung? Was wollen Sie Ihren Mitarbeitern versprechen?'

Nummer Eins, Sie können ihnen ein reizvolles und herausforderndes Arbeitsgebiet anbieten. Das ist gut, denn wenn Sie keinen Spaß bei Ihrer Arbeit haben, verschwenden Sie vielleicht Ihre Zeit. Nummer Zwei, Sie können ihnen die Möglichkeit zur Weiterentwicklung geben. Aber das war schwierig, denn wir hatten in der Vergangenheit keine professionelle Personalentwicklung. Manager sagten nicht typischerweise zu Mitarbeitern ‚Jim, Sie arbeiten großartig, aber ich denke, dass Sie keine zwei Stufen hochrutschen, wenn Sie nicht diese besonderen neuen Fähigkeiten entwickeln'. Diesen Prozess gab es nicht, aber wir begannen, ihn einzuführen".

Dieser neue Sozialvertrag warf eine bedeutungsvolle Frage auf: Von wo aus wollte Noto diese neue, schlankere Organisation führen, die immer noch 62.000 Mitarbeiter hatte?

Die Antwort: Er wollte Mobil in eine Organisation umwandeln, die innen wie außen genauso effizient arbeitete, die „kontrollierte Risiken" auf sich nahm.

„Ich versuche immer, den Leuten folgendes zu sagen: ‚Wenn Sie 100 US-$ einsetzen, mit der Chance, 500 zu gewinnen, und Sie verlieren, dann möchte ich, dass Ihr Vorgesetzter Sie ermutigt, eine andere ähnliche Möglichkeit zu finden. Denn das ist die Art von Risiko, das wir eingehen möchten. Wenn Sie 100 US-$ riskieren und nur 105 oder gar 101 gewinnen, dann werde ich Sie feuern. Mich interessiert dann nicht, ob Sie Ihr Ziel erreichen. Es war einfach ein dummes Risiko'.

Wir hatten eine Kultur, die allein auf den Erfolg orientiert war. Aber die Konsequenz war, dass das Unternehmen weniger Risiken übernahm. Man war nicht bereit, ein hohes Ziel anzustreben, denn Sie mussten eines haben, dass Sie erreichen konnten. Wenn Sie es nämlich nicht erreichten, bedeutete das das Ende der Welt. Ich werde nicht sagen, dass wir zu Verlusten ermutigen wollen. Wir wollen die richtige Art von Risiko. Um das zu erreichen, müssen wir die eisenharte Regel durchbrechen, nach der Sie im Fall eines Misserfolgs standrechtlich erschossen werden. Wenn Sie diese Regel nicht durchbrechen, bleiben die Leistungen unter dem Optimum".

Noto machte sich daran, Mobil zu höchster Leistung zu treiben, und daraus resultierten einige wesentliche Änderungen im Geschäftsablauf. Das wird nirgendwo deutlicher als beim Tankstellengeschäft.

Auf den Kunden hören

„Wenn ich auf die ersten Tage meiner Tätigkeit als CEO zurückschaue, dann war mir damals klar, dass wir von unserer ewigen Nabelschau abrücken mussten. Wir mussten den Wettbewerb anschauen und, viel wichtiger, auf unsere Kunden blicken. Darin bestand einer der bedeutendsten Brüche mit der Vergangenheit. Wir begannen, auf den Kunden zu hören. Und offen gestanden konnte der Kunde eigentlich nur aufschreien, wenn er die kleinen Kerle sah, die in unserer Werbung um das Auto herumrannten. Er oder sie wünschte Annehmlichkeiten, wünschte sich Schnelligkeit und an der Tankstelle eine Menge anderer Dinge, von denen wir ehrlicherweise nie angenommen hatten, dass die Kunden das wollten. Sie sagten ‚Bieten Sie mir elektronischen Service'. Und das führte zu einer Revolution in unserem Marketing. Zunächst bedeutete das Bezahlung an der Zapfsäule. Heute sieht das relativ simpel aus. Jeder hat es. Aber Mobil war der erste.

Der nächste Schritt hieß ‚Speedpass'. Dieses Produkt ist die Reaktion auf die unglaubliche Geschwindigkeit, mit der sich die Technologie verändert. Das läuft so. Sie sagen uns, wer Sie sind, wie wir Ihre Benzinrechnung abbuchen sollen und (an einigen Orten) welchen Treibstoff Sie haben wollen. Wir werden Ihnen dann entweder einen kleinen Schlüsselanhänger oder einen Aufkleber für Ihre Windschutzscheibe geben. Sie brauchen keine Kreditkarte. Sie tanken einfach und weg sind Sie wieder. Wir verfolgen elektronisch, wer Sie sind und was Sie getankt haben. Speedpass wurde, nach der Einführung in zehn Pilotmärkten im Mai 1997, national angeboten. Allein im ersten Jahr aktivierten 1,3 Millionen Leute ihren Speedpass-Transponder.

Warum machen wir das? Nicht, weil die Menschen Spielereien lieben, sondern weil sie uns mitteilen, dass sie Bequemlichkeit und Schnelligkeit schätzen.

Nun, die andere Seite der Medaille zeigt, wie wankelmütig Kunden sind. Die Kunden möchten sich beim Tanken beeilen und finden Speedmaster bequem. Aber sie wollen beim jedem Tankstellenbesuch so viel Zeit wie möglich zum Einkaufen haben. Während sie also tanken, möchten sie ein paar Dinge mitnehmen. Was machten wir? Wir richteten in unseren Tankstellen Einzelhandelsgeschäfte ein. Natürlich stand auf den verkauften Produkten der Name Mobil. Wir sind Mobil und wir sind auf den Namen stolz. Aber wir lernten bei diesem Geschäft einige Sachen dazu, zum Beispiel, dass Kunden ‚Mobil' nicht auf Nahrungsmitteln haben wollen. Sie sagen uns ‚Mobil ist bei Motoröl okay, aber druckt das nicht auf meine Nahrungsmittel'.

Und so hören wir erstaunlicherweise jetzt auf unsere Kunden. Wir stellten dazu einige Leute ein, die im Gegensatz zum Erdölgeschäft etwas von Merchandising verstanden, um diese Läden als Teil der Tankstelle zu bauen. Das Erste, was sie uns sagten, war: ‚Ihr braucht ein neues Logo. Ihr müsst alles rausschmeißen, was Ihr habt und neue Farben verwenden'. Sie können sich vorstellen, wie das auf Leute wie mich wirkte, denen Mobil auf ihre Stirn geschrieben steht. Sie nahmen mich auf eine Versuchsstation mit und ich bekam fast einen Herzschlag. Die Tankstelle war eine von diesen kühlen sauberen, knackig weißen Mobil-Stationen mit ihren blauen und roten Akzenten. Mir gefiel, wie sie aussah, rein wie ein Kristall. Der benachbarte Shop für leichten Einkauf war dagegen ein Zirkus. Gelb-grün-purpur mit vielen Lichtern, viel Action und einer Menge Merchandise-Waren. Aber das wollten die Kundinnen haben.

Die Kundin möchte morgens dorthin kommen und Markenkaffee und Frühstückssachen einkaufen können. Sie möchte zur Mittagszeit Marken-Sandwiches und Fast Food kaufen. Und sie möchte abends etwas für das Abendessen mitnehmen und wieder ein Markenzeichen sehen, das sie kennt. Niemand interessiert sich für Mobil-Hähnchen.

Unternehmen (Börsenkurzzeichen): Mobil Corporation
   (MOB)
Standort: Fairfax, Virginia
Top-Manager: Lucio A. Noto

Mobil auf einen Blick: Als zweitgrößte Erdölgesellschaft der
Vereinigten Staaten (nach Exxon) und viertgrößte in der
Welt (hinter Royal Dutch/Shell, Exxon und British Petrole-
um) betreibt Mobil Explorationen und Produktionsanlagen
in 24 Ländern. Das Unternehmen betreibt ebenfalls voll in-
tegrierte Chemieanlagen, die petrochemische Produkte,
Holz- und Polymer-Baumaterialien, Kunststoffe und andere
Produkte herstellen. Mobil ist mit seinem berühmten roten
Pegasus-Logo aggressiv in das Einzelhandelsgeschäft an
seinen Tankstellen gegangen und rationalisierte durch Nutzung gemeinsamer Ressourcen mit anderen großen Erdölge-
sellschaften wie BP. Insgesamt ist das Unternehmen in mehr
als 140 Ländern weltweit tätig.

Finanzergebnisse 1998:
➢   Umsatz: 48,2 Mrd. US-$
➢   Nettoertrag: 1,7 Mrd. US-$

Gesamter aufs Jahr bezogener Aktionärsertrag:
➢   1 Jahr: 24 %
➢   5 Jahre: 21 %

Also mussten wir die Art, wie wir Geschäfte mit unseren Kunden
betrieben, revolutionieren. Wir richteten Lottostellen ein und alles,
was die Kunden uns als Wünsche mitteilten. Wir bauten Parkplät-
ze in den Tankstellen direkt vor den Verkaufsmärkten. Jemand,
der vor zwanzig Jahren in diesem Geschäft tätig gewesen ist, würde sich dabei im Grab umdrehen. Aber wir sind dabei, wirklich
Ergebnisse zu erzielen".

   War diese neue Positionierung Teil einer großen Vision?

   „Ich hasse das Wort ‚Vision', weil ich es als eine Art Forma-
lismus betrachte. ‚Jetzt werden wir unsere Visionsbefragung vornehmen'. Grundsätzlich müssen Sie herausbekommen, was Sie gut

machen, wenn Sie für ein Unternehmen verantwortlich sind. Genauso müssen Sie auch herausfinden, was Sie nicht so gut machen und sich davon trennen. Sie müssen lernen, dem Kunden zuzuhören und schnell zu reagieren. Intern müssen Sie das Positive herauskehren, weil niemand perfekt ist. Wenn ich das alles auf einen Punkt bringen sollte, würde ich sagen, Sie müssen auf Ihre Stärken bauen".

Wenn Mobil und Exxon ihr Zusammengehen planen, scheint diese Erkenntnis die Parole zu sein.

Paul O'Neill
(Alcoa)

„Der Test ist, wie Sie sich mit Menschen zusammentun".

Es macht Spaß, all die Filme anzuschauen, die vor 20 oder 30 Jahren über die Zukunft gedreht wurden. Eine Konstante gibt es darin neben all den Robotern, die unsere ganze Hausarbeit machen werden und den Schilderungen von Pendlern, die mit ihren Hovercrafts zur Arbeit fliegen: Alle Dinge werden aus Aluminium bestehen, diesem wahrhaften „Raumfahrt"-Metall.

Nun wird Aluminium heute an mehr Stellen denn je verwendet, aber die Umsätze wachsen insgesamt geringer als das Bruttosozialprodukt.

Als es 1987 Zeit wurde, einen neuen CEO zu finden, nahmen die Alcoa-Boardmitglieder diese unerfreuliche Tatsache wahr. Sie machten sich auf die Suche nach jemandem, der sich unnachgiebig nicht nur um die Metallpreise, sondern auch um Kostenreduktion kümmerte, zusätzlich zu all den anderen Anforderungen an einen heutigen Unternehmensführer. Sie fanden Paul O'Neill – in ihrem eigenen Board of Directors.

Als ehemaliger Präsident von International Paper wusste O'Neill alles über Massengutpreise.

Karriere
1987 – Heute: Chairman und CEO, Alcoa Inc.
1985 – 1987 President, International Paper Co.
1981 – 1985 Senior Vice President
1977 – 1981 Vice President
1974 – 1977 Deputy Director des US-Verwaltungs- und Haushaltsamts (OMB)
1973 – 1974 Associate Director des OMB
1971 – 1972 Assistant Director des OMB
1969 – 1970 Personalchef des OMB
1967 – 1969 Prüfer beim Haushaltsbüro

Ausbildung
Ehrendoktor der Kalifornischen Universität von Pennsylvania 1998
Clarkson Universität 1993
M.B.A., Indiana Universität 1966
Haynes Foundation Fellow, Claremont Graduate School 1960 – 1961
B.A., Fresno State College 1960

Familie
Verheiratet mit Nancy Jo Wolfe, Kinder: Patricia, Margaret, Julie, Paul

Geboren am 4. Dezember 1935 in St. Louis, Missouri

Und als stellvertretende Direktor des Verwaltungs- und Haushaltsamts unter Präsident Gerald Ford konnte er auch die schwierigsten Zahlen knacken.

In seiner zwölfjährigen Amtszeit bei Alcoa hat O'Neill mit anderen Führungskräften daran gearbeitet, die Überfülle an Produkten zu reduzieren. Er war auch unnachsichtig damit beschäftigt, die Preise zu erhöhen und die Kosten zu senken. Das Ergebnis war außergewöhnlich. Während die Investoren normalerweise nicht bereit sind, einer Aluminiumgesellschaft ein Mehrfaches an Marktpreis zuzugestehen, wie etwa bei einem Pharma-Unternehmen, liegt das Preis/Gewinnverhältnis von Alcoa stetig über dem der gesamten Aluminiumbranche, und O'Neill hat den Kapitalwert des Unternehmens nahezu verdreifacht.

Mit diesem Hintergrund an solidem Ergebnis hat sich O'Neill bemüht, Alcoa zum Branchenführer auf den Gebieten Umweltschutz und Arbeitssicherheit zu machen. Interessanterweise hält er beide Themenbereiche für geeignet, den Erfolg eines Managements zu testen.

> *„Je größer Sie werden, um so wichtiger wird es, dass Sie nicht von Bürokratie und vielen Entscheidungsebenen erdrückt werden. Das ist beim Wachstum die wirkliche Gefahr".*

„Die einzige wirklich wichtige Herausforderung ist, das bewegende Moment beizubehalten", sagt O'Neill, wenn er nach den Herausforderungen bei Alcoa gefragt wird. „Wir haben das erreicht. Über die letzten zwölf Jahre hat unser größter Wettbewerber eine Börsenpreiserhöhung von 4,5 Mrd. US-$ auf 5 oder 5,5 Mrd. US-$ gehabt. Wir sind von 4,5 Mrd. US-$ auf 12 oder 13 Mrd. US-$ gegangen, je nach dem Wochentag, an dem Sie die Börse betrachten. Über diese Zeit hinweg haben wir uns mit Leichtigkeit als Weltmarktführer unserer Branche hervorgetan, nicht nur im Hinblick auf unsere Verkäufe und Profitablität, sondern auch in Bezug auf unsere Reichweite um den Globus".

Bei diesem Erfolg würden einige Führungskräfte wahrscheinlich triumphieren. O'Neill ist dagegen eher besorgt. „Ich meine, wir müssen achtgeben, um nicht selbstzufrieden zu werden. Wir dürfen nicht selbstgefällig sein. Wir brauchen steten Leistungsdruck, um ein Niveau zu erreichen, das sich andere nicht vorstellen können".

Nichts als garantiert zu anzusehen, ist für O'Neill eine ganz natürliche Verhaltensweise. „Ich bin in einer Soldatenfamilie aufgewachsen. Das bedeutete eine Menge verschiedener Schulen an vielen Orten – Illinois, Missouri, Kalifornien, Neu-Mexiko, Hawaii und Alaska, von der Grundschule bis zur High-School. Nicht jeder mag das, und ich mochte auch nicht alles, was damit zusammenhing. Aber es gab einige Aspekte, die nach meiner Meinung für die Entwicklung meines Denkens wichtig waren. Wenn Sie laufend entwurzelt werden, immer an neue Orte kommen, mit verschiedenen Menschen und Ideen konfrontiert werden, dann entwickeln Sie Flexibilität und Anpassungsfähigkeit".

Und dieses Umtopfen, wenn man so will, war auch in seinem Berufsleben eine Konstante. 15 Jahre hat O'Neill für die Bundesregierung gearbeitet – weitgehend für das Verwaltungs- und Haushaltsamt, ehe er in den Privatsektor ging.

O'Neill mit seinem Hintergrund und seinen Erfahrungen, die ihm Offenheit gegenüber neuen Ideen und Erfahrungen verliehen, hat herausgefunden, dass diese Perspektive nicht von vielen in der Geschäftswelt geteilt wird.

„Immer stärker glaube ich, dass um die Kundenwünsche herum organisiert werden muss, man nicht von sich selbst fasziniert sein darf. Merkwürdigerweise sind für mich die Vereinigten Staaten der schwierigste Standort für Veränderungen. Das hängt teilweise mit unserer Unabhängigkeit zusammen, nehme ich an, und dem Bedürfnis, den Grund zu kennen. Das mag ein besonderer Charakterzug sein, aber er kann frustrieren. Und so ist es nicht überall.

In Brasilien beispielsweise müssen Sie nicht in der Lage sein, die ‚Warum-Frage' auf fünf Ebenen zu beantworten, ehe die Leute mitbekommen, dass jemand anderer mit irgendetwas eine bessere Leistung bringt als Sie. Sie adoptieren das sofort. Sie denken darüber kein zweites Mal nach".

Bei diesem persönlichen Hintergrund späht O'Neill natürlich nach Leuten mit „Energie und Enthusiasmus", wenn er jemanden einstellen möchte. Und er sucht auch noch etwas Anderes.

„Bei den besten Leuten sehe ich eine kontinuierliche Bereitschaft zum Lernen. Ich meine damit nicht notwendigerweise Ausbildung im formalen Sinne. Nein, das sind Leute, die laufend auf der Suche nach neuen Informationen und neuen Wegen sind, die sie in einen Rahmen einpassen, den sie im Kopf herumtragen".

Mit anderen Worten, Menschen, die nie selbstgefällig werden.

Grundüberzeugungen

Flexibilität, Anpassungsfähigkeit und die Bereitschaft zum Lernen sind gewiss wichtig, aber man muss auch Grundüberzeugungen haben. Eine von O'Neill ist die Notwendigkeit für Alcoa, die nach Möglichkeit sicherste Produktionsgesellschaft zu sein.

Neben den Gründen, die normalerweise Motivation zur Verminderung von Unfällen geben, sieht er tatsächlich das Sicherheitsthema als Kürzel für die Behauptung einer führenden Position an.

O'Neill gibt zu, dass diese Ansicht nicht unmittelbar einleuchtet. Also gibt er einige Erläuterungen. „Sicherheit ist die wichtigste Maßzahl für Leistung, mit der ich das Geschäft vorantreibe. Es ist sogar noch direkter. Es geht um verlorene Arbeitstage. Ich glaube daran, dass diese Zahl ein hervorragender Indikator dafür ist, ob Sie führen oder nur verwalten. Wenn sich diese Zahl verbessert, dann haben Sie Grund zur Annahme, dass Sie führen. Wenn sie sich nicht verbessert, dann „verwalten" Sie, wie ich es nenne. Und das Wort benutze ich mit einem gewissen Spott.

Warum lege ich so viel Gewicht darauf? Weil der Unterschied zwischen normalen und bedeutenden Unternehmen darin liegt, ob die Leute Kontakt miteinander haben und an etwas Wichtigeres glauben, als nur an Geldverdienen und Bezahlung. Und nach meiner Meinung ist der Ort, wo man die besten Möglichkeiten für einen solchen Kontakt findet, jenes Gebiet, um das sich jeder kümmert. Ich habe noch niemanden gefunden, der gerne freiwillig in einen Unfall verwickelt sein möchte.

Wenn Sie Kontakt zu Menschen finden und ihnen zeigen können, dass Ihre Organisation sich zu allererst um sie als menschliche Wesen kümmert, alles andere dagegen zweitrangig ist, dann haben Sie auch eine Chance, eine großartige Organisation zu sein. Wenn Sie eine Institution auf Dauer aufbauen wollen, dann denken Sie daran, dass der erste Stein im Mauerwerk der Kontakt mit Menschen ist, der Kontakt mit ihnen auf Basis der Sorge um sie. Dass die Organisation sich zuerst um sie als menschliche Wesen kümmert. Dann ist es notwendig, diese Überzeugung glaubhaft zu vermitteln, nicht nur so als honigsüße Gefühlsregung, wie sie jedermann in seinem Geschäftsbericht bringt".

Deshalb gilt Sicherheit als höchste interne Priorität bei Alcoa. „Und ich kann versichern, dass es keine honigsüße Gefühlsregung ist. Auf meinem PC sagt mir ein Sicherheitsdatensystem in Echtzeit in jeder Minute am Tag, wo wir stehen. Wie viele Fälle an verlorenen Arbeitstagen wir hatten, wo sie sich ereigneten, unter welchen Umständen, und welche Gegenmaßnahmen ergriffen wurden. Daran habe ich gearbeitet, seit ich hier bin. Zu dieser Zeit sagte jeder ‚Aber ja, wir kümmern uns stark um Sicherheit, aber wissen Sie, wir arbeiten in einer gefährlichen Branche und können kaum besser werden, als wir es sind'. Und ich sagte ‚Gut, wir arbeiten mit Unfallraten, die ein Drittel des US-Durchschnitts betragen. Aber wir sollten gar keine Unfälle haben. Deshalb ist das Ziel von jetzt an Null'.

Es gab nicht viele Leute, die glaubten, dass ich es ernst meinte. Denn während der ersten 18 Monate gingen Leute durch die Hallen, die sagten: ‚Also ich glaube, dieser O'Neill ist so eine Art Wirrkopf. Wenn der erstmal herausfindet, wie hart diese Branche ist, wenn er seine erste Preisdelle erlebt hat, dann wird er schnell damit aufhören, und wir können uns wieder anderen Tätigkeiten widmen'. Und heute, wissen Sie, haben wir nicht nur weniger als ein Drittel der durchschnittlichen Unfälle in der Branche, sondern eher ein Zwanzigstel, und werden jeden Monat besser".

Das ist Teil eines umfassenderen Themas

Eng mit den Sicherheitsbestrebungen verknüpft ist der Wunsch O'Neills, Alcoa als einen unangreifbar soliden „Unternehmens-

bürger" gelten zu lassen. Ja, Verantwortung für die Umwelt ist ein
wertvolles Ziel, aber auch das sieht er als Führungsthema an.

„Umweltschutz ist wirklich wichtig, und ich nehme an, dieses
und das Sicherheitsthema sind in einem breiteren Sinne zu einem
Gefühl für Integrität verschmolzen. Ich weiß, dass jeder so etwas
sagt, aber wir meinen es ernst.

Lassen Sie mich ein Beispiel geben. Vor vielleicht drei Jahren
schickte mir ein Schwesternorden in Texas einige Briefe, die auf
einen Unfall in einer unserer mexikanischen Fabriken hindeuteten.
Menschen sollten gefährlichen Dämpfen ausgesetzt und ins Kran-
kenhaus eingeliefert worden sein. Wenn auch niemand verletzt
wurde, meinten sie, wäre das doch ernst und sie glaubten, dass ich
nichts davon wüsste.

Ich glaubte das zunächst nicht. Aber es zeigte sich, dass sie
Recht hatten. Und es stellte sich auch heraus, dass der Verantwortliche für diese Sache davon wusste. Er hatte einen unabhängigen Berater um ein Gutachten gebeten. Der Bericht zeigte, dass
möglicherweise ein Temperaturabfall, verbunden mit dem Koh-
lenmonoxid von den Gabelstaplern im Innern der Anlage zu diesem Vorfall geführt hatte. Der President dieser Geschäftseinheit
teilte nichts über diesen Bericht den Sicherheits- und Umwelt-
schutzleuten mit, wozu er laut unserer Policy gezwungen war.
Dieser Kerl war seit 28 Jahren bei der Firma, hatte das Geschäft
von 100 Millionen auf 1,5 Milliarden US-$ hochgebracht. Aber als
klar wurde, dass er nicht mitgeteilt hatte, was passiert war, wurde
er gefeuert.

Leute zu entlassen, ist kein Spaß. Aber auf diese Weise betreiben wir nicht unser Geschäft. Ein Unternehmen muss seinen
Werten treu bleiben.

Wir zahlen auch keine Bestechungsgelder, selbst wenn es legal
ist. Und wir halten jeden Bereich dieses Unternehmens auf dem
gleichen Standard. Als wir in Ungarn dazukauften, fanden wir
heraus, dass in vielen Gebäuden Asbest war. Wir holten den Asbest heraus, obwohl das nach ungarischem Recht nicht notwendig
ist. Wir behandeln Leute nicht nach lokalem Recht, sondern nach
unserer Logik. Und die sagt, dass die Menschen nicht dem Asbest
ausgesetzt sein sollten".

Das muss man machen, meint O'Neill, um seine Glaubhaftigkeit zu bezeugen. „Wenn jemand auch nur triviale Beispiele für Abweichungen findet, dann werden sie Norm, also darf man sie nicht dulden. Die Werte, die Sie anlegen, müssen erkennbar sein, und jederzeit praktiziert werden. Wenn Sie das machen, haben Sie das Potenzial, ein bedeutendes Unternehmen zu werden. Damit entsteht noch kein herausragendes Unternehmen, aber Sie haben das Potenzial dazu. Ohne das können Sie vielleicht ganz gut werden, aber nur für kurze Zeit".

Unternehmen (Börsenkurzzeichen): Alcoa, Inc.
Standort: Pittsburgh, Pennsylvania
Top-Manager: Paul Henry O'Neill

Alcoa auf einen Blick: Alcoa, weltweit führender Hersteller von Aluminium, arbeitet auf allen wichtigen Gebieten der Branche: Abbau, Abscheidung, Schmelze, Formgebung und Wiederverarbeitung. Das Unternehmen beliefert Kunden in der Automobilindustrie, in der Luftfahrt, Bauwirtschaft und anderen Märkten mit einer Vielzahl von Roh- und Endprodukten. Die Nicht-Alu-Bereiche umfassen Alu-Chemikalien, Kunststoff-Flaschenverschlüsse und Verpackungsmaschinen, PVC-Kabelschächte sowie elektrische Verteilungssysteme für Personen- und Lastwagen.

Finanzergebnisse 1998:
➢   Umsatz: 15,3 Mrd. US-$
➢   Nettoertrag: 853 Mio. US-$

Gesamter aufs Jahr bezogener Aktionärsertrag:
➢   1 Jahr: 8 %
➢   5 Jahre: 19 %

John Pepper
(Procter & Gamble)

„Was wollen Sie erreichen?"

Für Menschen unter 45 ist der Ausdruck „Company-Man" bedeutungslos. Es gibt auch keinen Grund, warum das anders sein sollte. Sie traten zu einer Zeit ins Berufsleben ein, als es so schien, dass die Leute ihre Jobs genauso schnell wechselten wie ihre Autos.

Aber wenn Sie sehen wollen, wie der Lebenslauf eines wirklichen Company-Man aussieht, dann sollten Sie einmal das Arbeitleben von John Pepper betrachten.

In den 36 Jahren, die Pepper bei Procter & Gamble war, die einzige Firma, für die er je gearbeitet hat, wurde er durchschnittlich alle drei Jahre befördert. Auf seinem Weg zur Spitze der Unternehmenspyramide leitete er nahezu alles, von den Seifen- und Reinigungsmittel-Einheiten bis den internationalen Divisions von P&G. Und er war auf jeder Stufe erfolgreich. Beispielsweise verdoppelte sich das Geschäft des Unternehmens und seine Gewinne während der fünf Jahre, als er Vertriebswege in neuen Märkten aufbaute wie in Zentraleuropa, Russland, China, Indien und Lateinamerika. Die Umsätze von P&G haben sich in der letzten Dekade um das Zehnfache erhöht.

Karriere
1999 Chairman, Procter & Gamble Company
1995 – 1998 Chairman und CEO
1990 – 1995 President, internationales Geschäft
1986 - 1990 President, US-Geschäft
1984 – 1986 ExecutiveVice President
1981 – 1984 Group Vice President, Europäischer Bereich
1980 – 1984 Group Vice President, Seife und Haushaltsreinigungsmittel
1977 – 1980 Vice President, General Manager Verpackte Seife und Reinigungsmittel
1974 – 1977 General Manager P&G Italien
1963 – 1974 vom Stabsassistenten zum Werbemanager, P&G
1961 – 1963 US-Marine

Ausbildung
Ehrendoktor Mt. St. Joseph College
Ehrendoktor St. Petersburg (Rußland)
Ehrendoktor Xavier Universität
B.A. Yale Universität 1960

Familie
Verheiratet mit Frances Graham Garber, Kinder: John, David, Douglas, Susan

Geboren am 2. August 1938 in Pottsville, Pennsylvania

Allein die Umsätze in China, wohin das Unternehmen 1988 ging, übersteigen jetzt eine Milliarde Dollar jährlich. Inzwischen erzielt P&G mehr als die Hälfte seines Umsatzes außerhalb der Vereinigten Staaten und Kanadas.

Nach seiner Ernennung zum Chairman und CEO 1995 verfolgte Pepper weiterhin die aggressive Expansion im Ausland. Aber er machte noch etwas Anderes. Zusammen mit Durk Jaeger, Peppers Nachfolger als CEO, betrieb Pepper den wichtigsten Wandel in der Geschichte von P&G. Unter dem Namen „Organisation 2005" verschlankte P&G seine Struktur und änderte seine Kultur, um Geschwindigkeit, Risikofreudigkeit und unternehmerisches Denken zu fördern.

> *„Sie müssen darauf achten, nicht die Balance zu verlieren. Sie sind immer das Opfer Ihrer besten Eigenschaften".*

Dieser Inbegriff eines P&G-Company-Man kam eher durch Zufall zur Firma. „Das ergab sich aus einer Reihe von Zufällen", beginnt Pepper. „Im College wurde ich Chef der Yale Daily News im Wirtschaftsteil. Das stellte sich als ungeheuer wichtig heraus, denn – wie das Glück so spielt – war eines der Unternehmen, die ich wegen Anzeigen anging, P&G.

Nach meinem Abschluss verbrachte ich drei Jahre bei der Marine. Ich wollte Rechtsanwalt werden. Ich wurde mit einem Stipendium an der Harvard Law School angenommen. Fast im letzten Augenblick sagte ich: ‚Ach wissen Sie, ich bin jetzt einfach noch nicht so weit, mich wieder in die Bibliothek zu setzen'. Ich entschied, noch ein Jahr dranzugeben und etwas in der Wirtschaft zu versuchen.

Dann überlegte ich, was es denn sein sollte? Und ich kam auf meine Schulzeit zurück und sagte ‚Procter & Gamble'. Sie schienen dort die richtige Klasse Leute zu haben. Außerdem mochte ich das Markenmanagement, über das sie dauernd sprachen. Man kann dort sein eigenes Schicksal beeinflussen. Deshalb rief ich Harvard an, und dort sagte man, sie würden meinen Platz noch ein Jahr freihalten. Sechs Monate später rief ich wieder an und sagte

‚Halten Sie den Platz nicht noch für nächstes Jahr frei. Ich weiß nicht, ob ich immer hier bleibe, aber bestimmt noch für einige Zeit, denn es sieht ganz gut aus'".

Was veranlasste Pepper zu bleiben? Die Möglichkeiten? Ja. Die Tatsache, dass er tatsächlich seine eigene Show laufen lassen konnte? Auch das spielte eine Rolle. Aber in Wirklichkeit war es etwas Grundsätzlicheres.

„Es waren die ethischen Werte des Unternehmens", sagt Pepper, und dann erzählt er eine kurze Geschichte, um zu erklären, was er meint.

„Eine meiner ersten Tätigkeiten war die eines Markenassistenten für Cascade (ein Geschirrspülmittel), und ich fand schnell etwas, was ich für eine gute Geschäftsidee hielt – mit einer zweiten, größeren Cascade-Box auf den Markt zu kommen. Das war damals eine neuartige Idee.

Ich trug diesen Vorschlag bis hoch zu Jack Hanley, dem Vice-President des Unternehmens. Er ließ mich Platz nehmen, befragte mich nach meiner Idee, und nachdem wir eine Menge Dinge besprochen hatten, sagte er: ‚Ich habe nur noch eine Frage'.

Ich fragte: ‚Welche denn?' und dachte, er würde mich auf die Gewinnmarge ansprechen. ‚Sind Sie sicher, dass das Produkt für den Konsumenten gut ist?'

Ich sagte: ‚Natürlich. Es ist das selbe Produkt wie in der anderen, kleineren Verpackung'. Darauf fragte er mich: ‚Haben Sie auch an den Zustand des Produkts gedacht, wenn jemand seinen Geschirrspüler nur einmal im Monat benutzt und unser Produkt über sechs Monate in der Küche herumsteht?'

Und ich dachte: ‚Heiliger Bimbam, ich habe keine Ahnung, was das dem Produkt ausmachen sollte'. Er beauftragte mich, das herauszufinden. Wir würden dieses Produkt nicht anbieten, solange wir nicht wirklich sicher wären, dass es für den Konsumenten in Ordnung ist.

Diese Szene wiederholte sich viele Male bei P&G. Hanley und hunderte Andere machten sich wie er darüber Gedanken, was für den Kunden gut sei. Ich mochte das".

Also blieb Pepper und arbeitete sich schnell nach oben. Als er aufstieg, erkannte er, dass diese Grundeinstellung von P&G – der Wunsch nach Sondierung jeder greifbaren Möglichkeit vor der

Aktion – auch eine der größten Schwächen des Unternehmens sein konnte.

„Unsere Prinzipien und Werte entsprechen genau dem, wie wir leben wollen. Aber in den beständigsten Teilen unseres Geschäfts brauchen wir eine Kultur, die anspruchsvoller, schneller und risikofreudiger ist. Ein Großteil der jüngsten Umorganisation war darauf angelegt, diese Kultur freizusetzen, damit sie tatsächlich das wird, was wir wollen. Wir müssen uns unseres Verhaltens stärker bewusst werden, das von einigen Leuten – in einigen Fällen auch korrekt – als ‚kleinlicher Perfektionismus' beschrieben wurde".

Pepper hat immer versucht, in Übereinstimmung mit jener Kultur zu arbeiten, die er schaffen wollte. Das ist einer von vielen Gründen, warum P&G-Entscheider ihn auf die „Überholspur" gesetzt haben. Doch hat er nie daran gedacht, zum CEO ernannt zu werden, bevor er 20 Jahre bei P&G war.

„Soweit ich mich erinnere, habe ich erstmals 1981 daran gedacht, als ich für Europa verantwortlich war. Vorher nicht. Ich weiß, dass es Leute gibt, die mit dem Ziel, CEO zu werden, in eine Firma kommen, aber ich machte das nicht, wenn ich es auch respektiere. Damit will ich sagen, dass ich es für einen großen Fehler halte, auf diesen Gedanken über längere Zeit hinweg viel Energie zu verschwenden.

Meine Sicht war immer: Mache deinen jetzigen Job so gut du kannst, ohne dir schon den nächsten Schritt vorzustellen. Aber nicht, weil ich die andere Tätigkeit nicht wollte. Sondern weil ich einen Rahmen für meine gegenwärtige Tätigkeit wünschte. Zu wissen, ob er passt, und zu wissen, dass ich lernte und weiterkam".

Pepper erkannte richtigerweise, dass sich seine Vorgesetzten um ihn kümmern würden. „Wenn Sie in einem Unternehmen arbeiten, in dem sich die Manager wirklich um die Einzelnen kümmern, wenn Sie wissen, dass die Zukunft des Unternehmens davon abhängt, die guten Leute zu befördern, dann brauchen Sie sich um Ihre Karriere keine Gedanken zu machen. Und in diesem Unternehmen müssen Sie es im Großen und Ganzen auch nicht".

Seine letzte Beförderung zum CEO beweist das. Seit er im Amt ist, strebt Pepper unermüdlich danach, die Leistungskraft des Unternehmens zu verbessern. „Unsere wichtigsten Erfolgsmaßstäbe sind Aktionärsertrag und Marktanteile", sagt er. „Marktanteile liefern den besten Lackmustest, den ich für die Beurteilung gefunden habe, ob wir wirklich besser beim Angebot von Produkten höchster Qualität und Wertigkeit sind als die Konkurrenz.

Es gibt andere Maßstäbe. Ein sehr kritischer Maßstab ist für uns der Prozentanteil unserer Produktumsätze, die aus Konsumentensicht klar besser sind als die des Wettbewerbs. Wir sehen zu, dass wir mit dieser Zahl über 90 kommen. Wir messen sie durch Verbraucher-Blindtests. Und wir beobachten die Ergebnisse mit Argusaugen. Wenn diese Zahl sinkt, sind wir wirklich unglücklich".

Ein höherer Zweck

Erfolg hat im Geschäftsleben eine Menge mit der Wahl der richtigen Strategie zu tun. Aber selbst wenn man die richtige gewählt hat, muss man sie auch noch ausführen. Wie erreicht man das – oder wie wird man zur Höchstleistung getrieben?

„Offensichtlich fängt es damit an, die richtigen Leute zu finden", erklärt Pepper. „Ich kann das nicht oft genug betonen. Wir können zwei von unseren Marktentwicklungsteams dasselbe Produkt, dieselben Anreize und Ressourcen geben, und doch können die Ergebnisse um 50 Prozent differieren. Der wesentliche Faktor dabei ist – und wir haben das durch Recherchen belegt – der Kopf dieses Teams.

Erfolgreiche Führer sind Menschen, die eine unglaubliche Verantwortung für ihr Handeln empfinden. Sie fühlen sich dafür ausreichend stark und respektiert. Sie fühlen die Unterstützung ihres Vorgesetzten und glauben, dass sie gemeinsam daran arbeiten, sie aber den Auftrag erfüllen müssen. Dann zeigen sie persönliche Führungsverantwortung. Sie führen ihre Leute als Team zusammen und konzentrieren sich auf Ergebnisse. Sie vermitteln, dass die Erfüllung dieser Ziele nicht nur möglich ist, sondern die Bewältigung dieser Aufgabe eine begeisternde Sache darstellt".

Genau das aber, was er beschreibt, macht Pepper auch. Er hat viel Zeit darauf verwendet, die P&G-Mitarbeiter zu überzeugen, dass sie an etwas viel Wichtigerem mitwirken als an der Produktentstehung. Warum? Weil es die einzige Art ist, sagt er, Menschen zu Höchstleistungen zu bewegen.

„Alles ist eine Frage des Zwecks. Warum gibt es uns als Unternehmen? Darauf gibt es mehrere Antworten, doch diese ist die entscheidende: Wir sind da, um Nutzen zu bieten. Daran glaube ich zutiefst. Nutzen ist für mich ein Grundpfeiler. Wir nützen unseren Kunden durch unsere Produkte. Der einzige Weg führt über das Angebot besserer Waren. Wir betreiben unser Geschäft nicht mit Artikeln, wie sie jeder bietet".

Damit ist etwas verknüpft, das Pepper laufend hervorhebt, nämlich dass nur das „ethische Geschäft ein gutes Geschäft" ist. „Damit hängen verschiedene Aspekte zusammen. Einer ist das Halten guter Mitarbeiter über Ethik. Unzählige Menschen in diesem Unternehmen kamen zu uns und bleiben hier, weil wir hohe ethische Standards haben. Wenn wir in Gegenden wie Osteuropa ziehen und neue Mitarbeiter fragen, warum sie gerade uns ausgesucht haben, dann ist es ein wunderbares Gefühl, sie sagen zu hören: ‚Für das, was Sie vertreten'.

Ich weiß, dass das jetzt so klingt, als würden wir uns für perfekt und unfehlbar halten. Aber das ist nicht der Fall. Wir glauben wirklich daran. Ich erinnere mich an einen früheren P&G-Chairman, der meinte, wenn wir in einem Land nicht unsere ethischen Grundsätze einhalten könnten, dann müssten wir aus diesem Land weggehen. Diese Art des Denkens schafft eine Ethik als Unternehmenszweck, der sehr wichtig ist".

Diese Geschäftsmethode hilft P&G laut Pepper, gute Leute anzuziehen und zu halten – Leute, die diese Unternehmenswerte teilen – und „stellt auch sicher, dass sie das Richtige für den Kunden tun".

Sie lässt das Unternehmen schneller werden. „Sie klärt die Dinge ab. Es ist wunderbar, über bestimmte Themen gar nicht erst reden zu müssen. Wenn wir über ein Produkt sprechen und etwas stimmt damit nicht, dann gibt es keine weiteren Diskussionen, bis alles in Ordnung ist. Und wenn zur Diskussion steht, die Gewinnziele allein durch Entlassen von Mitarbeitern zu erreichen, dann schaltet unser Ethos diese Debatte ab. Das machen wir einfach nicht".

Unternehmen (Börsenkurzzeichen): Procter & Gamble Company (PG)
Standort: Cincinnati, Ohio
Top-Manager: John Pepper, Chairman bis September 1999 und Durk Jager, CEO und Chairman ab September 1999

P&G auf einen Blick: P&G ist der führende Hersteller und Vertreiber von Haushaltswaren in den Vereinigten Staaten – darunter Marken wie Tide, Folgers, Pampers, Tampax, Pantene und Cover Girl – und einer der größten Werbetreibenden der Welt. P&G betreibt sieben Hauptproduktlinien: Fabrik- und Heimbedarf (Reinigungs- und Bleichmittel), Babypflege (Windeln, Wischtücher, Einlagen für Frauen, Tampons), Schönheitspflege (Hautpflege, Shampoos), Nahrungsmittel und Getränke (Kaffee, Säfte, Snacks), Gesundheitspflege (Zahncreme, OTC-Medikamente) und verschreibungspflichtige Medikamente. P&G produziert außerdem *Wenn die Welt sich dreht* und zwei andere Dramen für das Tagfernsehen (womit erklärt ist, warum diese „Soap Operas" heißen). Grob die Hälfte des P&G-Umsatzes kommt aus dem Ausland.

Finanzergebnisse 1998:
➢   Umsatz: 37,6 Mrd. US-$
➢   Nettoertrag: 4,0 Mrd. US-$

Gesamter aufs Jahr bezogener Aktionärsertrag:
➢   1 Jahr: 16 %
➢   5 Jahre: 29 %

Die stete Erinnerung eines solchen höheren Zwecks ist ein lebenswichtiger Bestandteil der CEO-Rolle, sagt Pepper. „Natürlich muss der Top-Manager in der Lage sein, eine Vision für das Unternehmen vorzugeben, wohin es hinsichtlich Unternehmenszweck und Finanzzielen kommen muss. Sie, zusammen mit Ihrem Top-Team, sind es, der eine sehr widerstandsfähige Strategie vortragen muss. Sie müssen ein Umfeld entwickeln, das ein Gleichgewicht zwischen Stolz auf den und Unzufriedenheit mit dem Status quo schafft. Sie möchten auf das, was Sie erreicht haben, stolz sein, und doch einen echten Hunger nach dramatischen Veränderungen entwickeln. Sie müssen in der Lage sein, ein kulturelles Umfeld zu schaffen, in unserem Unternehmen sowieso, das eine große Anziehungskraft auf sehr talentierte junge Männer wie Frauen hat und diesen über Erfahrungen und Möglichkeiten im Unternehmen die Chance gibt, ihre ganze Karrierelaufbahn hier zu absolvieren. Es gibt nicht viele Unternehmen, für die das so wichtig ist wie für uns".

Und wonach sucht Pepper bei den neu Eingestellten? „Man beginnt mit dem Sichtbaren, ihrem Leistungsnachweis. Aber dann sucht man nach der Tiefe ihrer Überzeugungen, ihren Absichten und nach bestimmten Besonderheiten. Man versucht, ein gewisses Gefühl für ihre Wertvorstellungen, ihre Herkunft und ihre wirkliche Überzeugung zu bekommen". Pepper stellt zu diesem Zweck immer eine Frage: „Was wollen Sie erreichen?"

Charles Schwab
(Charles Schwab)

„Ich bin der Kunde".

Was Charles Schwab am „May Day" 1975 entdeckte, war ein Geheimnis. Wer in den kommenden Jahren im Wertpapiergeschäft tätig war, würde nicht bessere Analysen, charmantere Broker oder etwa interne Kenntnisse der Fortune-500-Unternehmen benötigen, um sie so zu steuern, wie er es wollte. Das Geheimnis bestand darin, bessere Computer zu besitzen.

Der 1. Mai 1975 war der Tag, an dem festgelegte Kommissionen aufgehoben wurden, d.h. es galten nicht mehr dieselben Gebühren für alle Brokerfirmen, die für ihre Kunden Aktien kauften oder verkauften. Das bedeutete, dass jede Firma so viel – oder so wenig – fordern konnte, wie sie wollte.

Je besser das eigene Computersystem war, erkannte Schwab, um so eher konnte man es sich erlauben, niedrigere Kommissionen anzubieten.

Karriere
1971 – Heute: Gründer, Chairman und CEO, The Charles Schwab Corporation (Co-CEO seit 1997)
1962 – 1970 Prinzipal Mitchell, Morse & Schwab
1961 – 1962 Vice President, Foster Investment Service

Ausbildung
M.B.A. Stanford Universität 1961
B.A. Stanford Universität 1959

Familie
Verheiratet mit Helen O'Neill, fünf Kinder

Geboren am 29. Juli 1937 in Sacramento, Kalifornien

Also machte sich Schwab daran, die besten Computer zu kaufen. Und das macht er heute noch, wenn er bis zu einer viertel Milliarde Dollar im Jahr für die Aufrüstung seines Informationssystems ausgibt. Heute ermöglichen diese Systeme, dass Schwab mehr als nur Telefonhandel betreibt. Das in San Franzisco beheimatete Unternehmen hat sich zum Führer sowohl beim Online-Börsenhandel als auch als Supermarkt für die Kundenauswahl bei Investmentfonds gemacht.

Schwab verkaufte seine Firma 1980 an Bank America, aber kaufte sie sieben Jahre später wieder zurück. Seitdem nutzte er nicht nur die Vorteile der Technologie, sondern auch demografische Trends. Da die Einzelnen ihre Finanzen besser kontrollieren – wie es auch Unternehmen weiterhin mit ganz bestimmten Zusatzleistungen wie Pensionen machen, mit der Tendenz zu festgelegten Zuzahlungen bei Verrentungen wie dem 401(K)s – suchen Kunden mehr als nur niedrige Kosten. Sie wünschen auch Rat, den Schwab zusätzlich in sein Angebot aufgenommen hat.

> *„Die Frage, die ich mir immer stelle, lautet: Was würde ein Kunde, jemand wie ich, von uns haben wollen".*

Jedes Unternehmen spricht davon, näher zum Kunden kommen zu wollen. Bei der Charles Schwab Corporation ist Chuck Schwab der Kunde.

„Wenn ich mir ein mögliches Produkt, eine Dienstleistung ansehe, dann sehe ich sie mit den Augen des Kunden, denn das bin ich ja, ein Kunde. Ich bin wie ein Küchenchef. Ich schmecke gerne das Essen ab. Wenn es schlecht schmeckt, serviere ich es nicht. Ich überwache laufend, was wir machen. Und ich halte laufend Ausschau nach besseren Möglichkeiten bei Finanzdienstleistungen, Möglichkeiten, die mich glücklich machen würden, wenn ich Klient wäre.

Nehmen Sie einmal die Idee, unseren Kunden Investmentfonds anderer Finanzdienstleister anzubieten. 1984 schrieb ich mein erstes Buch und darin sprach ich über Investmentfonds. Ich dachte damals, und ich denke es jetzt, dass Investmentfonds für den durchschnittlichen Investor eine perfekte Lösung darstellen. Aber der Kauf eines Investmentanteils war damals eine beschwerliche Angelegenheit. Doch hatte ich diese Anlageform seit 1960 studiert und wusste, dass sie für die meisten Leute das Richtige war. Sie war ideal geeignet für all die IRAs (Individual Retirement Agreements), die ab 1982 eingerichtet wurden.

Also blieb ich weiter auf der Suche nach Möglichkeiten, wie wir unseren Kunden kostenfreie Investmentfonds anbieten konnten. Damals waren die Gebühren der Brokerfirmen für Investmentfonds exzessiv. Wenn Sie mich zu dieser Zeit nach einer guten Anlage gefragt hätten, wäre die Antwort gewesen: ‚Kaufen Sie No-load Fonds‘. Deshalb musste ich herausbekommen, wie man unseren Kunden No-load Fonds anbieten konnte. Ich konnte nicht einfach sagen ‚Na ja, dann sollten Sie vielleicht Low-load Fonds über uns kaufen‘. Ich musste herausbekommen, wie ich den Kunden das Beste anbieten konnte.

Also gingen wir zu einer Reihe von Fondsgesellschaften wie Fidelity und T. Rowe Price und sagten ‚Wir würden gerne Ihre Fonds anbieten‘. Sie lachten uns aus. Sie konnten nicht begreifen, warum sie uns dafür bezahlen sollten, dass wir ihnen Kunden brachten, wenn diese auch direkt zu ihnen kommen konnten.

Als wir etwas mehr Marktmacht besaßen, was eigentlich erst um 1990 der Fall war, hatten wir unserer Meinung nach genug Klienten, um wieder zu den Fonds zu gehen und zu sagen ‚Sehen Sie mal, wir haben jetzt Zugang zu einer Menge Kunden. Die möchten gerne einen Kontenauszug von uns haben. Lassen Sie uns Ihre Fonds anbieten, uns die ganze Abwicklung machen und geben Sie uns einen Anteil – es sind 30 Basispunkte (0,30 Prozent) – von dem Geld, das unsere Kunden in Ihre Fonds stecken. Sie werden dabei gewinnen, denn Sie werden einen riesigen Betrag an neuem Geld erhalten. Unsere Kunden werden gewinnen, weil sie einen viel besseren Handel machen. Und wir werden nebenbei auch gewinnen‘“.

Dieses Mal fand Schwab jede Menge Partner. Heute verwaltet das Unternehmen mehr als 200 Mrd. US-\$ an Kundenfonds über seine OneSource-Konten. Auch das war einfach ein Beispiel für die Schaffung eines Produkts, das seine Kunden wünschten.

Schwab hebt sofort hervor, dass sein Unternehmen Nutznießer eines perfekten Timings war. „In den letzten 25 Jahren befanden wir uns im toten Punkt der Finanzdienstleistungsbranche mit Dingen wie Deregulierung. Gleichzeitig kamen technische Verbesserungen, die uns neue Abwicklungsformen gestatteten, beginnend mit der Entscheidung, weniger für die Durchführung des Wertpapierhandels zu verlangen“.

Am Anfang

Diese Entscheidung im Jahr 1975 machte Schwab zu einer klassischen unternehmerischen Firma. „Wir waren vier oder fünf am Anfang, die in einem kleinen Büro arbeiteten", erzählt er. Häufig sieht sich der Gründer/Unternehmer in Schwierigkeiten, wenn er mit dem schwindelerregenden Wachstum seines Unternehmens nicht zurande kommt. Chuck Schwab gelang es, dieses Problem zu vermeiden.

„Ich erkannte früh, was ich gut konnte und was nicht. Und das ist manchmal eine schreckliche Erkenntnis, denn Sie würden am liebsten annehmen, dass Sie alles großartig machen. Ich war ziemlich gut beraten, etwa 1976 einzusehen, dass ich einige Mitarbeiter für die Abwicklung brauchte. Ich wusste, was wir wollten, und ich wusste, wohin wir wollten. Also holte ich Menschen, die besonders fähig in der Abwicklung waren und andere, die sich mit Systemen gut auskannten, um uns zu helfen. Ich halte mich für ganz gut im Marketing – nicht im Verkauf – aber im Marketing. Und ich konnte vor allem gut begreifen, was der Kunde wünschte. Also konzentrierte ich mich darauf und holte Mitarbeiter für alles Andere. Diese Kombination schien zu funktionieren, also blieb ich dabei. Über die letzten 20 oder 25 Jahre habe ich versucht, mich mit wirklich talentierten, klugen Leuten zu umgeben, die Konzepte entgegennehmen und sie in Aktionen umwandeln".

Diese klare Delegation von Verantwortung ist wichtig. Es gibt zahllose Unternehmensgründer, die den notwendigen Übergang vom Unternehmer zum Manager nicht schaffen, wenn ihr Unternehmen wächst. Zweifellos begrenzt dieser Fehler die Möglichkeiten der Firma.

Von Anfang an akzeptierte Schwab seine Grenzen. „Die tägliche Umsetzung der Geschäftsstrategie fordert einen enormen Aufwand an Konzentration, und manchmal bin ich nicht so konzentriert auf diese Art Dinge, wie ich es sein sollte. Ich konzentriere mich immer auf unsere Mission, wohin wir gehen. Aber das Wegschleifen, der tägliche Arbeitskram, fällt mir manchmal schwer. Deshalb delegiere ich das gerne an die talentierten Mitarbeiter weiter unten.

Es gibt keine Weise, Gestaltung oder Form, wie dies als Ein-Personen-Unternehmen funktionieren könnte, und das gab es auch nie", fügt Schwab hinzu. „Unser schnelles Wachstum erfordert Teamarbeit und kooperatives Denken. Über viele Jahre war Larry Stupski ein außergewöhnlicher Partner. 1997 erkannten wir die bestehende Partnerschaft mit David S. Pottruck (der damals COO war) an und ernannten ihn zum Co-CEO. Solange ich stark im Geschäft stecke, und auch bleiben möchte, bis sie mich heraustragen, pflegen Dave und ich eine sich gut ergänzende und zuverlässige Partnerschaft".

Diese Partnerschaft half Schwab, das von ihm gewünschte Unternehmen aufzubauen. „Wenn es hier eine generelle Einstellung gibt, dann die, dass wir einen Sinn für Fairplay, für Ethik und Ehrlichkeit haben. Das Wort ehrlich erscheint mir sehr wichtig, in Bezug auf Mitarbeiter und auf Kunden. Ich meine, die Leute fühlen sich damit wohl. Und das wirkt sich auf unsere Selbstdarstellung im Markt aus. Wir arbeiten wirklich hart daran, unsere Mitarbeiter niemals in einen Konflikt mit der Interessenlage unserer Kunden zu bringen".

Tatsächlich hat Schwab oft gesagt, dass er sein Discount-Broker-Geschäft aufgebaut hat, „um Kunden die Möglichkeit zu geben, ihre Finanzangelegenheiten von irgendeinem Kerl abzuziehen, der ein ziemlich eindeutiges Interesse daran hat, das Kapital seiner Kunden in persönliches Einkommen umzuwandeln".

Betrachten wir beispielsweise, wie die meisten Broker bezahlt werden. Sie erhalten bei jedem Handel eine Kommission, was sie dazu verleiten kann, ihre Kunden zu möglichst vielen Transaktionen zu veranlassen. Schwabs Mitarbeiter werden nicht auf Kommissionsgrundlage bezahlt. Sie erhalten vielmehr einen Bonus, der sich nach dem bei Schwab investierten Geld der Kunden richtet. Diese Strategie fördert natürlich einen besseren Kundendienst.

Mit der gelungenen Übereinstimmung zwischen Unternehmens- und Kundenzielen kann sich Schwab darauf konzentrieren, die den Kundenwünschen entsprechenden Dienstleistungen zu bieten. Der Handel mit Wertpapieren via Internet ist ein Beispiel dafür.

„Es mag bequem sein, den Telefonhörer aufzunehmen und zu sagen: ‚Kaufen Sie 100 Aktien von XYZ'. Aber häufig mag es noch bequemer sein, wenn Sie diesen Kauf selbst von Ihrem Computer aus tätigen", hebt Schwab hervor. „Wir haben – in Bausch und Bogen – die Internet-Möglichkeiten adaptiert und sie in unser Gesamtangebot integriert. Der Internet-Handel ist nicht nur bequemer für unsere Kunden, sondern auch ein preisgünstiger Service für uns, so dass wir geringere Gebühren verlangen können. Bei unseren herkömmlichen Transaktionen, bei denen der Kunde per Telefon kauft oder verkauft, beträgt die Kommissionsgebühr zwischen 68 und 70 US-$. Beim Internet-Handel liegt sie bei etwa 30 US-$. In fünf Jahren, schätze ich, werden 70 Prozent unserer Kunden ihre gesamten Transaktionen mit uns über das Web abwickeln".

Leidenschaft

Wenn Schwab über die Zukunft spricht, ja bei allem, was er über sein Geschäft sagt, kann man sein totales Engagement und seine Leidenschaft spüren. Wenn er darauf angesprochen wird, meint Schwab, dass diese Erkenntnis nicht überraschend sein könne.

„Wenn Sie sich einmal die erfolgreichen CEOs ansehen, die empfinden alle eine unglaubliche Leidenschaft für ihr Geschäft. Wenn Sie das nicht haben, sehe ich keinen Weg, wie Sie Unternehmensführer werden können. Ein Mangel an Leidenschaft lässt tief blicken. Denken Sie doch mal an die Leute gerade in diesem Buch: Welch, Gates, Fisher. Sie sind alle in verschiedenen Branchen tätig und haben verschiedene Fähigkeiten. Aber sie haben alle eine unglaubliche Leidenschaft für das, was sie tun. Fisher liebt Einzelhandelsgeschäfte. Gates lebt und stirbt für die technologischen Fortschritte, die sein Unternehmen macht. Welch liebt das Unternehmen, das er zusammengefügt hat. Im Finanzdienstleistungsgeschäft ist der Mangel an Leidenschaft bei unseren Wettbewerbern einer unserer größten Vorteile, meine ich. Es gibt nicht viele unter unseren Konkurrenten, die eine Leidenschaft für dieses Geschäft empfinden. Die meisten Banken werden von alten Kreditkarten-Kerlen geführt, die kein wirkliches Gespür für die Bedürfnisse ihrer Millionen und Abermillionen Kunden haben".

Und weil er diese Leidenschaft besitzt, konnte er auch seine erfolgreiche Organisation aufbauen, die ihm genug Geld zahlte,

damit er seiner persönlichen Leidenschaft nachkommen konnte:
Menschen mit Lernschwächen zu helfen.

Unternehmen (Börsenkurzzeichen): The Charles Schwab
   Corporation (SCH)
Standort: San Franzisko, Kalifornien
Top-Manager: Charles Schwab, Chairman und Co-CEO,
   David S. Pottruck, Co-CEO

Schwab auf einen Blick: Die Charles Schwab Corporation
bietet über ihre größte Betriebstochter Charles Schwab &
Co., Inc. eine breite Palette von Finanzdienstleistungen für
einzelne Investoren, unabhängige Investment-Manager,
Pensionspläne und Institutionen an, über Internet, mehr als
290 Zweigbüros sowie automatischen Telefonservice mit
Spracherkennung.

Finanzergebnisse 1998:
➢   Umsatz: 3,4 Mrd. US-$
➢   Nettoertrag: 348 Mio. US-$

Gesamter aufs Jahr bezogener Aktionärsertrag:
➢   1 Jahr: 101 %
➢   5 Jahre: 65 %

Das ist etwas, woran Schwab zuerst denkt. „Ich bin Chairman
einer Nonprofit-Organisation, die sich „All Kinds of Minds" (Alle
Arten von Sinn) nennt. Dieses Programm versuchen wir in das
Schulsystem zu bringen, um Kindern zu helfen, vor allem solchen,
die Probleme mit dem Lernen haben. Es soll Verständnis für das
Denken der Kinder wecken und Lehrern nahebringen, wie verschiedene Menschen auf verschiedene Weise lernen und Informationen verarbeiten.

Ich wusste so lange überhaupt nichts davon, bis mein jüngster
Sohn einen Test machte, als er im dritten Schuljahr war, und wir
erfuhren, dass er ein Problem hatte".

Bei der näheren Beschäftigung mit Lernschwierigkeiten erkannte Schwab, dass sowohl er als auch seine Schwester seit ihrer

Geburt an diesem Problem litten. Ironischerweise prägte diese
Erkenntnis seine akademische Laufbahn und auch seine Ent-
schlossenheit als Schüler und im Beruf.

„Ich versagte in Englisch. Meine Texte waren keinen Pfiffer-
ling wert, meine Lesegeschwindigkeit unglaublich gering", erinnert er sich. In der Rückschau sagt man dann ‚Vielleicht habe ich
mich deshalb so konzentriert. Ich lernte bestimmte Gebiete und
blieb daran haften. Ich hüpfte nicht mit 18 verschiedenen Ideen
herum. Ich beschränkte mich auf bestimmte Gebiete und lernte sie
besonders gut kennen, um damit meine Lernschwäche zu kompen-
sieren. Deshalb blieb ich bei wirtschaftlichen Sachverhalten, als
ich sie verstanden hatte. Aber wenn Sie mir ein Buch über ein
neues Thema geben würden, dann enthielte das eine ganz neue
Sprache für mich, ich könnte es nur ganz langsam verarbeiten.

Auf gewisse Weise bin ich dafür dankbar, dass ich nicht wusste, wie ernsthaft mein Problem war. Sonst hätte ich vielleicht nicht
so viel erreicht. Es gibt viele Untersuchungen, die zeigen, dass
Leseschwächen eine riesige soziale Auswirkung haben. Wenn Sie
ins Gefängnis gehen, werden Sie feststellen, dass 40 bis 60 Prozent der Leute dort Lernprobleme haben. Das ist kein geringer
Anteil".

Es wäre verwunderlich gewesen, wenn Schwab dieses Problem
nicht genauso angegangen wäre wie den Aufbau seines Geschäfts.

Walter Shipley
(Chase Manhattan)

„Wenn die Menschen sich gewürdigt fühlen, dann haben Sie ein viel stärkeres Unternehmen".

E s fällt schwer, einen Mann von über zwei Metern als „low profile" zu charakterisieren. Doch bei Walter Shipley trifft das auf jeden seiner 203 Zentimeter zu.

Während man gewöhnlich Hugh McColl von der NationsBank und John Reed, jetzt bei der Citigroup, vor Augen hat, wenn man an Banker denkt, ist Shipley außerhalb der amerikanischen Geschäftswelt so gut wie unbekannt, obwohl er die größte Bank des Landes leitet. Genauer gesagt: Er hat sie geschaffen.

Shipley arrangierte zwei riesige Bankfusionen – 1991 die von Manufacturers Hanover mit Chemical, und dann 1996 die von Chemical mit Chase. Doch auch das reichte nicht aus, um ihm einen bekannten Namen zu verschaffen.

Karriere
1999 – Heute: Chairman, Chase Manhatten Corporation
1996 – 1999 Chairman und CEO
1994 – 1996 Chairman und CEO Chemical Bank
1983 – 1993 President und CEO Chemical Bank

Ausbildung
B.S. New York Universität 1961
Student, Williams College, 1954 – 1956

Familie
Verheiratet mit Ann Lymann, Kinder: Barbara, Allison, Pamela, Dorothy, John

Geboren am 2. November 1935 in Newark, New Jersey

Shipleys Stil und Management-Philosophie können diese relative Anonymität erklären helfen. Während fast jeder CEO über die Wichtigkeit von Menschen spricht – und immer darauf hinweist, dass seine Mitarbeiter die wichtigste Ressource des Unternehmens bilden – , verhält sich Shipley tatsächlich so, als würden die Menschen, die bei Chase arbeiten, den Unterschied machen.

Das kann man an der Art sehen, wie er jede der Mega-Fusionen betrieb. Auch wenn Chemical in jedem Fall der Aufkäufer war (und den bekannteren Namen Chase nach der zweiten Fusion annahm), arbeitete Shipley außergewöhnlich hart daran, die erworbenen Mitarbeiter als gleichgestellt zu behandeln.

Das musste einfach geschehen, sagt er. Wenn man Menschen gut behandelt, ist sein Argument, werden die Mitarbeiter eher die Schmerzen verkraften, die mit Fusionen kommen. Und jene, die bleiben, werden „ihr Herz daran hängen, eine mächtigere Institution zu schaffen".

Ähnlich bei der Delegation von Aufgaben, über deren Notwendigkeit die meisten CEO reden. Shipley führt sie durch. Tatsächlich sind einige seiner Stellvertreter wie der Investment-Banking-Chef Jimmy Lee bekannter – und verdienen mehr als ihr Boss.

Shipley ist auf ganz selbstverständliche Weise in diese Branche geraten. Sein Vater und Bruder waren dort, und Shipley arbeitete schon lange für Banken, als er sein College-Diplom erwarb.

> *„Idealerweise möchten Sie sich über die engherzigen Einzelinteressen der Einheit oder Gruppe erheben und zeigen, dass Urteile möglich sind, die im besten Interesse der Unternehmung liegen".*

Walter Shipley erinnert sich an die Zeit, als die Chemical Bank 1959 die New York Trust Co. übernahm. Er hatte gerade das Trainingsprogramm bei New York Trust absolviert, während er abends seinen B.A. an der New Yorker Universität erwarb. Und plötzlich war seine Vorstellung von einem schnellen Aufstieg durch den Aufkauf ausgelöscht.

„Die längste Zeit nach der Übernahme fühlte ich mich, als hätte ich auf dem Rücken ein Schild mit der Aufschrift ‚Werft mich raus, ich bin von der New York Trust'. Aufgekauft zu werden, war frustrierend. Wenn man Teil der übernommenen Firma ist, dann merkt man, dass es laufende Überprüfung bedeutet".

Shipley schwor sich, wenn er jemals an der Spitze wäre, sollte niemand dieses Gefühl entwickeln. „Als wir die Texas Commerce Bank kauften, behandelte ich das immer als Fusion, obwohl wir dreimal so groß waren und obwohl wir die Bank gekauft hatten. Meine Philosophie ist ganzheitlich, wenn möglich. Ich weiß, das ist ungewöhnlich. Die meisten Leute würden sagen ‚Wir haben euch gekauft, jetzt folgt unserem Weg'. Wenn Sie aber in einer dienstleistungsorientierten Branche arbeiten, müssen Sie die Menschen motivieren. Das ist nicht dasselbe wie irgendein besseres Gerät oder einen Flugmotor zu bauen, es handelt sich um die Motivation von Menschen. Wenn die Menschen sich gewürdigt fühlen, sich fair behandelt wissen, dann werden Sie ein viel stärkeres Unternehmen haben.

Die Idee einer Fusion ist es, das beste aus beiden Organisationen zu nehmen. Würdige und respektiere ihre Geschichte und Tradition, aber verweile nicht in der Vergangenheit. Sie möchten, dass jeder Ihrer Mitarbeiter sich um die Ziele und Möglichkeiten des neuen Unternehmens bemüht, statt seine Zeit damit zu verbringen, dauernd zu sagen ‚Wir sind besser als ihr, wir haben die bessere Lösung'".

Das kann schwerfallen, gibt Shipley zu, denn bei der Fusion zweier Organisationen wird man unausweichlich Redundanzen finden und Menschen, die entlassen werden müssen.

„Wenn das der Fall ist, dann betrachten wir uns die Verschlankung unter dem Aspekt, ob es eine Neigung zur einen oder zur anderen Unternehmung gibt", erklärt er die Vorgehensweise seines Unternehmens bei Fusionen. „Wir zwingen keinen Ausgleich auf, sondern wir stellen sicher, dass keine negativen Tendenzen eintreten".

Shipley führt einen geschäftlichen Grund für diese ausgeglichene Verfahrensweise ins Feld. „Die menschliche Natur ist wie sie ist. Eine der größten Aufgaben bei Fusionen besteht darin, dass ein Stadium erreicht wird, in dem sich die Menschen gegenseitig vertrauen. Vertrauen ist ein absolutes Muss, und es entsteht nicht über Nacht. Wenn Sie seit 15 Jahren neben jemandem arbeiten und plötzlich ein Ihnen völlig Unbekannter an diesem Schreibtisch sitzt, dann haben Sie nicht dasselbe Wissen von dieser Person, dieselbe Einschätzung ihrer oder seiner Kompetenz oder Integrität. Sie haben nicht denselben Vertrauenspegel".

Shipley glaubt, dass der CEO die Aufgabe hat, diesen Vertrauensaufbau sicherzustellen. Wie macht man das?

Erzähle nicht, verkaufe

„Ben Love, Chairman von Texas Commerce zum Zeitpunkt unserer Fusion, hatte einen großartigen Spruch: ‚Erzähle nicht, verkaufe'. Erzählen bedeutet kommandieren und kontrollieren. Verkaufen bedeutet, Übereinstimmung schaffen. Die meisten Menschen machen eher das gerne, was sie für ihre eigene Idee halten, anstatt Befehle entgegenzunehmen", sagt Shipley. „Ich bin ein großer Anhänger des weichen Führungsstils, der den Menschen die Bedingungen schafft, sich gegenseitig konstruktiv herauszufordern und diese Herausforderung konstruktiv anzunehmen. Die Schaffung solcher Umweltbedingungen kann sehr stark wirken".

Letztlich glaubt Shipley, dass es die einzige Möglichkeit ist, eine große Organisation zu führen. „Wir haben 68.000 Mitarbeiter. In einem Unternehmen dieser Größenordnung und Beschaffenheit kann ich das Geschäft nicht ‚leiten'. Meine Aufgabe ist der Aufbau der Strategie, der Motivation und Führung. Sie besteht darin, eine Umgebung zu schaffen, die Menschen zur gegenseitigen Steigerung über ihre eigenen Möglichkeiten hinaus befähigt. Der Grundgedanke dabei ist, jenseits der individuellen Fähigkeiten zu arbeiten, um etwas zu erreichen.

Ich hatte in gewisser Weise Glück, denke ich. Meine Amtszeit als CEO fiel in eine Zeit schneller Wandlungen. Das hat mir die Möglichkeit einer neuen Positionierung des Unternehmens verschafft. Mir fällt der Verdienst der Führung in diese Richtung zu. Aber unsere Leute haben es vollzogen. Und ich denke, das Unternehmen ist heute aufgrund der stattgefundenen Fusionen fügsamer und wandlungsfähiger. Bei uns gibt es kein Chemical mehr, kein Manny-Hanny, sondern nur Chase". Die Mitarbeiter tragen die Verantwortung dafür, dass es so bleibt, sagt Shipley.

„Ich gehe von der Annahme aus, dass jemand nicht bei uns wäre, wenn er nicht einige Intelligenz und Kompetenz besäße. Die Menschen müssen schon den richtigen Zuschnitt dafür haben. Das, was einen von jedem anderen unterscheidet, ist eine Kombination aus Innovationsfähigkeit, Kreativität und Eigenmotivation. Einigen Menschen muss die ganze Zeit gesagt werden, was sie tun sollen. Und wenn das auf Sie zutrifft, ist das in Ordnung. Wir werden Ihnen jede Menge Anweisungen geben. Die außergewöhnlichen Menschen jedoch werden die Initiative ergreifen und sind selbst so motiviert, dass sie schon vorwegnehmen, was notwendig ist und was sie unterstützen können. Sie werden anerkannt sein für ihre Handreichung und Hilfe, ihre Beratung und Entwicklung von Menschen. Heute und noch mehr in Zukunft werden sich diejenigen am meisten von den anderen abheben, die innerhalb ihrer Gruppe den Wert der Vielfalt schätzen können". Vielfalt, so glaubt Shipley, kann Quelle eines weiteren Wettbewerbsvorteils sein. „Der Praxisnachweis für die Notwendigkeit einer vielfältigen Mitarbeiterschaft ist geradezu zwingend. Lassen Sie mich ein Beispiel anführen. Das Gegenteil von Vielfalt ist das geklonte Schaf Dolly. Wenn ich von meinen eigenen Klonen umgeben wäre, oder wir alle mit dem selben Hintergrund, der selben Familie, Kultur, Ausbildung, Religion usw. aufwachsen würden, wie engstirnig würde dieses Unternehmen dann sein. Manche Leute haben eine Neigung zu der Annahme, dass Vielfalt Aufwand verursacht, und sie für eine vielfältige Mitarbeiterschaft Kompromisse eingehen müssten. Ich glaube nicht, dass das stimmt. Es erfordert eine Menge harter Arbeit. Es erfordert, die besten Leute in die Organisation reinzuholen. Doch der Effekt von neuen Ideen und Perspektiven kann erstaunlich sein. Wenn es Ihnen gelingt, ein Umfeld zu schaffen, in dem Verschiedenheit gewürdigt wird, dann werden Sie nicht nur den Nutzen verschiedenartiger Gedanken und Problemlösungsfähigkeiten haben, sondern auch die Energien jener Menschen freisetzen, die sich fühlten wie ich, als Chemical die New York Trust Company übernahm. Nämlich wie auf der falschen Gleisseite, dessen war ich mir bewusst. Wir wollen nicht, dass sich das wiederholt".

Unternehmen (Börsenzeichen): Chase Manhattan Corporation (CMB)
Standort: New York, New York
Top-Manager: Walter V. Shipley; William B. Harrison, Jr., CEO (seit 1. Juni 1999)

Chase auf einen Blick: Chase Manhattan ist die zweitgrößte Bank in den Vereinigten Staaten (bis zur Fusion der Nations Bank und Bank America 1998 war sie die größte). Chase selbst ist das Ergebnis der Fusion von Chemical Bank und Chase Manhattan 1996. Die Bank bietet Geschäfts-, Konsumenten- und Investment-Bankdienstleistungen in mehr als 50 Ländern an. In den Vereinigten Staaten ist Chase der größte Finanzierer von Autokrediten, der viertgrößte Aussteller von Kreditkarten und ein dominanter Mitspieler im Geschäft der Syndikatskredite.

Finanzergebnisse 1998:
➢   Umsatz: 28,9 Mrd. US-$
➢   Nettoertrag: 3,8 Mrd. US-$

Gesamter aufs Jahr bezogener Aktionärsertrag:
➢   1 Jahr: 32 %
➢   5 Jahre: 33 %

Bill Steere
(Pfizer)

„Moden kommen, Moden gehen. Wir konzentrieren uns auf das, was wir am besten können".

Forschung, Forschung und noch mehr Forschung. Das ist das Wort – oder sind die drei Wörter – die Steere als Erklärung für Pfizers Erfolg anführt. Vor einigen Jahren, als nahezu jedes andere größere Pharma-Unternehmen wie verrückt fusionierte oder andere Generika-Hersteller oder Verkaufsnetze erwarb, machte Steere nicht mit. Lieber wollte er sein Geld für Forschung ausgeben, sagte er.

Und diese einzigartige klare Ausrichtung hat sich vielfach ausgezahlt. Das Unternehmen ist jetzt der drittgrößte Pharma-Konzern der Welt, und Steere möchte ihn zur Nummer Eins machen. Unter seiner Führung hat Pfizer sich der Entwicklung neuer Medikamente zur Behandlung von Alterskrankheiten verschrieben. Die Forschung, von der er spricht, ist auf Teams aufgebaut und multidisziplinär. Sie hat oft genauso viel mit der Verbesserung der Lebensqualität und des Lebensstils zu tun, wie mit Krankheiten.

Karriere
1992 – Heute: Chairman und CEO Pfizer Inc.
1991 – 1992 President und CEO
1986 – 1991 President, Pfizer Pharmaceuticals
1984 – 1986 Executive Vice President
1982 – 1984 Vice President, Director of Operations, Pfizer Laboratorien
1962 – 1981 Verschiedene Stabspositionen bei Pfizer
1960 – 1962 Vertriebsbeauftragter

Ausbildung
B.S. Stanford Universität 1959

Familie
Verheiratet mit Lynda Gay Powers, Kinder: William, Mark, Christopher

Geboren am 17. Juni 1936 in Ann Arbor, Michigan

Wenn man einmal einen Blick auf den Alterungsprozess wirft, sieht man schnell, woran das liegt. Die gute Nachricht: Die medizinische Forschung hat Wege gefunden, unser Leben zu verlängern. Die schlechte Nachricht: Die Verlängerung des Lebens zwingt uns zur Auseinandersetzung mit dadurch bedingten Problemen. Immer mehr Menschen werden mit Krankheiten wie Alzheimer, Krebs, Diabetes mellitus und Herzproblemen wie auch Haarausfall und Impotenz konfrontiert. Deshalb hat Pfizer seine Aufmerksamkeit auf die Gene konzentriert, die diese Probleme verursachen. Diese Bindung an die Molekularbiologie – jetzt gleichwertig neben der an Chemie und andere Disziplinen, die Pfizer eingegangen ist – war es, die zur Entdeckung des Impotenzmittels Viagra geführt hat. Das Unternehmen beschäftigt jetzt ungefähr 6.000 Forscher rund um die Welt in drei so genannten „Universitäten". Nicht die gesamte Forschung ist auf Menschen ausgerichtet. Das Tiermedizin-Geschäft von Pfizer ist das größte in der Welt.

Doch in beiden Fällen ist das Unternehmen völlig darauf eingestellt, innovative, auf Forschungsergebnissen beruhende Produkte zu erfinden, zu entwickeln und auf den Markt zu bringen.

> *„Das Schlimmste, was Sie machen können, wenn Sie daran denken, einen Nachfolger für sich zu finden, ist die Suche nach einem Klon".*

Es gibt eine Menge Vorteile, wenn Sie während Ihrer gesamten Berufslaufbahn bei einem einzigen Unternehmen tätig sind. Einmal lernen Sie das Geschäft ziemlich gut kennen. Zum anderen sehen Sie Moden kommen und gehen. Diese beiden Tatsachen haben Bill Steere zu der Art geführt, wie er Pfizer leitet.

Als langjähriger Mitarbeiter – Steere begann bei Pfizer als Vertriebsbeauftragter nach seinem Abschluss in Stanford – wusste er, dass Pharmazeutika das Herzstück des Unternehmens bildeten. Und als jemand, der sich für eine Weile umgesehen hatte, wusste er auch, dass Managementtrends gewöhnlich kommen und gehen. Unglücklicherweise haben sie die Tendenz, nicht mehr passende Konstellationen in ihrem Kielwasser zu hinterlassen.

„Mein Vorgänger, Ed Pratt, hat wirklich gute Arbeit im Unternehmen geleistet, aber er war in den 70er und frühen 80er Jahren Chef bei Pfizer, als die CEOs auf Diversifikationskurs waren", erklärt Steere. "Auf die Weise waren wir in einen Haufen Geschäftsfelder diversifiziert, die mit etwas Phantasie auch alle etwas miteinander zu tun hatten. Als ich CEO wurde, besaßen wir alles Mögliche von Kosmetika über Chemikalien bis zu Talkminen in Montana.

Aber das war eben zu jener Zeit die Mode. Jeder versuchte, große Konglomerate zu schaffen. Die Begründung dafür hieß, wenn eines unserer Geschäfte fehlschlug oder in Schwierigkeiten geriet, würden andere in die Bresche springen. Im Endergebnis erforderten diese eher finanziellen als strategischen Aufkäufe und all die anderen Geschäfte einen riesigen Zeitaufwand. Mir war klar, dass das Pharmageschäft unser Kerngeschäft war, und wenn damit etwas schief ging, würde uns nichts retten".

Und sofort nach seiner Ernennung zum CEO 1992 begann Steere, das Unternehmen schnittiger zu machen, indem er 40 Prozent des Unternehmens abstieß, alles, was nicht direkt mit Arzeneimitteln für Menschen oder Tieren zu tun hatte.

„Das ist unsere Kernkompetenz", meint er schlicht. „Es gibt viel Druck, darüber hinaus zu gehen. Als ich Chairman wurde, erinnere ich mich, dass die Leute als Erstes sagten: ‚Sie müssen einen Generika-Hersteller kaufen (ein Unternehmen, das patentfreie Medikamente herstellt, von denen einige ohne Rezept verkauft werden dürfen)'. Aber Generika sind nicht unser Geschäft. Wir sind ein forschungsintensives Pharma-Unternehmen. Wir geben gut über zwei Milliarden Dollar pro Jahr für Forschung aus, das genaue Gegenteil eines Unternehmens, das Generika herstellt. Ich halte solche Unternehmen für Aasgeier. Sie leben von ausgelaufenen Patenten. Das Herzblut unseres Unternehmens ist intellektuelles Eigentum.

Die Herstellung unserer Produkte ist nicht sehr teuer. Es sind mit die niedrigsten unserer gesamten Herstellungs- und Arbeitskosten. Die wirklichen Kosten entstehen durch Forschung, das Finden, Vermarkten und Vertreiben der Produkte. Da liegt unser echter Mehrwert".

Das ist etwas, was andere Arzneimittelhersteller anerkennen. Das japanische Pharma-Unternehmen Eisai nahm Pfizers Hilfe in Anspruch, um Aricept, ein Alzheimer-Mittel, mit zu promoten, und Warner-Lambert suchte Pfizers Unterstützung bei der Promo-

tion seines Produkts Lipitor, das Cholesterol und Triglyceriden
vermindert.

„Wir sind absolut die Besten, wenn Sie sich einmal unsere
Bemühungen bei der Entdeckung, Entwicklung und Vermarktung
der Mittel ansehen. Generika passen nicht zu uns. Forschung tut
es".

Das Unternehmen gibt jetzt mehr als zwei Milliarden Dollar
jährlich für Forschung aus. Und diese Forschung ist gradlinig ausgerichtet.

„Wir organisieren Forschung möglicherweise besser als andere
Unternehmen", sagt Steere. „Wir haben 6.000 Forscher auf drei
Kontinenten. Und mit 6.000 Leuten haben Sie Management-
Aufgaben. Sie haben die Vorgesetzten der untersten Ebene, dann
Manager, Assistant Directors, Directors, Senior Directors, Vice
Presidents, Senior Vice Presidents und schließlich die, die an ein
Board-Mitglied berichten. Dieses berichtet dann an mich. Also
muss die Forschung organisiert werden. Wenn wir einen interes-
santen Forschungsbereich haben, der in eine Sackgasse läuft, dann
müssen die Forscher wieder herausgeholt und auf ein anderes
Gleis gesetzt werden.

Auf der einen Seite ist ein Großteil der Forschung vom Zufall
abhängig. Nehmen Sie unser Arzneimittel Viagra. Das war ein
Mittel gegen Angina. Es hatte einen einzigartigen Nebeneffekt –
Erektionen bei unseren normalen Versuchspersonen zu verursachen. Das war zufallsgegeben. Wir wussten sehr gut, welchen
Effekt das Mittel auf das Herz hatte. Wir wussten, wo die Rezeptorenstellen waren und wo das Mittel auf das Herz wirkte. Wir
wussten aber nicht, dass mehr Rezeptoren im Penis als im Herzen
waren. Wissenschaft ist so unglaublich. Aber jetzt kennen wir
diese Rezeptorenstellen, wo sie sind und wie sie reagieren. Damit
wurde eine ganz neue Forschungsrichtung geschaffen.

Wie das Viagra-Beispiel zeigt, dürfen Sie Projekte nicht so
schnell beenden, dass sie nicht zu weiteren Dingen führen. Wenn
allerdings in den Augen des Managements erkennbar wird, dass
die Forschung in eine Sackgasse gerät, dann muss sie sich mit
etwas Anderem beschäftigen".

Der Grund dafür ist einfach, sagt Steere. „Unsere Aufgabe, und
das haben die Forscher begriffen, ist die Erfindung, Entwicklung

und Vermarktung neuer Pharmazeutika. Wir betreiben nicht reine Forschung.

Die Forschung von Pfizer ist darauf angelegt, Kunden zufriedenzustellen – Menschen, Tiere und, interessanterweise auch die Bundesarzneimittelverwaltung (FDA), die die US-Pharmafirmen überwacht".

Unternehmen (Börsenkurzzeichen): Pfizer Inc. (PFE)
Standort: New York, New York
Top-Manager: William Steere, Jr.

Pfizer auf einen Blick: Pfizer gehört weltweit zu den Spitzenunternehmen der forschungsorientierten Pharmaindustrie. Seine pharmazeutischen Produkte reichen von dem Herzmittel Norvasc (seinem Hauptprodukt) über das Antidepressivum Zithromax, Lipitor, ein gemeinsam mit Warner-Lambert vermarktetes Mittel zur Senkung des Cholesterinspiegels, bis zum Potenzmittel Viagra. Das Unternehmen ist weiterhin einer der weltweit führenden Hersteller von Veterinärmedizin für Haus- und Stalltiere. Pfizer stellt auch Gesundheitsmittel wie die Muskelcreme BenGay, Visine-Augentropfen und das Sonnenschutzmittel Bain de Soleil her.

Finanzergebnisse 1998:
➢ Umsatz: 13,5 Mrd. US-$
➢ Nettoertrag: 2,0 Mrd. US-$

Gesamter aufs Jahr bezogener Aktionärsertrag:
➢ 1 Jahr: 69 %
➢ 5 Jahre: 51 %

„Eines unser Kernanliegen ist die Konzentration auf den Kunden", erklärt Steere. „Und ich sehe die FDA als Kunden an. Auch wenn dort unsere Aufpasser sitzen, dann sind es doch Kunden. Also ist die Frage, wie wir mit diesen Kunden umgehen. Wir müssen Wege finden, um sie zufrieden zu stellen. Dabei sind wir schon viel besser geworden".

Es wird überhaupt nicht einfacher

Man ist geneigt zu glauben, dass die Beschränkung auf einen einzigen Geschäftszweig, mit einem direkten Fokus, die Organisation des Geschäfts für Pfizer einfacher gemacht hat. Doch laut Steere ist das nicht der Fall, sondern sein Nachfolger werde eine schwierigere Lage beim Unternehmen vorfinden als er, selbst wenn der nächste CEO die Firmenausrichtung nicht ändern wird.

„Meiner Meinung nach wird alles komplizierter", meint Steere. „Selbst bei einem so eingleisigem Geschäft wie dem unseren stellen die komplizierten Vorschriften, Forschungs- und Marketingbedingungen und der harte Wettbewerb sehr schwere Aufgaben. Sie sind heute schon komplex und werden noch komplexer. Sie müssen mit Ungewissheiten fertig werden. Wenn Sie das nicht schaffen, dann wird es für Sie als CEO in dieser Branche hart werden. Es gibt gar nichts Gradliniges. Das mag für alle Branchen zutreffen, aber ganz besonders für uns".

Hat er irgendwelche Ratschläge für aufstrebende Unternehmensführer? „Ich glaube, man muss die Stärken der Menschen nutzen. Jeder hat Schwächen. Und wenn Sie auf seinen oder ihren Schwachpunkten beharren, dann machen Sie jeden unglücklich. Konzentrieren Sie sich auf die Stärken. Wenn Sie allmählich erkennen, dass ihre Schwächen profunder sind als ihre Stärken, dann müssen sie anders eingesetzt werden. Aber wenn Sie gute Mitarbeiter haben, die sich darauf konzentrieren, was sie gut können und irgendwie um ihre Schwächen herumarbeiten, dann werden sie glücklich sein und auch das Unternehmen".

Vor allem, wenn das Unternehmen sich darauf konzentriert, was es am besten kann.

Alex Trotman
(Ford Motor Company)

Drive

Als Lawrence Taylor in den frühen 80er Jahren zu den New York Giants kam, bezeichneten Football-Kommentatoren ihn als den Prototyp des Linebacker der Zukunft: jemand, der wirklich raumfüllend, stark und schnell war. Etwa 15 Jahre später sagten die Leute, beeindruckt von McGwires Figur und Stärke, dass der Rekorde brechende erste Baseman von St. Louis Cardinal den Prototyp eines Spielers dafür darstelle, wie zukünftige Generationen von Punktemachern aussehen würden.

Irgendwann können wir auf Alex Trotman von der Ford Motor Co. als Prototypen des zukünftigen CEO eines großen multinationalen Unternehmens zurückblicken. Der in England geborene, in Schottland aufgewachsene und ausgebildete Trotman gab kürzlich sein Amt als Chef des internationalen Konzerns ab.

Obwohl er sein gesamtes Berufsleben bei Ford verbrachte – er begann als Praktikant in der Einkaufsabteilung und arbeitete dann an einem Doppeldecker-Bus – , besitzt Trotman doch eine weitgespannte Übersicht über das Unternehmen, da er in zahlreichen Abteilungen rund um den Globus tätig war.

Karriere
1993 – 1998 Chairman und CEO, Ford Motor Company
1992 – 1993 President, Ford Automotive Group
1989 – 1992 Executive Vice President – Nordamerikanische Autoherstellung
1984 – 1988 Chairman, Ford Europa
1983 – 1984 President, Ford Asien-Pazifik
1979 – 1983 Vice President der Lastwagenbetriebe, Ford Europa
1977 – 1979 Excutive Director der Betriebsplanung, Ford Motor Co.
1975 – 1977 Chief Car Planning Manager, Autoentwicklungsgruppe
1972 – 1975 Director, Produktplanung
1970 – 1972 Manager, Produktplanungsabteilung von Lincoln-Mercury
1967 – 1969 Director des europäischen Autoplanungsbüros von Ford
1955 – 1967 Aufsichts- und Planungstätigkeiten bei Ford of Britain

Ausbildung
Higher Learning Certificate der Boroughmuir School, Edinburgh, Schottland 1951
M.B.A. Staatsuniversität von Michigan 1972

Familie
Verheiratet mit Valerie, vier Kinder

Geboren am 22. Juli 1933 in Middlesex, England

Wenn ein Top-Manager Kopf eines Unternehmens wird, das auf sechs Kontinenten wirkt, ist dieser Erfahrungshintergrund ideal.

Je mehr Unternehmen global tätig werden, umso mehr Boards of Directors suchen nach Chief Executives wie Trotman, Männern und Frauen, die einen einzigartigen Überblick über die Weltmärkte besitzen, weil sie diesen vor Ort gewonnen haben.

Auch wenn Trotman bestätigt, dass höhere Führungskräfte heute eine breite Erfahrung brauchen, so glaubt er interessanterweise nicht, dass es nur einen Führungsstil gibt, der für jede besondere Kultur richtig ist.

„Ich bin ein Geschäftsmann, und das habe ich mit in den Beruf gebracht"

Über eine Frage hat Alex Trotman viel nachgedacht: Sind amerikanische Unternehmensführer grundsätzlich anders als Führungskräfte in anderen Teilen der Welt?

Das ist keine akademische Frage. Da Unternehmen immer stärker globalisieren, denken die Boards of Directors zunehmend darüber nach, welche Eigenschaften die Person an der Spitze haben sollte. Viel häufiger als je zuvor entscheiden sie, dass ein internationaler Erfahrungshintergrund erforderlich ist.

Das stellt natürlich einen bedeutenden Wandel dar. Die längste Zeit gab es über eines keinen Zweifel, wenn Sie dem Board eines amerikanischen Unternehmens, selbst einem mit globaler Präsenz, angehörten und über die Nachfolge des CEO diskutierten: Der nächste CEO würde Amerikaner sein. Natürlich gab es gelegentlich eine Ausnahme wie bei Roberto Goizueta von Coca-Cola, David Johnson von Campbell Soup. Oder dieser und jener Kanadier wurden mal zu Chefs amerikanischer Firmen ernannt. Aber das war alles andere als typisch. Im allgemeinen kann man sagen, Amerikaner leiten amerikanische Unternehmen, und diese Haltung herrschte bei der Besetzung aller Positionen auf der Führungsebene vor. Auch die Ford Motor Company war typisch für diese Art des Managements.

„Es gab eine Epoche bis sicherlich Ende der 70er Jahre, in der das Management beschloss, dass man Einheimischen nicht trauen konnte. Deshalb musste man einen guten Amerikaner zu jedem

Problempunkt rund um die Welt schicken", erinnert sich Trotman. „Es wurde unterstellt, dass Einheimische damit nicht zurechtkamen. Da musste ein Yankee her. Eine Ausnahme konnte vielleicht noch in Australien, Deutschland oder Großbritannien gefunden werden. Aber an vielen anderen Plätzen – Südamerika, Argentinien, Brasilien, Mexiko – sah man überall nur Amerikaner. Das galt für gewisse Zeit sogar für Kanada".

Trotman, der sich seinen eigenen Weg in die Vereinigten Staaten bahnen musste, als er den Ford-Oberen von seinem Wunsch nach Erfahrung im „Heimatlandbüro" erzählte, hat natürlich darüber nachgedacht, ob es einen typisch amerikanischen Managementstil gibt. Kann man einem Manager nach seiner Handlungsweise in bestimmten Situationen beurteilen und sagen: „Er ist ein amerikanischer Unternehmensführer?"

Trotmans Erkenntnis: Nein. „Das Adjektiv gehört nicht zum Hauptwort. Ich meine, es gibt nicht so jemanden wie einen amerikanischen oder japanischen Unternehmensführer. Es gibt gute, mittelmäßige und absolut grässliche. Aber die Nationalität spielt keine Rolle. Ich kenne einige sehr gute Führungskräfte mit jedweder Schattierung, Hautfarbe und Laufbahn.

Es gibt einige Stereotype, die man sich zusammenphantasieren kann, aber die sieht man meist im Kino. Für mich bedeutet die Bezeichnung amerikanischer oder deutscher Unternehmensführer rein gar nichts".

Doch bedeutet die Einstellung, dass es keine nationalen Kriterien für die Auslese der besten Geschäftsleute gibt, für Trotman nicht, dass jemand, der nur in einer Kultur gearbeitet hat, die Verantwortung für ein internationales Unternehmen erhalten sollte.

„Damit hätte ich ein Problem", sagt er. „Sie müssten mir schon eine lange und ausführliche Erklärung dafür liefern, um mich davon zu überzeugen, dass eine Person ein global effektiver Manager sein kann, wenn er oder sie in Stuttgart oder Detroit geboren und aufgewachsen ist und nirgendwo sonst gearbeitet hat. Wahrscheinlich weist sein Profil aus der Sicht maximaler Effizienz in einem globalen Unternehmen ziemliche Lücken auf".

Deshalb arbeitet Ford hart daran, dass Anwärter auf das Top-Management eine Reihe von internationalen Positionen innegehabt haben.

„Ich lege Wert darauf, jedem Orientierungsgremium zu sagen, dass ich eine Menge Geld wetten würde, dass wer immer auch nächster Chief Executive bei Ford oder der nächste Group Vice President sein würde, er multikulturell und in den meisten Fällen auch mehrsprachig sein müsse. Jemand, der in Detroit, New York, Europa oder Japan aufgewachsen ist, wird keine dieser Positionen bekommen, es sei denn, er ist fachlich und geografisch herumgekommen".

Der Grund dafür ist einfach, sagt Trotman. „Sie müssen die Welt repräsentieren, in der wir leben, und nicht nur ein kleiner Teil davon sein".

Trotman wird sich dafür einsetzen, dass die Top-Manager bei Ford diese Grundlage haben. „Wenn Sie die 40 Top-Leute bei Ford nehmen, dann glaube ich nicht, dass es ein anderes Unternehmen mit diesem Mix an Kulturen und persönlichem Background gibt wie bei uns. Und wir müssen das noch viel ausgeprägter anstreben. Aber wir sind bei Ford schon eine sehr multinationale, multikulturelle und multiprofessionelle Führungsgruppe". Chairman William Clay Ford ist zwar Amerikaner, aber Jacques A. Nasser, vorher President und jetzt CEO von Ford, ist Australier, der sich einen Namen mit der Abwicklung internationaler Geschäfte für Ford machte.

Wenn sichergestellt werden soll, dass Leute internationale Erfahrung haben, dann genügt es nicht, wie Trotman sagt, dass „ihre Fahrkarte geknipst wurde". „Jemanden herumzuschicken, nur um ihn herumzuschicken, bringt nichts. Es geht darum, ihnen dabei zu helfen, Einsichten zu gewinnen, die sie benötigen, wenn sie bei ihrem Aufstieg in der Firma effektiv führen sollen. Wir bezahlen sie mehr für Führung als für alles andere. Wir möchten, dass sie einen sehr komplizierten Prozess durchführen, der von einem Haufen ganz verschiedener Menschen abhängt. Sowohl Erfahrung als auch die Fähigkeit zur Inspiration dieser unterschiedlichen Menschen ist erforderlich, damit sie als effektives Team zusammenarbeiten und globale Ergebnisse in einem hochkomplexen Organisationsgefüge liefern können."

„Das ist eine extrem schwierige Aufgabe. Aber die Wahrscheinlichkeit, dass von einer 10-Punkte-Skala auch 10 Punkte erreicht werden, wächst mit dem Talent einer Person – einem gegebenen Talent –, wenn diese in verschiedenen Kulturen und Funktionen Erfahrungen sammeln konnte. Wenn sie im Marketing, im Verkauf, vielleicht in der Herstellung oder Produktentwicklung gearbeitet hat, in verschiedenen Ländern war und sich in Spanien genauso wohl fühlt wie beim Bestellen des Essens in einem englischen Pub. Diese Art von Mensch wird ein wesentlich motivierender Führer einer multikulturellen Gruppe sein. Für mich ist das keine Geheimwissenschaft, sondern eine sehr offenkundige Angelegenheit".

Maßstäbe für die Führung

Da Ford die internationale Erfahrung als einen wesentlichen Aspekt der Führung betrachtet, beachtet sie die internationalen Erfahrungen einer Führungskraft genauso wie die anderen für wichtig gehaltenen Eigenschaften.

„Wir haben ein Raster für alle Führungseigenschaften, an denen wir interessiert sind, und wir messen die Leute an diesem Raster", erklärt Trotman. „Wir begutachten Ihren Mut, Ihre Stetigkeit, Mitarbeit im Team, Integrität und Einstellung gegenüber der Rassen- und Geschlechtergleichheit. Reden Sie nur darüber oder tun Sie auch etwas dafür? Sehen wir mal die Verteilung in Ihrer Organisation an. Wieviel Prozent weibliche Führungskräfte haben Sie? Warum nur zwei Prozent, wenn der Unternehmensdurchschnitt bei zwölf Prozent liegt? Ändert sich das im kommenden Jahr oder nicht?"

Erstaunlich ist es nicht, dass Trotman so viel Gewicht darauf legt, wovon die Entwicklung erfolgreicher Top-Manager abhängt. Ford ist in einer Branche tätig, in der der Gesamtverkauf grundsätzlich stagniert, die Gewinnmargen schrumpfen und eine Konsolidierung – wie die kürzliche Fusion von Chrysler und Daimler Benz zeigt – im Gang ist. Bei diesem Umfeld muss man echte Führer hervorbringen, sonst fällt man in den Graben.

Die erforderlichen Regeln für die Leitung eines Unternehmens sind einfach, weil man sie in Büchern nachlesen kann. Wenn man diszipliniert und streng genug damit umgeht, kann jeder eine Buchhaltung führen. Finanzielle Messgrößen zu beherrschen, ist leicht. Nur wie schafft man es, eine ungleiche Gruppe von Men-

schen zur großen Taten zu bewegen? Und wie schafft man es, sie
trotz der auf sie wartenden harten Arbeit noch weiter anzufeuern?
Das bedeutet Führung und das ist schwierig.

Schauen Sie einmal, was mit Brasilien während der Fußball-
weltmeisterschaften 1998 geschah. Sie hatten die talentiersten
Spieler der Welt, aber konnten sie nicht zum gemeinsamen Spiel
bewegen. Die Franzosen dagegen hatten keineswegs die hochklas-
sigen Talente, aber totalen Zusammenhalt und Leidenschaft. Sie
sagten zu sich ‚Wir werden dieses Turnier gewinnen und uns nicht
darum scheren, dass die anderen eine 10 auf der Talentskala haben, wir aber nicht. Wir werden sie schlagen‘, und das taten sie.
Ergebnisse kommen aus einer Kombination von Leidenschaft und
Können. Das ist ein Muliplikator".

Und wie entwickelt man Leidenschaft? „Das beginnt mit dem
Kennenlernen der Menschen, meine ich. Durch die Übertragung
von Vertrauen an die Schlüsselfiguren und bewegenden Kräfte im
Unternehmen.   Durch Ausscheiden der Leute, denen Sie nicht
vertrauen. Sie können nicht jahrelang herumsitzen und sagen: ‚Ich
muss warten, bis X ausscheidet‘. Sie müssen Mitarbeiter aus dem
Weg rücken, wenn diese nicht vollkommen auf das eingehen, was
wir vorhaben. Wenn diese keine völlige Hingabe zeigen, müssen
sie gehen.

Also, zunächst einmal brauchen Sie ein Team. Wenn Sie anfangen, ist das keine große Schwierigkeit. Sie fangen mit einer
Gruppe von Leuten an, die alle gemeinsam arbeiten wollen und
bereit sind, mit höchster Anstrengung an die Zusammenarbeit
heranzugehen und sich gegenseitig zu vertrauen. Das als Erstes.
Doch bis das läuft, sollten Sie Ihre Zeit nicht mit wunderschönen
Strategien und Reden über schöne Symphonien verbringen, weil
diese nicht erklingen werden, solange nicht alle Instrumente vollkommen auf das Zusammenspiel eingestellt sind. Machen Sie das
zuerst und versichern Sie sich, dass Sie es richtig machen.

Wenn Sie erst ein Team haben, dem Sie vertrauen, und dass
Ihnen vertraut, dann sollten Sie neben anderen Dingen akzeptieren, dass Fehler vorkommen werden. Viele. Sie werden nicht wegen Fehlern rausgeworfen. Sie werden nur wegen mangelnder
Loyalität oder Bereitschaft zur Teamarbeit gefeuert. Und dann

wird Energie fließen. Die Angst verschwindet, die Energie wächst und alles wird erledigt.

Dann beginnen Sie mit den Hauptveränderungen, die Sie vorhaben. Ich nehme mal an, dass Sie Änderungen durchführen wollen. Wenn Sie keine tiefgreifenden Wandlungen vorhaben, wird das Leben einfacher. Sie können jeden Tag immer wieder das kleine Veränderungsspiel betreiben. Wenn Sie damit einigermaßen diszipliniert umgehen, funktioniert das in einigen Unternehmen ebenfalls. Falls Sie sich aber in einer Verfassung befinden, die größere Änderungen erfordert, dann bringen Sie Ihr Team in Stellung und beginnen mit den notwendigen Schritten".

Trotman lässt keinen Zweifel daran, was er für die Entwicklung eines „winning teams" als notwendig ansieht. „In meinem Fall war ich mit der Karriere von vielleicht 100 Leuten befasst, ihrer Entwicklung, Ausbildung, Besetzung oder Absetzung von Positionen im Unternehmen. Und das setzt sich nach unten fort, so dass wir – die 20 oder 30 Top-Leute – gemeinsam leicht einige tausend Führungskräfte im Unternehmen mit uns ziehen. Alles ist sehr strukturiert. Wir überlassen nichts dem Zufall.

In früheren Zeiten sagten Sie während des Essens zu George oder Mary: ‚Ach, mir fällt gerade ein, ich habe da eine vielversprechende junge Führungskraft. Könnten Sie ihn vielleicht einige Jahre ins Marketing nehmen?' Das geschah ad hoc. Heute gehen wir der persönlichen Entwicklung nach. Welchen Punkt erreicht er auf der Führungsskala? Er erreicht neun. Gut. Wann soll sein nächster Schritt folgen? Was ist geplant?

Wir haben inzwischen ein Führungsnachwuchsverfahren, Capstone genannt, das wir vor drei Jahren begannen. Wir wählen 24 der besten Nachwuchsleute aus, die wir im Unternehmen haben, und schicken sie für vier bis fünf Monate mit speziellen Projekten durch die Hölle. In fast jedem Fall seit Einführung ereigneten sich greifbare und positive Dinge innerhalb der Ford Motor Company. Wirkliche Veränderungen in der Vergütungspolitik, bei der Ausnutzung von Guthaben, der Kundenzufriedenheit, das können Sie wirklich glauben. Wir stecken diese Leute in Sechsergruppen und sagen ‚Hier ist eine unmögliche Aufgabe, zu der wir keine Lösung wissen. Dann bis in vier oder fünf Monaten'. Sie arbeiten daran, neben ihrer normalen Tätigkeit".

Wonach sucht Trotman bei diesen Menschen? „Nun, das kommt darauf an. Es gibt keine durchgängige Vorgabe. Bei jemandem mit den Fähigkeiten für die Leitung der Informationstechnologie würde ich mich am meisten für seine oder ihre Sachkenntnis interessieren. Aber genauso für ihre Fähigkeit zur Teamarbeit und ihre Persönlichkeit. Würden sie ins Team passen? Können sie über Funktionsbereiche hinaus arbeiten? Wie steht es mit ihrer Energie und ihrer Verantwortungsfähigkeit, mit großem ‚V' geschrieben? Bringt diese Person jedesmal pünktlich das, was sie versprochen hat? Etwas in der Art".

Unternehmen (Börsenkurzzeichen): Ford Motor Company (F)
Standort: Dearborn, Michigan
Top-Manager: Alex Trotman (im Dezember 1998 als
Chairman pensioniert)
William Clay Ford, Chairman
Jacques A. Nasser, CEO

Ford auf einen Blick: Die Ford Motor Co. ist der größte Lkw-Hersteller der Welt und Nummer Zwei unter den Fahrzeugherstellern (hinter General Motors). Es produziert und vermarktet Fahrzeuge unter den Marken Ford, Lincoln, Mercury, Jaguar und Aston Martin. Das Unternehmen besitzt auch Anteile an verschiedenen außeramerikanischen Autoherstellern wie Mazda. Etwa ein Drittel des Ford-Umsatzes stammt aus dem Ausland. Die Tochtergesellschaft Ford Motor Credit ist die Nummer Eins der US-Auto-Finanzierungsgesellschaften. Das Unternehmen besitzt auch 81 Prozent von Hertz, Nummer Eins der Autoverleihfirmen in den Vereinigten Staaten. Der Familie Ford gehören 34 Prozent der stimmrechtsfähigen Unternehmensanteile.

Finanzergebnisse 1998:
➢ Umsätze: 133 Mrd. US-$
➢ Nettoertrag: 22,1 Mrd. US-$

Gesamter aufs Jahre bezogener Aktionärsertrag:
➢ 1 Jahr: 70 %
➢ 5 Jahre: 27 %

Ist eine starke Zuneigung für das Produkt notwendig? „Ich glaube, sie ist wichtig, aber nicht lebensnotwendig. Ich bin sehr vorsichtig bei Leuten, die behaupten, Benzin in ihren Adern zu haben oder sowas. Mir wäre lieber, dass sie Shareholder Value in ihrem Blut hätten als eine Leidenschaft für Benzin. Wenn jemand mir sagt, wie er einen höheren Ertrag für die Aktionäre zustandebringt, gefällt mir das besser, als wenn er sagen würde, ich bringe den tollsten Mustang aller Zeiten auf die Straße.

Am besten wäre wohl eine kontrollierte Zuneigung für das Produkt, meine ich. Wenn allerdings jemand sagt ‚Ich hasse Autos. Sie sind Umweltverschmutzer, eine Verschwendung, unverantwortlich‘, dann würde er sich nicht gerade für eine Führungsposition empfehlen. Aber jemanden, der einfach als Autofan zu uns kommen möchte, werden wir uns auch nicht gerade aussuchen“.

Ford sucht nach Führern. Und wenn eine Person keinen internationalen Background hat, dann sorgt das Unternehmen dafür, dass er oder sie diesen erwirbt.

Dan Tully und David Komansky
(Merrill Lynch)

„Es muss nur eine Frage gestellt werden: Was ist am besten für den Kunden?"

Ein signiertes Foto hängt an der Wand des Büros von David Komansky, Chairman und Chief Executive Officer von Merrill Lynch and Company, das sich im World Financial Center in Downtown-Manhatten befindet. Darauf ist er zusammen mit fünf distinguiert dreinblickenden Herren zu sehen – den fünf vorherigen Chairmen und CEOs von Merrill Lynch.

Dieses Foto gibt Aufschluss darüber, warum Merrill so einzigartig ist. Dasselbe Foto hängt an der Wand des Büros von Dan Tully in Stamford, Connecticut, wo einer der beiden ausgeschiedenen Chairmen von Merrill noch jeden Tag zur Arbeit kommt. Der zweite Ex-Chairman William A. Schreyer hat auch eine Kopie des Fotos, obwohl sein Büro mehr als hundert Meilen entfernt, im sich ausdehnenden Merrill-Unternehmensgelände in der Nähe von Princeton, New Jersey, liegt. Der Übergang von Schreyer auf Tully und dann Komansky geschah fast nahtlos.

1984 übernahm Schreyer die Zügel des Unternehmens, das weitgehend eine US-Börsenhandelsgesellschaft war.

Er machte Merrill Lynch nicht nur zu einer führenden Kapitalmarktfirma, sondern leitete eine kräftige Expansion in Europa

Karriere von Daniel P. Tully
1998 – Heute: ehemaliger Chairman, Merrill Lynch and Company
1993 – 1997 Chairman, CEO und President
1990 – 1993 President und COO
1984 President, Kundenmarketing
1982 – 1984 President, Einzelkunden-Service-Gruppe
1979 – 1982 Executive Vice President
1971 – 1979 Vice President
1963 – 1970 Manager des Stamford-Büros
1959 – 1963 Kundenbetreuer
1955 – 1959 Mitarbeiter der Buchhaltungsabteilung
1953 – 1955 US-Army

Ausbildung
Advanced Management Program, Harvard Business School 1978
B.B.A. St. John's Universität 1953

Familie
Verheiratet mit Grace, vier Kinder

Geboren am 2. Januar 1932 in New York, New York

und Asien ein. Während die Firma lange dafür bekannt war, die Wall Street als Hauptstraße anzusehen, nahm Schreyer jetzt die Wall Street mit in die Welt.

Als die Wall Street in den späten 80er Jahren von den Insider-Skandalen betroffen wurde, waren Merrill Lynch und Schreyer standfeste Verteidiger ihres Rufes als integres Unternehmen, weil sie dies als wichtigstes Firmenguthaben ansahen. Als im Oktober 1987 der Aktien-Crash die Wirtschaft schockierte, ging Schreyer sofort auf Sendung und versicherte der Öffentlichkeit, dass die Wirtschaft gesund sei und Merrill Lynch auf lange Sicht „bullig" bleibe.

Eine von Schreyers überzeugendsten Handlungen als CEO war die Wahl von Tully als Nachfolger, einem großen, enorm leutseligen Mann mit einem Büschel grauer Haare und einer instinktiven Führungsgabe. Schreyer und Tully hatten Merrill gemeinsam durch die schwierigen späten 80er Jahre hindurchgebracht. Tullys Nachfolgewahl fiel auf Komansky – der, wie vor ihm Schreyer und Tully, seine Wurzeln im Handelsbereich des Unternehmens hatte, sich aber auch in Führungsrollen auf der Kapitalmarktseite des Geschäfts bewährt hatte. Und wie seine beiden Vorgänger führte Komansky den Aufbau der Firma über Aufkäufe und organisches Wachstum zum Führer an der Londoner und Tokioer Börse durch. Damit schuf er eine der weltweit größten aktiven Vermögensanlagegesellschaften, wurde führender Banker und Ratgeber großer Unternehmen und Regierungen auf der ganzen Welt. Das Internet ist der nächste Bereich, in den sich Merrill hereinkämpfen will, wenn die Firma auch die Führungspositionen einiger Mitwettbewerber darin anerkennt.

In keiner anderen Wall-Street-Firma – und, was das betrifft, auch in keinem anderen führendem Unternehmen – kann man eine derartige Wertschätzung und Neigung für eine ununterbrochene Folge von Führungsübergabe finden. In den meisten Unternehmen gilt es als Gemeinplatz, dass neu ernannte Top-Manager die Hauptlinien des alten verlassen oder das Unternehmen irgendwie sonst in eine ganz andere Richtung bringen – ob durch Zugang zu neuen Märkten, bedeutende Aufkäufe oder eine interne Umorganisation.

Das geschieht bei Merrill Lynch nicht. Der auftauchende Erbe wird mit den Entscheidungen vertraut gemacht, die der vorherige Chief Executive Officer überlegt hat, und die pensionierten CEOs zögern nicht, der gegenwärtigen Unternehmensführung ihren Rat zu geben. Deshalb besteht das Unternehmen, kaum verwunderlich, aus mehr als seinen einzelnen Top-Managern und es strebt danach, weiterhin denselben Weg der Marktführerschaft zu gehen, gleich wer die Verantwortung trägt.

Das macht Merrill einzigartig und erklärt auch, warum wir uns entschlossen, sowohl den gegenwärtigen Top-Manager des Unternehmens wie auch seinen Vorgänger darzustellen. Wir beginnen mit Dan Tully.

Es war kein günstiger Anfang. 1955 frisch aus dem Wehrdienst entlassen, sah Tully sich nach einer Stelle um. Eine örtliche Brokerfirma war bereit, ihm 75 US-$ die Woche zu bieten.

„Ich kam nach Hause und sagte ‚Mama, ich habe eine Stelle'. ‚Das ist großartig, mein Sohn, bei wem?'.

Karriere – David H. Komansky
1997 – Heute: Chairman und CEO, Merrill Lynch and Company
1995 – 1996 President und COO
1993 – 1995 Executive Vice President, Kredit- und Wertpapiermärkte
1992 – 1993 Executive Vice President, Kreditmarktgruppe
1990 – 1992 Executive Vice President, Wertpapier-marktgruppe
1988 – 1990 Director des nationalen Privatkundengeschäfts
1968 – 1988 Verschiedene Positionen, Start als Trainee, dann als Kundenberater und Manager

Ausbildung
Besuch des Miami Junior College und der Universität von Miami

Familie
Verheiratet mit Phyllis, zwei Töchter

Geboren am 27. April 1935 in Mount Vernon, New York

‚Bei Merrill Lynch, Pierce, Fenner and Smith'. ‚Oh, das ist gut, mein Sohn. Ich wusste immer, dass du etwas in der Werbung werden könntest'. Sie hatte keine Ahnung.

Wenn man nicht viel Geld hatte, wie wir, dann verwendete man auch keine Zeit darauf, das Wall Street Journal zu lesen. Ich setzte mich nicht hin und ging systematisch alle Möglichkeiten da draußen durch, um dann zu sagen, ich würde gerne für ein Investment-Bank arbeiten. Es war einfach ein Glücksfall. Ich suchte eine Stelle. Sie suchten Leute. Ich glaube, ich fing am nächsten Tag an".

Gleich wie es geschah, jeder bei Merrill wird bestätigen, dass das perfekt passte. Denn eines war klar: Wenn es auch Leute mit wesentlich angeseheneren Diplomen gab als denen von Tully, so arbeitete niemand härter als er.

„Als ich in den Verkauf kam, sagte ich: ‚Wie kann ich mich hervorheben? Ich bin nicht so clever wie einige von diesen Jungs, aber wenn sie 10 Verkaufsanrufe pro Tag machen, werde ich 12 machen. Wenn sie acht Stunden arbeiten, werde ich 14 arbeiten'. Niemand kann mir Eifer, Blut, Schweiß und Tränen wegnehmen".

Diese Haltung war wichtig, aber noch wichtiger war die Tatsache, dass Tully die Prinzipien, auf denen das Unternehmen errichtet worden war, intuitiv verstand – damals in erster Linie der Verkauf von Aktien an Privatpersonen.

„Als Mr. Merrill die Firma gründete, sagte er etwas, das abgedroschen klingt, aber es ist unser Glaube. Er sagte: ‚Das Interesse des Kunden kommt immer zuerst'. Wenn man wirklich davon geleitet wird, wird man fast immer das Richtige tun. Und wenn man bereit ist, sich mit dem Kunden zu wandeln, zu erneuern und zu verändern, dann ist man zum Erfolg verurteilt".

Die Entscheidung, sich besser um den Kunden zu kümmern, war tatsächlich der Wendepunkt für Merrills Erfolg – und für Tullys Karriere. „Als ich damals begann, wickelte jeder unserer Verkäufer alle Sachen für alle Kunden ab. Ich hatte mit der ‚Witwe Jones' genauso zu tun wie mit den größten Banken in Connecticut. Also hatte ich Handelsabschlüsse mit jemandem, der einen 40-Dollar-Monatsplan für Investitionen hatte, wie auch mit der Stamford Savings Bank, die für 100.000 US-$ Wertpapiere kaufte.

Ab einem gewissen Punkt merkten wir, dass man einem Kunden niemals das Beste bieten kann, wenn eine Person sowohl für den Individualverkauf als auch für institutionelle Kunden zuständig ist. Wir mussten uns spezialisieren. Ich unterstützte als damaliger Verkaufsdirektor diese Entscheidung.

Wir sagten unsern Verkäufern, dass sie sich zwischen Einzelpersonen und institutionellen Kunden entscheiden müssten, und sie waren nicht sehr glücklich. Sie liebten den Gedanken, dass sie eine Menge Geschäft mit den lokalen Banken machen konnten, und sagten mir: ‚Warum machen Sie das jetzt, Dan? Ich mache einen Umsatz von 50.000 US-$ mit der Bank, und ich arbeite gar nicht viel dafür'.

Ich war davon überzeugt, dass aus den 50.000 US-$ 500.000 werden konnten, wenn wir uns spezialisierten, die Bank mit etwas Service und zusätzlichen Leistungen ausstatteten".

Die Entscheidung zur Spezialisierung wurde von diesem Gedanken geleitet: „Wenn Sie über lange Zeit im Geschäft sein wollen, müssen Sie tun, was für Ihren Kunden richtig ist. Die meisten unserer Wettbewerber verkauften einfach, was sie hatten. Wenn sie eine Firma für Obligationen waren, dann boten sie ganz stark Obligationen an. Wenn sie Aktienhandelsfirmen waren, dann pushten sie Aktien. Wir trafen die Entscheidung – damals war Don Regan Chairman –, dass wir keine auf Transaktionen, Produkte ausgerichtete Firma sein wollten. Wir würden eine beziehungsorientierte Organisation sein, die nach wiederholten Transaktionen unserer Kunden strebte".

Zur Unterlegung dieses Ansatzes schuf Merrill intern ein Akronym: FAFI. „Wir wollten dort auftreten, wo Kunden „Funds Available for Investment" (verfügbare Vermögen für Investitionen) hatten. Wir wollten nicht mehr nur Verkäufer von Aktien oder Obligationen sein. Wir würden die Leute sein, die Probleme ihrer Kunden lösten.

Von diesem Punkt an interessierte es mich nicht mehr, ob wir Kommunalschuldverschreibungen oder Aktien oder sonst was an unsere Kunden verkauften. Gegenüber dem Produkt wurden wir gleichgültig. Wir wollten uns um unsere Kunden kümmern, und wenn wir das machten, würden sie unsere Hilfe bei ihrer Vermögensanlage in Anspruch nehmen".

Nicht alles davon funktionierte perfekt. Merrill dachte, es würde gut passen, wenn das Unternehmen ins Wohngrundstücksgeschäft ginge. Es passte aber nicht. Es stellte sich als zu transaktionsorientiert heraus. Doch Ideen wie der Cash Management Account, auf dem alle Vermögensquellen des Kunden – Bargeld, Schecks, Sparguthaben, Aktien und Obligationen – gebündelt werden, erwies sich als großer Erfolg.

Die neue Philosophie auf der Kundenseite verband sich mit strategischen Zukäufen auf der Unternehmensseite, etwa der Kauf von White Weld, einer führenden Investment-Bank, und Merrill wurde schnell zu einem „Major Player" an der Wall Street.

Als Tully in die Führungsstufe befördert wurde, war es seine Aufgabe, dafür zu sorgen, dass Merrill dabei blieb. „Zwei der größten Probleme sind Selbstgefälligkeit und Arroganz. So lange wir ganz auf den Kunden eingestellt sind, auf die Anforderungen, die aus der Bemühung um ihn erwachsen, so lange sollte bei uns alles in Ordnung sein".

Das ist es, woran wir glauben

Damit das Unternehmen auch sicher auf diesem Weg blieb, ließ Tully das Glaubensbekenntnis des Unternehmens – das Integrität und Service hervorhebt – deutlich sichtbar in jedem Büro von Merrill Lynch rund um die Welt aufhängen. Es ist das Erste, was man erblickt, wenn man aus dem Aufzug in die Führungsetage der Firmenzentrale im unteren Manhattan heraustritt.

„Ihr Glauben muss Ihre Handlungsphilosphie sein", sagt Tully. „Sie müssen jeden Tag danach leben. Wenn jemand zwei oder drei Millionen Dollar pro Jahr verdiente, und wir haben eine Menge Mitarbeiter, die soviel verdienen, dann holte ich ihn zu mir. Sie dachten, ich ließ sie rufen, um ihnen zu gratulieren. Aber in Wirklichkeit wollte ich ihnen ein paar Fragen stellen. ‚Wie haben Sie all dieses Geld verdient? Wenn die New York Times auf ihrer Titelseite bringen würde, wie Sie das angestellt haben, würden Sie dann stolz darauf sein?' Ich wollte sie an die Kultur dieses Unternehmens erinnern und sicherstellen, dass sie diese auch lebten".

Tully und sein Team flößten diesen Geist über alle Ränge hinweg ein. „Wir machen jedes Jahr eine Leistungsanerkennung für unsere 200 Spitzenleute und wir tragen die Ergebnisse dem Board vor. Die höhere Führungsmannschaft ist bei diesem Treffen anwesend. Wir gehen die Liste durch und nennen einen Namen, sagen wir ‚Dan Tully'. Und wer auch diesem Treffen vorsitzt, wird sagen: ‚Wer kennt Dan Tully am besten?' Die erste Frage wird dann nicht lauten ‚Wie viel hat Dan umgesetzt?' sondern immer: ‚Haben Sie jemals erfahren, dass Dan in irgendeiner Weise Unrecht getan oder die Wahrheit geschönt hat?'

Manchmal hörten wir: ‚Wissen Sie, ich habe immer erlebt, dass er mir die Wahrheit sagte. Andererseits zweifle ich manchmal, dass er alles freiwillig macht'. Einige Leute erzählen Ihnen einfach nicht die ganze Geschichte. Sie werden nicht lügen, aber sie liefern auch kein vollständiges Bild". Das ist dann etwas, was in der Hierarchie von Merrill Lynch zur Kenntnis genommen würde, wenn die Bewertungen durchgegangen werden.

Ein anderer würde fragen: ‚Behandelt Jim seine Untergebenen genauso wie seine Kollegen?' Und die Leute werden sagen: ‚Wissen Sie, nach oben ist er ein Herzchen, aber nach unten ist das eine andere Sache'"

Und falls diese Kritik nicht vernachlässigbar erschien, würde das Problem sofort in Angriff genommen werden. „Wir klären laufend die Erwartungen. Das entsteht aus Liebe zu unseren Mitmenschen. Der Grund, warum Sie mit Ihrer Frau und Ihren Kindern streiten, liegt in Ihrer Liebe. Sie wünschen ihnen das Beste. Ich fühle dasselbe für unsere Mitarbeiter. Ich wünsche ihnen das Beste. Wie kann das geschehen, wenn ich ihnen nie sage, was sie nach unserer Meinung falsch machen?

Man macht das niemals vor anderen Leuten. Vielleicht geschieht es bei einem Cocktail oder ähnlichem. Sie lassen es raus. Und Sie sagen auch: ‚Außerdem wären Sie nicht dort, wo Sie sind, wenn Sie ein unbelehrbarer Mensch wären. Worüber wir hier sprechen, sind Kleinigkeiten. Das soll Sie noch besser machen, als Sie es schon sind'.

Sie müssen sagen, wie es ist. Sie müssen den Leuten eine ehrliche, einfühlsame Rückmeldung geben. Das müssen Sie machen, damit diese das Gefühl haben, Sie würden sich wirklich ernsthaft um ihren Erfolg bemühen. Das brauchen sie von Ihnen, um ihr volles Potenzial zu erreichen, und das brauchen auch die Menschen in ihrem Umfeld, die über und unter Ihnen stehen.

Wenn der Kerl in der Mitte stur ist, und Sie ihn einfach machen und die Leute um ihn herum hängen lassen, dann Schande über Sie. Eines können Sie als Manager erreichen, dass Sie von guten Leuten umgeben sind. Das versuche ich immer. Das scheint mir von allem die Grundlage zu sein".

Genauso grundlegend ist es für Tully, den Mitarbeitern zuzuhören und aus ihren Fähigkeiten Nutzen zu ziehen. „Ich habe mit meinen Kollegen oft gewitzelt ‚Wenn ich sowieso alle Entscheidungen treffen muss, warum brauche ich Euch eigentlich?'

Da ich niemals zulassen würde, dass etwas, dem ich diametral entgegenstehe, durchgeführt würde, habe ich oft gefragt ‚Nun, was denken Sie denn?' Dann hörte ich zu und ließ sie machen, was sie für richtig hielten. So können Sie wachsen, durch Ausprobieren. Und so kann auch das Unternehmen wachsen. Merrill wäre nie auf den heutigen Stand gelangt, wenn wir nicht die Konzepte der jüngeren Leute genutzt hätten.

Als ich noch ein kleines Zweigbüro in Stamford führte, schickten wir neue Mitarbeiter in das Training von Merrill Lynch nach Princeton, genauso wie heute. Dann kamen sie zurück und sagten ‚Mr. Tully, ich bin wieder da und bereit. Was soll ich tun?'

Ich habe dann gesagt ‚Keine Ahnung, auch wenn Sie mich prügeln. Was wollen Sie denn machen?' ‚Ach, kommen Sie, Mr. Tully, wirklich. Was erwarten Sie denn von mir?' Und dann sagte ich ‚Heh, was wollen Sie denn machen? Und wenn ich Ihnen sage, was Sie tun sollen, werden Sie es auf meine Weise tun. Ich möchte, dass Sie es auf Ihre Weise machen. Ich möchte, dass Sie mit etwas Neuem und Anderem kommen als dem, was wir anderen hier immer gemacht haben'

Und dann waren sie normalerweise enttäuscht, weil ich ihnen nicht den Heiligen Gral des Geschäftslebens gezeigt hatte. Aber sie gingen ihren Weg – ich überwachte sie jeden Tag, überprüfte die Zahl ihrer Anrufe und neu eröffneten Konten, ihre möglichen Kunden und all das – und vielleicht würden sie eine neue Weise entwickeln, wie Spar- und Kreditkonten behandelt werden könnten, anders als wir anderen es machten.

Es ist erstaunlich, was man alles erreichen kann, wenn man nicht dauernd nach Unterstützung sucht. Eigentlich fußt nichts allein auf dem Einfall einer Person. Es erwächst aus einer Reihe von kleinen Ärgernissen und Änderungen während der normalen Arbeit".

Doch während die Verfahren sich ändern, bleiben die Grundwerte bestehen. „Sie müssen diese Werte leben und sie als Führer durch all Ihr Tun nehmen. Ich leitete die Firma, als der Markt im Oktober 1997 runterging. Aber ich konnte aus den Jahren 1987 und 1974 lernen, wie wir damals vorgegangen waren. Nach dem

Crash von 1987 (als die Börsenkurse an einem Tag um 20 Prozent fielen) rief ich um sieben Uhr morgens eine Besprechung ein und sagte, man wird in Erinnerung behalten, wie wir uns an diesem Tag verhalten haben. Und so möchte ich, dass ihr rausgeht. Ich will nicht, dass ihr Helden seid, aber ich möchte, dass ihr Anrufe beantwortet, Kunden mit Respekt behandelt, ihnen guten Rat und Beistand gewährt.

> *„Was sollte ein CEO tun? Versuchen Sie, auf den Erfolgen der Vergangenheit aufzubauen. Dabei gilt es, die zentralen Werte des Unternehmens zu erhalten und auf dieser Basis zu expandieren. "*

Und das machten wir. Einige Unternehmen machten das nicht, sie verbargen sich vor ihren Klienten. Und verloren schließlich Kunden. Ich bin besonders stolz, dass unser jetziger Chairman Dave Komansky und der Chief Operating Officer Herb Allison während der Turbulenzen 1998 genauso verfuhren".

Wenn er gefragt wird, was das Unternehmen Merrill Lynch, von dem seine Mutter dachte, es sei eine Werbeagentur, so erfolgreich gemacht hat, weiß Tully eine einfache Antwort.

„Der Schlüssel zu dem allen? Wir machen Dinge richtig. Wir behandeln unsere Klienten richtig und uns gegenseitig mit Würde und Respekt. Wenn Sie das machen und nicht vorwiegend vom Profit getrieben werden, dann werden Sie einen Haufen Profit machen. Wenn Sie jedoch versuchen, Profit als Haupttriebfeder zu sehen, dann werden Sie kurzsichtig sein und zu Fehlern neigen. Gehen Sie den anderen Weg. Machen Sie das, was für die Menschen richtig ist, und plötzlich werden Sie eine Menge Klienten auftun und vom Gewinn überrollt werden. Andersherum funktioniert das niemals".

Jetzt ist Komansky dran

Das Foto, welches an den Wänden der Büros von Dan Tully, Bill Schreyer und David Komansky hängt, besitzt eine besondere Bedeutung für den gegenwärtigen Chairman und CEO von Merrill Lynch.

„Es wurde vor ein paar Jahren bei der Weltkonferenz der Führungskräfte aufgenommen. Wir waren alle sechs auf der Bühne, vor 800 Menschen im Auditorium. Die Stimmung, die Begeisterungswelle, der familiäre Zusammenhalt waren unbeschreiblich. Welche Firma bringt es fertig, sechs lebende Chairmen auf einer Bühne zu versammeln, die sich mögen und miteinander reden? Das ist sehr ungewöhnlich. Ich bin glücklich, immer noch Don Regan, Roger Burke, Bill Schreyer und Dan Tully um mich zu haben (Mike McCarthy ist danach verstorben). Ich spreche dauernd mit ihnen. Sie haben kein Problem damit, mich mit Vielem zu versorgen, und ich habe keins damit, das alles zu ignorieren, wenn ich meine, dass sie falsch liegen. Das ein völlig anderes Klima als in jeder anderen Finanzdienstleistungsfirma".

Damit verbunden ist das Gefühl, dass man auf die Stärken der Vergangenheit bauen kann. Das ist etwas, an dem Komansky hart arbeitet.

> *„Ich erwarte nicht von Mitarbeitern, dass sie genau mitten auf der Straße gehen, die wir in die Zukunft gebaut haben. Ich erwarte, dass sie mit auf der Straße sind. So lange, wie sie gemäß unseren Zielen in die richtige Richtung gehen, bin ich glücklich. Wo sie auf der Straße laufen, ist gleichgültig. Man muss den Menschen die Flexiblität lassen, ihre eigene Entscheidung zu treffen, und sich fortzuentwickeln".*

Es gibt zahlreiche Parallelen zwischen den Karrieren von Dan Tully und David Komansky bei Merrill Lynch. Einmal war es wie bei Tully ein glücklicher Zufall, dass Komansky zu Merrill kam.

„Ich hing damals in Florida, wo wir wohnten, etwas verloren herum. Eines Tages, als wir unsere Schwiegereltern in New York besuchten, sagte mein Schwiegergervater, der stark an der Börse interessiert war, zu mir: ‚Du solltest an die Wall Street gehen. Die wartet geradezu auf dich'.

Ich wusste so wenig davon. Doch kamen wir wieder mal an einem Freitag zurück, und am Montag ging ich auf Arbeitssuche. In dieser Woche stellte ich mich bei zehn oder 15 Firmen vor. Wir kehrten wieder nach Miami zurück, und das erste Stellenangebot, das ich erhielt, kam von Merrill Lynch. Wir gaben all unsere Sachen in ein Lager, nahmen unsere letzten 650 US-$, fuhren zu meinen Schwiegereltern nach Norden, und dann ging ich zur Arbeit bei Merrill Lynch. Ich suchte eine Startmöglichkeit, und das war die erste, die sich bot. Irgend jemand erzählte mir, falls ich eine Stelle bei Merrill Lynch bekommen sollte, müsste ich sie auf jeden Fall nehmen, denn die hätten das beste Ausbildungsprogramm in der Branche. Glücklicherweise waren sie die ersten, die anriefen. Ich ging als Trainee zur Arbeit, und das war's dann".

Und wie bei Tully der Wechsel von der Buchhaltung zum Verkauf vom Wunsch nach mehr Geld motiviert war, so veranlasste Komansky der Wunsch nach Kontrolle über seine Karriere zum Wechsel vom Verkauf ins Management.

„Nach dem zweiten Arbeitstag sah ich schon, welchen ungebremsten Einfluss mein Chef auf meine Karriere und damit auf mein Leben hatte. Ich sah sofort, dass ich auf der falschen Seite dieser Gleichung stand. Klar, dass dies ein großartiger Job war, aber mir gefiel gar nicht, dass jemand so viel Kontrolle über mein Leben hatte. Und so entschied ich schon früh, dass ich ins Management wollte".

Komansky brillierte im Verkauf, so dass er bereits nach sechs Jahren – 1974 – die Chance bekam, auf die andere Seite des Schreibtischs zu wechseln, und schnell arbeitete er sich die Erfolgsleiter hoch. Auf diese Weise war er ein Einflussfaktor – wenn auch ein kleiner, wie er schnell betont – bei der Umwandlung Merrills von einer reinen Broker-Firma zu einem weltweit tätigen Full-Service-Finanzdienstleister.

Auf die Stärken der Vergangenheit bauen

„Ich meine, drei Gründe haben uns befähigt, diese Umwandlung vorzunehmen", sagt Komansky. „Als erstes: wir konnten es uns leisten. Wir hatten die finanziellen Rücklagen für unsere gesamte Reise. Das gab uns eine ziemliche Alleinstellung in der Branche, in der die meisten Firmen etwas verkaufen oder fusionieren müssen, um ihr Wachstum zu finanzieren.

Noch wichtiger als diese Finanzstärke war möglicherweise der Mut jener Menschen, die unsere Firma in diesen Jahren geführt haben. Und ich würde sagen, die ganze Riege von Regan über Burke zu Tully und Schreyer zeigt gewaltigen Mut darin, Jahr für Jahr der permanenten Kritik standzuhalten, dass wir auf diesem Weg Geld verlieren würden. Wir mussten lange Zeit Verluste in Kauf nehmen. Doch die vorherigen Unternehmensführer waren nicht die Leute, die in der Hitze der Schlacht zusammenbrachen. Sie haben den Mut ihrer Überzeugung.

Schreyer – der öfter mit dem damaligen Chef von Goldman Sachs zusammenkam – erzählt gerne die Geschichte, wie er eines Tages mit ihm ein Taxi nahm. Nach Schreyers Darstellung wandte sich der Mann nach ihm um und sagte ,Warum investieren Sie so viel Geld, Zeit und Mühe, um eine Investment-Bank aufzubauen? Sie haben doch eine großartige Marktstellung. Warum sind Sie nicht damit zufrieden, der beste Co-Manager (beim Aktienangebot) der Welt zu sein?'

Und die Antwort war, dass wir einfach nicht damit zufrieden sein konnten, eine große Rolle nur in einer beschränkten Zahl von Geschäften zu spielen. Er wusste natürlich, dass wir mehr sein konnten. Und dann nahm Dan nur auf, was Schreyer begonnen hatte, und die Firma schwankte niemals mehr. Jeder Mann baut auf dem auf, was der vorherige CEO geleistet hat".

Was hat Komansky geleistet, seit er den Marschallstab von Tully übernommen hat? Konzentriert an der Wandlung von Merrill Lynch zu einem weltweit tätigen machtvollen Finanzdienstleister zu arbeiten.

„In den frühen 80er Jahren war Bill Schreyer tatsächlich der Erste, der von einer Globalisierung dieser Firma zu sprechen begann. Er reiste viel herum, zeigte Flagge und unterstützte den Aufbau unseres Privatkundengeschäfts in Übersee. Eine Menge Leute zogen ihn wegen seiner schönen Tage in Paris oder Tokio auf, aber was er in Wirklichkeit machte, war das Hissen unserer Flagge.

Als man mich 1990 fragte, ob ich vom Einzelgeschäft ins Aktiengeschäft wechseln wollte, gab es einen meiner Vorgänger, der ein brillanter, am Research orientierter Mann war, ein Jack Lavery. Er sprach davon, dass die Welt in eine Phase der ,Wertpapier-Refinanzierung' eintreten würde, in der die globalen Unternehmen ihre in den 80er Jahren aufgenommen Schulden durch Ausgabe von Wertpapieren austauschen würden.

Als ich in das Wertpapiergeschäft kam, machte das für mich eine Menge Sinn, vor allem in Anbetracht der Tatsache, dass wir am Vorabend einer Privatisierungsphase rund um die Welt standen.

Deshalb war mein Hauptgrund für die Globalisierung des Wertpapiergeschäfts die Ausnutzung dieser Wertpapier-Refinanzierungszeit und die Gewinnung eines größeren Anteils am Privatisierungsgeschäft.

Zwei Jahre später wechselte ich vom Wertpapiergeschäft in das Festeinkommensgeschäft, das Roger Vasey bereits weltweit gestartet hatte. Dann entwickelte ich sowohl das Wertpapier- als auch das Fixed-Income-Geschäft, während ich nicht das Investment-Banking managte, und beide entwickelten ihre internationalen Möglichkeiten. Über das gesamte Unternehmen hinweg marschierten wir aggressiv auf internationalem Kurs. Für mich stellt die Globalisierung sowohl das aufregendste Phänomen als auch die großartigste Leistung dar, in die Merrill im letzten Jahrzehnt eingebunden war.

Ein Besuch der Königin

Hier ein Beispiel für unseren Fortschritt. Wir entwickelten uns vom normalen Marktteilnehmer in London bis zu einer Position, in der unsere Firma heute den Markt dominiert. Wir wickeln über 20 Prozent des Handelsvolumens in der Londoner City ab (der Finanzplatz des Vereinigten Königreichs).

Das Folgende illustriert vielleicht noch besser, wie weit wir gekommen sind. Ende 1998 wünschte die britische Regierung etwas dafür zu tun, um die Bedeutung der Londoner City für die Wirtschaft Großbritanniens herauszustellen. Deshalb wurde die Königin gebeten, eine Investment-Bank zu besuchen, und sie wählten Merrill Lynch aus! Nun muss ich Ihnen sagen, dass dies aus unserer Sicht eine Ehre war. Aus Sicht unserer Mitarbeiter –

und mindestens 95 Prozent davon waren Briten – war das jedoch alles andere als eine Freude. Die britischen Banken fühlten sich, nebenbei bemerkt, durchgängig zurückgesetzt.

Wir haben uns von einer Hand voll Mitarbeitern in Europa auf 8.000 auf dem Kontinent entwickelt. Wir sind heute wahrscheinlich die größte alleinige Wertpapierfirma in Europa".

Es sind die Menschen, die alles zum Laufen bringen

Das Unternehmen wächst weltweit, indem es sowohl neue Büros eröffnet als auch andere Firmen dazukauft. Gibt es eine Besonderheit, wie eine erworbene Firma für Merrill erfolgreich wird?

„Wir beachten die Kompatibilität der Leute und versuchen wirklich ernsthaft, sie zu verstehen", antwortet Komansky. „Das ist absolut eines unserer wichtigsten Kriterien. Natürlich ist es sehr einfach, den strategischen Wert eines Firmenkaufs zu verstehen, und noch einfacher, die vergangenen finanziellen Ergebnisse. Für mich besteht aber die wirkliche Kunst einer erfolgreichen Erwerbung in der Bewertung der Menschen in jenem Unternehmen, das man erwerben will. Bringen sie die Fähigkeiten mit, die man brauchen wird? Wenn ja, kann man sie halten, was augenscheinlich das Wichtigste ist? Und werden sie in der eigenen Kultur und Organisation gedeihen?"

Komansky verbringt Monate damit, sagt er, um mit den leitenden Mitarbeitern jener Firmen zu sprechen, die Merrill Lynch als kaufwürdig erachtet, bevor er den Startschuss gibt.

„Man muss sie wirklich kennenlernen. Sie müssen uns kennenlernen. Man muss wissen, dass man auf der selben Seite stehen wird. Wir haben herausgefunden, dass wir immer dann, wenn wir genügend Zeit für die für uns wichtigen Menschen opferten, der Handel auch funktionierte. Wenn nicht, dann gibt es Probleme.

Ich sehe das in folgender Weise. Wenn wir versuchen, ein Unternehmen – oder selbst, wenn es ein leitender Angestellter ist – zu gewinnen, dann muss sich jeder gut fühlen. Die Menschen, an denen wir interessiert sind, können überall eine Stelle finden. Also sollten wir mit ihnen nicht darüber reden, eine ‚Stelle zu finden'. Und wir sollten mit ihnen nicht über Geld reden, denn sie werden überall, wohin sie gehen, Geld auf die Weise verdienen, die ihnen liegt. Das sind nicht die wichtigen Themen. Für mich ist dagegen die richtige Frage: ‚Besitzt Merrill Lynch diejenige Kultur und Umgebung für diese Person, die sie zum Gedeihen und Glück braucht?' Wenn die Antwort darauf ja lautet, dann sollte sie dabei bleiben. Wenn die Antwort nein ist, dann interessiert mich Geld überhaupt nicht, wenn wir über Bezahlung sprechen, dann wird es ein großer Fehler sein".

Und wenn diese Menschen – ob sie nun über einen Firmenauf-kauf oder durch Einstellung kamen – an Bord sind, was ist dann Komanskys Geheimnis, um sie zu führen?

„Ich glaube nicht, dass sich die Führungsprinzipien ändern", sagt Komansky. „Der Führungsstil ändert sich. Zu verschiedenen Zeiten sind verschiedene Führungsarten erforderlich. Manchmal muss man autoritärer sein, manchmal demokratischer. Aber die Führung ändert sich nicht sehr".

Und was sind Komanskys Führungsprinzpien? „Ich meine, es gibt drei Schlüsselprinzipien: Erstens, glaube nicht, dass du von jemanden etwas verlangen kannst, wenn du nicht bereit bist, es selbst zu tun. Wenn Sie von jemandem veranlagen, durch ein Flammenfeld zu laufen, dann bleiben Sie besser an der Spitze, nicht hintendran. Ich glaube, das ist ein kritischer Punkt.

Zweitens, wesentlich ist, dass die Leute wissen, Sie sorgen sich um sie. Das bedeutet nicht, dass Sie ihnen willfährig sind oder nicht deren Aufmerksamkeit auf Dinge lenken, die falsch laufen, oder dass Sie Angst davor haben, nein zu sagen. Aber sie müssen wissen, dass man sich um sie als Individuen kümmert.

Drittens, Sie müssen von sich selbst und Ihren Leuten immer mehr verlangen, als das, was Sie sich als möglich vorstellen kön-nen. Die menschliche Psyche ist eine erstaunliche Sache. Wenn Sie von jemanden verlangen, eine zwei Meter hohe Mauer zu er-steigen, dann werden sie diese Mauer erklimmen und sich großar-tig fühlen. Möglicherweise hätten sie eine vier Meter hohe Mauer nicht so gut erstiegen, aber Sie haben nie darum gebeten, und des-halb dachten sie auch nicht daran.

Wenn Sie von den Menschen die Erfüllung großer Dinge ver-langen, dann besteht eine viel größere Chance, dass sie diese er-reichen, als wenn Sie die Erfüllung normaler Dinge verlangt hät-ten".

Offensichtlich ist Komansky auf dem Weg, viel zu erreichen. Glaubt er, dass die internationale Expansion sein Vermächtnis sein wird? „Das ist – zusammen mit unserer erfolgreichen Positionierung im Internet – eine unserer Kernaufgaben. Wenn wir erfolgreich sein sollten, möchte ich das Verdienst daran haben. Wenn nicht, dann werde ich Tully die Schuld geben".

Er macht eine kleine Pause, um dann wieder ernst zu werden. „Wenn ich im Rückblick sagen kann ‚Ich habe auf den Erfolgen meiner Vorgänger aufgebaut und der Organisation durch meine Anwesenheit zu einer Verbesserung verholfen‘, dann werde ich mich beim Nachdenken über die Zeit hier gut fühlen".

Unternehmen (Börsenkurzzeichen): Merrill Lynch and
    Company (MER)
Standort: New York, New York
Top-Manager: Daniel P. Tully, Chairman Emeritus
               Daniel H. Komansky, Chairman an CEO

Merrill Lynch auf einen Blick: Merrill Lynch ist die führende Investment-Bank und Broker-Firma der Vereinigten Staaten. Das Unternehmen verbindet das Angebot von Einzel-Börsengeschäften und Cash Management mit Investment-Banking, Clearing-Diensten, Bankgeschäften für Einzelkunden und Versicherungsgesellschaften. Merrill handelt außerdem mit Staatsanleihen und Derivaten. Sein Vermögensverwaltungsbereich macht das Unternehmen zu einem der größten Mutual-Fund-Managern der Welt. Es ist Marktführer bei Mergers & Acquisitions in den USA. Es besitzt auch eine umfangreiche internationale Präsenz.

Finanzergebnis 1998:
➢   Umsatz: 35,7 Mrd. US-$
➢   Nettoertrag: 1,3 Mrd. US-$

Gesamter aufs Jahr bezogener Aktionärsertrag:
➢   1 Jahr: -7 %
➢   5 Jahre: +28 %

Charles Wang
(Computer Associates)

„Sie müssen einen moralischen Kompass haben".

Noch nie hat jemand die redaktionelle Darstellung des *Wall Street Journal* der Übertreibung bezichtigt. Das muss man vor Augen haben, wenn man die Charakterisierung von Wang liest, die darin vor einigen Jahren mit diesen Sätzen begann:

Mit einer aggressiven Strategie von Fusionen und Aufkäufen, wie sie so noch nie in der Softwarebranche stattfand, hat Charles B. Wang ein Unternehmen aufgebaut, das 1997 Software im Wert von 4,7 Milliarden US-$ verkaufte (1998 waren es 5,1 Milliarden US-$).

Karriere
1976 – Heute: Gründer, Chairman und CEO, Computer Associates International, Inc.

Ausbildung
B.S., Computer Science, Queens College, 1967

Familie
Verheiratet mit Nanci; drei Kinder

Geboren am 19. August 1944 in Shanghai, China

Das genau macht Computer Associates zu dem zweiten Software-Giganten, einen, an den die Leute nicht denken, wenn sie nach dem Namen des größten Software-Unternehmens der Welt gefragt werden. Microsoft und Bill Gates sind bekannte Hausnummern, und CA mit Charles Wang ist genauso bekannt, wenn der Hausherr tatsächlich mal ein CIO (Chief Information Officer) sein sollte.

Das Unternehmen, welches das *Journal* hier so hochlobt, begann mit dem Angebot von Software für IBM-Zentralrechner. Dann hat es sich vermittels der von der Zeitung erwähnten Akquisitionen in alle Computer- Anwendungsgebiete hinein ausgedehnt. Seit seiner Gründung 1976 hat Computer Associates ungefähr 70 Unternehmen gekauft. Der Gesamtbetrag für all diese Käufe? Etwa 5 Milliarden US-$. Das Ergebnis? Neunzehn von 20 Unternehmen aus der Fortune-500-Liste nutzen wenigstens eine der mehr als 500 Software-Produkte von CA.

Der Mann, der das alles bewirkt hat, wurde in Shanghai geboren. Seine Familie floh zuerst nach Hong Kong, dann nach New York, nachdem die Kommunisten China übernommen hatten. Nach seinem College-Abschluss ging er die Stellenangebote durch und bemerkte, dass es allein zweieinhalb Seiten Angebote für Programmierer gab. Wang war sich nicht im Klaren, was Programmierer eigentlich machen, aber sie wurden augenscheinlich gebraucht, und so ließ er sich als Trainee einstellen.

Nicht lange nach seinem Arbeitsbeginn merkte Wang schon, dass es eine „Riesendiskrepanz" zwischen dem gab, was die Technologie-Unternehmen anboten und was ihre Geschäftskunden wünschten. Die entwickelte Technologie mochte dem Stand der Technik entsprechen, aber sie erfüllte deshalb noch lange nicht die Bedürfnisse der Kunden. Wang wollte mit Computer Associates dieses Problem lösen.

> *„Für mich ist Erfolg kein Zustand oder keine Erklärung, sondern eine Richtung. Es ist sehr wichtig, dass man seine Lebensweise betrachtet – denn die sollte in die richtige Richtung weisen".*

Bei Charles Wang klingt alles immer einfach. Er wurde Programmierer, weil seine College-Noten in den Hauptfächern Mathematik und Physik nicht gut genug waren, um eine weiterführende Schule zu besuchen. Und er brauchte einen Job. All diese Stellenanzeigen in der *New York Times* überzeugten ihn davon, dass Programmieren genau die richtige Tätigkeit war.

Ganz einfach. Genauso erklärt Wang, wenn man ihn nach den Herausforderungen bei der Leitung eines Geschäfts fragt: „Es ist nicht so kompliziert. Ich stelle nur sicher, dass die Einnahmen höher als die Ausgaben sind. Der Unterschied wird Gewinn genannt. Wenn es anders herum läuft, dann gibt es etwas, das Verlust genannt wird, und das macht mich nicht glücklich. Meine Aktionäre sind unglücklich, meine Mitarbeiter sind unglücklich und meine Kunden auch".

Einfach. Deshalb benutzt er auch einfache Begriffe, wenn er über die Zukunft nachdenkt.

„Nach unserem Gefühl haben wir gerade mal die Oberfläche angekratzt, was unsere Möglichkeiten betrifft", sagt er. „Die Branche macht immer die gleichen blödsinnigen Sachen wie bei Gründung unseres Unternehmens. Wir versuchen, uns gegenseitig zu imponieren. Die ganze Hard- und Software ist immer noch nicht miteinander verknüpft. Doch, wir sind schon besser miteinander verbunden, und es gibt einige clevere Unternehmen, wie Federal Express, die unsere Technologie wirklich nutzen. Aber viele Unternehmen haben ihre Aktionsstärke eingebüßt, weil sie sich in zu vielen technischen Details verloren haben. Die Branche konnte immer noch nicht die richtige mentale Einstellung gewinnen".

Dafür ist laut Wang ganz allgemein die Tatsache verantwortlich, dass Unternehmen ihre Zielrichtung aus den Augen verloren.

„Die meisten Geschäftstätigkeiten beginnen ganz fokussiert. Irgendjemand hat eine bessere Idee, etwas zu machen, und wird damit richtig erfolgreich. Dann übernehmen das die Bürokraten. Alles, was sie machen, ist die Erhaltung des Status quo und dessen sorgfältige Verwaltung. Das Unternehmen verliert seine Bissigkeit. Dann kommt ein anderes Unternehmen und macht es besser.

Wenn Sie ein wirklich wachsendes Unternehmen haben, dann sollten Sie immer an die nächste große Idee denken. Wohin wollen Sie gehen? Daran denken die Menschen nicht genug".

Welches Geheimnis steckt hinter dieser Schubkraft? „Ich glaube, Sie müssen sich sehr unsicher fühlen. Bei der heutigen Kommunikation wissen Sie ja nicht einmal, wer Ihr Wettbewerber ist. Es ist nicht so wie früher, als Sie ziemlich genau wussten, wo er steckte. Irgendwo einige Häuser weiter. Heute wissen Sie es nicht. Der Bursche kann das selbe Zeug wie Sie über das Netz zum niedrigeren Preis verkaufen, und schon ändert sich Ihr Markt.

Die Telefongesellschaft war völlig blind, stimmt's? Wo kamen diese Kerle her? fragte AT&T. Die Kabel-Leute werden auch immer blinder und merken nicht, dass ihre Wettbewerber vielleicht über Satellit kommen, oder über die elektrischen Leitungen. Sie müssen immer vorausdenken, immer danach fragen, wie Sie Ihr Geschäft abgrenzen können.

Ich sage meinen Leuten stets, dass unsere größte Herausforderung darin besteht, dass wir weiterhin wie in einem kleinen Unternehmen denken. Wenn wir das aufgeben und bürokratisch werden, dann haben wir Probleme".

Budgets sind genau so eine Sache, meint Wang. „Die Leute sagen immer, wir haben letztes Jahr diesen Betrag budgetiert, also budgetieren wir dieses Jahr dasselbe plus ein bisschen mehr. Das ist institutionelles Denken. Wenn wir anders, besser als die anderen sind, und was wir noch alles Großartiges von uns denken, dann sollten wir uns auch differenzierter sehen. Ich frage die Mitarbeiter laufend, warum wir gewisse Dinge tun. Ich erkläre ihnen, dass sie ihren Erfolg nicht nach der Größe ihrer Gruppe bestimmen sollten. Sondern danach, wie hoch ihr Gesamtbeitrag zu CA ist. Vielleicht sollte ihre Abteilung kleiner, nicht größer sein.

Viele Darstellungen in Business Schools handeln zunehmend von dem einem Thema ‚Wie gelange ich an die Spitze?' Das ist hervorragend, denn einige der Disziplinen, die sie lehren, sind für das Management eines Unternehmens notwendig. Aber eine Menge davon ist nicht kreatives Denken, sondern nur Verwaltung, und damit nicht unbedingt geeignet".

Was benötigt wird, ist nach Wangs Meinung ein Gesamtbild von der Organisation eines Unternehmens. Wenn man das einmal hat, dann sollte man innehalten und darüber nachdenken, ob diese Organisation Sinn macht.

Wang gibt ein Beispiel. „Die meisten Chief Information Officers berichten an die CFOs (Chief Financial Officers). Warum? Wegen der Nutzungsmöglichkeiten der Software. Mittels Software können wir schneller rechnen, genauer, und deshalb denkt jeder, wenn ich all diese Zahlen hätte, dann könnte ich Entscheidungen treffen. Niemand betrachtet diese Technik genauer und fragt sich ‚Wie könnte ich sie nutzen, um unser Unternehmen vom Wettbewerb abzuheben?'

Sagen wir einmal, Ihr Unternehmen gibt fünf Prozent Ihres Umsatzes für IT (Informationstechnologie) aus. Was wäre, wenn Sie diese IT nutzen könnten, um zehn Prozent obendrauf zu setzen? Wer würde sich dann darum kümmern, ob das sechs Prozent oder sieben Prozent kosten würde? Sie haben etwas für die Zukunft entwickelt, weil Sie Ihre IT in einer anderen Weise genutzt haben. Unternehmen denken nicht genug auf diese Art".

Auch die IT-Leute haben mit Schuld, bekennt Wang. „Ich verwende immer diese Analogie, um zu zeigen, warum man die IT-Leute nicht alle technologisch fundierten Entscheidungen treffen lassen sollte", erklärt er. „Nehmen wir an, Sie wollten von A nach B fahren. Ich würde Ihnen raten, gehen Sie los und kaufen Sie ein Auto. Fragen Sie aber mal einen von der Technik. Er wird Ihnen sagen, Sie sollten ein Auto bauen. Und wenn er endlich eine Beschreibung dieses Autos liefert, dann hat es Propeller. Je größer ein Unternehmen ist, umso mehr Autobauer haben Sie. Genau das machen diese Burschen. Bei den brillanten Unternehmen sagen sie, wir müssen neue Leute einstellen. Sie gehen in die besten Universitäten und holen sich die besten Computer-Wissenschaftler. Aber das sind oft die falschen Kameraden. Alles, was die wollen, ist Autos zu erfinden. Es geht dabei nicht nur um das eingebüßte Geld, sondern um die verlorene Zeit, die verpasste Möglichkeit. Sie müssen begreifen, welche Wertschöpfung Sie an den Markt bringen und dann dabei bleiben".

Und welches ist der höchste Wert, den Wang – ein Techniker, wie er im Buche steht – anbietet?

Das, meint er, ist eine einfache Frage. Die Antwort? Integrität.

Ihr Wort muss für alles gelten

„Als erfolgreiche Person, und CEOs sind oft sehr erfolgreich, müssen Sie Integrität zeigen. Ihr Wort muss wert sein, was Sie erhalten. Sie müssen einen moralischen Kompass haben. Das gilt inbesondere, wenn Sie ein Unternehmensführer sind, denn dann sind Sie exponiert. Die Menschen werden ein Gefühl dafür bekommen, ob Sie echt sind. Sie werden die Wirkung davon nicht heute, diese Woche, diesen Monat oder dieses Jahr bemerken, aber sie wird bemerkbar sein. Wenn die Leute fühlen, dass Sie fadenscheinig sind, dann wird Ihr Unternehmen Nachteile haben.

Die Möglichkeit der Verfehlung besteht immer, nicht in großen Angelegenheiten, sondern in den kleinen. Nehmen wir beispielsweise an, jemand hat nicht alle Formalitäten für einen Krankheitsanspruch beachtet. Zwar können Sie die Gerichtsentscheidung leicht anfechten, um nicht zu zahlen, aber Sie wissen natürlich, was Sie zu tun haben, nämlich: Die Forderung bezahlen. Oder wir kaufen ein Unternehmen mit einem Vertrag, der geradezu fürchterlich ist, wir erben alle Folgeverträge. Natürlich können Sie damit argumentieren, dass der Bursche, der den Vertrag unterschrieben hat, dafür kein Autorisierung besaß, aber Sie wissen, was dann passiert. Also halten Sie den Vertrag ein.

Sie machen das nicht nur wegen des Rufs, den Sie bei Ihren Kunden haben. Vergessen Sie für einen Moment mal die Kunden. Es gibt viel mehr Menschen im Unternehmen, die jene Situation kennen, als Kunden. Wenn Sie das Falsche machen, wird es schließlich jeder im Unternehmen erfahren.

Die Menschen bei CA wissen: ‚Wenn Charles das sagt, dann ist es so'. Sie müssen das als unumstößliche Sicherheit erfahren".

Diese Integrität muss sich auch auf die Behandlung der Mitarbeiter erstrecken, fügt Wang hinzu. „Ich glaube, eines vergessen die Unternehmensführer oft, nämlich dass die Menschen auf uns sehen, damit wir ihnen die Wahrheit darüber sagen, wie sie sich verhalten. Fast ist das so, als müsste ich Ihnen sagen, dass ich mich schlecht dabei fühle, wenn Sie sich so hoch einschätzen. Das fällt mir schwer. Aber wenn ich es nicht sage, sind Sie schlechter dran, denn Sie wissen nicht, wo Sie stehen.

Als Management müssen wir den Leuten sagen, was wir erwarten. Und wenn sie diese Erwartungen nicht erfüllen, müssen wir es ihnen sagen, auch warum das so ist, damit sie sich verbessern können. Vielleicht ist es etwas, an dem wir gemeinsam arbeiten können.

Es ist wirklich wichtig, brutal ehrlich zu den Mitarbeitern zu sein. Die Menschen respektieren das. Ich habe Leute erlebt, die mir dafür gedankt haben. Wenn Manager das nicht tun, dann übernehmen sie keine wirkliche Verantwortung".

Das alles ist Teil einer breiteren Sichtweise, die Wang hat. „Sie sollten etwas Gutes tun, um die Welt zu verbessern. Ich sage meinen Mitarbeitern, dass das Leben lange dauert. Glaubt nicht, dass euer einziges Ziel darin besteht, 100.000 US-$ im Jahr zu verdienen. Das geht vielleicht schneller, als ihr denkt. Also was dann? Ist euer Leben vorbei, wenn ihr 100.000 US-$ verdient habt? Nein.

Ihr müsst in die richtige Richtung blicken. Ihr baut euch eine Karriere auf. Ihr werdet etwas tun, was euch wirklich Freude bereitet".
Und wenn wir eine bessere Welt wollen, dann müssen wir etwas zurückgeben.

„Ich sage jedem: Gebt etwas zurück, gebt etwas. Denn wenn man das nicht macht, wird die Welt nicht besser werden. Und wenn jemand das Glück hat, dass es ihm wirklich gut geht, dann sollte er mehr geben".

Unternehmen (Börsenkurzzeichen): Computer Associates International, Inc. (CA)
Standort: Islandia, New York
Top-Manager: Charles B. Wang

Computer Associates auf einen Blick: CA ist das drittgrößte unabhängige Computer Software Unternehmen der Welt, nach Microsoft und Oracle. (IBM ist in etwa die Nummer zwei). Das Unternehmen bietet mehr als 500 Softwareprodukte, von Data Access über Systeme und NetzwerkManagement-Werkzeuge. Sein Flaggschiff, das Programm Unicenter, gibt den Kunden zentrale Kontrolle über ihre Software, Hardware und Netzwerke. CA's Unternehmensgeschichte ist geprägt von aggressivem Wachstum durch Aufkäufe.

Finanzergebnisse 1998:
➢   Umsatz: 5,1 Mrd. US-$
➢   Nettoertrag: 570 Mio. US-$

Gesamter aufs Jahr bezogener Aktionärsertrag:
➢   1 Jahr: – 19 %
➢   5 Jahre: + 29 %

Wang tut es. Eine seiner wichtigsten Aktionen ist der „Zug des Lächelns". „Ich möchte alle Gaumenspalten, Hasenscharten und Gesichtsdeformationen ausmerzen. Es ist nicht damit abgetan, dass wir einfach Ärzte hinschicken, um die Kinder zu operieren. Wir müssen die Ärzte vor Ort ausbilden, so dass auf Dauer etwas

getan wird. All die anderen Programme von Leuten erreichen große Publizität. Sie gehen mit großen Tönen und PR-Effekten in
einige Regionen und dann sind sie wieder weg.

Ich weiß nicht, ob es Ihnen bekannt ist, dass nach einer derartigen Gesichtsoperation gewöhnlich noch weitere vier Schritte nötig
sind. Sie müssen Zahnkorrekturen ausführen, brauchen Sprachthe-
rapie und müssen alle Zähne wieder einfügen. Also genügt es
nicht, einfach dieses Loch im Mund zu schließen und dann sieht es
kosmetisch gut aus. Ja, das ist ein großartiger Beginn, aber Sie
können nicht laufend Leute hinschicken, um diese Operationen
durchzuführen. Sie müssen die Ärzte vor Ort schulen".

Wang spendet persönlich für den „Zug des Lächelns". Aber
CA ist ebenfalls sehr großzügig.

„Das Unternehmen verdoppelt jede Spende, die unsere Mitarbeiter machen. Wenn sie einen Dollar spenden, gibt CA zwei
Dollar für dieselbe karitative Sache. Ich meine, dass wir nicht
genug geben. Ich poche darauf, und das macht sie verrückt".

Sie sollten sich also nach Ihrem moralischen Kompass richten
und etwas zurückgeben.

Ganz einfach.

Sandy Weill
(Citigroup)

Lasst uns etwas gemeinsam bauen

Viele Leute waren überrascht, dass Sandy Weill im Alter von 65 – in dem die meisten seiner Berufskollegen an ihre Pension denken oder sich bereits zur Ruhe gesetzt haben – noch die größte Finanzdienstleistungsgruppe der Welt zusammenbaute. Weills 78-Milliarden-Dollar-Deal brachte die Travelers Group – mit Salomon Smith Barney und Travelers Insurance – Ende 1998 mit der Citibank zusammen. Er schuf damit ein wirklich internationales Machtgebäude, mit der damals größten Fusion aller Zeiten.

Aber Menschen, die Weill kannten, waren von dem Citibank-Deal ganz und gar nicht überrascht. Schon immer, seit er ins Geschäft kam, hatte Weill deutlich gemacht, dass er ein Marken-Unternehmen, ein Finanzdienstleistungsreich schaffen wollte. Und doch schufen er und sein Co-Chairman John Reed mit der Citibank-Fusion eine Firma, deren Breite die meisten Kästchen-Denker überraschte. Unter dem Namen Citigroup bekannt, vereint das Unternehmen Interessen im Bank- und Versicherungsgeschäft, bei Fusionen und Firmenkäufen sowie im weltweiten Börsengeschäft.

Karriere
1998 – Heute: Chairman und Co-CEO, Citigroup, Inc.
1986 – 1998 Chairman, CEO Travelers Group (einschließlich Commercial Credit, Primerica Travelers, Shearson Aetna Property, Casualty)
1983 – 1985 President, American Express Company
1984 – 1985 Chairman, Fireman's Fund Insurance Company, American Express
1960 – 1985 Chairman, CEO, Carter, Berlind Potoma & Weill und Folgeunternehmen (der Name wurde 1970 in CBWL Hayden Stone, Inc., 1972 in Hayden Stone, Inc., 1974 in Shearson Hayden Stone, 1979 in Shearson Loeb Rhodes, 1981 in Shearson/American Express und 1983 in Shearson Lehman Brothers geändert)

Ausbildung
B.A. Cornell Universität 1955

Familie
Verheiratet mit Joan Mosher, 19. Juni 1955, Kinder: Marc P., Jessica M.

Geboren am 16. März 1933 in New York City

Das dauerte eine Weile. Der geborene Brooklyner Weill ging unmittelbar nach seinem College-Abschluss ins Berufsleben. Infolge einer Serie von Firmenkäufen wurde er schließlich Leiter einer Broker-Firma, bekannt unter dem Namen Shearson Loeb Rhodes, als sie 1981 von American Express gekauft wurde.

Da er nicht die Spitzenposition bei American Express einnehmen konnte, machte sich Weill daran, seinen vergangenen Erfolg zu wiederholen. Und mit einer weiteren Linie von Aufkäufen erreichte er ihn. Noch bevor Citibank unter dem bekannten roten Schirmlogo von Travelers zusammenkam, hatte Weill Travelers zu einer Firma umgebaut, die einen größeren Börsenwert als American Express besaß.

Weill rangiert an der Spitze aller amerikanischen CEOs, was die Steigerung des Shareholder Value betrifft, vornehmlich deshalb, weil er besessen davon ist, den Wohlstand seiner Aktionäre zu mehren. Ein Grund dafür könnte sein, dass ein großer Teil seines Netto-Einkommens an die Leistung der Citigroup gebunden ist.

Er rangiert aber auch nahe der Spitze in punkto sozialer Einstellung. Weill ist Chairman der Carnegie Hall, des Medical College von Cornell und der National Academy Foundation.

> *„Woran ich am stärksten glaube, ist die Macht der Menschen. Ich glaube daran, sie wissen zu lassen, dass ein Fehler nicht das Ende der Welt bedeutet. Einen Fehler verbergen, das wäre das Ende der Welt. Wenn Menschen nämlich nicht bereit sind, Fehler zu machen, dann werden sie auch niemals richtige Entscheidungen treffen. Wenn sie dagegen laufend Fehler machen, dann sollten sie besser für einen Wettbewerber arbeiten".*

Sandy Weill benutzt ein bezeichnendes Beispiel zur Erklärung dafür, wie lang er schon im Finanzdienstleistungsgeschäft tätig ist.

„Als ich 1955 in diese Branche kam, betrug das durchschnittliche Verkaufsvolumen der New York Stock Exchange 1,5 Millionen Aktien pro Tag. Heute werden von unseren Aktien 10 Millionen pro Tag verkauft. Allein die Citigroup setzt ein sechsmal so großes Volumen um wie die ganze Börse vor 44 Jahren".

Selbstverständlicherweise hat jemand, der so lange im Geschäft tätig ist – und jeder beobachtete den rapiden Wechsel, der in den letzten vier Jahrzehnten durch alle Branchen gegangen ist, – eine Reihe von Prinzipien entwickelt, die Leitlinien geben sollen. Für Weill lassen sie sich auf drei eingrenzen:

➢ Erstens: Führe Dinge durch;
➢ Zweitens: Bezahle jeden wie einen Partner;
➢ Drittens: Verlasse dich auf Leute, die klüger sind oder besser als du selbst dastehen, damit sie dir zum Erfolg verhelfen.

Weill geht mit uns nacheinander diese Prinzipien durch, beginnend mit der Ausführung.

Alles dreht sich um Ausführung

„In unserer Branche hat keiner einzigartige Produkte", sagt er. „Deshalb müssen Sie ein Niedrigkosten-Anbieter sein. Wir sind sehr auf die unterste Grenze fixiert und darauf, wie effizient wir unsere Produkte anbieten können. Wir bieten ein Produkt, das der Käufer wirklich wünscht, nicht das, was er nach unserer Meinung will, zu einem effektiven, profitablen Preis".

Der Kunde sieht nur das Produkt. Nicht den Prozess, der das Produkt zu ihm brachte. Diese Prozesse sind es, bei denen sich Weills Unternehmen immer hervorgetan haben.

„Wir müssen unsere Produkte ohne größere Fehler liefern", sagt er. „Wenn wir ein Clearing vornehmen (eine Transaktion im Backoffice, die klärt, ob eine Person Aktien gekauft oder verkauft hat, wer am anderen Ende der Transaktion war, was für die Aktien bezahlt wurde und welche Kommission an den damit beauftragten Broker bezahlt werden sollte), dann ist es zwingend, dass dies von Anfang an richtig läuft. Es ist sehr kostspielig, einen Fehler zu korrigieren. Deshalb haben wir der Qualität unserer Ausführungen immer viel Aufmerksamkeit geschenkt und für diesen Bereich unseres Geschäfts gute Leute geholt".

Danach gefragt, wie man am besten gute technische Kräfte holen und halten kann, die Backoffice-Transaktionen überblicken können, ist Weills erste Antwort interessant.

„Für mich ist das Engagement des Top-Managements in diesem Bereich entscheidend. Die Leute müssen wissen, dass das Top-Management sich darum kümmert. Es gab z.B. viele Nächte, in denen ich auf dem Boden des Computerraums schlief, als sie dort etwas in Ordnung zu bringen hatten".

Warum war Weill dort? Um zu zeigen, wie wichtig die dort geleistete Arbeit war, und um etwas zum Problemlösungsprozess beizutragen.

„Wenn wir es nicht bis zum nächsten Morgen zum Laufen gebracht hätten, wären wir aus dem Geschäft gewesen. Im Wertpapiergeschäft schenkt man Ihnen nicht noch einen Tag. Es ist nicht wie im Bankgeschäft oder im Versicherungsgewerbe, wo Sie einen Computerabsturz erleben und dann noch Zeit zur Korrektur haben. Im Wertpapiergeschäft steht dazu keine Zeit zur Verfügung. Es war wesentlich, dass ich unseren Leuten gezeigt habe, wie wichtig sie waren".

Partnerschaftliche Bezahlung

Symbolische Handlungen sind natürlich wichtig, aber Geld ist es auch, vor allem in der Finanzdienstleistung. Weill hat immer hervorgehoben, dass die Mitarbeiter nach Leistung bezahlt werden sollen.

„Wir haben eine Menge von Unternehmen gekauft, wo man nicht wirklich zwischen den Leistungsebenen unterschieden hat. Die Mitarbeiter bekamen einen bedeutenden Teil ihrer Bezahlung in Form von Pensionen und Zahlungen für medizinische Leistungen und all diesem Zeug. Wir haben immer gesagt, wenn Sie zu uns kommen wollen, dann sollten Sie nicht krank werden. Wir wollten das Geschäft wirklich so führen, dass der Großteil der Leute nach ihrer Leistung bezahlt wurde. Und nach der Leistung der Gesamtheit, wovon sie ein Teil waren".

Und ein Großteil dieser Bezahlung würde in Aktien oder Aktienoptionen erfolgen. „Wenn wir zusammen gute Arbeit leisteten, würden wir alle davon profitieren", sagt Weill. „Und das würde auch das Leben jedes Einzelnen verändern. Wenn sie den Menschen ein bisschen zusätzlich zahlen, dann geben sie es aus und es ist nichts mehr für die Zukunft da. Ich sage den Leuten immer, lasst uns nicht auf den Staat und die Sozialversicherung vertrauen. Sondern darauf, etwas gemeinsam aufzubauen.

Das bedeutete eine große Herausforderung für Travelers, denn dort waren etwa 70 Prozent der Bezahlung fest oder erfolgte in Zusatzleistungen, nur 30 Prozent waren an Leistung gebunden. Wir haben das grundlegend verändert. Wenn Sie heute nach Hartford (wo Travelers sitzt) gehen und irgendjemand fragen, ob er zur alten Entlohnungsform zurückkehren möchte, dann würde er es nicht. Unsere Leute sind wirklich stolz auf das, was sie in den letzten fünf Jahren erreicht und aufgebaut haben".

Weill hat diese Tradition der leistungsorientierten Bezahlung mit zur Citigroup genommen.

„Direkt nach der Fusion haben wir die Aktienoptionspläne herausgegeben, die wir Gründer-Optionen nannten, weil wir alle Gründer der neuen Organisation waren", erklärt Weill. „Und 32.000 von unseren Mitarbeitern nahmen an diesem Optionsplan teil – es ging tiefer in die Organisation runter als jemals zuvor bei Citi. Auf diese Weise können sich mehr Leute als Teilhaber im Leistungsprozess fühlen".

Das Verfahren, so viele Mitarbeiter wie möglich zu Aktienbesitzern zu machen, ist ein mächtiges Instrument des Managements, meint Weill.

„Sehr oft werden Sie Menschen in einem erfolgreichen Unternehmen treffen, die sich unmündig fühlen, weil sie keine Optionen haben. Ich möchte die Leute am Erfolg teilhaben lassen".

Und „Leute" schließt auch den Board of Directors des Unternehmens mit ein. Weill war ein früher Verfechter für eine weitgehende Kompensation der Board-Mitglieder mit Aktien.

„Das macht Sinn. Auf diese Weise sitzen wir alle in einem Boot. Die Directors müssen sich jetzt Gedanken darüber machen, was im besten Interesse der Aktionäre liegt, denn sie sind auch alle Aktionäre".

Auf klügere Leute vertrauen

Die Board-Frage bringt uns zu einer anderen: Warum sagt Weill, versucht er immer, die Fähigkeiten von Leuten zu nutzen, die klüger sind als er selbst? Er ist natürlich zu bescheiden. Aber er nennt damit einen wichtigen Punkt. Kein CEO, kein noch so kluger Meister hat die Fähigkeit, jeden Einzelaspekt eines Multi-Milliarden-Dollar-Unternehmens fehlerfrei ganz alleine zu bewältigen.

„In unserem Board haben wir Leute mit unglaublich viel verschiedenartiger Erfahrung, und diese nutzen wir als Resonanzboden für Verbesserungen".

Unternehmen (Börsenkurzzeichen): Citigroup, Inc.
Standort: New York, New York
Top-Manager: Sanford I. Weill, Co-Chairman und CEO
John S. Reed, Co-Chairman und CEO

Citigroup auf einen Blick: Die Citigroup, 1998 durch eine Fusion der Citicorp und der Travelers Group entstanden, ist der größte Finanzdienstleister der Vereinigten Staaten. Die auf Privatkunden, die größten Unternehmen der Welt bis zu Regierungen ausgerichtete Leistungspalette umfasst Kreditkarten, Privat- und Firmenkundengeschäfte, Versicherungen und Investment-Dienstleistungen in fast 100 Ländern. Die Gruppe bietet auch Broker-Dienste (über ihre Salomon Smith Barney-Einheit), Hypotheken (Primerica Financial), Sach- und Unfallversicherungen (83 % Anteil an der Travelers Property Casualty), Rentenversicherungen (Travelers Life & Annuity) und Grundstücksgeschäfte (Citicorp Real Estate) neben anderen Dienstleistungen an. Das Unternehmen hat das rote Schirm-Logo von Travelers beibehalten.

Finanzergebnisse 1998:
➢   Umsatz: 78,4 Mrd. US-$
➢   Nettoertrag: 5,8 Mrd. US-$

Gesamter aufs Jahr bezogener Aktionärsertrag:
➢   1 Jahr: 7 %
➢   5 Jahre: 33 %

Nutzen aus der Stärke Anderer zu ziehen, war schon von Anfang an eine Methode von Weill. „Es gibt eine Menge von Charaktereigenschaften, die jemanden zum Erfolg führen können", sagt er. „Ich halte es für wichtig, dass ein Unternehmensführer seine Stärken ausspielt und nicht versucht, jemand zu sein, der er gar nicht ist. Meine Stärke ist die Problemlösung. Die Leute wissen, dass ich für sie da sein werde, und sie wissen auch, dass ich bis in die letzte Einzelheit gehen werde. Ich kann auch gut zuhören und lernen. Glücklicherweise habe ich dazu noch John Reed (sein Co-CEO) als Partner. John ist ein unglaublich heller Kopf und hat ganz große internationale Erfahrung, die ich nie erreichen konnte. Auf diese Weise befinde ich mich auf einer steilen Lernkurve".

Genau das hat letztlich zur Fusion von Travelers-Citibank geführt.

Die Erschaffung der Citigroup

„Wir (bei Travelers) hatten gerade verkündet, dass wir Salomon kaufen werden, weil wir merkten, dass wir global tätig sein sollten. Unser Unternehmen war hauptsächlich im Inland tätig. Das Wachstum der Finanzdienstleistungen schien sich aber stärker zu globalisieren, in Ländern abzuspielen, die ihre Industrien und ihre Rentensysteme privatisieren und ihre Wertpapiergeschäfte in den Vereinigten Staaten abwickeln würden. Daran nahmen wir in keiner Weise teil. Wir entschieden, dass wir mit Salomon Brothers einen Fuß in diesen Markt setzen könnten.

Also kauften wir Salomon Brothers. Und eine Woche später wird Thailand zahlungsunfähig, geht Indonesien bankrott, geht Korea bankrott. Und wir sagten: ‚Du meine Güte, wir sind global tätig'. Und das hat mich ziemlich in Angst versetzt. Diese Volatilität verbunden mit jener Liquidität, die im Oktober und November 97 vom Markt her kam, war ziemlich nervenzerreißend.

Als sich die Lage wieder stabilisierte, stellten wir fest, dass wir ungefähr 22 Mrd. US-$ Eigenkapital und näherungsweise, auf normaler Basis, 3,5 bis 4 Mrd. US-$ Einkünfte nach Steuern hatten. Das ist nicht genug, wenn man global tätig sein und nachts ruhig schlafen möchte. Wir wären gerne weltweit tätig gewesen, aber wir erkannten, dass wir noch mehr diversifizieren müssten und größere Einkünfte und Eigenkapitalquellen benötigten.

Daraufhin wurde beschlossen, John Reed (der damals Chairman und CEO der Citibank war) anzurufen, weil sein Unternehmen den besten Job unter allen Privatkunden-Finanzdienstleistern auf globaler Basis gemacht hatte. Sie waren in 100 Ländern tätig. Ihre Einkünfte kamen von überall her. Sie hatten 70 Millionen Kunden. Und sie besaßen ein Eigenkapital von 22 Mrd. US-$, um eine Eigenkapitalbasis von 44 bis 45 Mrd. US-$ zu schaffen. Es war die richtige Entscheidung, denn diese Kombination gab uns die Möglichkeit, schneller als jeder einzelne von uns zu wachsen".

Mit anderen Worten: Tu dich mit jemandem zusammen, dessen Stärken deine Schwächen ausgleichen. Auf diese Weise hat Weill in einer Karriere, die sowohl lang als auch erfolgreich war, eine funktionsfähige Formel gefunden: Führe Dinge durch, finde Menschen, die mehr wissen als du und bezahle sie wie Partner.

Jack Welch
(General Electric)

„Ich glaube nicht, dass irgendjemand den Wert des Informellen versteht".

Er hat sein ganzes Berufsleben bei einem Unternehmen verbracht. Er besitzt einen Doktorgrad (als Chemie-Ingenieur). Er ist ein passionierter, ehrgeiziger Golfer, der jenen Moment zu den größten seines Lebens zählt, als er den Profi Greg Norman mit einem Schlag bezwang, der anfänglich nur wie eine reine Entspannungsübung aussah. („Es war einer von jenen Tagen, an denen Gott vom Himmel herabsteigt und dich segnet. Eigentlich sollte ich unter 66 Schlägen bleiben. Ich habe aber dann drei Puts von weniger als 1,20 Metern bei den letzten sieben Löchern verschlagen").

Es ist John F. Welch, der vielleicht am meisten studierte – und nachgeahmte – CEO in Amerika, möglicherweise in der ganzen Welt.

Es gibt einen Grund, warum Welch diese ganze Aufmerksamkeit auf sich zieht.

Karriere
1981 – Heute: Chairman und CEO, General Electric Company
1977 – 1981 Senior Vice President
1973 – 1977 Vice President
1960 – 1972 Verschiedene Stabspositionen

Ausbildung
Ph.D. Universität von Illinois 1960
M.S. Universität von Illinois 1958
B.S. Universität von Massachusetts 1957

Familie
Verheiratet im April 1989 mit Jane Beasly, Kinder: Katherine, John, Anne, Mark

Geboren am 19. November 1935 in Peabody, Massachusetts

Das Ergebnis von GE während seiner zwanzigjährigen Herrschaft war außerordentlich. Umsatz und Ertrag sind ständig gestiegen. Der Marktanteil ebenfalls. Und auf seinem Weg hat Welch genug Führungskräfte herangezogen, um einen Großteil der S&P 500 zu führen. Jeder von Larry Bossidy (siehe S.69ff.) bis zu John Trani, der jetzt CEO von Stanley Works ist, hat eine beträchtliche Zeit als einer von Welchs Stellvertretern verbracht.

Tatsächlich ist GE die erste Stelle, an der Unternehmungen nach einem neuen Chief Executive suchen.

In einem Alter, in dem wahrscheinlich das Letzte für die meisten Führungskräfte die Führung eines Konglomerates sein dürfte, hat Welch ein Unternehmen aufgebaut, das genau in die Unternehmenslandschaft der 50er Jahre passen würde. GE verkauft von Kraftwerken bis zu Glühbirnen alles und besitzt so unterschiedliche Unternehmen wie Fernsehnetze (NBC) oder Finanzdienstleister (GE Capital).

Aber selbst angesichts seiner Größe (Welch ist überzeugt, dass sein Unternehmen im Jahr 2000 einen Umsatz von mehr als 125 Mrd. US-$ erzielen wird) und seines Umfangs reagiert GE bemerkenswert schnell auf wechselnde wirtschaftliche Umstände.

Aufgrund eines sich vor einigen Jahren entwickelnden deflationären Umfelds sagte Welch den Chefs aller großen Divisions des Unternehmens, dass sie ihr Qualitätstraining beschleunigen, ihre Kostenreduzierung stärker vorantreiben und alle Investitionen in Fabriken und Ausrüstungen nochmals überprüfen sollten. Doch das war nicht einfach ein weiteres Memo von der Zentrale. Wie gut sie bei der Umstellung ihrer Division auf die konstanten Preissenkungen waren, zielte letztlich auf die Bestimmung ihres Gehalts und ihres Bonus ab, als die Zeit ihrer jährlichen Überprüfung kam.

Überall auf der Welt haben Manager die Ideen von Welch aufgegriffen. Wieder und wieder kann man Führungskräfte in zahllosen Sprachen sagen hören: „Wir müssen die Nummer Eins oder Zwei auf den Feldern sein, auf denen wir Wettbewerber sind". Sie reden über „Grenzenlosigkeit", die Notwendigkeit des Informationsaustauschs, ein Konzept, das die traditionellen Unternehmenshierarchien durchbricht und sicherstellen soll, dass Ideen sowohl nach oben als auch nach unten fließen. Und selbst Manager, die sicher gar nicht dessen wahre Bedeutung kennen, reden über Six Sigma, ein Qualitätsprogramm, das jetzt überall Teil der Unternehmenslandschaft geworden ist. Das sind alles Vorstellungen, die Welch bei der Führung von GE entwickelt hat, und über die Jahre sind daraus Prüfsteine für das Unternehmen geworden.

Was die Leute angesichts des Erfolgs von Welch gerne vergessen ist, dass diese Vorstellungen einmal sehr fremdartig waren.

„Wir belohnen Fehlschläge. Ich erinnere mich daran, dass einige Männer mit einer Lampe kamen, die nicht funktionierte, und wir übertrugen ihnen die Verantwortung für alle Fernsehapparate. Sie müssen das machen, weil die Leute sonst Angst haben, Dinge auszuprobieren".

„Vor fast zwanzig Jahren entschieden wir, die Hardware instand zu setzen, d.h. sicherzustellen, dass all unsere Divisions entweder auf Platz eins oder zwei im Markt sein sollten", erinnert sich Welch. „Und es ist auch zwanzig Jahre her, dass wir damit begonnen haben, das Unternehmen zu restrukturieren, um es schneller und schlanker zu machen.

Als ich 1981 darüber eine Rede hielt, ignorierten die Analysten an der Wall Street das mehr oder weniger und verließen enttäuscht den Raum, weil keine harten Zahlen kamen – nur eine breitgefasste Vision.

Wir nahmen uns ein Unternehmen vor, von dem jeder dachte, es sei perfekt, und mussten damit kämpfen". Er kämpfte damit, und wie. Innerhalb weniger Jahre nach seiner Amtsübernahme bei GE hatte er die Zahl der Mitarbeiter mittels Verschlankung und Downsizing von 400.000 auf 220.000 heruntergeschraubt. Dieses Verfahren brachte ihm den Spitznamen „Neutronenbomben-Jack" ein, der Mann, der das Gebäude erhält, aber alle Menschen darin eliminiert. Welch hatte von dieser Beschreibung gehört, sagt aber, dass sie aus dem Blauen hergeholt war.

„Ich war nie als Schlächter oder Amputierer bekannt, oder als sonst etwas in dieser Art. Dafür aber immer als Wachstumsfan. Alles, was ich machte, war Mitarbeiter zu holen. Ich globalisierte die Kunststoff-Division. In Wirklichkeit habe ich in Europa so viele Unternehmen gekauft, dass ich einmal vom General Counsel zurückgerufen wurde, der mir sagte ‚Sie sind nur der Sachwalter dieses Geschäfts, Sie besitzen es nicht, und Sie können nicht einfach all diese Unternehmen kaufen'. Ich habe diese ganzen verrückten Sachen gemacht, weil die Kunststoff-Division nicht im Mainstream lag. Und der ganze Mitarbeiterstab folgte mir auch nicht in jeder Einzelheit. Im Endeffekt konnten wir aber das tun, was für uns Sinn machte".

Als Welch zum Chairman ernannt wurde, fuhr er fort, das zu tun, von dessen Richtigkeit er überzeugt war. Doch während er bei seiner Strategie blieb, änderte sich seine Taktik. Er glaubte, dass GE verpflichtet war, dort Marktführer zu sein, wo seine Stärken lagen.

„Peter Drucker stellt eine großartige Frage", erklärt Welch. „Er fragt: ‚Wenn Sie nicht mehr in diesem Geschäft wären, würden Sie jetzt reingehen?' Das ist eine wunderbare Frage. Und (nachdem ich CEO geworden war) so begannen wir, diese Frage für jedes Geschäft zu stellen, in dem wir tätig waren. Wir entschieden, ein Geschäft zu behalten, wenn es einen hohen technologischen Aufwand, eine Menge Geld zur Durchführung erforderte, und wenn es vernünftige Zyklen durchlief, d.h. nicht in kurzen Zyklen abspulte. Diese Faktoren waren unsere Stärken. Wir sind gut in Technologie. Wir sind bereit, Kapitalinvestitionen zu tätigen, und wir brauchen relativ lange, um an den Markt zu kommen. Wir sind zwar der schnellste Elefant beim Tanz, aber wir sind immer noch ein Elefant.

Diese Art Tests liefen bei der Überprüfung, ob wir ein Geschäft behalten wollten. Unsere Haushaltswaren-Division fiel durch. Haushaltswaren erforderten kein Geld. Jemand konnte in einer Garage irgendein Gerät bauen. Das ist ein schneller Geschäftszyklus, und wir sind nicht schnell. Also gingen wir raus, obwohl mir viele Leute Briefe schrieben und meinten, wir würden unsere angestammten Rechte verkaufen. Das ist auch der Grund, warum ich aus dem Halbleitergeschäft ausgestiegen bin. Es erforderte eine Menge Kapital, aber die Zyklen waren zu kurz, und es gab zu viele davon. Wir haben unsere Stärken ausgespielt, wie bei den Flugmotoren, bei den Werkstoffen. Branchen, die eine Menge Kapitalinvestitionen und viel Technologie erfordern".

Das wäre ohne Unterstützung des Board unmöglich gewesen

Der radikale Umbau, den Welch vorsah – und später durchführte – wäre ohne die vollständige Unterstützung durch den GE-Board nicht möglich gewesen. Welch ist dafür dankbar, aber er ist den Board-Mitgliedern noch dankbarer für die Art, wie sie ihn behandelten.

„Ich sehe die Verantwortlichkeit des Boards etwas differenzierter als einige andere Leute", sagt Welch. „Wie viele andere meine ich, die Board-Mitglieder sind jeder Änderung des Unternehmens gegenüber absolut kritisch eingestellt. Aber ich denke, ihre erste Aufgabe ist die Ernennung eines CEO. So lange der CEO auch CEO ist, sollte dann alles getan werden, damit er sich drei Meter groß fühlt. Den größten Vorteil hatte ich beim Einstieg in meinen Job, als Walter Wriston (damaliger Chairman und CEO der Citibank, der im GE-Board saß) in New York herumlief und erzählte ‚Wir haben den smartesten Burschen geholt. Wir lieben ihn'. Und als ich durch den Verkauf all dieser Divisions außerhalb Kontroversen verursachte, sagte der Board: ‚Wunderbar. Machen Sie nur weiter'. Das war ein enormer Vertrauensbeweis. Wir erhalten Vertrauen in jeder Phase unseres Lebens, im College, auf den Knien unserer Mutter, bei einer ganzen Reihe von Schritten. Aber nie brauchen Sie es mehr als wenn Sie erstmals CEO werden, denn auf einen Schlag sind Sie alleine. Und die Rolle des Board besteht darin, Sie in diesen ersten Tagen aufzupumpen, und Sie schließlich zu entfernen, wenn Sie die Leistung nicht bringen".

Natürlich hat Welch eine dezidierte Meinung über die typische Art, wie Boards häufig verfahren. „Das Schlimmste, was überhaupt passieren kann, ist die Ernennung eines neuen CEO, während der vorherige noch im Hintergrund herumwerkelt. Ich folgte auf den besten CEO der Welt (Reginald Jones), und er kam nie mehr ins Büro, nachdem er einmal herausgegangen war. Er kam ihm nicht zu nahe. Ich verkaufte die größte Erwerbung, die er getätigt hatte, innerhalb von 20 Monaten nach Übernahme des Jobs, und er hat nicht einen Augenblick Probleme bereitet. Er sagte niemals etwas Negatives. Er unternahm nie etwas. Ich habe immer mit ihm gesprochen, habe ihn immer in Kenntnis gesetzt, immer mit ihm zusammen gearbeitet. Und nicht ein einziges Mal, in keinem Interview, habe ich je versäumt zu sagen, dass er der großartigste CEO für jene Welt gewesen ist, in der er lebte".

Die Unterstützung, die Welch allgemein vom Board und insbesondere von Jones erhielt, gab ihm genug Zeit, um die „Hardware zu richten", also den richtigen Mix des Geschäfts herzustellen. Die nächste Herausforderung war die Schaffung eines Unternehmens, das die richtige „Einstellung" besaß, die zu der von Welch gewünschten höchsten Produktivität führte. Hierbei stützte sich Welch stark auf seine Erfahrungen aus der Leitung der Kunststoff-Division von GE.

„Als ich die Kunststoffe geleitet habe, hatte ich anfänglich einen Mitarbeiter. Dann hatten wir zwei Mitarbeiter, dann fünf, und ich habe sie alle mit nach Hause genommen, zu meiner Familie. Auf diese Weise blieb ich mit ihnen in gutem Kontakt. Es war buchstäblich eine Garagen-Firma.

Aber als ich befördert wurde, kam ich immer stärker in diese Art von formeller, ritualisierter Ebene des Unternehmens, wo wir uns einfach nicht bewegen konnten. Da gab es all diese Formulare und Tabellen. Deshalb wollte ich nach dem Aufbau der Hardware zurück zu dem informellen Stil, den wir bei den Kunststoffen hatten, als die Mitarbeiter mit nach Hause kamen, wir zusammen etwas tranken, Pizza-Partys und Spaß hatten. Ich wollte, dass alle bei GE diese Einstellung bekämen.

Wenn Sie zehn Mitarbeiter haben, dann müssen alle zehn aktiv sein. Irgendwann ab 400.000 denken Sie nicht mehr, dass Sie alle 400.000 brauchen. Also versuchen Sie es nicht und beschäftigen auch nicht alle. Aber wir wollten unbedingt jedermanns geistige Leistung, weshalb ich diese informelle Haltung haben wollte.

Wenn man sich heute GE betrachtet, dann ist eine unserer Hauptstärken die Fähigkeit, Ideen von überall her zu aufzunehmen. Wir arbeiten am besten, wenn wir Ideen über die Grenzen hinweg fließen lassen. Als ich das Amt übernahm, waren wir wie die meisten Organisationen, voller Abgrenzungen. Das konnte ich nicht ändern, solange die Leute nicht offen für Ideen waren. Deshalb gab es eines zu tun, nämlich das Spiel zu ändern. Der gefeierte Held war bei uns nicht länger der Erfinder, sondern derjenige, der eine Idee irgendwo aufgriff, sie ausschmückte und etwas mit ihr vollbrachte.

Das wurde das Schlüsselelement unserer Kultur. Und auf diesem Stand ist das Unternehmen heute. Was heute zählt, ist nicht die Zahl Ihrer Achselstücke, sondern die Qualität Ihrer Ideen, und der Intellekt dahinter. So machten wir es bei den Kunststoffen mit zehn Mitarbeitern, und dahin wollten wir zurückkehren. Die Frage, die ich immer wieder stelle, lautet: Wie können wir der Familienladen an der Ecke werden? Das ist unser Ziel. Die Mitarbeiter haben jetzt Besprechungen bei GE, zu denen sie alle Ebenen zusammenrufen und Probleme lösen. Sie wissen nicht, dass man das 15 Jahre vorher nicht gemacht hat. Damals hat man nicht oft Leute verschiedener Ebenen zusammen gesehen.

Wir hatten gerade eine Video-Konferenz, um über ein Produktproblem in Japan zu diskutieren", sagt Welch, um ein Beispiel zu schildern. „Wir setzten ein Team ein, um damit fertig zu werden. Dabei waren Leute in Japan, F&E-Leute von Schenectady und mehrere von uns hier (von der Zentrale in Connecticut), die daran gearbeitet haben. Und die Leute in Japan kamen von einer relativ niedrigen Ebene. Aber nicht einer verschwendete darauf einen Gedanken. Es waren eben die Leute, die das Problem lösen konnten.

Ich glaube nicht, dass irgendjemand den Wert begreift, der durch die Schaffung einer großen informellen Organisation entsteht. Nach meiner Meinung ist die Schaffung eines informellen Unternehmens ein riesiger Fortschritt im Geschäftsleben, aber niemand spricht darüber. Das Größte, was wir erreichten, war, dieses Unternehmen informell zu machen. Niemand würde es wagen, sich hier als großartiger Boss aufzuspielen, er würde erschossen oder ausgelacht. Es wäre einfach verrückt.

Informell zu sein, verleiht Ihnen Geschwindigkeit. Es erlaubt einen schnellen Informationsfluss. Es ermöglicht Ihnen das Fällen von Entscheidungen per Fax, per Telefon oder E-Mail, über irgendetwas. Wir können Unternehmen kaufen, und wir können es schnell tun. Um diesen Ansatz funktionsfähig zu machen, brauchen Sie leitende Mitarbeiter, die Tonnen von Energie, Neigung zum Ansporn anderer und den Wunsch haben, zu gewinnen und zu wachsen. Und Sie müssen wirklich ehrlich in Ihrem Wunsch sein, ein offenes Netzwerk an Informationen zu haben. Heute fließen die Informationen so schnell, und jeder bekommt mehr davon als ein CEO. Deshalb ist es die einzige Aufgabe des CEO, nach draußen zu gehen, die Leute anzuspornen und diese Information in Aktionen umzuwandeln".

Vorangehen

Was wird diese informelle, von Informationen beherrschte GE in der Zukunft sein? Ein Dienstleistungsunternehmen, sagt Welch. „1981 waren 85 Prozent unserer Verkäufe Produkte und 15 Prozent Dienstleistungen. Im Jahr 2000 werden wir bei 125 Milliarden US-$ Umsatz sein, und 75 Prozent davon aus dem Dienstleistungsgeschäft, aber nur 25 Prozent aus Produkten stammen".

Diese Art von Umwandlung wird kein Zufall sein. „Wir geben 230 Millionen US-$ für Forschung und Entwicklung aus, um unser Industrieservicegeschäft aufzumöbeln", sagt Welch. „Wir haben unsere besten Ingenieure darauf angesetzt. Wir mussten die Besten nehmen und sie umsetzen, weil aus historischen Gründen keiner in die Dienstleistung wollte. Wenn man mit ihnen über Dienstleistung sprach, dann dachten sie an Leute in weißen Overalls mit Ölkannen. An Wartungstypen. Wir mussten diese Situation ändern, und wir haben es durch die Koppelung von Dienstleistungen mit Technologie erreicht. Die Informationstechnologie hat den Charakter der Dienstleistung verändert.

Das funktioniert folgendermaßen. Nehmen wir ein Produkt – zum Beispiel einen Flugzeugmotor – der auf einem äußerst wettbewerbsintensiven Markt verkauft wird. Wie kann man die Wettbewerbsfähigkeit dessen verbessern, was man verkaufen muss? Wir versuchen, Dienstleistungen zu bieten, die Fluggesellschaften sonst nirgends bekommen. Wir können z.B. jeden unserer Motoren in der Luft überwachen. Wenn also heute ein Flugzeug irgendwo landet, kommt unser Servicepersonal direkt zur Reparatur ans Flugzeug. Der Motor kann länger am Flügel bleiben. Als Ergebnis dieser zusätzlichen Technologie an einem herkömmlichen Produkt – einem Flugmotor – konnten wir mehrjährige Verträge mit Gesellschaften wie USAir, British Airways und Southwest abschließen. Das sind 10- bis 20-Jahreskontrakte im Wert von Milliarden von Dollar.

Sie müssen heute in irgendeiner Form im Dienstleistungsgeschäft sein, wenn Sie im Spiel bleiben wollen. Das Produkt ist tot. Die Tage, an denen man einfach irgendwelche Geräte zusammenbastelte, sind lange vorbei. Kunden wünschen vollkommene Lösungen. Wenn ich einer Fluggesellschaft einen Motor verkaufe, dann wollen sie zunehmend auch die Wartung dafür haben. Sie selbst möchten nur Leute von Punkt A nach Punkt B befördern. Die meisten geben kein Essen mehr an Bord aus. Sie wollen keine Motoren warten. Sie wollen in der effektivsten und effizientesten Weise von A nach B fliegen. Die selbe Fokussierung auf den Kunden findet auf anderen großen Märkten statt – bei Krankenhäusern, Eisenbahnen, Versorgungsbetrieben usw.".

Die Rolle des Unternehmensführers

Neben allem Sonstigem sieht Welch seine Aufgabe darin, das Evangelium zu verkünden. „Wir haben während der zwanzig Jahre meiner Tätigkeit in diesem Unternehmen nur drei fundamentale Dinge gemacht. Wir haben die Hardware verändert, unser Verhalten und unsere Art zu arbeiten.

Innerhalb des Hardware-Rahmens war es das Wichtigste zu entscheiden, in welchem Geschäft wir bleiben wollten, und wir benutzten diese ‚Nummer-Eins-oder-Nummer-Zwei-festlegen-verkaufen-oder-schließen-Idee' zur Steuerung der Organisation.

Wie wir uns verhielten – dieser Trieb zum grenzenlosen, offenen Ideeaustausch – stammte aus mehreren Jahren mit Meetings, an denen jeder in der Organisation teilnehmen musste.

Unsere neueste Initiative – Six Sigma – legt fest, wie wir arbeiten: Wir wollen in allem, was wir tun, ein Qualitätsgedankenschema anwenden.

Das sind die drei fundamentalen Dinge, die wir getan haben. Innerhalb jeder Organisation gibt es periodische Programme zur Anspornung des Teams – Sourcing, Preisnachlässe, Verkaufswettbewerbe etc. Doch manchmal werden die Leute von diesen periodischen Programmen verwirrt. Sie sagen ‚Was ist im kommenden Jahr der Knaller?' Sie fragen ‚Was ist dieses Jahr der Geschmack?' Auf diese Weise sollen Organisationen motiviert werden. Sie spornen die Leute zwar mit diesen Programmen an, aber Sie ändern nichts fundamental. Bei GE gibt es drei fundamentale Dinge – die Hardware, wie wir uns verhalten und wie wir arbeiten – und die ändern sich nicht.

Unternehmen (Börsenkurzzeichen): General Electric Company (GE)
Standort: Fairfield, Connecticut
Top-Manager: John F. Welch, Jr.

GE auf einen Blick: Das fünftgrößte US-Unternehmen, der Industrie-Gigant General Electric hat ein breites Spektrum von Tätigkeiten, vom Fernsehnetz NBC über die Herstellung von Kraftwerkteilen, Flugzeugmotoren, Transportausrüstung wie Lokomotiven, elektrische Einrichtungen für Küchen und Wäschereien, Leuchtkörper, elektrische Verteil- und Kontrollsysteme bis zu Werkstoffen (Kunststoffe, Silikone, Laminate und Schleifmittel). Die GE Capital Services Division ist einer der größten Finanzdienstleister der Vereinigten Staaten.

Finanzergebnisse 1998:
➢ Umsatz: 99,8 Mrd. US-$
➢ Nettoertrag: 9,3 Mrd. US-$

Gesamter aufs Jahr bezogener Aktionärsertrag:
➢ 1 Jahr: 41 %
➢ 5 Jahre: 34 %

Was diese drei gemeinsam haben, das sind die Menschen. Ich verwende mehr als 60 Prozent meiner Zeit für Personalangelegenheiten, und so sollte es auch sein. Ich könnte keine Show für NBC produzieren, ich könnte keine Maschine bauen, ich könnte keine dieser Tätigkeiten verrichten. Deshalb dreht sich mein Engagement um Menschen. Und ich wiederhole dauernd unsere Botschaft. Ich werde dann solche Sachen sagen wie: ‚Wir sind letztes Jahr 6 Prozent im Inland und 17 Prozent weltweit gewachsen. Deshalb ist die Gleichung nicht schwer zu erklären, warum wir global tätig sein müssen‘.

In der Führungsrolle müssen Sie jede Ihrer Aussagen übertreiben. Sie müssen sie tausend Mal wiederholen und übertreiben. Also werde ich Dinge sagen wie ‚Keiner kann befördert werden, wenn er keinen grünen Gürtel beim Six Sigma bekommt‘. Solche

Überspitzungen sind notwendig, um eine große Organisation in Bewegung zu halten. Und dann müssen Sie das mit personellen Veränderungen untermauern, um den Leuten zu zeigen, dass Sie es ernst meinen".

Bedauern

Bei dem ganzen Erfolg, den Welch gehabt hat, sollte man nicht meinen, dass er irgendetwas vermissen würde, wenn er über seinen Ruhestand nachdenkt, der für das Jahr 2000 geplant ist. Aber da gibt es doch ein Bedauern.

„Ich denke, der größte Fehler, den ich gemacht habe, ist ein fundamentaler. Ich ging zu langsam bei allem vor, was ich gemacht habe. Ja, mir wurde alles zugetraut, als ich anfing. Aber wenn ich in zwei Jahren getan hätte, was fünf in Anspruch nahm, dann würden wir noch viel weiter oben auf der Kurve liegen.

Sie machen Dinge kaum zu schnell", fügt Welch hinzu. „Wenn Sie über Ihr Leben nachdenken und die Entscheidungen, die Sie getroffen haben, dann können Sie kaum viele vorweisen, bei denen Sie sagen werden ‚Ich wünschte, ich hätte noch ein Jahr damit gewartet'. Aber Sie können sicher mit einer Liste kommen, bei der Sie sagen ‚Ich wünschte, ich hätte ein ganzes Bündel von diesen Dingen sechs Monate früher gemacht'".

Al Zeien
(Gillette)

Fokus

Der Unternehmensführer von Gillette, dem meist für seine Rasierprodukte bekannten Unternehmen, sträubte sich buchstäblich. Alfred M. Zeien (ausgesprochen Zane) saß mit den Redakteuren eines der führenden Wirtschaftsmagazine des Landes beim Essen, als er gefragt wurde, ob er jemals daran gedacht hatte, eines seiner Produkte mit einem Private Label (Zweitmarke) zu versehen.

„Warum sollten wir das?" fragte Zeien und versuchte, höflich zu bleiben.

Nun, das würde doch Überschusskapazitäten binden, eine neue Verkaufslinie eröffnen und die Wettbewerber abdrängen, antwortete der Redakteur in der Meinung, er verstehe etwas von Marketing.

„Aber das wäre das Gegenteil von dem, wofür wir bekannt sind", erklärte Zeien. „Wir sind eine Premium-Marke. Die beste auf dem Markt. Wir sollten eine Prämie für das erhalten, was wir verkaufen".

Karriere
1991 – 1999 Chairman und
    CEO, The Gillette Company
1990 – 1991 President
1988 – 1990 Vice Chairman –
    International
1981 – 1987 Vice Chairman –
    Technischer Betrieb
1978 – 1981 Senior Vice President
1976 – 1978 Chairman von
    Braun (Teil von Gillette)
1974 – 1976 Division General
    Manager, Braun
1973 – 1974 Group Vice President, Gillette Co
Davor Erfahrung mit Schiffsarchitektur

Ausbildung
M.B.A. und Postgraduate, Harvard Universität
B.S. Webb Institute

Familie
Verheiratet mit Joyce Valerie
    Lawrence, Kinder: Scott,
    Grey, Claudia

Geboren in New York City am
    25. Februar 1930

Und das sind sie. Die unaufhörliche Produktinnovation von Gillette, verknüpft mit einer unübertrefflichen Marketing-Organisation, hat eine bemerkenswerte Reihe von Erfolgen bewirkt, nicht nur bei Rasierapparaten und -klingen, sondern auch bei den anderen Produkten des Unternehmens.

Die Liste der „Anderen" ist für sich selbst schon beeindruckend genug. Das Unternehmen stellt Braun Elektrogeräte her; Toilettenartikel und Zahnbürsten (Right Guard, Oral-B); Schreibwaren (Parker, Paper Mate, Waterman-Schreiber und Liquid Paper) und Duracell-Batterien.

Es ist eine extrem gebündelte Strategie. Und eine, die funktioniert. Es fällt nicht schwer, zu erklären, was diese Marken gemeinsam haben. Sie führen jeweils ihre Kategorie an, sind extrem profitabel und ihr Umsatzwachstum hängt vom technologischen Fortschritt ab.

Das ist kein Zufall. Zeien, der als Schiffsarchitekt und Ingenieur ausgebildet wurde, glaubt an Forschung. Das Unternehmen besitzt elf Forschungseinrichtungen rund um die Welt. Und wenn einmal ein neues Produkt kreiert wurde, dann passieren drei Dinge gleichzeitig:

1. Das Unternehmen steckt noch jede Menge Geld hinein, um es der Welt vorzustellen;
2. die Ingenieure von Gillette gehen daran herauszufinden, wie das Produkt so effizient wie möglich gestaltet werden kann; und
3. die Leute, die an jenem Produkt arbeiten, welches das gerade vorgestellte ersetzen wird, sind gehalten, ihre Idee so schnell auf den Markt zu bringen wie nur möglich. Zeien weiß, wenn Gillette nicht mit einem besseren Produkt herauskommt, wird es ein anderer tun.

Dieser dreistufige Lösungsprozess wird auf der ganzen Welt wiederholt. Mehr als 70 Prozent des Umsatzes und des Gewinns von Gillette stammen aus dem Überseegeschäft in 200 Ländern. Der Prozess ist immer derselbe. Das Unternehmen bringt zuerst Rasierprodukte auf einen neuen Markt. Dann fließt ein Strom von anderen Gillette-Produkten durch die selbe Einzelhandels-Pipeline, bei laufender Reduzierung der Distributionskosten.

Es ist eine extrem gebündelte Strategie. Und eine, die funktioniert.

> *„Ich predige eine Menge. Ich würde sagen, 90 Prozent meiner Zeit geht für die drei Ps drauf –Personen, Produkte und etwas, das ich ‚Planung' nenne, aber in Wirklichkeit ist es Predigen. Also die Erklärung aller Warums. Warum müssen wir diese Fabrik schließen? Oder warum sollen wir das machen? Oder warum sollen wir jenes machen? Das heißt Predigen".*

Die meisten Unternehmen haben ein Mission Statement (Arbeitsmotto). Keines ist so wie das von Gillette. Die meisten Mission Statements sprechen ganz allgemein über die Forderung nach Exzellenz und die Notwendigkeit, die Kollegen zu respektieren. Das von Gillette legt eine Geschäftsstrategie vor.

Es besagt, dass das Unternehmen sein Geschäft in „Kernkategorien" (Rasieren ist eine; Schreibgeräte eine andere) und Nicht-Kernkategorien einteilen wird. Es fährt dann fort mit der Aussage, dass die Nicht-Kernkategorien niemals mehr als zehn Prozent zum Umsatz beitragen werden.

Wenn das noch nicht spezifisch genug sein sollte, geht das Mission Statement weiter. Nicht nur, dass 90 Prozent des Geschäfts von den Kernkategorien kommen müssen, diese Geschäftszweige sollen auch noch Weltmarktführer in ihrer Kategorie sein oder einen Plan vorlegen, wie sie es werden können. Der erste oder zweite Platz in einem speziellen Markt ist nicht genug.

„Als wir dieses Statement 1991 schufen – mit 1990 als Basis – waren wir bei 50 Prozent unseres Umsatzes Weltmarkführer", sagt Zeien. „Aber von diesen 50 Prozent betrug allein der Anteil des Klingengeschäfts 38 Prozent. Wir sind jetzt Weltmarktführer bei etwa 78 Prozent unseres Umsatzes. Das Klingengeschäft ist, hauptsächlich wegen der Duracell-Erwerbung, auf ungefähr 30 Prozent abgesunken. Das Nicht-Klingengeschäft nahm von einmal etwa zwölf Prozent auf ungefähr 48 Prozent zu. Das bedeutet, wir haben die Kategorien, in denen wir Weltmarktführer sind, vervierfacht".

Im Rückblick wird klar, dass die Ziele im Mission Statement richtig waren. Doch nicht jeder sah das anfänglich auch so. „Ich

brauchte etwa sechs Monate, um das zu verkaufen. Und ich meine
verkaufen", erklärt Zeien. „Das müssen Sie mit dieser Art von
Vorhaben machen. Ich ging in fast allen unserer wichtigen Be-
triebszentren herum, zeigte ein Exemplar dieses Statements und
fragte, was wir ändern sollten. Was mir dabei half, war, dass ich
vor dieser Tätigkeit President des internationalen Geschäfts gewesen war, so dass ich alle diese Leute kannte, und das machte die
Unterhaltung einfacher".

Doch wenn Zeien auch gerne diese Idee kontrovers diskutierte,
so schwankte sein Einstellung nie. „Es ist nicht schwer, den Vorteil einer Weltmarktführerschaft herauszuarbeiten. Doch was uns
wirklich beflügelte, war die Entscheidung, ein Mission Statement
durchzusetzen, während wir gleichzeitig einen großen Wandel in
der Durchführung unseres Geschäfts erlebten.

Während der längsten Zeit unserer Firmengeschichte, grob
vom Anfang des Jahrhunderts bis Ende 1989 oder Anfang 1990,
führten wir dasselbe Produkt auf verschiedenen Märkten zu unterschiedlichen Zeiten ein. Wir hätten ein Produkt normalerweise
zuerst entweder in den Vereinigten Staaten, der Schweiz oder
Schweden eingeführt, Märkte, die üblicherweise Vorläuferfunkti-
on haben. Und dann gingen wir auf eine Art Kaskadeneinführung
über, während einer Reihe von Jahren, von Markt zu Markt über
die ganze Welt hinweg.

Wir verwendeten die Produktionsmaschinen wieder und wieder. Wir reichten sie von Land zu Land weiter. Wir waren so stolz
darauf, dass ein Maschinenteil für Indonesien bereits zum vierten
Mal das Land gewechselt hatte. Auf diese Weise betrieben wir
unser Geschäft etwa 90 Jahre lang.

Aber es wurde offensichtlich, dass wir etwas ändern mussten.
Die Kommunikation wandelte sich rapide. Jeder konnte dieselben
Fernsehprogramme anschauen. Das Time Magazin war überall
verfügbar. Zumindest die Meinungsführer wussten sofort, was in
den Vereinigten Staaten verkauft wurde, auch wenn sie Indonesier
waren.

Und deshalb wechselten wir zu einem Verfahren über, dass wir
Ein-Paletten-Konzept nennen. Wir sagten, wir würden dieselbe
Produktpalette überall auf der Welt zur selben Zeit verkaufen. Wir

verkaufen zwar mehr A, B und C in der Schweiz und mehr D, E und F in Indien, aber das Angebot wird dasselbe sein.

Die Entscheidung für das Ein-Paletten-Konzept kam etwa zur selben Zeit wie die Entstehung des Mission Statement, so dass beides wirklich zusammenpasst".

Die schlechte Nachricht bei diesem Verfahren ist die Fülle von Problemen, die Sie bei falscher Einschätzung der Nachfrage bekommen werden. Dann haben Sie einen riesigen, international wirkenden Fehler gemacht. Wenn Sie das jedoch richtig hinbekommen, dann sind die Ergebnisse, wie Zeien sagt, „fantastisch anders". Sie erleben sofort einen Sprung beim Verkauf und Ertrag, und nicht erst, nachdem Sie einige Jahre auf deren Eintreffen warten mussten.

„Das Mission Statement ist dabei eine große Hilfe", sagt Zeien. „Es hält das Unternehmen genau auf dem Weg, den es beschreiten möchte. Es hält uns davon ab, uns mit Dingen zu beschäftigen, die nicht zu unserem Ziel passen. Es lässt uns permanent auf das große Bild sehen und nach Plätzen suchen, wo wir ein umfangreiches Volumen erreichen können".

Und diese Ausrichtung erfordert noch etwas vom Unternehmen: Sie zwingt Gillette gnadenlos zu sein, wenn es um die Einführung neuer Produkte geht. Denn unter dem Strich geht es nicht nur darum, die Position als Nummer Eins in der Welt zu erreichen, sondern auch darum, sie zu behalten.

„Das bedeutet, dass wir unseren Verkauf laufend kannibalisieren müssen", meint Zeien. „Wenn wir es nicht tun, macht es jemand anderes. Das ist die einfache Erklärung dafür, dass wir innovativ sein müssen. Und da wir relativ begrenzte Geschäftsfelder haben, gehören unsere erfolgreichsten neuen Produkte zu jenen Kategorien, in denen wir bereits vertreten sind. Und weil wir in jenen Kategorien Weltmarktführer sind, können wir unsere eigene Kannibalisierung nicht verhindern".

Zeien gibt dafür ein Beispiel. „Wir haben bei der Markteinführung von Mach3 (Gillettes neuer Rasierapparat für Männer) gesagt, dass wir die Kannibalisierung von 75 Prozent unserer bestehenden Marken erwarten. Deshalb muss dieses Produkt mehr Geld einbringen als die 75 Prozent, die es ersetzt. Sie können nicht nur von den anderen 25 Prozent leben.Wir werden mehr Geld mit Mach3 machen, weil die Ersatzklingen mehr kosten".

Das ist nicht das erste Mal, das so etwas passiert. „Als wir Sensor einführten, war der Kannibalisierungsgrad sogar noch etwas höher", sagt Zeien. „Deswegen, weil er sich in unseren Wegwerf-Rasierer-Markt hineinfraß. Aber es war eine sehr profitable Umwandlung, weil der Jahresgewinn pro Käufer bei den Wegwerf-Rasierern weniger als die Hälfte betrug".

Aufgrund der anhaltenden Notwendigkeit, bestehende Produkte zu ersetzen, hat Zeien eine einfache Regel entwickelt: „Wir werden kein wichtiges Produkt einführen, so lange sein Nachfolger nicht aus dem Labor in die Entwicklung gelangt ist. Gleich, wie wichtig das Produkt auch sein mag, wir halten es auf, bis sein Ersatz genau festgelegt ist".

Diese Disziplin führt auch zur Selbstdisziplin. Sie führt zu einem unglaublichen Druck auf die Forschungslaboratorien von Gillette und Druck auf die Mitarbeiter. Zeien ist auf beides stolz.

„Zunächst einmal handelt es sich um ein von Technologie angetriebenes Geschäft. Viele Leute denken, dass wir großartige Marketeers seien. Wir sind großartige Marketeers, aber grundsätzlich nur so gut wie unsere Produkte. Und aus dem Blickwinkel der Forschung sehen wir viel eher wie ein Pharma-Unternehmen aus als sonst jemand in der Konsumgüterbranche. Unsere Forschungslabors forschen – Pause. Sie entwickeln nicht. Wir würden noch nicht einmal die Forschung in ein Gebäude mit der Entwicklung stecken, denn wenn wir das erstmal machen, treibt die Entwicklung die Forschung an, und das wollen wir verhindern.

Wir definieren Forschung auf zweifache Weise. Ganz, ganz weit links ist das, was wir reine Forschung nennen. Das machen wir überhaupt nicht. Reine Forscher sind die Leute, die Nobelpreise gewinnen, die neue Phänomene entdecken. In dieser Kategorie arbeiten wir nicht.

Die nächste Kategorie ist Grundlagenforschung. Das machen wir. Grundlagenforschung besteht eigentlich darin, herauszufinden, wie jedwede neue Technologie unser Geschäft beeinflussen wird. Und diese Forschung gipfelt grundsätzlich in einem Stück Papier. Das wiederum besagt: ‚Wussten Sie schon, wenn das und das passieren wird, dann werden wir mit dieser Art von Produkt oder Material herauskommen?'

Schließlich betreiben wir noch angewandte Forschung. Und angewandte Forschung soll die Durchführbarkeit zeigen. Wir unterstellen, dass wir ungefähr 15 Forschungsprojekte brauchen, um drei davon in die Entwicklung zu geben. Und bei jeweils drei in der Entwicklung gelangt dann eins bis zur Marktreife.

„Einige sagen: ‚Ich verstehe das mit den fünfzehn zu drei, aber nicht das mit den drei zu eins. Warum geben Sie all das Geld für die Entwicklung aus und bringen dann nicht zwei oder drei Produkte auf den Markt?' Die Antwort darauf ist, dass die meisten unserer Entwicklungsprojekte aus Kostengründen sterben. Bis Sie nicht den Prozess entwickelt haben, kennen Sie die zukünftigen Kosten nicht. Wir entwerfen und bauen unsere eigene Ausrüstung. Wir kaufen sie nicht von anderen Herstellern, und das gewährt uns eine gute Kostenübersicht.

Lassen Sie mich ein Beispiel dafür geben, warum zwei von drei Projekten eingehen. Sie kommen von der Forschung und sagen ‚Das ist ja ein großartiges Konzept, davon können wir eine Million zu zehn Dollar verkaufen'. Aber um das zu erreichen, müssen wir das Produkt für zwei Dollar oder zweifünfzig herstellen. Dann gehen Sie in den Entwicklungsprozess und finden heraus: ‚Heh, das kann man nicht für zweifünfzig machen, das wird vier Dollar kosten'. Deshalb müssten Sie 20 US-$ dafür nehmen, um ein profitables Geschäft zu machen. Diese Idee stirbt.

Aber besser so als anders herum. Also wir nehmen einen Preis von 20 US-$ und sagen uns immer noch, dass wir davon eine Million verkaufen können. Und dann werden es vielleicht nur eine halbe Million.

Auf diese Weise ist unser Verfahren ein sehr disziplinierender Vorgang. Doch das bedeutet, dass wir bei 20 laufenden Projekten pro Jahr ungefähr 300 zu jeder Zeit in den Forschungslabors laufen lassen müssen, und das machen wir".

Dieses Verfahren bringt eine Menge Belastung für die Mitarbeiter von Gillette mit sich. Aber als Ergebnis kann das Unternehmen mit einem einzigartigen – und disziplinierten – Ansatz zur Entwicklung seiner Leute aufwarten.

„Wir haben eine Regel für unser Management, das aus etwa 800 Menschen besteht", erklärt Zeien. „Sie besagt, dass nur 10 Prozent der Beförderungen in einem bestimmten Jahr ‚vertikal' erfolgen können. Also wenn Sie den Job Ihres Vorgesetzten bekommen. Das Übrige müssen ‚diagonale' Beförderungen sein. Eine diagonale Beförderung ändert entweder die Funktion, den Ort oder bedeutet einen Wechsel der Produktlinie zusätzlich zur Verleihung von mehr Verantwortung.

Unternehmen (Börsenkurzzeichen): The Gillette Company (G)
Standort: Boston, Massachusetts
Top-Manager: Alfred M. Zeien (am 15. April 1999 pensioniert), Michael C. Hawley

Gillette auf einen Blick: Gillette ist am bekanntesten durch seine Pflegeprodukte für Männer wie Sensor, Trac II und Mach3 Rasierer. Darüber hinaus ist das Unternehmen aber Weltmarktführer bei mehr als einem Dutzend Konsumgütern wie Alkalin-Batterien (Duracell), Zahnpflege (Oral-B), Toilettenartikeln (Right Guard, White Rain), Schreibwaren (Paper Mate, Parker Pen, Waterman, Liquid Paper), Elektrorasierern und anderen kleineren Geräten (Braun). Als Global Player holt Gillette mehr als 60 % seines Umsatzes außerhalb der Vereinigten Staaten herein und stellt seine Produkte in mehr als 26 Ländern her.

Finanzergebnisse 1998:
➤   Umsatz: 10,1 Mrd. US-$
➤   Nettoertrag: 1,4 Mrd. US-$

Gesamter aufs Jahr bezogener Aktionärsertrag
➤   1 Jahr: -4 %
➤   5 Jahre: 28 %

Warum machen wir das? Aus drei Gründen. Erstens führt das ganz offensichtlich zu einer Abrundung der Persönlichkeit. Sie bauen Befähigungsbreite aus.

Zweitens: Wie soll jemand sonst eine vertikale Beförderung erreichen? Der Chef hat zehn Mitarbeiter und pickt gerade Jack heraus.
Warum? Weil er herausgefunden hat, dass Jack wahrscheinlich am
ehesten seine Art des Vorgehens verewigen wird. Weil das augenscheinlich der beste Weg ist, richtig? Sie erleben sehr geringen
Wandel, wenn Sie eine vertikale Beförderung haben.

Doch der dritte Grund ist der wichtigste. Wenn Sie nicht vertikal befördert werden können, dann nur diagonal. Das bedeutet,
jemand hat Sie anzufordern. Wie kann ein anderer Chef Jack an-
fordern? Einige von seinen Leuten haben mit Jack gearbeitet. Mit
der Art, wie Beförderungen laufen, dauerte es nicht lange, bis Jack
herausfand: ,Also, ich arbeite nicht nur, um meinen Chef zu erfreuen. Ich arbeite, um allen hier Freude zu bereiten, damit sie
jedem erzählen, was für ein großartiger Kerl ich bin'.

Mit der Begrenzung vertikaler Beförderungen reißen wir auf
diese Weise die künstlichen Mauern zwischen Abteilungen nieder.
Das verstärkt die Organisation in großem Maß".

Wenn man alles zusammennimmt, dann hat man eine Organisation und ein Geschäft, das bemerkenswert diszipliniert abläuft
und auf Dauer die besten Ergebnisse bringt.

Teil III

Gelernte

Lektionen

Einleitung

V on Anbeginn der Nachforschungen für *Von den Besten lernen* war es unsere Hoffnung, dass wir beim Studium der Karrieren und Erfolge der besten Unternehmensführer in Amerika Strukturen finden würden, die wir zur Erfüllung unserer eigenen Träume und Wünsche verwenden könnten.

An den Anfang dieses Buchabschnitts haben wir ein Profil von Peter Drucker gestellt, als ehrenden Zusatz zu unserer Liste der besten 30 Unternehmensführer. Wenn Dr. Drucker auch kein herkömmlicher Unternehmensführer im Sinn der Führung einer großen Organisation ist, dann wurde er doch durch seine Lehre und Ideen in den letzten 50 Jahren einer der großen Führer der Wirtschaft (und Gesellschaft). Er war einer der führenden Männer, die sowohl im Bereich der Gallup-Studie als auch von den Top-Managern selbst während unserer Interviews am häufigsten zitiert wurde. Die meisten Unternehmensführer auf unserer Liste nannten Peter Drucker als wichtigen Einflussfaktor ihrer Karriere und ihrer Gedanken. Deshalb glaubten wir, dass es angemessen wäre, Dr. Drucker durch die Aufnahme als „31. Unternehmensführer" für seine Arbeit zu ehren.

Das Herz dieses Buchabschnitts besteht jedoch aus einer Zusammenfassung all dessen, was wir von den verschiedenen Top-Managern auf unserer Liste über Unternehmensführung erfahren haben, in einem Theorem mit der Bezeichnung „Das Richtige richtig machen". In überwältigender Weise befolgten die Unternehmensführer unserer Liste diese sich gegenseitig verstärkenden Prinzipien, um außergewöhnliche unternehmerische Erfolge zu erzielen. Und es ist unsere Hoffnung, dass dieses Theorem für jeden von uns, der nach exzellenter Leistung strebt, als Leitlinie dienen kann.

Keines der einzelnen Führungsprinzipien, die wir hier dargestellt haben, ist neu. Viele sind möglicherweise schon so alt wie die menschliche Zivilisation. Doch angesichts der weitverbreiteten Verkümmerung der Unternehmensführung heute ist es vielleicht nützlich, nicht neue Führungsideen zu geben, sondern eher einen

Leitfaden von Prinzipien, die Menschen als Instrumente beim erfolgreichen Management dienen. Wir sind davon überzeugt, dass „Das Richtige richtig machen" ein solches Instrumentarium bietet. Es stellt eine Verfahrensweise dar, die jedem die Konzentration auf die Grundlagen erlaubt, um sie zur Verbesserung seiner Karrieremöglichkeiten und täglichen Leistung zu nutzen.

Das letzte Kapitel dieses Abschnitts bietet eine Bewertung der gemeinsamen Eigenschaften, die von den 30 so außerordentlich erfolgreichen Unternehmensführern unserer Liste geboten wurden. Es scheint, dass während der bisher erfolgten Nachforschungen zum Thema Führung alles berücksichtigt wurde, was nur irgendwie einbezogen werden kann: Herkunft, Geburtsfolge, Alter, Größe, Gewicht, Gesundheitszustand, Wahrnehmungsvermögen, Erkenntnisstand, zwischenpersönliche Kompetenz, Aufgabenkompetenz, Charisma, Werte, Macht (und ihr Gebrauch) und Umgebung. Wir erkannten, dass die Welt keine weitere „wissenschaftliche" Studie über Führung brauchte. Dieses Kapitel ist deshalb anders. Es stellt eine eher empirische Synthese dar, die auf den 30 Interviews mit den hier profilierten Unternehmensführern, auf jenen Merkmalen beruht, die diese Top-Manager so erfolgreich machten. Wir hoffen, dass wir alle diese Eigenschaften erwerben und uns bis zu einem gewissen Grad aneignen können, damit wir unsere eigenen beruflichen und persönlichen Ziele verwirklichen können.

1. Der 31. Unternehmensführer: Peter Drucker

„Natürlich, Sie möchten Ergebnisse erzielen. Aber was verstehen Sie eigentlich unter Ergebnissen?"

Eine der Fragen, die wir jedem der Unternehmensführer unserer Liste stellten, lautete: „Erzählen Sie uns etwas über die Menschen und Schriften, die Sie beeinflusst haben". Im Rückblick hätten wir auch einfach fragen können: „Sagen Sie uns bitte, wie Peter Drucker Ihr Denken beeinflusst hat". Es wäre nämlich wesentlich einfacher, jene Top-Manager zu zitieren, die Dr. Drucker nicht erwähnten, als all die anderen.

Interessanterweise zitierten die verschiedenen Top-Manager ganz unterschiedliche Aspekte aus seinem Werk. Einige erwähnten *The Concept of the Corporation,* Druckers Studie über General Motors, die 1945 veröffentlicht wurde. Andere zitierten spätere Werke, insbesondere *Innovation und Unternehmertum.* Wieder andere nahmen die Ideen Druckers über Artikel auf, die er in so unterschiedlichen Publikationen wie *Esquire* oder *The Harvard Business Review* veröffentlichte. Einige wenige hatten Drucker als Berater erlebt und es schien ihnen möglich zu sein, das zu zitieren, was er ihnen selbst erzählt hatte.

Peter F. Drucker übte ganz verschiedene Tätigkeiten aus, seit er vor 70 Jahren sein Berufsleben begann. Er ist alles gewesen, vom Aktienanalysten bis zum Unternehmensberater (bei Unternehmen wie GE, Sears und IBM) und Professor (bei Bennington, an der Universität von New York und an den Claremont Colleges). Doch wenn er seine Karriere über die letzten 70 Jahre beschreiben soll, dann sagt Drucker: „Ich schreibe".

Statt jede Tätigkeit, die er jemals ausübte, aufzulisten, entschlossen wir uns, einige seiner Werke herauszustellen.

Wie Jack Beatty in *Die Welt des Peter Drucker* hervorhebt, fallen die 30 von Drucker geschriebenen Bücher in drei breite Kategorien: soziale und politische Analysen wie *Die Zukunft des Industriemenschen* und *Management des 21. Jahrhunderts*; Bücher über Management-Theorien wie *Die Praxis des Managements* und *Ratschläge für Manager* wie *Managen zum Erfolg* und *Die ideale Führungskraft.*

Ausbildung
Doktorgrad in öffentlichem Recht und internationale Beziehungen der Universität von Frankfort

Familie
Verheiratet.

Drucker hatte einen sehr großen Einfluss auf das Denken der Unternehmensführer, und nur wenige in der von uns in Auftrag gegebenen Gallup-Studie zur Identifizierung der erfolgreichsten Top-Manager wurden höher geschätzt. Deshalb entschlossen wir uns – besonders bei der Frage des Einflusses auf Wirtschaft und Gesellschaft – direkt an die Quelle zu gehen: zu Peter Drucker selbst.

Professor Drucker blieb höflich, aber bestimmt bei seiner Meinung, er gehöre nicht in dieses Buch, als wir bei ihm anfragten. Das war keine falsche Bescheidenheit: Er meinte nur, dass die meisten unserer Auswahlkriterien nicht auf ihn zuträfen.

„Ich bin kein Wirtschaftsführer, und mein Werk handelt noch nicht einmal in erster Linie von Wirtschaft, sondern von der Gesellschaft, von Institutionen und Organisationen im Allgemeinen (einschließlich Wirtschaftsunternehmen)". Diese Bemerkung wurde auf einer elektrischen Schreibmaschine geschrieben. Drucker hat gesagt, dass ihn die Arbeit an einem Computer zu weitschweifig mache.

Wir stimmten ihm zwar zu, dass er die Kriterien für alle anderen nicht erfüllte, aber wir sagten ihm auch, dass irgendwann in nahezu jedem Interview, das wir machten, sein Name auftauchte. Als es um potenzielle Unternehmensverkleinerungen ging, sagte zum Beispiel Jack Welch: „Drucker fragte einmal, wenn Sie nicht mehr in diesem Geschäft tätig wären, würden Sie jetzt reingehen? Das ist eine großartige Frage. Und wir fragten uns das bei jedem Geschäft, in dem wir tätig waren":

Wir sagten Professor Drucker, dass wir fahrlässig wären, wenn wir ihn nicht mit einbeziehen würden, bei dem Einfluss, den er auf so viele der in diesem Buch Dargestellten ausgeübt habe – auf Dan Tully von Merrill Lynch wie auch auf Larry Bossidy von AlliedSignal und Welch, die besonders viel über Druckers Einfluss sprachen.

Wenn man versucht, Peter Drucker im Rahmen eines solchen Projektes wie diesem anzusprechen, erhält man normalerweise eine Postkarte mit folgendem gedruckten Text auf der Rückseite:

Mr. Peter F. Drucker
schätzt Ihr freundliches Interesse außerordentlich, ist aber zu
Folgendem nicht in der Lage: Artikel oder Vorworte zu schreiben;
Manuskripte oder Bücher zu kommentieren; an Podiumsdiskus-
sionen oder Symposien teilzunehmen; Ausschüssen oder Aufsichts-
räten jeglicher Art anzugehören; Umfragen zu beantworten; In-
terviews zu geben; im Radio oder Fernsehen aufzutreten.

Wir sind froh, dass er in unserem Fall eine Ausnahme gemacht
hat.

> *„Die Unternehmung ist die ‚repräsentative Institution' un-*
> *seres Zeitalters. Erst jetzt haben wir erkannt, dass die breite*
> *Massenproduktionsfabrik unsere soziale Realität dar-*
> *stellt...welche die Last unserer Träume zu tragen hat.*
> *Diese Träume sind die amerikanischen Träume von der*
> *Gleichheit der Chancen und vom persönlichen Aufstieg.*
> *Mehr Menschen als jemals zuvor können viele dieser*
> *Träume in der Industriegesellschaft verwirklichen. Vorwie-*
> *gend deshalb, weil das industrielle System eine ganz neue*
> *Kategorie von ausgebildeten Arbeitern erfordert – Mana-*
> *gern wie Ingenieuren – die es vor einer Generation noch*
> *nicht gab. Der Industrialismus schafft seine eigene Mittel-*
> *schicht".*
> *Aus Peter F. Druckers Concept of the Corporation, veröf-*
> *fentlicht 1945*

„Was gemessen werden kann, wird auch gemanagt". Das ist wahrscheinlich das am häufigsten zitierte Sprichwort der Wirtschaft.
Und das natürliche Nebenprodukt dieses Ansatzes besteht darin,
dass Führungskräfte kommen, die Ergebnisse erzielen wollen.

Daran sei nichts falsch, meint Drucker. Im Gegenteil, er ist der
Mann, der das Konzept des Management by Objectives einführte.
Aber nachdem er bestätigt hat, dass er immer noch an das Erzielen
von Ergebnissen glaubt, stellt er eine Frage, die den meisten von
Ergebnissen angetriebenen Managern noch nie gestellt wurde.

„Was meinen Sie eigentlich mit Ergebnissen? Ergebnisse differieren je nach Organisation. Ich ließ meine Klienten alle drei Jahre

oder so darüber nachdenken, was Ergebnisse sind, oder sein sollten".

Der tiefere Sinn hinter dieser Frage ist natürlich, dass Manager das Falsche anstreben könnten, oder dass Ziele und Vorgaben den wechselnden Bedingungen angepasst werden müssen.

Das ist jene Art von simpler Frage, die Drucker gerne stellt, und die selbst eine gewitzte Führungskraft dazu bringt, zu stutzen und über seine oder ihre Schlüsselprinzipien nachzudenken. Fragen zu stellen, die Führungskräfte aus ihrem selbstgefälligen Denken aufrütteln, ist nichts Neues für Peter Drucker. Als er, vor vielen Jahren, fragte: ,In welchem Geschäft sind Sie denn wirklich tätig?' brachte er Führungskräfte dazu, über das nachzudenken, was wir jetzt „Kernkompetenzen" nennen. Wenn Sie darauf antworten: „Wir sind im Telefongeschäft", dann werden Sie Ihr Unternehmen in eine Richtung strukturieren. Wenn Sie sagen „Im Kommunikationsgeschäft" oder „im Dienstleistungsbereich" (wie ein früherer Chairman von AT&T antwortete, als Drucker ihn fragte), dann werden Sie wahrscheinlich in eine andere Richtung gehen. So gesehen hat die Frage „In welchem Geschäft sind Sie wirklich tätig?" eine tiefgreifende Bedeutung.

Ähnlich mag Drucker mit seiner laut gestellten Frage nach den wirklich anzustrebenden Ergebnissen Manager zum Nachdenken darüber bewegen, was die Mission ihrer Unternehmen sein sollte.

Das ist selbstverständlich eine der Hauptaufgaben eines Managers, behauptet Drucker. Als wir ihn nach der „idealen Beziehung" zwischen einem CEO und seinem Board of Directors befragten, gab Drucker eine klare und direkte Antwort, die möglicherweise einigen Chief Executives unangenehm sein dürfte.

Zuerst und vor allem, sagte uns Drucker, seien die Board-Mitglieder und der CEO „Kollegen". Aber das bedeute nicht, dass sie dieselbe Aufgabe hätten oder sogar kongenial sein müssten. Drucker sieht die Rolle des Board darin, vom Management die Entwicklung von Strategien einzufordern, die vom Board diskutiert und genehmigt werden. Und das gilt für die Beziehung zwischen jedem Board und in jedem Land und für jeden CEO, behauptet Drucker.

Solche Gedanken können wiederum Manager dazu zwingen, ihre grundsätzlichen Annahmen zu überdenken. Als wir Professor

Drucker fragten, was ihn in seiner Laufbahn und in seinem Leben am meisten mit Stolz erfüllt habe, antwortete er: „Ein paar Leute, für die ich etwas Besonderes war".

Wir sind bereit, darauf zu wetten, dass die Liste jener Leute, für die Peter Drucker etwas Besonderes darstellt, einige mehr als nur „ein paar" umfasst.

2. Das Richtige richtig machen: Eine neue Definition von unterneh- merischem Erfolg

„Was die besten Führer betrifft, dessen Existenz bemerken die Menschen nicht. Den nächst Besten, den ehren und prei- sen die Menschen. Den Nächsten, den fürchten die Men- schen, und den Nächsten, den hassen sie. Wenn die Arbeit des besten Führers getan ist, dann sagen die Menschen, Wir haben sie selbst getan'".

Lau-Tzu

Angesichts der dramatischen Veränderungen, die in den Verei- nigten Staaten und in der Weltwirtschaft stattfinden, wird eine verantwortliche kreative Unternehmensführung wichtiger denn je. Warren Bennis, hoch angesehener Professor für Be- triebswirtschaft an der Universität von Südkalifornien und aner- kannter Experte bei Führungsfragen, stellt die Vermutung an, dass unter den heutigen Umfeldbedingungen die Menschen in Unter- nehmungen, gemeinnützigen Institutionen und auch in Ländern „von ihren Führern drei grundsätzliche Qualitäten erwarten: Richtungsweisung, Schaffung von Zutrauen und Hoffnung".

Wir sind überzeugt, die Persönlichkeitsprofile in diesem Buch stellen dar, dass die 30 Unternehmensführer auf unserer Liste ge- nau diese Art von Führung in ihren Organisationen gezeigt haben.

Warum waren sie erfolgreich? Unsere Nachforschung und Analyse zeigt, wenn Top-Manager das Richtige machen – sowohl persönlich als auch innerhalb ihrer Organisationen –, dann stellt sich unvermeidbar auch der traditionellen Maßstäben entspre- chende Erfolg ein.

Nachdem wir die Karrieren unserer außergewöhnlichen Unter- nehmensführer analysiert hatten, fanden wir, dass ihre Geschich- ten genauso unterschiedlich waren wie die Persönlichkeiten selbst. Was aber eine Überraschung darstellte, war, dass wir sechs Prinzi- pien entdeckten, die alle Unternehmensführer auf unserer Liste zu einem größeren oder kleineren Grad gemeinsam hatten. Als wir versuchten, ihren Erfolg in Prinzipien der Unternehmensführung zu verschmelzen, kamen wir zu dem Schluss, dass diese sechs sich gegenseitig verstärkenden Prinzipien dazu verhelfen, jene außergewöhnliche Unternehmensleistung zu vollbringen, deren sich diese Top-Manager erfreuen konnten. Wir bezeichnen die Ausführung dieser sechs Kernprinzipien „Das Richtige richtig machen". Und wir entdeckten diese Prinzipien in den Geschichten der Unternehmensführer dieses Buches immer wieder.

Wir fanden heraus, dass die Art, wie die Männer und Frauen, welche die besten Unternehmen leiteten, vorgingen, um ihren Erfolg zu erreichen, sich bemerkenswert ähnelte, obwohl sie voneinander wesensmäßig verschieden waren. Sie machen das Richtig richtig. Diese sechs Kernprinzipien sind:

➢ Lebe integer und führe durch Beispiel
➢ Entwickle eine Gewinner-Strategie oder „Große Idee"
➢ Baue ein hervorragendes Management-Team auf
➢ Befähige Mitarbeiter, um Größe zu erreichen
➢ Schaffe flexible, einfühlsame Organisationen
➢ Verbinde alles über eine Bestärkung des Managements und ein Leistungsanreizsystem

Das vielleicht beste Bild, um diese Prinzipien zu behalten, ist ein Rad, bei dem jedes Prinzip ganz natürlich zum nächsten führt und damit einen kontinuierlichen Vorwärtsprozess in Gang setzt. Wir haben dieses Bild das „Rad der Unternehmensführung" genannt.

Es gibt noch eine andere Erkenntnis, die diese sechs Prinzipien untermauert – und das Rad laufend in Bewegung hält. Die am besten gemanagten Unternehmen – geleitet von den erfolgreichsten Unternehmensführern – wenden diese Prinzipien nicht nur einmal an. Sie legen nicht für kurze Zeit auf ein Prinzip ihr Schwergewicht, um dann zu etwas anderem überzugehen. Sondern sie wenden jedes dieser Prinzipien konstant und konsistent an. Es gibt keine Widersprüche.

Und das gilt für sie persönlich wie auch durchgängig für ihre Organisation. Bei Personen wird diese Art von Konsequenz oft als „den Worten Taten folgen lassen" beschrieben. Innerhalb eines

Unternehmens wird es üblicherweise „Ausführung einer Strategie" genannt. Die Lektion ist in beiden Fällen dieselbe: Der größte Erfolg wird erreicht, wenn der Führer einer Organisation konsequent ist, wenn die Organisation konsequent ist, und wenn diese Konsequenz mit dem verbunden ist, wofür das Unternehmen steht und wie es sich verhält.

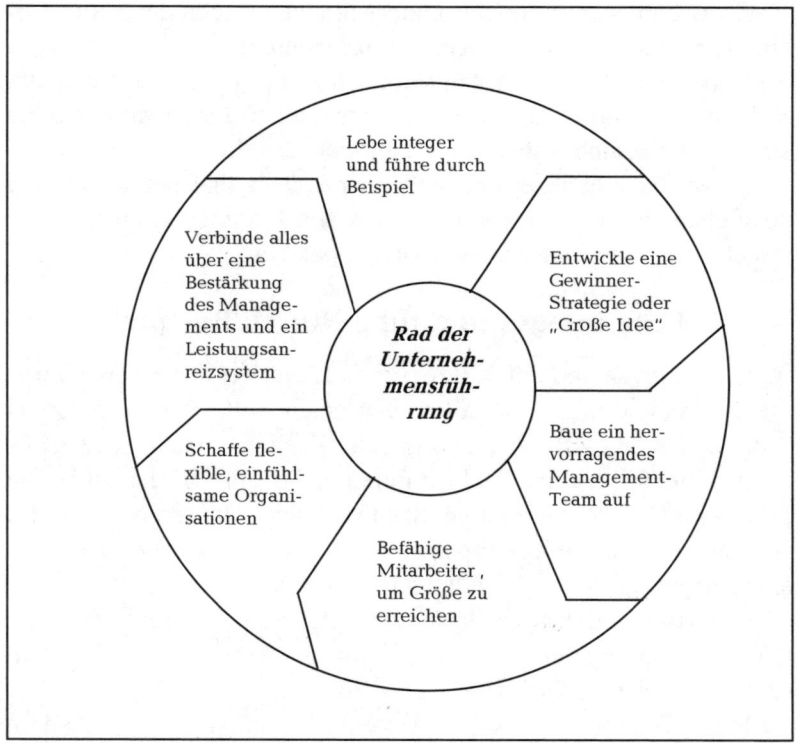

Abb. 8: Das Richtige richtig machen: Das Rad der Unternehmensführung

Ein deutliches Beispiel geben Bill Marriott und sein Unternehmen, Marriott International. Bill Marriott wird von einer Reihe zutiefst verinnerlichter Überzeugungen und Werte angetrieben. Sie beinhalten harte Arbeit, außergewöhnliche Dienstleistung, Aufrichtigkeit, finanzielle Disziplin und Verpflichtung gegenüber der Familie, der Gemeinschaft, den Kollegen, den Gästen und der Welt allgemein. Alles, was er macht, jede Rede, die er hält, und jede Entscheidung, die er trifft, stimmt mit diesen Werten überein. Er lässt wirklich seinen Worten Taten folgen. Und indem er jeden Tag über diese Werte redet, verstärkt Bill Marriott sie innerhalb der gesamten Organisation.

So passiert es, dass diese gleichen Werte Verursacher des ununterbrochenen Erfolgs von Marriott, dem Unternehmen, sind.

Zwar haben erfolgreiche Unternehmen verschiedene Strategien, Werte und Überzeugungen, verschiedene Stärken und Schwächen und verschiedene organisatorische Lösungsansätze, aber der Schlüssel zu ihrem Erfolg ist der gleiche: Sie sind durchgängig konsequent in sich selbst.

Lassen Sie uns jedes der sechs Prinzipien näher betrachten und versuchen, sie mit Kommentaren aus den Interviews mit den Unternehmensführer auf unserer Liste zu beleben.

Lebe integer und führe durch Beispiel

Integer zu leben und durch Beispiel zu führen ist der tiefere Gehalt von richtig und falsch, der alles bestimmen sollte, was eine Person – und auf jeden Fall eine erfolgreiche Person – macht. Das ist es auch, woran Elizabeth Dole erinnert, „die eine Sache, über die jeder eine hundertprozentige Kontrolle hat". Integrität baut das Vertrauen auf das höhere Management auf, das bei allen Hochleistungsorganisationen zu finden – und entscheidend – ist.

Integrität ist der erste Bestandteil, der notwendig ist, wenn jemand erfolgreich sein will. Man kann integer sein und trotzdem scheitern, aber das Gegenteil ist nicht wahr.

John Chambers von Cisco Systems formuliert es so: „Andere so zu behandeln, wie man selbst behandelt werden möchte, ist wirklich die Goldene Regel".

Fred Smith von Federal Express stellt fest, dass Integrität und Führen durch Beispiel die ersten Bestandteile von Führung rund um die Welt seien. „Es war schon immer faszinierend", sagt er, „dass jede Religion auf der Welt die identische Goldene Regel hat, nahezu Wort für Wort. Es macht keinen Unterschied, welche Religion oder welche Gegend man nimmt. Es gibt universell übertragbare fundamentale Wahrheiten darüber, wie man Menschen im

Geschäftsleben behandeln sollte und wie in einem größeren Beziehungsrahmen".

Hank Greenberg von AIG verwendet das Prinzip eines integeren Lebens und Führens durch Beispiel als wesentlichen Bestimmungsfaktor, ob jemand in seinem Versicherungs- und Finanzdienstleistungsgiganten befördert werden sollte. Natürlich beachtet er bei der Beförderung der Leute genauso Leistung, Geschäftskenntnis und Management-Fähigkeiten. Aber, so meint er, „die primären Voraussetzungen sind das Wertesystem des Menschen, seine Ethik und seine Verpflichtung gegenüber dem, was er tut".

Greenberg denkt, dass Integrität verknüpft mit der Fähigkeit, Ergebnisse zu erzielen, jemanden zum Führer macht. „Die Menschen erkennen Sie als Führer oder nicht. Sie müssen sich wohl fühlen. Sie müssen das Gefühl haben, dass der Führer weiß, wohin er sie mitnimmt, und darauf vertrauen, dass die Richtung stimmt. Sie möchten, dass die Leute, die sie führen, ein Beispiel geben".

Jeder von unseren Unternehmensführern stellte heraus, dass Mitarbeiter eine Menge Zeit damit zubringen, zu beobachten, was ihr Chef macht. Das führt uns zu einem der Kernpunkte des Führens durch Beispiel. Ein erfolgreicher Führer benötigt eine starke Dosis Bescheidenheit. Das lässt sich immer schwerer in einer Zeit durchhalten, in der viele Unternehmensführer zu Medienstars geworden sind. Als wir beispielsweise unsere Unternehmensführer einluden, an diesem Buchprojekt teilzunehmen, berichtete uns ein großer Teil von ihnen (oder ihre Abteilung für Unternehmenskommunikation) von den vielen Buchanfragen, die sie kürzlich erhalten hatten. Wenn ein Unternehmensführer diese Aufmerksamkeit persönlich nimmt oder die Anerkennung für den Unternehmenserfolgs nur für sich in Anspruch nimmt, wird das unzweifelhaft einen negativen Effekt auf die Unternehmensmoral haben. Die Menschen wollen ernst genommen und sich gewürdigt fühlen. Wenn das nicht geschieht, werden gute Ideen kaum noch hochkommen.

„Die Egos der Menschen stellen ein großes Problem bei der Leitung eines Geschäfts dar", erzählte uns Don Fisher von The Gap. „Ich ließ mein Ego nie jemandem in die Quere kommen. Ich würde allen anderen eher etwas als Verdienst anrechnen als mir.

Wenn ich mir das alles gutschreiben würde, dann wäre das für den
Mann, der wirklich die Arbeit gemacht hat, entmutigend".

Auf der einen Seite, sagt Fisher, sollte „Anerkennung dort hin-
gehen, wohin sie gehört". Auf der anderen Seite ist es für eine
Führungskraft wirklich gleichgültig, wer die bahnbrechende Idee
hatte, solange sie entsteht. „Wenn ich Leiter eines Bereichs wäre
und die völlige Verantwortung für die Lieferung von irgendetwas
hätte, dann kümmere ich mich nicht darum, woher Sie die Idee
haben – solange Sie eine haben. Sie erhalten dafür Anerkennung,
dass Sie eine haben, nicht weil Sie diese erfanden. Vielleicht haben Sie einen Freund angerufen. Was für einen Unterschied macht
es, woher Sie das haben, solange Sie etwas vorweisen können".

Herb Kelleher von Southwest Airlines entwickelt dieses Konzept einer Führungspersönlichkeit, die sein oder ihr Ego subli-
miert, etwas weiter. „Die besten Führer müssen auch gute Gefolgsleute sein", sagt er. „Sie müssen bereit sein, die Ideen anderer
Leute zu akzeptieren, selbst wenn sie mit Ihren eigenen im Konflikt stehen. Sie müssen bereit sein, Ihr Ego den Notwendigkeiten
Ihres Geschäfts unterzuordnen. Sie müssen selbstlos sein und Risiken für Ihre Mitarbeiter auf sich nehmen. Wenn Sie nicht für
Ihre Leute kämpfen, dann können Sie auch nicht damit rechnen,
dass diese für Sie kämpfen werden".

Diese Formen von Handlungen werden bemerkt, diskutiert und
schließlich durch die Organisation verinnerlicht, so dass die Person an der Spitze widergespiegelt wird.

Die besten Führer wissen das. Also verwenden sie einen un-
verhältnismäßigen Teil ihrer Zeit darauf, so zu handeln, dass jedermann klar wird, wofür sie und ihr Unternehmen stehen.

Paul O'Neill von Alcoa hat beispielsweise den Modellcharak-
ter des Verhaltens soweit getrieben, dass man sagen kann, er führt
durch sein Beispiel als Ausführender der Unternehmenswerte. Wie
wir sahen, feuerte er den Chef eines Geschäftsbereichs – einen
Veteranen mit 28 Jahren Betriebszugehörigkeit, der seine Division
von 100 Millionen US-$ auf über 1,5 Mrd. US-$ gebracht hatte –
deshalb, weil der Mann einen Bericht über ein erkanntes Umwelt-
problem vor seinem höheren Management verborgen hatte.
O'Neill stellt genauso sicher, dass die ausländischen Fabriken des

Unternehmens die schärferen amerikanischen Sicherheitsstandards erfüllen.

O'Neill sagt „Wenn die Menschen auch nur triviale Beispiele für Abweichungen finden können, dann werden diese Abweichungen zur Norm werden. Sie müssen wirklich mit fast religiösem Eifer sicherstellen, dass Sie nicht etwas machen, was irgendjemand in negativer Weise herausstellen kann".

Entwickle eine Gewinner-Strategie oder „Große Idee"

Das heutige wettbewerbsintensivere Umfeld verstärkt die Notwendigkeit für eine Gewinner-Strategie. Oder wie Larry Bossidy von AlliedSignal es ausdrückte: „Die bedeutsamste Herausforderung, die der Wirtschaft über die nächsten Jahre bevorsteht, ist meiner Meinung nach die Beschleunigung der Intensität. Wegen dieser Beschleunigung sollten Sie in einem Geschäft tätig sein, in dem Sie einen vergleichsweisen Vorteil haben oder Sie werden ausgemerzt. Ich glaube nicht, dass irgendein mir bekanntes geschäftliches Privileg sicher ist. Vor nur 20 Jahren konnte sich noch keiner vorstellen, dass Kodak oder IBM einmal irgendwelche Probleme haben würden. Heute denkt niemand mehr so. Und die Wettbewerbsintensität wird meines Erachtens noch steigen".

In diesem Umfeld muss der Unternehmensführer die Quelle zur Schaffung einer Gewinner-Strategie sein, die auf den Wettbewerbsvorteilen des Unternehmens und den grundlegenden Kundenbedürfnissen aufbaut. Das bedingt sorgfältige Beobachtung der Kunden und des Wettbewerbs.

Hank Greenberg von AIG fordert: „Der CEO muss der Top-Stratege der Organisation sein". Im Fall von AIG bedeutet das: „Wir gehen nicht auf fremde Gebiete, auf denen wir keine besonderen Fähigkeiten oder irgendetwas Einzigartiges beisteuern können. Wir beginnen nur Geschäfte, bei denen es unbefriedigte Bedürfnisse gibt und wir einen Wert bringen können. Beispielsweise erwarben wir eine Flugzeug-Leasing-Gesellschaft, der unser Triple-A-Rating beträchtlich bei ihren Finanzierungskosten geholfen hat und der unsere Verbindungen rund um die Welt die Türen öffnete, um mehr Flugzeuge zu verleasen".

Jack Welch war ebenso der Chefstratege von GE während fast 20 Jahren. Seine Entscheidungen, NBC zu kaufen, GE Capital als Finanzdienstleistungeinheit aufzubauen und in Übersee aggressiv zu expandieren, sind wohlbekannt. Was ist Welchs Idee für die nächste Dekade? „Das Produkt ist tot", sagt er. Wie wir gesehen haben, verlagert Welch jetzt den Fokus von GE auf Dienstleistungen, bei denen die Möglichkeiten für höhere Margen und die Wiederkehr von Einnahmezuflüssen bessere Chancen eröffnen, Werte zu schaffen und zu vereinnahmen.

Federal Express beruhte auf der Idee von Fred Smith, ein Verteilungsnetzwerk mit allem Drum und Dran zu schaffen, um die Auslieferung von Paketen über Nacht zu ermöglichen. In der Folge wurden neue Unternehmen und sogar neue Branchen geschaffen, wie einige Formen des elektronischen Handels, etwa der Verkauf von Büchern und Computer-Zubehör per Internet.

Was sind die Prinzipien von Smith für die Entwicklung einer bahnbrechenden Strategie? Smith zitiert Rosabeth Moss Kanter, Professorin an der Harvard Business School und ehemalige Herausgeberin der *Harvard Business Review* mit einem dazu notwendigen Instrument: „Kaleidoskop-Denken".

„Manchmal betrachten Sie ein geschäftliches Problem, und es ist widerspenstig, Sie können es einfach nicht lösen", erklärt er. „Dann müssen Sie es weiter betrachten und das Kaleidoskop drehen, bis Sie ein andersartiges Muster sehen. Manchmal können Sie eine Idee entwickeln, die völlig anders ist, und eine Lösung, an die noch niemand gedacht hatte. Der Schlüssel besteht darin, zu erkennen, dass es fast immer einen andersartigen Weg zur Annäherung an das Thema gibt. Und sehr oft ist es nicht der konventionelle Weg, den Sie in der Vergangenheit gewählt haben".

Was würde ein gegenwärtiges Beispiel für FedEx sein? Smith antwortet darauf mit einer überraschenden Anekdote. „Einmal sprach ich mit einigen unserer Manager, und sie fragten mich ‚Wenn Sie nur eine einzige Sache' – die erreichbar sein musste – ‚zur deutlichen Verbesserung des Service-Niveaus bei FedEx durchführen könnten, was würden Sie tun?' Ich bin sicher, sie dachten jetzt, ich würde etwas über den Kauf von mehr Flugzeugen oder die Einführung schnellerer Sortieranlagen sagen. Doch ich sagte: Ich würde nach Washington gehen und hart dafür eintreten, die Zeitzonen auf dem amerikanischen Kontinent von drei auf vier zu erweitern, denn dadurch hätten wir die Möglichkeit, eine Stunde länger zu arbeiten. Wir werden eingezwängt, weil wir um 19.15 Uhr in Los Angeles starten müssen, um gegen 6 Uhr in New York anzukommen. Das Hinzufügen einer weiteren Zeitzone (die den FedEx-Kunden an der Westküste eine zusätzliche Stunde zum Abgeben ihrer Pakete gewähren würde) ist ein Gedanke, der auf einem völlig unterschiedlichen Muster beruht".

Dennis Kozlowski von Tyco International misst viel vom Erfolg seines Unternehmens einer „Idee" bei, die er zu der Zeit entwickelte und einführte, als er 1992 CEO wurde: die Zahl der einnahmenschaffenden Geschäfte erhöhen. Während seiner Amtszeit als Chief Executive verschob sich der Umsatz von 85 Prozent zyklischem Geschäft, in dem jeweils nur eine Transaktion ablief, zu 85 Prozent dauernd Einnahmen generierende Geschäften, wie medizinische Einweg-Artikel. Dieses einfache, aber wirksame Konzept brachte das Unternehmen in Geschäftszweige wie die Herstellung von Gesundheitsartikeln, Überwachung von Sicherheitssystemen und die Wartung von Unterwasser-Telefonkabeln.

Das Vorbringen einer großen Idee ist eine Sache. Ihre Ausführung eine andere. Diejenigen Unternehmen, die erfolgreich waren, konzentrieren sich fortlaufend – wie nicht anders zu erwarten – auf die Ausführung.

DaimlerChrysler ist so ein Fall. Mit Hilfe seines Teams kam Chairman und Co-CEO Bob Eaton mit der Strategie auf den Tisch, die Chryslers Zukunft bestimmte. Er formuliert es so: „Der Zweck dieses Unternehmens besteht darin, Pkw und Lkw zu bauen, die Menschen kaufen, gerne fahren und wieder kaufen möchten".

Dadurch, und nur dadurch, wurde Chrysler während Eatons Amtszeit geleitet. Im Ergebnis wurden Divisions, die für die Verteidigung arbeiteten, Finanzdienstleistungen (außer jenen zur Unterstützung des Autoverkaufs und der Fahrfreude) und Luftfahrtsysteme verkauft.

Das Gleiche bei Pfizer. CEO Bill Steere entschied, dass das Unternehmen sein Geschäft mit „auf Forschung beruhenden pharmazeutischen Produkten" machen sollte. Das führte dazu, dass davon abweichende Geschäftsbereiche wie Herzkatheder und Talkminen ausgeschieden wurden. Die Zahlen-Ergebnisse sprechen für sich selbst. Der aufs Jahr bezogene Ertrag der Pfizer-Aktionäre wie auch das Cash-Flow-Wachstum liegen in der Pharma-Industrie an der Spitze.

Die Unternehmensführer müssen nicht nur mit einer Großen Idee kommen, es muss auch die richtige Große Idee sein.

Natürlich gab es viele Unternehmen (keine davon schaffte es, in unsere letzte Liste zu kommen), die mit einer Großen Idee kamen, die falsch oder deren Zeit abgelaufen war.

Wie verbessern wir unsere Chancen für Erfolg? Ein erfolgreicher Führer muss zu den Wurzeln des Unternehmens zurückgehen, auf den Dingen aufbauen, die das Unternehmen am besten kann, und dies mit den dringendsten Bedürfnissen der Kunden verbinden (definiert als dasjenige, wofür sie zahlen werden). Das wird sie vom reinen Herstellen und Verkaufen von Produkten (was zum Erfolg führen mag oder nicht) zur Entwicklung von Lösungen für den Kunden führen (höchstwahrscheinlich eine bessere Erfolgsstrategie).

Baue ein hervorragendes Management-Team auf

Die Bedeutung dieses Prinzips kann als Kernkomponente des „Rads der Unternehmensführung" einfach nicht stark genug betont werden. Wie es Michael Dell von Dell Computer ausdrückt: „Eine Person kann nicht alles alleine machen". Fügt Steve Case von America Online hinzu: „Es gibt eine Eins-zu-Eins-Korrelation zwischen der Qualität der Leute in einem bestimmten Projekt und der Qualität des Projektleiters. Da Unternehmen in Wirklichkeit eine Zusammenstellung von Menschen sind, können die Ergebnisse direkt an die Qualität des Managements geknüpft werden".

Bill Steere von Pfizer hat eine sehr gradlinige, doch machtvolle Regel für den Aufbau eines Spitzen-Führungsteams: Spiele die Stärken der Leute aus.

„Jeder hat Schwächen", bestätigt Steere. „Wenn Sie sich auf ihre Schwächen konzentrieren, werden Sie jeden nur unglücklich machen. Also arbeiten Sie die Stärken der Leute heraus und um ihre Schwächen herum – ohne Strafen".

Große Unternehmensführer haben alle, bis zu einem gewissen Grad, höchst erfolgreiche Management-Teams aufgebaut. Einige der Teams wurden auf komplementäre Geschäftspartnerschaften eingestellt. Andere wurden durch die Fokussierung auf Einstellung und Training geschaffen. Und es gibt einige Management-Teams, die dadurch entstanden, dass eine Gruppe von Menschen gegenseitiges Vertrauen über alles stellte.

Doch in keinem anderen Fall hat die Bildung von hervorragenden Management-Teams höhere Priorität als für Unternehmer, die ihre Neugründung in eine erfolgreiche, dauerhafte und große Unternehmung umzuwandeln versuchen. Sehen wir sie uns an:

The Gap

Dem Unternehmen ging es unter seinem Gründer Don Fisher von seiner Erschaffung 1969 bis in die frühen 80er Jahre gut, als zügellose Preiskämpfe im seinem Hauptproduktfeld – Levi's Jeans – ausbrachen. Gap überstand diesen Ansturm und entwickelte sich weiter zur anerkannten Marke, als Fisher Millard „Mickey" Drexler holte. „Bis zu jenem Zeitpunkt, als Mickey kam", sagt Fisher, „hatten wir niemand, der ein wirklich guter Händler war. Mickey und ich arbeiteten als Partner zusammen. Ich konzentrierte mich auf die betriebliche Seite des Geschäfts. Mickey widmete sich dem Merchandising und dem Marketing. Nicht, dass wir nicht darauf hörten, was der andere zu sagen hatte. Aber wir fuhrwerkten nicht im Bereich des Anderen herum. Auf diese Weise ergab sich alles bestens".

Southwest Airlines

Für den Aufbau eines hervorragenden Management-Teams bei Southwest Airlines gibt es zwei Schlüssel: die Einstellung und das Training. So erklärt es Herb Kelleher: „Wir stellen wegen einer Haltung ein und lehren Fähigkeiten, wenn wir es müssen. Das, was man nicht ändern kann, ist die Haltung". Nachdem sichergestellt ist, dass die richtigen Leute eingestellt werden, opfert das Unternehmen beträchtliche Ressourcen, um Führungseigenschaften zu trainieren. „Wir geben einen Unterricht über Führungstechniken nach dem anderen", sagt Kelleher. „Es gab lange einen Spruch, nach dem das Militär in Friedenszeiten Manager sucht und in Kriegszeiten Führer. Da wir im Luftfahrtgeschäft immer im

Krieg stehen, sollten wir immer nach Führern suchen. Wir unterrichten Personen darin, ungleichartige Gruppen von Menschen zu führen, die unterschiedliche Persönlichkeiten und Hintergründe haben, um sie wegen einer gemeinsamen Sache zu verschmelzen. Das ist, einfach formuliert, Führung".

Charles Schwab

Eine der besten Erfahrungen, die ein Unternehmer machen kann, liegt in der Erkenntnis seiner Schwächen und im Aufbau eines herausragenden Management-Teams, das diese Schwächen kompensiert. Charles Schwab erfuhr früh, dass er am besten war, wenn er die Richtung für das Marketing seiner Firma vorzeichnete. Er delegierte alle anderen Aufgaben an Leute, die er wegen ihrer komplementären Fähigkeiten einstellte. Heute teilt er seinen Co-CEO-Titel mit dem anerkannten Operating Executive David Pottruck.

America Online

Ein weiterer höchst erfolgreicher Unternehmer des Landes ist Steve Case von AOL, der eine etwas unterschiedliche Auffassung davon hat, wie ein Management-Team gebildet werden sollte. „Einige der besten Leute, die wir angezogen haben, kamen auf recht unorthodoxe Weise zu uns", sagt er. „ Einige kamen über das normale Einstellungsverfahren, kann ich angenehmerweise sagen, aber viele durch Erwerbungen oder andere Methoden. Wenn Sie sich unser Management-Team betrachten, dann waren verschiedene Leute mit beachtlicher Verantwortung Presidents oder CEOs ihrer eigenen Unternehmen, die wir kauften. Dazu zählen Barry Schuler (President des Interaktiv-Service von AOL), der CEO von Medior war, Ted Leonsis (President der AOL Studios), der Redgate Communications gegründet und geleitet hat, Miles Gilburne, Senior Vice-President der Unternehmensentwicklung, und Bob Pittman (President und Chief Operating Officer von AOL), der ein Jahr nach seiner Einstellung für den Board unterschrieb. Diese Männer haben ihre Leistungsfähigkeit bewiesen, indem sie etwas aufgebaut haben, und besaßen die Leidenschaft, Beharrlichkeit und Verrücktheit, die wir suchen".

Man braucht Erfahrung und Vertrauen

Die herkömmliche Weisheit besagt, dass Unternehmer die Umwandlung zur erfolgreichen Unternehmensführung nicht schaffen. Unglücklicherweise ist das häufig der Fall. Tatsache ist, dass wir von Spencer Stuart oft von Boards oder Wagnis-Kapitalgebern geholt werden, um „erfahrene Manager" für rasch wachsende Unternehmen zu rekrutieren, bei denen die Management-Anforderungen augenscheinlich die Grenzen der Gründer/Unternehmer übersteigen.

Muss das immer der Fall sein? Nein. Nicht, wenn ein Unternehmer ein hervorragendes Management-Team aufbaut, und das, idealerweise, eher früher als später. Und es ist ja so, dass von den 30 Unternehmensführern, die in diesem Buch charakterisiert wurden, eine beachtliche Zahl Gründer- (oder Mitgründer)Unternehmer sind. Das sind: Steve Case von American Online, Michael Dell von Dell Computer, Don Fisher von The Gap, Bill Gates von Microsoft, Andy Grove von Intel, Herb Kelleher von Southwest Airlines, Charles Schwab und Charles Wang von Computer Associates.

Innerhalb dieser Unternehmen wimmelt es vor hervorragenden Management-Teams. Bill Gates holte Steve Ballmer, jetzt President von Microsoft. Michael Dell holte Mort Topfer und Kevin Rollins, die heute beide Vice-Chairman und Mitglieder im Office of the Chairman von Dell Computer sind. Charles Schwab stellte David Pottruck ein, der jetzt Co-CEO ist, und Don Fisher holte Mickey Drexler, jetzt CEO von Gap. Um große, dauerhafte Unternehmen zu schaffen, suchten diese Unternehmer und andere in diesem Buch herausgestellte Unternehmensführer zur Abrundung ihrer Führungsmannschaft andere starke Führungspersönlichkeiten, deren Fähigkeiten und Erfahrungen ihre eigenen ergänzten und deren Engagement, Einstellungen und Werte identisch mit ihren eigenen waren.

Vielleicht erklärt Steve Case diesen Punkt am besten. „Statt zu glauben, man müsse als CEO alles selbst machen, gehen Sie doch einfach davon aus, dass es eigentlich nichts für Sie zu tun gibt, und organisieren alles so, dass es so wenig wie möglich zu tun gibt. Der Schlüssel zu einem solchen Lösungsansatz besteht in der

Einstellung von Mitarbeitern, zu denen Sie wirklich Vertrauen haben. Grundsätzlich kann man Dinge in der Weise organisieren, dass das Unternehmen insgesamt auf der richtigen Spur läuft, wenn die richtigen Leute das Richtige machen. Für mich ist eine Woche perfekt, wenn ich nichts zu tun habe, so dass ich mich auf Strategieentwicklung, Menschenführung und Kundenservice konzentrieren kann. Statt der „Alles-machende Unternehmer" zu sein. Im Grunde versuche ich, ein CEO zu sein, der nichts tun muss".

Was ist der Schlüssel, um den Übergang vom Unternehmer zum Manager zu schaffen? Es gibt meherere Wege, meint Fred Smith von Federal Express. Zuerst sollte man lernen, wie es geht, durch Lesen, Studieren, Unterhaltung mit Leuten, die das schon vorgemacht haben. Zweitens sollte man sich „mit Leuten im Management und im Board umgeben, die einfach viel Erfahrung haben".

Das Prinzip des Aufbaus eines herausragenden Management-Teams impliziert eine kontinuierliche Evolution – und Beschneidung, wenn notwendig. Es erfordert auch eine „erweiterte Organisation", die den Board of Directors umfasst. Vorbei sind die Tage, als die besten CEOs ihren Board aus Insidern und Bekannten zusammenstellen konnten.

Larry Bossidy von AlliedSignal ist einer von mehreren Unternehmensführern in diesem Buch, die uns Folgendes verdeutlichten: „Ich meine, der Board ist ein hervorragendes Instrument – wenn er richtig besetzt ist. Zunächst einmal müssen Sie die allerbesten Leute holen, die Sie bekommen können. Wenn kritische Augenblicke kommen, dann werden Sie viel besser von einem guten, starken Board gestützt als von Leuten, die loyal sein mögen, die aber nicht qualifiziert sind oder die nicht zum Engagement aufgefordert wurden".

Die berufliche Entwicklung ist ebenfalls ein wesentlicher Teil beim Aufbau eines hervorragenden Management-Teams, wie das Kapitel über Andy Grove von Intel zeigt. Ähnlich wie Grove stellen große Unternehmensführer sicher, dass ihr Unternehmen Beträchtliches an Zeit und Aufwand für die Entwicklung von Managern aufbringt.

Befähige Mitarbeiter, um Größe zu erreichen

Wie wir in Kapitel 1 des ersten Teils erwähnten, sind im heutigen Amerika mächtige Tendenzen vorhanden, die die Einstellung der Menschen – insbesondere der jungen Menschen – zu ihrer Arbeit beeinflussen. Mitarbeiter scheinen heute nach einer tieferen Bedeutung ihrer Arbeit zu suchen. So schreibt Professor Bennis in *Auf dem Weg zur Führungskraft:*

„Sie werden unter dieser blödsinnigen und veralteten Formen der bürokratischen, auf Befehl und Kontrolle aufgebauten Führungsweise keine hochqualifizierte Mitarbeiterschaft gewinnen oder halten können. Sie können die geistige Kraft keiner Organisation durch Peitschen und Ketten freisetzen. Sie erhalten das Beste von den Menschen durch ihre Bestärkung, Unterstützung und freie Entwicklung".

Eine andere Weise, das auszudrücken, lautet: Wenn Unternehmensführer erfolgreich sein wollen, mehr als sonst, dann müssen sie die tiefsten Antriebskräfte und Wünsche ihrer Mitarbeiter ausloten.

Das stimmt vollständig mit dem überein, wie die besten Unternehmenschefs führen. „Management ist, was zur Leitung eines Unternehmens notwendig ist", sagt Bob Eaton von Daimler-Chrysler. „Heute ist es Führung. Ein Manager kontrolliert vornehmlich, richtet Pläne ein, stellt ein Budget auf, verteilt Arbeit und überprüft Ergebnisse. Ein Führer ist dagegen eher auf Visionen und Vorstellungen ausgerichtet. Er oder sie begeistert Leute und räumt Hindernisse beiseite, damit die Menschen mehr erreichen können".

Herb Kelleher, der als ein Unternehmensführer gilt, der Mitarbeiter am meisten mitgerissen hat, baute sein Unternehmen auf der Idee auf, dass Menschen besser arbeiten und produktiver sind, wenn sie Freude bei ihrer Tätigkeit haben.

„Man sollte seine Persönlichkeit nicht verbiegen, wenn man zur Arbeit geht. Bei Southwest schaffen wir über die Anwerbung guter Leute eine gute Atmosphäre. Wir lassen die Leute, wie sie sind, kümmern uns stark um sie und ihr Leben. Mit anderen Worten: Wir schaffen ein Umfeld, in dem die Menschen sich an dem, was sie tun, erfreuen können".

Martha Ingram von Ingram Industries pflichtet dem bei, indem sie mehr Fröhlichkeit einbrachte, als sie 1995 die Leitung ihres Unternehmens übernahm. „Ich möchte, dass die Menschen gerne zur Arbeit kommen. Sie sollen hier eine gute Zeit haben. Ich meine, ein Gefühl für Spaß kann gut sein. Die Leute werden produktiver".

Wenn diese Form des Arbeitsplatzes erhalten werden soll, sagt Kelleher, dann muss sie glaubhaft sein. „Die Leute merken, ob man das nur aus rein ökonomischen Gründen macht, oder weil man Menschen wirklich mag und schätzt. Wir scheuen uns nicht davor, mit den Mitarbeitern über Begriffe wie Liebe und Idealismus zu reden. Wir glauben, dass die Erkenntnis, in einem Unternehmen mit einer tieferen Bedeutung tätig zu sein, für jeden wichtig ist".

Kelleher gibt eine Metapher, um seine Ansicht zu festigen. „Ein Maurer setzt nicht einfach Steine aufeinander. Er baut ein Heim für eine Familie. Er wird das möglicherweise besser machen, wenn ihm dieses Ziel begreifbar ist. Dieses Heim bedeutet für die Familie eine teure Angelegenheit. Also muss man das hervorheben und darf keine übermäßigen Ausgaben machen".

Für Paul O'Neill von Alcoa ist die Begeisterung von Menschen nicht komplizierter als das Ansprechen von menschlichen Grundbedürfnissen. Bedürfnisse, sagt er, sind überall gleich. „Die Menschen haben unterschiedliche Ebenen von Wünschen, aber richtungsmäßig wünschen sie alle das Gleiche. Nämlich Respekt und ein Gefühl von gerechter Behandlung. Auf jeder Ebene möchten sie einen Beitrag leisten und dafür Anerkennung erhalten".

Elizabeth Dole spricht in der Öffentlichkeit viel über die Begeisterung von Menschen. „Ich erzähle den jungen Leuten immer, das die von mir respektierte Einflussnahme und Zielerfüllung von einer einzigen Willens- und Charaktereigenschaft abhängen – dem Sinn für eine Mission. Wer eine Berufung findet, die ihn zur Selbstlosigkeit und zu vollem Engagement verpflichtet, der wird die Kraft und Begeisterungsfähigkeit haben, auch andere zu begeistern. Das steckt an: Die Menschen möchten dann Teil von dem sein, was man macht".

Was zur Begeisterung von Menschen notwendig ist

Wie auch immer man es ausdrückt, die Basiskonzepte, die von den hier geschilderten Top-Managern erwähnt wurden, sind bemerkenswert konsistent: Kommuniziere fortlaufend, höre sorgsam zu, toleriere Fehler uneingeschränkt als lehrreiche Erfahrung, baue auf den Wunsch der Menschen, sich positiv zu unterscheiden, und bleibe strikt bei der Verpflichtung zur Innovation, Kreativität, Rassen- und Geschlechtergleichheit, sozialen Verantwortung und fortwährenden Entwicklung. Es schadet nie, wenn ein Top-Manager eine Gabe für Charisma hat, die oft mit Führung verwechselt wird. Doch wir sind zur Überzeugung gelangt, dass in der heutigen komplizierten Arbeitswelt Taten mehr zählen als Worte. Die wirkliche Stärke einer Organisation liegt bei den Menschen, die jene Organisation formen. Wenn diese nur von ihren Neigungen gesteuert werden, dann wird die unternehmerische Leistung unter Niveau bleiben. Eine der wesentlichen Herausforderungen für einen Top-Manager ist die Befreiung der Energie jener Menschen und deren Nutzung für strategische Ziele.

Schaffe flexible, einfühlsame Organisationen

Viel ist über Jack Welch geschrieben worden. Aber bisher ist außerhalb von GE nicht über seinen Appell diskutiert worden, Organisationen viel informeller zu machen.

Dieses Konzept wird Erfolg haben. Es muss. Bei den heutigen Möglichkeiten der Technik, weltweit sofort zu kommunizieren, werden erfolgreiche Unternehmensführer jene sein, die langsame, übermäßig formalisierte Hierarchien und Entscheidungsprozesse aufbrechen. Welch hat dafür einen Begriff geprägt: Er nennt das „die Macht des Informellen".

Nach Welch besteht der Schlüssel darin, „die richtigen Leute Probleme lösen zu lassen, gleich, wo sie geografisch oder hierarchisch angesiedelt sind".

Wir hörten den Satz „man muss die richtigen Leute haben" viele Male im Verlauf unserer Gespräche. Wie Welch, Don Fisher von The Gap, Al Zeien von Gillette und andere sagten sie, dass 50 Prozent – oder mehr – ihrer Führungsfunktion auf Personalangelegenheiten ausgerichtet sei. Nachdem Drexler CEO von The Gap ist, sagt Fisher, dass „dies auch für ihn gilt. Mickey spricht dauernd über Menschen. ‚Was sollen wir mit dieser Person anfangen? Wie können wir den anwerben? Welchen Bonus sollen wir ihr geben?' Über so etwas sprechen wir laufend".

Wenn Sie aber einmal die richtigen Leute haben, müssen Sie sich schnell bewegen. Die besten Unternehmensführer haben ihre Organisation so umstrukturiert, dass schnelle Entscheidungen sichergestellt sind. O'Neill von Alcoa weist auf seine Reorganisation 1991 hin, die zur Bildung von 21 verschiedenen Geschäftseinheiten führte und sowohl die Zurechenbarkeit als auch Verantwortlichkeit klarer festlegte als je zuvor.

Kozlowski von Tyco International zitierte die vollkommen dezentralisierte Struktur des Unternehmens und die abgemagerten Zentralstäbe als Hebel, um die Konkurrenz auszumanövrieren. Sie alle, wie auch Steere von Pfizer, Case von AOL und John Chambers von Cisco Systems haben die Geschwindigkeit zur einer Top-Priorität gemacht. Diese bedeutenden Unternehmen haben ihre traditionellen Wettbewerber klar überholt. Eben weil gut finanzierte, straff ausgerichtete, technologisch frühzeitig dynamische Unternehmen ihre Märkte energischer und effektiver angehen als je zuvor.

„Heute bedeutet Geschwindigkeit alles", sagt Steere. „Ob in der Finanzierung, Forschung, Entwicklung, im Genehmigungsprozess oder Marketing, alles orientiert sich an der Geschwindigkeit. So wird alles, was wir in der Forschung früher nacheinander machten, jetzt parallel getan. Das erhöht das Risiko – und die Kosten. Aber wenn Sie Erfolg haben, dann kommt er früher und ist größer. Sie wissen eher, ob Sie ein Gewinner- oder Verliererprodukt haben". Auch die Geschwindigkeit kann sorgfältige Überlegungen nicht verdrängen – die Analyse hat noch Gewicht. Aber die Unternehmen haben nicht mehr den Luxus, erst zu entscheiden, wenn alle Fakten geklärt und alle Risiken ausgeräumt sind.

Bei DaimlerChrysler ist das nicht anders, erklärt Bob Eaton. „In der Produktentwicklung (ein Gebiet, auf dem das Unternehmen weithin als führend gilt) haben wir Plattform-Gruppen gebildet, die 80 bis 1.000 Leute umfassen können. Diese arbeiten nach unserem Eine-Seite-Abkommen (die „12-Punkte-Charta", die auf Seite 104 diskutiert wurde), das alle Aspekte ihrer Arbeit abdeckt.

Die Gruppe ist deshalb selbständig, wir (das Management) gehen aus dem Weg und lassen sie handeln. Sie müssen nicht für Genehmigungen zu uns kommen, solange sie innerhalb ihres Abkommens bleiben. Wir haben im Endeffekt die Einflussnahme des höheren Managements bei der Tagesarbeit der Produktentwicklung ausgeschaltet".

Geschwindigkeit läuft Hand in Hand mit Flexibilität. Lowe's Companies, bei Heimwerker-Märkten führend, haben ihre gesamte Strategie und Infrastruktur auf Flexibilität abgestellt. Aussage von CEO Bob Williams: „Wir passen uns an die Weise an, wie Kunden einkaufen möchten. Wenn sie selbst tätig werden wollen und die Waren direkt aus dem Verkaufscenter nach Hause bringen, dann machen wir das möglich. Wenn sie bei uns über Internet oder elektronische Kataloge einkaufen wollen, dann können wir das auch ermöglichen".

Warum dieser ganze Drang zur Flexibilität? Tillman weist auf die wesentlichen demografischen Trends hin, die in der amerikanischen Wirtschaft ablaufen. „Das heutige Geschäft (die volle Produktlinie des Heimwerkerbedarfs als Supermarktangebot) richtet sich an der Baby-Boomer-Generation aus, die älter und wohlhabender wird. Die werden möglicherweise keine herkömmlichen Do-it-yourself Kunden mehr bleiben. Sie werden mit ihrem Schiff in der Karibik kreuzen und jemand für den Haushalt haben". Das wird einen zusätzlichen Service erfordern. Tillman: „Auf einmal kommt da eine neue Generation auf uns zu, die extrem technisch informiert ist, und dem Einkauf im Geschäft skeptisch gegenübersteht. Das bringt für uns als Unternehmen zusätzliche Forderungen. Wir müssen eine Flexibilität erreichen, die dem Kunden keinen Zwang zu einer bestimmten Art von Einkauf auferlegt".

Die besten Unternehmen benutzen die Technologie, um sicherzustellen, dass sie flexibel und reaktionsschnell sind. John Chambers bevorzugt eine Kombination von Information und Bündelung durch Abflachung der Unternehmenshierarchie, Beschleunigung der Entscheidungsprozesse und die Verbesserung der Reaktionen auf Kundenwünsche.

Doch die Information muss mit der Fähigkeit der Mitarbeiter verknüpft werden, sie auch zu nutzen. Wie stellt Chambers sicher, dass die Entscheidungen und Handlungen der Mitarbeiter mit der

Richtung und den Prioritäten des Unternehmens übereinstimmen? Durch Verbindung zwischen dem, was eine Person macht, mit der Unternehmensstrategie.

„Wir haben unsere Vision auf eine Mission abgespeckt, mit unmittelbar erreichbaren und kurzfristigen Ziele, die wir für jeden auf eine Karte gedruckt haben". Chambers demonstrierte das bei unserem Treffen, indem er die eigene Zielsetzungskarte herausholte, die an seinem Gürtel hing. Er versicherte uns, dass jeder einzelne Mitarbeiter ebenfalls eine solche Karte habe. Dadurch, dass Cisco den Managern und Mitarbeitern die für sie notwendigen Informationen und Ermutigung zu Entscheidungen gegeben hat, die mit der Ausrichtung des Unternehmens übereinstimmen, wurde es eines der flexibelsten, reaktionsschnellsten und wertvollsten Unternehmen Amerikas.

Eine andere äußerst reaktionsschnelle Unternehmung dieses Landes ist America Online, die angesichts der blitzschnellen Internet-Branche einfach überleben musste. CEO Steve Case nutzt die Reorganisation als Werkzeug zur Erhaltung der unternehmerischen Flexibilität. Wenn dieser Lösungsweg auch für einige Mitarbeiter des Unternehmens verwirrend war, so hat er doch AOL die Überwindung der vielen Hindernisse ermöglicht, die seit Anfang 1998 viele Fachleute ein Ausscheiden des Unternehmens prophezeien ließen.

„Wir reorganisieren dieses Unternehmen ungefähr jedes Jahr", sagt Case. „Ich fühle, dass eine Reorganisation notwendig ist, wenn die Dinge hochkochen und dann zu viele kritische Themen entstehen. Zu diesem Zeitpunkt weiß ich, dass ich einsteigen muss".

Gemeinsame Überzeugungen machen sie schneller

Eine andere Methode, den Enscheidungsprozess zu beschleunigen, besteht darin, jedem die Werte des Unternehmens völlig zum Bewusstsein zu bringen, meint Herb Kelleher von Southwest.

„Das macht alles wesentlich einfacher. Wenn jemand einen Vorschlag bringt, dann verschwenden wir darauf nicht viel Zeit, wenn er gegen unsere Werte spricht. Wir sagen einfach: ‚Nein, das werden wir nicht machen'. Ja, wir könnten vielleicht eine Menge

Geld machen, aber das spielt keine Rolle. Das ist nicht unsere Art. Wir können dann schnell weitergehen und sagen: ‚Okay, was ist der nächste Vorschlag?‘".

Verknüpfe alles über eine Bestärkung des Managements und ein Leistungsanreizsystem

„Das Überleben des Stärksten" erklärt für eine lange Periode die Entwicklung des Lebens auf diesem Planeten. In unserem kapitalistischem System spielt der Kampf um den beruflichen Aufstieg eine ähnlich substanzielle Rolle für das Mitarbeiterverhalten. Eines der Schlüsselprinzipien für erfolgreiche Unternehmensführung stellt der Entwurf und die Einführung von Vergütungssystemen dar, die sinnvoll und an die sorgfältig überdachten Ziele einer Organisation geknüpft sind. Das gilt auch für andere Managementverfahren wie Budgetierung, Informationssysteme und Leistungsmessung.

Um am wirksamsten zu sein, müssen die Managementverfahren wie Vergütungsmethoden, Informationssysteme und Leistungsmessungen den Werten und der Strategie der Organisation folgen und sie bestärken.

Bei Pfizer, deren Shareholder Value gemessen an der Fünf-Jahres-Gesamtrate um 51 Prozent gestiegen ist, schneller als bei jeder anderen Pharma-Unternehmung, meint CEO Bill Steere, dass 85 Prozent seines Einkommens leistungsabhängig sind. Seine langfristigen Leistungsanreize sind an zwei Maßzahlen geknüpft, den Aktionärsertrag und den Gewinn pro Aktie, gemessen an den Vergleichsunternehmen.

Jack Welch sagt, dass die Mitarbeiterbezahlung einen wesentlichen Teil der Verstärkung unternehmerischer Überzeugung bildet.

„Das Vergütungssystem ist ein riesiger Faktor bei der Motivation der Mitarbeiter". Zwar ist das absolute Niveau der Vergütung wichtig, aber nicht ausreichend. „Innerhalb unserer Kultur ist die Differenzierung wichtiger als die wirkliche Vergütung. Für GE heißt das, sicherzustellen, dass einige große Zuwendungen erhalten und die anderen ausgelassen werden".

Vergütungssysteme bilden auch ein wesentliches Mittel, um wichtige Mitarbeiter zu halten. Bei vielen der der hier präsentierten Unternehmen reicht der Besitz von hochbewerteten Stock Options und Vorzugsaktien weit in die Organisation herab und stellt ein ungemein hohes Hindernis für andere Unternehmen dar, die Manager abwerben wollen. Bei GE gibt es zum Beispiel mehr als 2.000 Mitarbeiter, die nicht ausgeübte Stock Options im Wert von mindestens je einer Million US-$ halten, plus tausend Anderer, die (nach Ausübung der Option) Millionäre geworden sind, als Folge des außergewöhnlichen Anstiegs der GE-Aktie, verbunden mit dem Kompensationsprogramm.

Bei MCI WorldCom nimmt jeder Mitarbeiter am Aktien-Optionsplan teil (oder wird es bald). CEO Bernie Ebbers weist auf die Folgen für die Kultur hin. „Sie können nicht durch dieses Gebäude gehen, ohne Aktienkurven zu sehen, die jeden Tag revidiert werden. Unsere Mitarbeiter werden wirklich durch ihr Eigentum am Unternehmen motiviert".

(Zusätzlich zur Motivation und Bindung von Mitarbeitern hat die außergewöhnliche Aktienkurssteigerung von MCI WorldCom, die seit Einführung der Aktien ungefähr um 50% jährlich gestiegen sind, dem Unternehmen sowohl die Finanzmittel zum Erwerb anderer Unternehmen gegeben (was 65-mal geschehen ist) als auch es anderen schwer gemacht, diese in der sich schnell konsolidierenden Telekommunikationsbranche zu kaufen).

Eine der innovativsten Vergütungstechniken wurde von Don Fisher von The Gap ausgeübt. „Unser Verfahren besteht darin, abgezinste Stock Options auszugeben, etwa ein Mittelweg zwischen gradlinigen Vorzugsaktien und Optionen. Dabei gibt man den Mitarbeitern zweimal so viele Aktien wie bei einer Ausgabe von vinkulierten Aktien. Und damit sind sie, anders als bei normalen Optionen, bereits halb ‚geldwert', repräsentieren also einen wirklichen Gewinn".

Hier ein Beispiel, wie das bei einem Aktienkurs von 66 US-$ bei The Gap funktioniert. „Statt jemand Vorzugsaktien kostenlos zu geben, gibt man ihm 2.000 Optionen zum Festkurs von 33 US-$.", erklärt Fisher. „Die Vervielfachung ist dann aus Steuergründen sowohl für den Mitarbeiter als auch für das Unternehmen vorteilhafter. Zur Illustration: Wenn der Aktienkurs um 10 US-$ pro Aktie steigt, verdient der Mitarbeiter 20.000 US-$ mit den diskontierten Optionen gegenüber 10.000 US-$ mit den Vorzugsaktien. Und wenn der Aktienkurs nicht steigt, dann verdient der Mitarbeiter immer noch 33 US-$ pro Aktie gegenüber den normalen Aktienoptionen, die dann wertlos bleiben". Ein anderes Verfahren, um ein derartiges Programm funktionieren zu lassen, ist die Sicherstellung ausreichend langer Übertragungszeiten, so dass immer ein beträchtliches Vermögensrisiko besteht, falls der Mitarbeiter das Unternehmen verlässt. Das hält die wertvollsten Mitarbeiter am besten beim Unternehmen.

Einer der Unternehmensführer, die als Meister in der Nutzung von Anreizsystemen zur Verstärkung des Unternehmenswertes und seiner Strategien gilt, ist Sandy Weill von der Citigroup. „Wir sind stark auf die Ausgangsbasis konzentriert und wie wirkungsvoll wir unser Produkt an den Kunden vermitteln können. Deshalb binden wir unser Belohnungssystem auch eng an diese beiden Maßstäbe. Wir wollen wirklich dieses Geschäft so führen, dass die Mehrheit unserer Leute eine Vergütung erhält, die sich an ihren Leistungen und an der Leistung des Gesamtunternehmens orientiert".

Was ist mit dem Kunden?

Bei Cisco ist beides, die Unternehmensstrategie und die Kultur, eng mit dem Service verknüpft. Deshalb messen John Chambers und sein Team, genau wie Sandy Weill von der Citigroup, die Kundenzufriedenheit auf verschiedene Weise. Das Unternehmen bindet die Vergütung an das, was dabei herauskommt.

„Wir führen einmal im Jahr eine Kundenbefragung durch", sagt Chambers. „Wir messen außerdem die Zufriedenheit jedes einzelnen Kunden auf einer Skala von eins bis fünf. Wir bezahlen jeden Manager in unserem Unternehmen aufgrund dieser Untersuchung und deren Resultate".

Ein weiteres Managementverfahren mit gezielter Ausrichtung auf den Kunden ist die Weise, wie Lowe's die Marktforschung nutzt. „Ich bin überzeugter Anhänger der strikten Trennung zweier Tätigkeitsfelder von Unternehmenspolitik oder Einflussnahme", sagt CEO Bob Tillman. „Eines ist die Revision, denn diese schützt die Interessen der Aktionäre des Unternehmens (eine übliche Haltung gegenüber der Revision). Und das zweite ist die Marktforschung, weil diese wirklich den Kunden repräsentiert (eine ziemlich ungewöhnliche Haltung gegenüber Marktforschung).

Noch erhalte ich Marktforschungsberichte indirekt, aber wir überlegen, ob sie mir nicht direkt zugehen sollten. Ich möchte die echte, von keiner Gruppe beeinflusste Kundenmeinung haben. Das ist problematisch, denn wenn Einzelhändler Misserfolg haben, dann fast immer, weil ihre eigene persönliche Arroganz sie glauben lässt, sie wüssten genau, was der Kunde haben möchte, und seien auch schlauer als er. Wir setzen unser Unternehmen genau mit der gegenteiligen Voraussetzung an". Und die Marktforschung ist ein Schlüssel, um unter dieser Voraussetzung zu arbeiten.

Bernie Ebbers ist ein lebendes Beispiel für Druckers Maxime „Was gemessen werden kann, lässt sich managen". Er führt seinen Motel-Hintergrund als Untermauerung dieser Idee in der praktischen Umsetzung an. „Ich war geradezu fanatisch auf das Messen von Dingen eingestellt. Wie viel Seife verbrauchten die Gäste pro vermietetem Zimmer und wieviel Toilettentücher? Heute stellen wir Budgets in sehr detaillierter Art auf, um alle Einkünfte und Ausgaben eines Unternehmens sicher zu erfassen. Über die Jahre erhalten unsere Mitarbeiter eine Vergütung gemäß ihrer Leistung im Vergleich zum Plan".

Larry Bossidy von AlliedSignal spricht sich ebenfalls beredet für die Verknüpfung von Managementsystemen mit den Unternehmenszielen aus. „Es gibt so vieles, was man in einem Unternehmen machen kann", sagt er, „aber wenn Sie das nicht mit jedem auf eine Linie bekommen, dann verschwenden Sie Ihre Zeit. Also verwenden wir viel Mühe darauf, die für erfolgreiche Arbeit notwendige Übereinstimmung mit Sicherheit zu erreichen". Als langjähriger Schüler von Peter Drucker folgt Bossidy dem Rat des Professors, die Erfolgsmaßstäbe gemäß den Umständen zu variieren.

„Gewöhnlich suche ich nur drei Hauptmaßstäbe in einem Jahr aus, je nach Umständen", sagt Bossidy. „Ich glaube nicht, dass man immer dasselbe messen muss. Unsere jetzigen Maßstäbe sind Umsatzwachstum, Kundenzufriedenheit und Cash-Flow". In anderen Jahren hat er Nettoeinkommen, Kundenzufriedenheit, Gesamt- und Eigenkapitalrendite neben anderen genommen.

Bossidy liefert ein Beispiel, wie er die Erfolgsmaßstäbe der Situation anpasst. Er schlägt vor, in Deflationszeiten die Kapitalrendite zu nehmen, da dann das Kapital härter arbeiten muss, um einen Ertrag zu erwirtschaften als in Inflationsperioden. Wenn Bossidy einen derartigen Wechsel als Reaktion auf das Umfeld vornimmt, sorgt er dafür, dass dies auch in der Organisation bis nach unten durchdringt.

„Wir sagen den Leuten im Betrieb, dass dies die drei Maßstäbe für dieses Jahr sind, und stellen sicher, dass sie ihre Betriebspläne entsprechend aufstellen. Da die Maßzahlen die Basis für die Bonuszahlungen bilden, haben wir keine Probleme, die erforderliche Ausrichtung für ihre erfolgreiche Umsetzung zu erreichen".

Neben den Vergütungssystemen und Budgetabläufen gibt es noch einen andere Lösungsweg für erfolgreiche Unternehmensführung: die Einrichtung von Informationssystemen, die an die wichtigsten Erfolgsmaßstäbe gebunden sind und diese verstärken. Federal Express war eines der ersten Unternehmen, die dieses Prinzip zu ihrem Wettbewerbsvorteil ausbauten.

CEO Fred Smith hat immer gesagt, dass die Information über ein Paket genauso wichtig für FedEx und seine Kunden sei, wie der Transport des Paketes selbst. „Diese Information ermöglichte es unseren Kunden, eine Art Überwachung ihrer Güter und Waren auszuüben, die zum ersten Mal durchliefen". Damit sparten sie Lageraufwand und vergrößerten ihren Nutzen aus den Leistungen der Federal Express. Folgerichtig spiegeln die Anreizsysteme für Mitarbeiter die verschiedenen Qualitätskennzahlen des Unternehmens wider.

Schnell geht der Blick für das Wesentliche verloren, besonders unter dem hohen Zeitdruck, den heute so viele von uns in dieser technisch geprägten Welt spüren. Viel zu oft werden Aktionen, die auf Grundsätzen für langfristigen Erfolg bauen, eiligen Maßnahmen zuliebe geopfert. Wir empfehlen dringend, unsere Führungsleitsätze als hilfreiche Anleitung zu nutzen, das Richtige richtig zu machen. Denn wie dieses Kapitel hoffentlich klar zeigt, werden Unternehmensführer, die „ihre Unternehmen auf dem Rad der Unternehmensführung vorwärts bewegen", mit Sicherheit einen substanziellen Wert gleichermaßen für ihre Aktionäre, Kunden und Mitarbeiter schaffen.

3. Gemeinsame Merkmale: Ein Rezept für Erfolg im Geschäftsleben

Die 30 in diesem Buch beschriebenen Unternehmensführer haben außerordentlichen Erfolg gehabt. Sie wussten, was sie wollten und erreichten ihre Ziele durch ihre Stärken, Überwindung ihrer Grenzen und die Begeisterung anderer. Mit anderen Worten: Sie befolgten die sechs Prinzipien des geschäftlichen Erfolgs, indem sie das Richtige richtig machten.

Aber welche Besonderheiten haben diese Top-Manager, die sie dazu befähigten? Welche Merkmale haben sie gemeinsam, wenn überhaupt? Noch entscheidender: Gibt es etwas, das wir von ihnen lernen können, um uns bei unserer eigenen Karriere erfolgreicher zu machen? Eine wesentliche Antriebskraft war bei den Nachforschungen für dieses Buch die Hoffnung, dass wir Eigenschaften und Fähigkeiten finden könnten, die jene besten Unternehmensführer Amerikas gemein haben. Was verleiht diesen Top-Managern Antrieb, und was können wir von ihnen lernen?

Zwar zeigen die hier dargestellten Unternehmensführer eine genauso große Vielfalt von Persönlichkeiten und Lebensstilen wie jeder andere Querschnitt durch die Bevölkerung. Doch fanden wir, wie erhofft, eine Reihe von Merkmalen – zehn, um genau zu sein, die allen gemeinsam zu sein scheinen.

Natürlich sind Menschen – anders als eine Schweizer Uhr oder die physikalischen Gesetze der Natur – grundsätzlich unberechenbar und einzigartig. Wir können nicht behaupten, dass diese zehn Merkmale das letzte Wort zum Erreichen von Erfolg darstellen. Erfolg kann in der Wirtschaft, wie im Leben, auf überraschende und unvorhersehbare Weise eintreten. Aber es gibt keinen Zweifel daran, dass die Top-Manager auf unserer Liste von diesen Merkmalen profitiert haben. Was aber vielleicht wichtiger ist: Wir glauben, dass wir durch Entwicklung und Verstärkung dieser Eigenschaften die Chancen zur Erfüllung unserer eigenen beruflichen Träume und Ambitionen erhöhen können.

Zehn Punkte markieren den Erfolg

Hier sind die zehn Merkmale, welche die von uns ausgewählten besten Unternehmensführer in Amerika gemeinsam aufweisen.

1. Engagement

Kein anderes Merkmal ist kennzeichnender für die Top-Manager auf unserer Liste als das Engagement, dass sie für ihre Mitarbeiter und ihre Unternehmen zeigen. Sie lieben ganz einfach das, was sie machen. In vielfacher Weise ist Engagement die Ergänzung zu jenem Prinzip, das wir im vorangegangenen Kapitel *Das Richtige* richtig machen darstellten, nämlich die Begeisterung der Mitarbeiter, so dass sie Größe erreichen. „Wenn Sie sich für das einsetzen, was Sie tun, ein Sendungsbewusstsein verspüren, das von Herzen kommt, dann besitzen Sie die Kraft, Motivation und Begeisterungsfähigkeit, die ansteckend wirken und Voraussetzung für die Führung einer Organisation sind", sagt Elizabeth Dole.

Bill Gates klingt wie Dole: „Ich habe den erfreulichsten Job der Welt und komme jeden Tag gerne zur Arbeit. Immer gibt es neue Herausforderungen, neue Möglichkeiten und Neues zu erfahren. Wenn man seine Tätigkeit so mag, dann wird man nie ausbrennen".

Als wir die Top-Manager in unseren Gesprächen fragten: „Welchen Rat würden Sie jungen Leuten geben, die über ihre Karriere nachdenken?" dann antworteten sie fast wie aus einem Mund: Sie müssen lieben, was sie tun.

„Engagement ist wahrscheinlich das Wichtigste", sagt Bob Eaton von DaimlerChrysler. „Ich sage jungen Menschen ‚Sie müssen aufgeregt sein, wenn Sie zur Arbeit kommen, und immer versuchen, etwas zu bewegen'".

Vielleicht drückt es David Johnson von Campbell Soup so am besten aus: „Gehen Sie raus und tun Sie, was Sie tun möchten. Warten Sie nicht und suchen Sie keine Bestätigung. Und sitzen Sie nicht herum, während Sie sich fragen, was als nächstes passiert. Treten Sie das Gaspedal durch und machen Sie etwas aus Ihrem Dasein. Das Leben ist keine Generalprobe. Es ist Ihr Leben. Jeder Tag geht vorüber – tick, tick, tick. Was unternehmen Sie, um das Beste daraus zu machen?"

2. Intelligenz und Klarheit des Denkens

Es versteht sich von selbst, dass die erfolgreichsten Unternehmensführer hochintelligent sind. Ein Teil ihrer Intelligenz ist selbstverständlich die Art von intellektueller Urkraft, die angeboren ist. Aber mindestens genauso wichtig wie ihre angeborene Klugheit ist ihre Fähigkeit, das Komplizierte zu vereinfachen.

Wenn man Michael Dell gegenübersitzt, um ein Beispiel zu geben, dann ist es so einfach, die laufenden Vorteile eines Direktverkaufs an Kunden zu begreifen – sowohl aus Sicht des Kunden wie des Unternehmens –, dass man sich fragt, warum eigentlich nicht alle Computer-Unternehmen so verfahren. Aus heutiger Sicht erscheint die Entscheidung Dells, direkt – über 800 Telefonnummern, eine Verkaufsmannschaft und das Internet – an Kunden zu verkaufen, völlig einleuchtend. Doch 1984 war es seine Gabe, die explosiven Möglichkeiten dieses Direktgeschäfts zu erkennen. Der Rest der Welt benötigte 15 Jahre, um völlig zu verstehen, was dieser College-Frischling sofort erkannt hatte.

Wir erlebten diese Klarheit des Denkens auch bei Bill Steere von Pfizer. Als er 1991 CEO wurde, bewegte sich die pharmazeutische Industrie in Richtung Diversifikation und bot Generika an, um das organisierte Gesundheitswesen anzusprechen. Dagegen war Steere klar, dass Pfizer in die entgegengesetzte Richtung gehen und sich auf die Kernfähigkeiten des Unternehmens konzentrieren sollte: Forschung, Entwicklung, Marketing für und Verkauf von Eigenprodukten für Mensch und Tier. Steere erhöhte die Forschungsaufwendungen um mehr als das Dreifache, verkaufte die nicht zum Kernbereich zählenden Geschäfteile und entwickelte eine Reihe von milliardenschweren Supermitteln, wovon Viagra, natürlich, das bekannteste ist.

Auch hier erscheint Steere's Entscheidung im Rückblick selbstverständlich, aber zu jener Zeit war das für die meisten Leute gar nicht sicher.

3. Herausragende kommunikative Fähigkeiten

In vielen Beziehungen bedeutet Leben Kommunikation. Nirgends ist es wichtiger, ein stark kommunikativer Mensch zu sein, als bei der Führung von Menschen oder Organisationen. Deshalb überrascht es nicht, wenn eines der gemeinsamen Merkmale unserer 30 Unternehmensführer ihre Fähigkeit ist, gut zu kommunizieren. Die besten Unternehmensführer können die unternehmerischen Grundlagen, Strategien, Alternativen und Handlungsfolgen so wirkungsvoll erklären, dass sie das volle Verständnis ihrer Mitarbeiter erreichen.

Carol Bartz von Autodesk ist einer der kommunikativsten Menschen, den wir interviewt haben. Bartz verwendet lebhafte Bilder, um die von ihr verkündeten Management-Prinzipien zu erläutern. Sie rät jungen Leuten beispielsweise, eine möglichst breite Berufserfahrung zu suchen, damit sie „eher eine Karrierepyramide als eine Karriereleiter" hochsteigen können. Denn die Pyramide sei viel stabiler als eine Leiter, und gewähre deshalb mehr Sicherheit beim Aufstieg.

Frank Raines von Fannie Mae ist ein weiterer Unternehmensführer, der eine besondere Begabung für Kommunikation hat. Nicht nur, dass sein Bariton und die Klarheit seiner Sprache das volle Timbre eines Radiosprechers erreichen, er stellt die Feinheiten seiner Unternehmung – das größte Finanzdienstleistungsunternehmen der Welt, nach Einlagen gewertet – so deutlich heraus, dass selbst eine Laie sich als Experte fühlt, nachdem Raines die Arbeitsweise von Fannie Mae erläutert hat.

So sagt auch Fred Smith von Federal Express: „Heute muss ein herausragender CEO auch ein herausragender Kommunikator sein". Diese Fähigkeit zur Kommunikation hängt ganz deutlich auch mit einer Eigenschaft zusammen, die wir bereits bei diesen höchst erfolgreichen Top-Managern entdeckt hatten – der Klarheit des Denkens.

4. Hoher Energiepegel

Das Dasein eines CEO war noch nie schwieriger. Im Durchschnitt arbeiten die Unternehmensführer auf unserer Liste mehr als 65 Stunden die Woche. Und die Grenze zwischen Beruf und Privatleben verwischt sich immer stärker.

Die körperliche Anstrengung, um Strategien zu entwickeln, Übereinstimmung zu erzielen, Entscheidungen zu treffen, ein Management-Team aufzubauen, mit Behörden zu verhandeln, mit

Wall-Street-Analysten und institutionellen Investoren zu sprechen, Lobbying zu betreiben, mit dem Board of Directors zusammenzuarbeiten und ihn zu informieren, die externen Gremien zu bedienen und extensive Reisen im In- und Ausland zu unternehmen, um sowohl Kunden als auch Mitarbeiter rund um die Welt zu treffen, erfordert ein enormes Kräftepotenzial.

Der Energiepegel von Jack Welch beispielsweise gilt als legendär, aber er steht damit nicht allein. Als CEO reist Al Zeien von Gillette 250 Tage pro Jahr für seine 800 persönlichen Ergebnisbesprechungen. John Chambers von Cisco liest an 365 Tagen im Jahr Kundenberichte durch. Bob Tillman von Lowe's sagt, dass er während der dreijährigen Phase des ehrgeizigen Changemanagements seines Unternehmens (ein Programm, das den wirtschaftlichen Erfolg des Unternehmens begründete und ihn zu seinem Spitzenjob gebracht hat) keinen Urlaub genommen habe. Es sei nicht möglich gewesen. „Wenn einer der 128 Aktionspunkte nicht reingepasst hätte, wäre das Unternehmen wahrscheinlich Historie gewesen, und ich mit Sicherheit".

Elizabeth Dole hat einen Spruch von Teddy Roosevelt an ihrer Wand hängen, der den Energieaufwand eines Top-Managers illustriert und heute noch mehr Gültigkeit besitzt, als zu der Zeit, in der er zuerst formuliert wurde:

Wir sehen uns unserem Schicksal gegenüber. Und wir müssen ihm mit hohem und entschlossenem Mut begegnen, denn uns obliegt ein Leben der Tat, der angestrengenden Leistung, der Pflicht. Lasst uns mit im mächtig vorwärts strebenden Gespann ziehen. Lasst uns das Wagnis der Abnutzung tragen, statt zu verrosten.

Natürlich erfordert diese Art von Zeitaufwand Engagement, aber gute körperliche Kondition schadet nicht. Einige Menschen sind einfach mit einem hohen Energiepegel ausgestattet, und das scheint bei den meisten unserer Top-Manager der Fall zu sein.

Larry Bossidy, der jeden Tag um 7 Uhr morgens ins Büro kommt und – wenn er kein Arbeitsessen hat – bis 7 Uhr abends bleibt, erklärt uns, wie er schließlich den Grund für seine wohlbekannte Energie, Betriebsamkeit und Ambition herausfand. „Ich habe kürzlich gemerkt, dass ich einfach so gestrickt bin", sagt

Bossidy, der häufig auch am Wochenende ins Büro kommt. „Ich mache einfach immer weiter und weiter, bis ich nicht mehr weiter kann. Das ist im Beruf so, auf dem Golfplatz und auch in anderen Lebensbereichen. So bin ich einfach".

5. Ein kontrolliertes Ego

Wenn Sie der höchste Boss sind, dann liegt die Versuchung nahe, sich den Erfolg Ihres Unternehmens an die eigenen Fahnen zu heften. Diese Neigung wird noch durch den wachsenden Starkult unserer Medienkultur verstärkt, in der wir leben. Es ist nun mal eine Tatsache, dass Mitarbeiter ihre CEOs gerne zum Helden machen, wenn auch diese ihr Bestes geben.

Wir waren aber erstaunt, wie klein die Egos der Top-Manager unserer Liste trotz dieser Bewunderung waren. Einige waren recht bescheiden angesichts ihrer Leistungen, die sie auf harte Arbeit, gutes Timing, eine gute Portion Glück und die Anstrengungen ihrer Familienmitglieder bzw. Kollegen zurückführten.

Beim Durchsehen der Liste aller von uns dargestellten Top-Manager bemerkte Larry Bossidy von AlliedSignal: „Ich sehe nicht allzu viele große Egos auf der Liste. Es gab Zeiten, da wussten die Leute an der Spitze ‚alles'. Heute macht die Tätigkeit eines CEO bescheiden. Und je mehr man erfährt, um so mehr erkennt man, dass es allen Grund zur Bescheidenheit gibt, denn das Wettbewerbsumfeld ist so heftig, dass es immer noch etwas zu tun gibt. Diese Haltung hat, meine ich, Unternehmen und Führungskräfte heute besser werden lassen als in der Vergangenheit".

Don Fisher von The Gap hält dieses Fehlen von Egozentrik sogar für den Hauptgrund, warum er und sein Unternehmen so erfolgreich geworden sind. Für andere ist die Meidung des Rampenlichts eine Frage des Geschmacks. Steve Case von America Online ist ein Beispiel dafür.

„In meinem Fall geht es nur darum, dass die Arbeit zum Aufbau eines Mediums (des Internet) getan werden muss, auf das wir stolz sein können. Es geht nicht um so genannte Macht, Hervorhebung oder Denkmalbau. Das sind Dinge, die ich nicht besonders mag".

Bob Tillman von Lowe's Companies stimmt zwar der Bedeutung einer gewissen Hervorhebung innerhalb und außerhalb des Unternehmens zu, um mit der „Financial Community" und der Kundenbasis zurande zu kommen. Aber seine nächste Reaktion ist die gleiche: „Sie errichten oder führen kein Unternehmen durch eine Person", sagt er. „Das macht ein Team. Je stärker Sie eine Person herausstellen, desto mehr lenkt das vom Gesamtteam ab".

6. Innerer Friede

Beim Nachdenken über alle Treffen, die wir mit den hier in *Von den Besten lernen* geschilderten Top- Managern hatten, kamen wir auf ein weiteres Ergebnis: Die erfolgreichsten Unternehmensführer besitzen ein schwer zu beschreibendes, aber trotzdem greifbares „Zutrauen" zu sich selbst. Man fühlt sich in ihrer Umgebung wohl. Es ist kein Wunder, dass sich Menschen – insbesondere Mitarbeiter – zu ihnen hingezogen fühlen und ihnen gerne folgen.

Wir reden hier nicht über Charisma. Nicht, ob jemand stärker aus sich herausgeht, wie Herb Kelleher von Southwest oder David Johnson von Campbell, oder eher reserviert auftritt, wie John Pepper von P&G oder Bill Kerr von Meredith, führt zu dem Wunsch, in der Nähe dieser Top-Leute zu sein, sondern sein oder ihr innerer Friede. Die erfolgreichsten Top-Manager schienen am wenigsten gestresst zu sein. Sie wirkten weniger frenetisch, selbstbewusster und ausgeglichener als der Großteil der Menschen, die wir getroffen haben. Es mag angesichts der Erfordernisse ihrer Tätigkeit kontraproduktiv erscheinen, wenn jemand diese Einstellung des inneren Friedens hat. Wenn man aber etwas darüber nachdenkt, macht es Sinn. Zerstreutes Denken vergeudet Energie und schwächt die Motivation. Es fällt viel leichter, sich zu konzentrieren und das zu erreichen, was man anstrebt, wenn man ruhig ist. Wenn wir jeden Tag innehalten, nachdenken und auf die Grundsätze anhaltenden Erfolgs eingestellt sind, können wir uns darauf einüben, unseren inneren Frieden wachsen lassen.

7. Formende frühe Lebenserfahrungen umsetzen

Wir haben keinen Einfluss darauf, wer unsere Eltern sind, in welche Umgebung wir hineingeboren werden oder in welcher Gesellschaftsschicht wir aufwachsen. Aber wir können beeinflussen, was wir aus diesen frühen Lebenserfahrungen machen. Ein anderes gemeinsames Merkmal unserer Top-Manager ist, was sie aus den Erfahrungen ihres früheren Lebens, ihrer Familie und ihrer Berufslaufbahn herausgeholt haben.

Vier von unseren Top-Managern wuchsen auf Farmen auf, und jeder führte diese Erfahrung teilweise als Erklärung für seinen Erfolg an. Johnson, Bartz, Hank Greenberg und Don Fites von Caterpillar, jeder verwies auf die Schlüsselerfahrungen, welche sie auf Erfolg im Leben und Beruf vorbereitet hatten: Selbstgenügsamkeit, Liebe zum Detail, Bewusstsein von Ursache und Folge sowie unbeugsame Ausdauer, die zur erfolgreichen Führung einer Farm notwendig sind.

Verschiedene Andere auf unserer Liste hatten beträchtliche Lernschwächen. Sowohl Charles Schwab als auch John Chambers von Cisco konnten Informationen nicht richtig aufnehmen, weil sie unter einer nicht erkannten Leseschwäche litten. Doch die Hilfe ihrer Familie und Lehrer, zusammen mit einem eisernen Willen, ließ sie nicht nur dieses Problem überwinden, sondern auch Zutrauen für ehrgeizige Vorhaben gewinnen.

Andere wuchsen in miserablen finanziellen Verhältnissen auf. Alex Trotman von Ford, Howard Schultz von Starbucks und Bernie Ebbers von MCI WorldCom glaubten, dass ihre Arbeitsmoral und ihr Erfolgsstreben in direktem Zusammenhang mit ihrer rauhen Kindheit stehe. Ebbers, der in einer Missionsstelle im Reservat der Navajo-Indianer aufwuchs, erinnert sich an ein Weihnachtsfest, bei dem seine Schwester ein Spiel mit „Alte Jungfer"-Karten bekam, und er eines mit „Tier-Rommé"-Karten. Die Familie freute sich damals über ein paar Erdnuss-Häufchen, die ihnen von örtlichen Bauern zum Weihnachtsessen geschenkt wurden.

Chuck Knight von Emerson Electric erzählte von der Wirkung, die der Entschluss seines Vaters auf ihn ausgeübt habe, ihn mit 16 in eine Gießerei nach Kanada zu schicken, damit er dort etwas über Wirtschaft lernen könne. Die Erfahrungen über die physischen Erfordernisse einer solchen Arbeit verschafften Chuck Respekt vor und Verständnis für Industriearbeit. Knight gab diese Erfahrungen an seinen Sohn, Lester B. Knight III, weiter, indem er ihn zur körperlichen Arbeit in einen Industriebetrieb schickte, als jener ein junger Mann war. Der junge Knight, jetzt in den frühen Vierzigern, ist CEO von Allegiance Corporation, ein Vier-Milliarden-Dollar-Unternehmen der medizinischen Vorsorgung, und wie sein Vater ein leistungsorientierter Unternehmensführer.

8. Intensives Familienleben

Es ist bekannt, dass in Amerika etwa jede zweite Ehe geschieden wird. Doch bei den Unternehmensführern unserer Liste besteht eine überdurchschnittliche familiäre Stabilität. Fast alle sind noch mit ihrer ersten Frau verheiratet. Die weitaus größte Zahl von ihnen haben Kinder und Enkel.

Was aber noch wichtiger erscheint als reine Statistik: Viele dieser Top-Manager nennen die ausgleichende Wirkung eines intensiven Familienlebens und die Qualität eines objektiven Rats einer klugen Ehefrau als Wesenselemente ihres Erfolgs. Sandy Weill etwa verlässt sich bei seinen Einstellungsentscheidungen auf das Urteil seiner Frau über Menschen, das oft während Geschäftsessen reift.

Ken Lay von Enron beschreibt seine Ehe und seine Beziehung zu seinen Kindern und Enkeln als seine größte Erfüllung. Walter Shipley von Chase Manhattan stärkte den Glauben an seine richtige Einschätzung menschlicher Neigungen dadurch, dass er seinen Sohn bei der Verfolgung eines seiner eigenen Interessengebiete unterstützte: Biologie zu lehren. „Er ist der beste Biologielehrer, den ich mir vorstellen kann", meint er. „Seine Studenten lieben ihn. Im Geschäftsleben wäre er miserabel. Ich bin sehr stolz auf ihn".

Viele Top-Manager schildern den mächtigen Effekt eines Elternteils, der glaubte, sie könnten alles erreichen, was sie sich vorgenommen hätten. Jack Welch beispielsweise weist auf den Einfluss seiner Mutter Grace als eine der bestimmenden Kräfte in seinem Leben hin. „Sie meinte immer, ich könne alles tun. ‚Bestimme dein eigenes Schicksal'. Diese Vorstellung hatte sie immer". Mike Armstrong von AT&T kann immer noch die oft geäußerten Worte seiner Mutter hören – „Hol's dir" – wenn er diese Hammer-Deals abschließt, um den Telekommunikationsgiganten umzukrempeln.

Charles Heimbold, CEO von Bristol-Myers Squibb, erzählt uns von seinen Eltern. „Die Bestärkung, die ich von meiner Familie, speziell von meinen Eltern, erfuhr, muss ich unbedingt erwähnen. Vater wie Mutter sind beide hart arbeitende, gute Menschen. Ich möchte gerne, dass sie wissen, wieviel ich ihnen bei allem, was ich erreicht habe, verdanke. Ich glaube, es spricht unheimlich viel für die Ausdrucksweise ‚Man braucht ein Dorf, um ein Kind groß-zuziehen, aber alles fängt mit der Familie an'". Wenn wir auch nicht in der Zeit zurückgehen und den weisen Rat unserer Eltern wiederholen können, so können wir doch dieses Erfolgsmerkmal nutzen, um unsere eigenen Kinder oder andere junge Menschen für ehrgeizige Vorhaben zu gewinnen und ihre Herzen für deren Vollendung zu erwärmen.

9. Positive Einstellung

Ein anderes Merkmal, das von vielen hier beschriebenen Unternehmensführern geteilt wird, ist ihre positive Einstellung. Im Allgemeinen neigen diese Menschen dazu, Herausforderungen als Chance zu begreifen und das Beste aus schwierigen Situationen zu machen. Sie lernen wirklich aus ihren Fehlern und sind dankbar für jede Möglichkeit, einen anderen Weg zu versuchen.

Das treffendste Beispiel dafür lieferte Elizabeth Dole, die davon erzählte, wie sie während ihrer Zeit beim Amerikanischen Roten Kreuz aus dem Horror eine Quelle der Kraft und Erkenntnis machte.

„Ich sah beim Amerikanischen Roten Kreuz Dinge, die mich für den Rest meines Lebens verfolgen werden. Wir besuchten Zaire, den jetzigen Kongo, nachdem Millionen Ruandis während des schrecklichen Blutvergießens in Ruanda geflohen waren. Sie flohen in das denkbar schlechteste Gebiet, nach Goma in Zaire, das auf rein vulkanischem Felsen liegt. Genau da blieben die Flüchtlinge. Sie konnten keine Latrinengräben ausheben, also grassierten Cholera und Ruhr. Auch keine Gräber, so dass wir über Leichen stiegen. Sie legten sie an den Straßenrand, und zweimal am Tag kamen Lastwagen, um sie zu Massengräbern zu fahren. Mitten in diesem Elend sah ich einen kleinen Jungen ganz allein auf einem Dreckhügel sitzen, drumherum tausende von

Leuten, aber keiner direkt bei ihm. Als ich das Kind betrachtete, sah ich an ihm keine Bewegung außer Tränen. Und diese Tränen hinterließen eine Spur auf seinem staubigen kleinen Gesicht. Ich setzte mich neben ihn und legte einen Arm um ihn, nur um ihn zu trösten. Aber er rührte sich nicht. Keine Wimper, kein Muskel, nichts".

Wie ging sie mit so einem Trauma um? „Ich sagte unseren Leuten, dass wir gesegnet wurden, um Segen zu bringen. Wir empfingen, damit wir geben können".

Bernie Ebbers von MCI WorldCom drückt ebenfalls eine tiefe Dankbarkeit dafür aus, dass er dieses Unternehmen führen kann. „Für mich ist die Möglichkeit, einmal im Leben an etwas derartigem wie MCI WorldCom teilzuhaben, eine ganz unerhörte Sache. Jeden Tag denke ich daran, wie glücklich ich bin, dass mir diese große Verantwortung übertragen wurde. Viele CEOs mögen leicht vergessen, dass nur die Leute, die mit uns arbeiten, uns zu dem machen, was wir sind".

Die Umwandlung von Fehlern zu lehrreichen Erfahrungen ist eine Folge dauerhafter positiver Einstellung. Michael Dell sagt, indem er sich selbst beim Aufbau und Wachstum eines Geschäfts schulte, musste er eine Menge lernen, nämlich durch Experimentieren und Fehler. „Eines der ersten Dinge, die ich lernte", so Dell, „war der Zusammenhang zwischen Aufdrehen und Lernen. Je mehr Fehler ich machte, umso schneller lernte ich". Und er lernte wirklich.

An den Persönlichkeiten, die wir gemäß unserer Liste trafen, wird deutlich, dass sie alle ein erstaunliches Gefühl für das Mögliche haben. Diese Einstellung wird von den Geschäftsstrategien untermauert, die sie entwickelten, um die ihnen erkennbaren Vorteile zu nutzen. Herausragende Top-Manager lehren diese Einstellung, was vielleicht noch wesentlicher ist, jeden Tag. Ihre Weitsicht und Verpflichtung, Fehler eher zu nutzen als zu bestrafen, verschafft auch den Mitarbeitern ein Gefühl für das Mögliche. Sie ermutigen auch die Übernahme von Risiken und die Problemlösung, was wiederum Erfolg für die Organisation und den Top-Manager bringt.

10. Konzentration auf „Das Richtige richtig machen"

Schließlich, wie wir gesehen haben, teilen alle 30 Top-Manager in diesem Buch die Einstellung, „das Richtige richtig zu machen".

Wir kamen mit dem Glauben zu diesem Projekt, dass die erfolgreichsten Top-Manager eher auf die Faktoren hinarbeiten, die außergewöhnliche Erfolge schaffen, als auf die Erfolge selbst. Diese Vorstellung erwies sich als viel zutreffender, als wir geglaubt hatten. Die üblichen Leistungsmesser wie Finanzergebnisse, Marktanteil oder Aktienkurs können nur kurzfristig im Brennpunkt des Interesses der Top-Manager stehen. Herausragende Unternehmensführer dagegen, deren Organisationen anhaltend erfolgreich sind, erreichen diese Ergebnisse dadurch, dass sie tagein, tagaus das „Richtige" im Visier haben:

➢ Integer sind und durch Beispiel führen;
➢ eine Gewinner-Strategie oder „Große Idee" entwickeln;
➢ ein hervorragendes Management-Team aufbauen;
➢ die Mitarbeiter befähigen, um Größe zu erreichen;
➢ eine flexible, sensible Organisation schaffen;
➢ alles über eine Bestärkung des Managements und Leistungsanreizsysteme verbinden.

Fazit

Und nun hoffen wir, dass wir den langen Weg zur Beantwortung jener Frage zurückgelegt haben, die im ersten Teil des Kapitels 1 von dem Mitglied eines Board gestellt wurde: „Worauf müssen wir bei unserem nächsten CEO achten?" Was aber noch wichtiger erscheint: Wir hoffen, dass wir den Lesern über die Charakterisierung der besten Unternehmensführer Amerikas einige Methoden und Strategien vorgestellt haben, die bei der unermüdlichen Suche nach Erfolg und Zufriedenheit verwendbar sind.

Anhang

Die Gallup-Studie

Der erste Schritt beim Aufstellen einer Liste der 30 besten Unternehmensführer in Amerika war die Benennung durch ihre Kollegen. Da wir versuchten, die besten amerikanischen Manager zu identifizieren, wandten wir uns an die beste Marktforschungsfirma: die Gallup-Organisation.

Das Gallup-Team befragte 575 Menschen für uns – 200 CEOs auf der Fortune-1000-Liste, 170 Leiter von Unternehmen auf der Liste Inc. 500 (eine Aufstellung der 500 am schnellsten wachsenden Privatunternehmen in Amerika), 88 Leute, die Non-Profitorganisationen mit mehr als 100 Mitarbeitern führten, und zuletzt noch 117 Dekane und Präsidenten von bedeutenden Universitäten.

Hier folgen jetzt die Fragen, die Gallup jenen 575 Personen vorlegte, zusammen mit der Präsentation dieser Fragen.

Fragen und Ergebnisse

Wir führen eine Befragung bei Führungskräften der 1. Ebene in Unternehmen, akademischen Institutionen und Nonprofit-Gruppen durch, in dem Bemühen um ein besseres Verständnis der Charaktereigenschaften, die erfolgreiche Top-Manager in diesem Bereich von Organisationen gemeinsam haben.

Wenn Sie einmal die heutigen Spitzenmanager in Wirtschaft und Verwaltung der Vereinigten Staaten betrachten, an wen denken Sie unter Berücksichtigung der folgenden Gebiete:

➢ langfristige Ergebnisse
➢ visionäres und strategisches Talent
➢ Fähigkeit zum Meistern von Herausforderungen
➢ Fähigkeit, Organisationen und Menschen zu führen
➢ Integrität und Charakterstärke
➢ nachweislicher Einfluss auf Wirtschaft und Gesellschaft
➢ Erfolge mit Innovationen
➢ Unternehmungs- oder Pioniergeist

> Verpflichtung gegenüber sozialem Ausgleich
> beispielhafte Kundenorientierung

Wenn Sie schließlich alle diese von Ihnen genannten Einzelpersonen betrachten, wer als *Einzelner* dieser Führungskräfte taucht dabei in Ihrer Vorstellung als insgesamt repräsentativ für erfolgreiche Top-Manager auf?

Womit wir auf den Tisch kamen

Dieser Vorgang generierte eine Liste von Kandidaten aus vielen verschiedenen Gebieten – natürlich aus der Wirtschaft, aber auch aus der Kirche, dem Sport, der Regierung und aus Nonprofit-Organisationen.

Hier sind die gesamten Nennungen. Jeder der unten Aufgeführten wurde mindestens in einer der zehn oben aufgelisteten Kategorien genannt.

Mit dieser ersten verfügbaren Kandidatenliste machten wir uns daran, eine Ergänzung über eine grundlegende Analyse der Unternehmensergebnisse zu versuchen.

Zur Unterstützung wandten wir uns an Lazard Asset Management, eine Division von Lazard Frères & Co.

Heutige Unternehmensführer	
Paul Allaire, Xerox	Wayne Huizenga, Republic Industrie
Gordon Bethune, Continental Airlines	Steve Jobs, Apple Computer Pixar Industries
Larry Bossidy, AlliedSignal	
Warren Buffet, Berkshire Hathaway	Herb Kelleher, Southwest Airlines
Ben Cohen, Ben & Jerry's	Jim Kelly, United Parcel Service
Stephen Covey, Covey Leadership Institute	Chuck Knight, Emerson Electric
	Phil Knight, Nike
Livio DeSimone, 3M	John Kroll, DuPont
Michael Dell, Dell Computer	Bernard Marcus, Home Depot
Robert Eaton, DaimlerChrysler	Bill Marriott, Marriott International
Bernie Ebbers, MCI WorldCom	Hugh McColl, BankAmerica/ NationsBank
Michael Eisener, Disney	
Roger Enrico, Pepsi	Scott McNealy, Sun Microsystems
George Fisher, Kodak	Ross Perot, Perot Systems

Steve Forbes, Forbes	Lewis Platt, Hewlett-Packard
Leon Gorman, L.L.Bean	John Reed, Citigroup
Jerry Greenfield, Ben & Jerry's	John Pepper, Procter & Gamble
Lou Gerstner, IBM	Howard Schultz, Starbucks
David Glass, Wal-Mart	Fred Smith, Federal Express
Andy Grove, Intel	John Smith, General Motors
Bill Gates, Microsoft	Steven Spielberg, Dreamworks SKG
Alex Trotman, Ford	Ted Waitt, Gateway Computer
Donald Trump, Trump Enterprises	Bill Walsh, San Francisco 49ers
Ted Turner, Time Warner	Jack Welch, General Electric
Im Ruhestand	
Robert Allen, AT&T	John Galvin, Motorola
Max DePree, Herman Miller	J. Whitacre, Nordstrom's
Al Dunlop, Sunbeam	
Regierung	
Madeleine Albright, U.S. Secretary of State	Bill Clinton, Präsident der Vereinigten Staaten
George Bush, Jr., Gouverneur von Texas	Alan Greespan, Chairman, U.S. Federal Reserve
George Bush, Sr., ehemaliger Präsident der Vereinigten Staaten	
Nonprofit-Organisationen	
Elizabeth Dole, Amerikanisches Rotes Kreuz	Rev. Jesse Jackson
Peter F. Drucker	Dave Mercer, YMCA
Rev. Billy Graham	

Finanzanalytische Methodik

Von Anfang an legten wir Wert darauf, aus dem Buch *Von den Besten lernen* mehr als eine Umfrage nach Popularität zu machen. Wenn die von Gallup gesammelten Namen einen wesentlichen Teil des Prozesses bildeten, so waren sie doch nur ein Anfang. Wir mussten auch noch sicherstellen, dass die Menschen, die wir schließlich auswählen würden, einen quantitativen Effekt auf die Organisation ausübten, die sie führten – dass sie durch „Das Richtige richtig machen" herausragende Ergebnisse erzielten. Wir mussten mit anderen Worten zeigen, dass ihr Beitrag die finanzielle Leistung ihrer Organisation verbesserte.

Zwei entscheidende Maßzahlen

Um das zu erreichen, wandten wir uns an die besten Finanz- und Anlagemanager der Welt, Lazard Asset Management, eine Division der 150 Jahre alten Lazard Frères & Co., eine erstklassige Investment-Bank. Lazard Asset Management legt mehr als 62 Milliarden US-$ für seine Klienten an und beschäftigt über 100 Analysten und Portfolio-Manager.

Lazard würde angesichts dessen, was wir verlangten, auch diese Breite und Tiefe an Erfahrung nötig haben. Wir forderten Lazard – speziell den Geschäftsführer Michael Rome und den Vice President Jay Genzer, der die Risikokontroll-Gruppe der Vermögensanlage leitet – auf, die besten Maßstäbe dafür zu finden, um den Beitrag eines Top-Managers für seine Firma zu finden.

Michael und Jay prüften alle verfügbaren Messlatten – vom Buchwert über Kapitalrendite, Wachstum der Dividende bis zur Kurseinschätzung – mit Blick auf den Maßstab, der am besten den Einfluss eines Unternehmensführers wiedergab.

Schließlich kamen sie zu der Erkenntnis, dass es nicht eine Zahl gab, die wir betrachten sollten, sondern zwei:

> den Gesamtertrag für Aktionäre – also die Kurseinschätzung plus die wieder eingesetzten Dividenden, die ein Investor erhält,
> das Wachstums des Cash-Flow in Relation zum Marktwert des Unternehmens[10].

Ihre Begründung war aufschlussreich. Die Hauptgröße, die Investoren interessiert, ist der „Gesamtertrag". Wenn ein Anleger 100 US-$ ausgibt, um eine Aktie zu kaufen, und ein Jahr später diese Aktie für 115 US-$ verkauft werden könnte und 5 US-$ Dividende erzielte, dann ist der Anleger glücklich. Dann hat er einen Ertrag von 20 Prozent für sein Geld bekommen (die 15 US-$ Aktienkurssteigerung zusammen mit den 5 US-$ Dividende).

Warum aber nicht einfach diese eine Maßzahl verwenden – den Gesamtertrag des Aktionärs – und es dabei belassen? Weil, erklärten Michael und Jay, diese Zahl irreführend sein kann.

Häufig steigt der Aktienkurs einer Unternehmung – manchmal dramatisch – bei Ernennung eines neuen CEO. Die Wall Street liebt es, Änderungen zu antizipieren, und diese Vorwegnahme trifft oft in einen Fieberherd, wenn ein neuer CEO geholt wird, um ein notleidendes Unternehmen zu führen. Das ist für Aktionäre natürlich wunderbar, aber es spiegelt noch keinerlei Leistung des neuen Managers wieder. Es reflektiert nur, was die Wall Street von ihm erwartet.

Das ist ein Grund, warum die alleinige Verwendung des Gesamtertrags für Aktionäre irreführend sein kann. Dann aber noch ein zweiter. Dieser Ertrag hängt stark von der Zeitperiode ab, die

---

[10]   Für Studenten der Finanztheorie möchten wir die zweite Maßzahl – Wachstum des Cash-Flow in Relation zum Marktwert – noch ein wenig detaillierter erklären. Lazard definiert Cash-Flow als Nettobetriebsergebnis nach Steuern oder NOPAT (Netto-Umsatz ./. Kosten der verkauften Güter ./.allgemeine Verkaufs- und Verwaltungskosten./.gesamte Einkommensteuern + Einkommensteuer-Stundungen und Investitonssteuer-Guthaben + Abschreibungen). NOPAT ist der Nenner der Verhältniszahl. Der Zähler – der Marktwert – ist der Betrag an vom Markt bewertetem Kapital, welches die Unternehmung am Beginn einer Bewertungsperiode hatte. Kapital wird dabei als Unternehmenswert definiert, oder: im Markt befindliche Aktien x Börsenkurs + langfristige Schulden + kurzfristige Schulden ./. Bargeld. Warum das Anfangskapital im Gegensatz zum Durchschnittskapital über eine Fünf-Jahres-Periode, oder eine andere Maßzahl? Weil die fairste Methode zur Beurteilung des Einflusses eines Managers darin besteht, zu vergleichen, was am Beginn und am Ende seiner Tätigkeit vorhanden ist.

zugrunde liegt. Deshalb wünschte Lazard eine zweite Maßzahl: Wachstum des Cash-Flow in Relation zum Marktwert. Das würde uns eine weitere objektive Maßzahl für Leistung geben.

Mit diesen beiden Maßzahlen machte sich Lazard daran, die größten 1.000 an der Börse gehandelten Unternehmungen der Vereinigten Staaten zu untersuchen. Die Unternehmen wurden nach ihrem Gesamtertrag des investierten Kapitals in den letzten fünf Jahresperioden eingestuft, und auch danach, wie gut sie beim Cash-Flow oder NOPAT abschnitten, geteilt durch ihren Marktwert oder das Anfangskapital in derselben Fünf-Jahres-Periode[11]. Die Ergebnisse dieses Analyse sind in Abb. 9 zusammengefasst.

Wir hatten damit drei verschiedene Listen, mit denen wir arbeiten konnten: eine aus der Gallup-Untersuchung, die erste Lazard-Liste mit der Aufstellung von 1.000 Unternehmen nach Gesamtertrag der Aktionäre und eine, die Unternehmen nach ihrem Cash-Flow im Verhältnis zum Marktwert einstufte.

Allerdings konnten wir die Lazard-Untersuchung nicht verwenden, um Unternehmen in Privatbesitz, kleinere Unternehmen, Manager in der Regierung oder in Nonprofit-Organisationen zu identifizieren. Wenn wir diese haben wollten, mussten wir uns auf die Gallup-Liste verlassen und auf die dritte Seite unseres Untersuchungsdreiecks – die praktischen Erfahrungen der Gruppenleiter von Spencer Stuart, wie im Kapitel 3 Teil 1 erklärt.

---

[11] Um sicher zu gehen, dass ein Ausgleich über alle Branchen erfolgte, teilten wir die Gesamtheit in 13 Wirtschaftsgruppen auf – Konsumgüter, Elektro- und verschiedene Güter, Energie, Finanzdienstleistungen, Industrie, Freizeit und Unterhaltung, Kraftfahrzeuge, Pharmazeutika, Einzelhandel, Dienstleistungen, Technologie, Telekommunikation, Transport – und stuften die Unternehmen innerhalb jedes Segments ein.

Unternehmen (1)	Wirtschafts-bereich	Börsen-kurz-zeichen	Aufs Jahr bezogener Ertrag (2)		Cashflow-Wachstum (3) Rang bei 1000
			1 Jahr	5 Jahre	
Procter & Gamble	Consumer Prod.	PG	16%	29%	425
Gillette	Consumer Prod.	G	-4%	28%	338
Campbell Soup	Consumer Prod.	CPG	6%	26%	538
Tyco International	Electrical/Divers.	TYC	68%	43%	32
General Electric	Electrical/Divers.	GE	41%	34%	612
AlliedSignal	Electrical/Divers.	ALD	16%	19%	464
Emerson Electeric	Electrical/Divers.	EMR	9%	18%	452
Mobil	Energy	MOB	24%	21%	576
Enron	Energy	ENE	40%	17%	496
FPL Group	Energy	FPL	7%	14%	515
Charles Schwab	Financial Services	SCH	101%	65%	173
Chase Manhattan	Financial Services	CMB	32%	33%	300
Fannie Mae	Financial Services	FNM	31%	33%	375
Citigroup	Financial Services	C	7%	33%	23
American Inter-national Group	Financial Services	AIG	34%	30%	384
Merrill Lynch	Financial Services	MER	-7%	28%	121
Bear Stearns	Financial Services	BSC	-20%	18%	205
Herman Miller	Industrial	MLHR	-1%	30%	198
Alcoa	Industrial	AA	8%	19%	276
Caterpillar	Industrial	CAT	-3%	18%	202
Deere	Industrial	DE	-42%	8%	266
America Online	Leisure/Entertain.	AOL	586%	134%	12
Meredith	Leisure/Entertain.	MDP	7%	32%	265
Marriott Inter-national	Leisure/Entertain.	MAR	6%	20%	497
Walt Disney	Leisure/Entertain.	DIS	-8%	17%	157
Ford Motor	Motor Vehicles	F	70%	27%	192
DaimlerChrysler	Motor Vehicles	DCX	35%	18%	272
Pfizer	Pharmaceuticals	PFE	69%	51%	381
Bristol-Myers Squibb	Pharmaceuticals	BMY	43%	40%	472
Merck	Pharmaceuticals	MRK	41%	37%	487
Johnson & John-son	Pharmaceuticals	JNJ	29%	32%	390

Gap	Retail	GPS	138%	46%	335
Starbucks	Retail	SBUX	46%	38%	140
Lowe's	Retail	LOW	115%	29%	281
FDX	Service Industries	FDX	46%	20%	190
Dell Computer	Technology	DELL	249%	153%	6
Microsoft	Technology	MSFT	115%	69%	164
CiscoSystems	Technology	CSCO	149%	67%	174
Intel	Technology	INTC	69%	51%	80
IBM	Technology	IBM	77%	47%	726
Computer Associates	Technology	CA	-19%	29%	142
Autodesk	Technology	ADSK	16%	15%	671
MCI WorldCom	Telecommuni.	WCOM	137%	43%	21
AT&T	Telecommuni.	T	26%	20%	572
Continental Airlines	Transportation	CAL	-30%	27%	38
Southwest Airlines	Transportation	LUV	38%	7%	396
Durchschnitt von 46 Unternehmen			52%	35%	
S&P 500		SP50	27%	24%	
Nasdaq		COMP	40%	23%	
IndexDowJones Industrie-Durchschnitt		DJII	16%	22%	

(1) Sortiert nach Branche und Fünf-Jahres-Ertrag innerhalb der Branche; schließt Unternehmen in Privatbesitz (Ingram Industries), Tochtergesellschaften (Ogilvy & Mather) und Nonprofit-Organisationen (Amerikanischen Rotes Kreuz, Drucker) aus der Liste der Unternehmen in Von den Besten lernen aus.

(2) Gesamter aufs Jahr bezogener Aktionärsertrag, endend am 31.12.98

(3) Fünfjahres-Wachstum des Cash-Flow (d.h. Nettobetriebsergebnis nach Steuer für die Jahre 1998 und 1993), dividiert durch den Unternehmenswert 1993; Rangfolge unter den größten 1.000 US-Unternehmen.

Interview-Leitfaden

B ald nach unserem Entschluss, die 30 besten Unternehmensführer Amerikas zu identifizierung und darzustellen, mussten
wir genau festlegen, was wir sie in unseren Gesprächen fragen
wollten. Wir brauchten eine Reihe von Fragen, die diese Menschen zum Nachdenken brachten, sie offen und gesprächsbereit
werden ließen, damit sie uns sagten, warum sie so erfolgreich
gewesen waren.

Wir verwandten sehr viel Zeit darauf, diese Fragen richtig zu
formulieren. Dafür gab es eine Reihe von Gründen. Erstens: Wenn
auch jeder, den wir interviewten, wohlwollend war, so standen alle
doch unter Zeitdruck. Wir würden sie immer nur für eine festgelegte Zeit beanspruchen können, so dass es zwingend erschien,
dass wir mit einem gründlichen Verständnis dessen, was sie so
erfolgreich gemacht hatte, aus den Gesprächen kamen. Als absolutes Minimum sollten wir folgendes erfahren:

> Wie sie über schwierige Themen denken;
> was für sie hinsichtlich ihrer Führung wichtig ist;
> wie das alles die Leistungskraft ihrer Organisation gefördert
  hat.

Zweitens: In vielen Fällen hatten wir es mit Leuten zu tun, die nur
selten Interviews gaben. Während Elizabeth Dole und Herb Kelleher einen Magazinartikel vielleicht besser verfassen können als
viele Reporter, beantworten viele unserer Top-Manager – so David Johnson von Campbell Soup, John Pepper von P&G und
Chuck Knight von Emerson Electric – selten Fragen von Leuten,
die Bücher schreiben. Wir mussten ihre Abneigung mit berücksichtigen und trotzdem sichergehen, dass wir die notwendigen
Informationen erhielten.

Drittens: Der Großteil der Fragen sollte für alle gleich sein. Die
Grundannahme des Buches lautete ja, dass es eine Reihe von Prinzipien gäbe, nach denen außergewöhnliche Unternehmensführer
handeln, um ihre herausragende Leistung zu erreichen. Wenn das

stimmte – und das, was Sie gelesen haben, spricht dafür – , dann würden wir erwarten, dass die Antworten auf unsere Fragen gemeinsame Themen beinhalteten. Der einzige Weg, dabei sicherzugehen, bestand in einer allgemeinen Liste von Fragen (ergänzt mit einigen, die auf ganz besondere Umstände zugeschnitten waren) und einer darauf folgenden Analyse und Abgleichung der Antworten.

Wir unterteilten den Interview-Leitfaden in zwei Hauptkategorien: Fragen zur Führung und Fragen zum Geschäft.

Fragen zur Führung

- Was sind die Eigenschaften, die heute einen CEO erfolgreich machen? Haben sie sich in den letzten zehn oder zwanzig Jahren dramatisch geändert?
- Wenn Sie vorausschauen: Welche Fähigkeiten und Eigenschaften werden für die nächste Generation von Unternehmensführern am wichtigsten sein?
- Welches sind Ihre wichtigsten Prinzipien zur Führung und Begeisterung von Menschen? Ändern sich diese Prinzipien während verschiedener Wachstumsstadien des Unternehmens?
- Wie definieren Sie Erfolg?
- Worauf sind Sie in Ihrer Karriere am stolzesten?
- Wer oder was (z.B. Lehrer, Bücher) hat am meisten Ihr Denken und Ihre Philosophie beeinflusst?
- Worauf achten Sie besonders bei der Einstellung oder Beförderung von Leuten? Hat sich daran über die Jahre etwas geändert?
- Wenn Sie Ihre Kinder oder junge Leute bei ihrer Karriereplanung beraten sollten, welchen Rat würden Sie ihnen geben?
- Inwieweit trug Ihr früher familiärer Hintergrund zu Ihrer Dynamik und Ihrem Erfolg bei?

Fragen zum Geschäft

- Wie sah die Vision für Ihr Unternehmen aus, als Sie gerade CEO wurden? Wie sieht sie heute aus?
- Welches sind die zwei oder drei wichtigsten Erfolgsmaßstäbe, die Sie bei der Führung des Unternehmens verwenden? Wie

verbinden Sie damit Anerkennung? Haben sich diese Maßstäbe über die Jahre verändert?

➢ Welches sind die gravierendsten Herausforderungen für das Unternehmen in den kommen drei Jahren? Welche Sorgen lassen Sie nachts nicht schlafen? Was tun Sie dagegen?

➢ Was waren in den vergangenen zehn Jahren die wichtigsten Angelpunkte für das Unternehmen und für Sie? Welches waren die wichtigsten Hindernisse, die überwunden werden mussten?

➢ Einmal Ihre Erfahrung und Vorteile im Wettbewerb einer zunehmend globalen Wirtschaft unterstellt: Wie unterscheiden sich amerikanische Wirtschaftsführer von jenen in anderen Weltregionen?

➢ Was waren Ihre oder die größten geschäftlichen Fehler Ihres Unternehmens? Was haben Sie und Ihre Organisation daraus gelernt?

➢ Wie sieht die ideale Beziehung zwischen einem CEO und dem Board of Directors aus? Welche Rolle spielt der Board bei der Entwicklung einer Strategie? Bei der Management-Entwicklung? Bei der Nachfolgerregelung?

Verschiedene Menschen erfordern verschiedene Fragen

Wie gesagt, diese Fragen stellten wir jedem. Aber wir ergänzten sie mit mehreren maßgeschneiderten Fragen für jeden Einzelnen. Hier ist eine repräsentative Aufstellung dieser Spezialfragen, die wir unseren Top-Managern stellten.

MIKE ARMSTRONG, AT&T

➢ Wie unterscheidet sich AT&T heute von dem Unternehmen drei Jahre zuvor?

➢ Wie würden Sie die Marktpositionierung von AT&T definieren?

➢ Was ist die Logik des TCI-Deals? Was wird über eine erfolgreiche Integration entscheiden?

➢ Als Sie CEO wurden, kündigten Sie an, dass Sie so lange nicht mit der Presse oder mit der Wall Street reden würden, bis Sie

Ihren Plan ausgearbeitet hätten. Ist das der beste Weg für einen neuen CEO, von außen in ein Unternehmen zu kommen?
➢ Eins der Dinge, für die AT&T berühmt ist, ist seine Marke. Was repräsentiert diese Marke? Wie erhalten Sie ihre Stärke?

GORDON BETHUNE, CONTINENTAL AIRLINES

➢ Was ließ Sie glauben, dass Continental zu retten war?
➢ Wie wurde die „Nach vorne gehen"-Strategie entwickelt?
➢ Wie wichtig waren die J. D. Power-Preise für das Marketing von Continental?
➢ Inwieweit unterscheidet sich die Führung einer Fluggesellschaft von der in anderen Branchen?

LARRY BOSSIDY, ALLIEDSIGNAL

➢ Könnten Sie für jemanden, der mit dem Angebot von AlliedSignal nicht vertraut ist, einen kurzen Überblick über die Geschäftslinien und geografische Verbreitung des Unternehmens geben?
➢ Was unterscheidet AlliedSignal heute von dem Unternehmen, zu dem Sie 1991 als CEO kamen?
➢ Wie würden Sie die Marktpositionierung von AlliedSignal definieren?
➢ Was lässt sich aus Ihrem Erfolg als CEO bei AlliedSignal auf die Trainingsmöglichkeit bei GE für Spitzenmanager folgern?
➢ Welchen Rat würden Sie neuen CEOs geben, die von außen in ein Unternehmen kommen?
➢ Eine Sache, für die AlliedSignal bekannt wurde, ist das Total Quality Management Programm Six Sigma. Wie wurde dieses Programm umgesetzt? Was war seine Wirkung?

STEVE CASE, AMERICA ONLINE

➢ Aus welchem Anlass gründeten Sie AOL? Was ist für Sie denkwürdigste Erinnerung aus der Frühzeit des Unternehmens?
➢ Welche Vision hatten Sie, als das Unternehmen aufgebaut wurde? Und welche heute?
➢ Wie wird „der Computer" im Jahr 2010 aussehen? Wie wird dann AOL in die Landschaft passen?

➢ Wie würden Sie die Unternehmenskultur von AOL beschreiben? Wie stellen Sie sicher, dass die Menschen, die Sie einstellen, in diese Unternehmenskultur passen?

➢ Welche Rolle spielte die „Familienrivalität" für Ihren Erfolg? (Anmerkung: Case's älterer Bruder Daniel ist CEO der Investmentbank Hambrecht & Quist in San Franzisco).

MICHAEL DELL, DELL COMPUTER

➢ Wie kamen Sie dazu, Dell Computer zu gründen? Was war Ihre Vision in den ersten Tagen des Unternehmens?

➢ Für eine Sache ist Dell sehr bekannt geworden: die Änderung der Spielregeln, also die Vermarktung, der Verkauf und die Verteilung von Computern direkt an den Käufer. Wie entwikkelten Sie diese Strategie?

➢ Was hält andere Unternehmen davon ab, dieses Verfahren zu kopieren und Ihren laufend wachsenden Marktanteil und Ihre schönen Gewinnmargen zu bedrohen?

➢ Wie vermieden Sie die übliche Falle eines Unternehmers, dem die Führung eines großen Unternehmens über den Kopf wächst?

➢ Nachdem Sie bereits ein Unternehmen und Geschäftsanteil von so außerordentlichem Wert erreicht haben: Was treibt Sie noch weiter an? Woher kommt dieses „Feuer"?

PETER DRUCKER

➢ Was sind die wichtigsten Leistungsmaßstäbe, die Sie Unternehmensführern zur Leitung ihrer Unternehmen empfahlen?

➢ Welche Leistungsmaßstäbe sind am besten für Nonprofit-Organisationen und speziell Regierungen geeignet?

➢ Was sind nach Ihrer Meinung die wichtigsten Prinzipien bei der Begeisterung von Menschen? Wie unterscheiden sich diese Prinzipien bei unternehmerischen und nicht-unternehmerischen Organisationen?

➢ Haben sich die Eigenschaften, die einen erfolgreichen Top-Manager auszeichnen, in den letzten zehn oder auch fünfzig Jahren dramatisch geändert? Wie?

➤ Wie würden Sie die Wettbewerbsfähigkeit der US-Firmen innerhalb der Weltwirtschaft einschätzen?

MICHAEL EISNER, WALT DISNEY

➤ Innerhalb der letzten 15 Jahre hat Disney ein neues Unterhaltungsmuster geschaffen – ein eigenes Inhaltsprofil zu entwickeln und dieses über alle erreichbaren Plattformen und Distributionskanäle auszunutzen. Ist das auch der Schlüssel für die Führungsposition von Disney in den nächsten Jahren? Kann die „Kreativmaschine" bei ihrer gegenwärtigen Größe auch weiterhin das Unternehmen antreiben?

➤ Wie würden Sie die Marktpositionierung von Walt Disney beschreiben?

➤ Wer sind Ihre stärksten Wettbewerber?

➤ Wie würden Sie Ihren Führungsstil beschreiben? Wie unterscheidet sich die Führung und Begeisterung von Kreativen von der in anderen Branchen oder Funktionen?

➤ Bei dem Einfluss, den Disney auf Kinder und Familien in der Welt besitzt, sollte das Unternehmen auf einem hohen Standard bleiben. Welche positiven und negativen Implikationen ergeben sich daraus?

➤ Wie werden sich nach Ihrer Vision die Familien in den Vereinigten Staaten und weltweit zehn Jahre später vergnügen?

BILL GATES, MICROSOFT

➤ Microsoft ist vor allem für seine unablässige Produktentwicklung und Innovationskultur bekannt. Welche Innovationen wurden nie sehr bekannt? Was war im Rückblick die verrückteste Idee? Welches ist eine Ihrer größten Ideen für die nächsten fünf Jahre?

➤ Was motiviert Sie noch, nachdem Sie ein Unternehmen von derartigem Wert geschaffen und das größte Vermögen der Welt angehäuft haben? Woher stammt „das Feuer"?

➤ Aus verständlichen Gründen haben einige Leute Sie mit John D. Rockefeller verglichen. Was halten Sie von diesem Vergleich? Welche Bücher oder Personen aus der Geschichte haben Ihr Denken und Ihre Philosophie am meisten beeinflusst?

➤ Verbesserten Callaway-Golfschläger wirklich Ihr Spiel? (Anmerkung: Gates erschien in einem Fernsehspot für Big Bertha-
Schläger).

LOU GERSTNER, IBM

➤ Was sind für IBM innerhalb der nächsten drei Jahre die größten
Herausforderungen? Wie kann das Unternehmen vom Internet
profitieren?

➤ Was waren Ihre Hauptstrategien bei der Führung des Unternehmens in den verschiedenen Phasen Ihrer Tätigkeit
(d.h.Umschwung, Reorganisation und Wachstum)? Welche
Zeitpunkte innerhalb der letzten fünf Jahre waren für IBM und
für Sie die entscheidenden?

MARTHA INGRAM, INGRAM INDUSTRIES

➤ Wie schafften Sie den Wechsel zum CEO nach dem Tod Ihres
Mannes 1996? Was war Ihre Vision, als Sie CEO wurden?
Welche haben Sie heute?

➤ Mit der Ingram Book Group und durch Ihre Unterstützung kam
Amazon.com ins Geschäft. Damit haben Sie eine einzigartige
Perspektive im Internet-Handel. Was sind nach Ihrer Meinung
die Schlüssel für den Erfolg in der neuen und sich rapide ändernden E-Commerce-Branche?

➤ Was sind bei Berücksichtigung des Micro- und Unterhaltungs-
geschäfts von Ingram die Haupterfolgsfaktoren in der heutigen
Elektronik- und Heim-Video-Branche? Was ist der Erfolgs-
faktor bei der Leitung einer Vertriebsgesellschaft?

➤ Wie unterscheidet sich der Erfolg bei der Leitung eines Privat-
unternehmens von dem bei Leitung eines öffentlichen Unternehmens? Was können CEOs solcher öffentlichen Unternehmen von denen der Privatwirtschaft lernen?

➤ Welchen Rat geben Sie, um ein Familienunternehmen über
eine lange Zeit aufrecht zu erhalten?

➤ Welche Rolle spielte das Vassar College bei Ihrer geistigen
Entwicklung?

RALPH LARSON, JOHNSON & JOHNSON

➢ Was sind insgesamt gesehen die Gemeinsamkeiten und Unterschiede bei der erfolgreichen Neuentwicklung von Konsumprodukten, Industrieprodukten und im Pharma-Geschäft?

➢ Wie schuf Johnson & Johnson die Grundlage für das heute anerkannte Krisenmanagement im Tylenol-Fall? Wie wirkt sich das auf das tägliche Geschäft aus?

SHELLY LAZARUS, OGILVY & MATHER

➢ Welche Werbekampagnen waren mit Blick auf Kreativität und Erfolg für das Geschäft der Kunden die denkwürdigsten?

➢ Wie wurden die E-Business-Strategie und -Kampagnen von IBM entwickelt? Welche Einsichten hat dieser Vorgang Ihnen und der Firma in das Wesen des E-Commerce vermittelt?

➢ Ogilvy & Mather und vor allem Sie sind bekannt für die Entwicklung von globalen Marken (z.B. IBM, Ford). Was sind die Hauptfaktoren, um globale Marken erfolgreich zu entwickeln?

➢ Wie stellen Sie sicher, dass die vom Unternehmen eingestellten Menschen gut in die Unternehmenskultur passen? Welche Fragen haben sich beim Einstellungsgespräch am hilfreichsten erwiesen, um diese Übereinstimmung festzustellen?

➢ Als weiblicher CEO spielen Sie für Millionen von Frauen im Geschäftsleben eine beispielgebende Rolle. Unterscheiden sich weibliche Führungskräfte von männlichen? Welche Empfehlung haben Sie für Frauen, die ihre beruflichen Vorstellungen verwirklichen wollen?

BILL MARRIOTT, MARRIOTT INTERNATIONAL

➢ Wie erreichte Marriott die Umwandlung von einer kleinen Hotelgesellschaft zum beherrschenden Gastgewerbe- und Dienstleistungskonzern der Welt?

➢ Wie gelang Marriott dieser Übergang über die Jahre, während andere Unternehmen scheiterten?

➢ Am meisten ist Marriott wahrscheinlich wegen seines Service berühmt. Wie hat sich die Aufrechterhaltung dieses Wertes so tief in das Unternehmen eingeprägt? Wie wird sie bestärkt, angeleitet und belohnt?

➢ Wie wird Marriott sich in einem stark konsolidierten Gastge-
werbe behaupten? Inwieweit unterstützen und behindern die
Marriott-Kultur und -Werte die Wettbewerbsfähigkeit in einer
Branche, in der Verhandeln und Spielen so entscheidend für
den Erfolg sind?

LOU NOTO, MOBIL

(Anmerkung: Dieses Interview fand vor der Bekanntgabe des
Kaufs von Mobil durch Exxon statt.)

➢ Beschreiben Sie das Verfahren, wie Sie die Mobil-Vision einführten, nachdem Sie 1994 CEO wurden. Wie involvierten Sie
die Menschen? Wie entscheidend war dieser Vorgang für den
Erfolg vom Mobil?

➢ Wenn man Ihre lange internationale Erfahrung einbezieht (21
Jahre außerhalb der Vereinigten Staaten), was ist dann ein
Schlüsselfaktor für eine Globalisierungsstrategie?

➢ Könnten Sie eine von Mobils typischeren Marketing-Initiativen
und deren Auswirkungen auf das Unternehmen beschreiben
(etwa die Wiederkehr des Logos mit dem fliegenden Pferd, der
Speed Pass)?

➢ Mobil war lange dafür bekannt, kontroverse Themen als Form
der unternehmerischen Kommunikationsstrategie offen zu diskutieren. Wie kam es zu dieser Strategie? Was war deren Wirkung?

JOHN PEPPER, PROCTER & GAMBLE

➢ Als Sie 1963 zum Unternehmen kamen, hätten Sie damals gewettet, dass Sie dort die nächsten 35 Jahre zubringen würden?

➢ Sie sind berühmt dafür, das Unternehmen in die Internationa-
lität getrieben zu haben. Welche weniger bekannten internationalen Initiativen gab es? Was war, im Rückblick, die verrückteste Idee?

CHARLES SCHWAB, CHARLES SCHWAB

➢ Inwieweit trug Ihr früher familiärer Hintergrund (einschließlich der Bekämpfung der Leseschwäche) zu Ihrer Betriebsamkeit bei und schuf die Grundlage für Ihre Karriere?

➢ Als Sie 1980 Ihr Unternehmen an die Bank of America verkauften, was gedachten Sie damals zu tun? Würden Sie damals gewettet haben, dass Sie das Unternehmen wieder zurückkaufen könnten?

➢ Sie sind für Ihre Visions- und Innovationskraft bekannt. Was ist Ihre größte Idee für die kommenden zehn Jahre?

➢ Welchen Einfluss hat das Internet auf das Schwab-Geschäft und die Investment-Branche generell?

WALTER SHIPLEY, CHASE MANHATTAN

➢ Welche Strategien hat Chase, um sich in dem weltweit konsolidierenden Finanzdienstleistungsmarkt hervorzuheben?

➢ Sie sind damit bekannt geworden, viele große Fusionen erfolgreich abgewickelt zu haben (z.B. Texas Commerce Bank, Manufacturers Hannover und Chemical Bank/Chase Manhattan). Was ist dabei entscheidend?

ALEX TROTMAN, FORD

➢ Wie erfuhren Sie zuerst vom Autogeschäft? Wie haben Sie es als Ford-Veteran mit 43jähriger Betriebszugehörigkeit geschafft, sich noch den „Außenseiter-Blick" zu bewahren und die Umwandlung der Unternehmung zu bewerkstelligen?

➢ Inwieweit verändert die Daimler-Chrysler-Fusion die Autobranchenlandschaft?

➢ Wie würden Sie als schottischer Bürger, mit der frühen Erfahrung als Europa-Chef und dem Vorteil, den internationalen Wettbewerb zu kennen, den Unterschied zwischen amerikanischen Führungskräften und solchen aus anderen Regionen beschreiben?

DAN TULLY UND DAVID KOMANSKY, MERRILL LYNCH

➤ Wie erreichte Merrill den Übergang von einem Einzelgeschäft zur voll integrierten Investmentbank? Warum schaffte Merrill diese Umwandlung, während andere scheiterten?

➤ Merrill ist vor allem wegen seines starken Brokernetzwerkes für Einzelkunden bekannt. Was war für diesen Erfolg entscheidend? Welche Faktoren bei der Ausnutzung dieses Netzwerkes wurden niemals breit bekannt?

➤ Wie wird sich Merrill aus Ihrer Sicht im sich dramatisch festigenden Finanzdienstleistungsmarkt behaupten?

SANDY WEILL, CITIGROUP

➤ Was sind Ihre schönsten Erinnerungen aus der Frühphase Ihrer Karriere bei Burnham & Company und Loeb Rhodes?

➤ Was war der Zündfunke, der zur Idee einer Fusion mit Citicorp führte? Wie haben Sie aufgrund dieser Idee gehandelt? Haben Sie die Reaktionen von Wettbewerbern, Behörden, Aktionären und anderen Wählergruppen überrascht?

➤ Wie denken Sie über Vergütungssysteme und die Idee, die Bezahlung an die Leistung zu knüpfen?

JACK WELCH, GENERAL ELECTRIC

➤ Was waren die Hauptpunkte während Ihrer Amtszeit? Was waren den bedeutendsten Hindernisse, die Sie überwinden mussten?

➤ Wie haben Sie den Wandel geschafft? Was haben Sie unternommen, um den Übergang von der Restrukturierung in den frühen 80er Jahren zum Wachstumsmanagement in den späten 80er Jahren bis heute zu erreichen?

➤ Welches sind, mit Blick auf Ihre Pensionierung im Jahr 2000, die Fähigkeiten und Eigenschaften, die für Ihren Nachfolger am wichtigsten sind?

➤ GE ist dafür bekannt, mit die besten Manager- und Führungstalente in der ganzen Welt zu entwickeln. Wie und warum ist das möglich?

AL ZEIEN, GILLETTE

➤ Wie grenzen Sie die Branche ein, in der Gillette tätig ist?

➤ Gillette ist weit bekannt für sein globales Branding und Management. Welcher Faktor ist dafür notwendig?

➤ Wie halten Sie zu der weltweiten Organisation von Gillette Kontakt?

➤ Werden Sie es uns verzeihen, wenn wir die Abschnitte über jeden Unternehmensführer alphabetisch ordnen?

Danksagung

Wie *Von den Besten lernen* entstand

"Schreiben Sie das Buch, das Sie selbst gerne lesen würden". So lautete der Rat von Bruce Judson, einem Freund von Spencer Stuart und Autor der Bestseller-Bücher Net Marketing (Wolff 1996) und Hyper Wars (Scribner 1999).

Wir sprachen gerade im April 1997 über Bruce's Rat, als uns diese Idee kam. Das Buch, das wir gerne lesen, und deshalb schreiben würden, sollte ein Buch über die Auswahl und Beschreibung der erfolgreichsten Unternehmensführer des Landes sein. Dieses Buch sollte die wahre Natur dieser Menschen erschließen und sie zum Leben erwecken, so dass wir nicht nur etwas über sie erfahren würden, sondern auch lernten, was sie so herausragend macht.

Eine analytische Untermauerung würde absolute Voraussetzung sein. Wenn wir tiefer in die Lebensgeschichte der Unternehmensführer eindringen und davon lernen wollten, dann mussten wir gewiss sein, dass es eine quantitative, auf Fakten beruhende Analyse gab, die zunächst einmal die Lektüre gerechtfertigt erscheinen ließ. Wie hatten keinen Zweifel daran, dass die Geschichten interessant sein würden, aber wir wollten sicherstellen, dass es einen tieferen Grund gab, sie zu lesen.

Wir erkannten, dass wir an der richtigen Stelle waren, um ein solch ehrgeiziges Projekt durchzuführen. Spencer Stuart arbeitet jedes Mal auf dem Gebiet der Auswahl und Suche von außergewöhnlichen Unternehmensführern für unsere Klienten, wenn wir eine Executive Search durchführen oder beginnen, eine geeignete Person für einen Board of Directors zu finden.

Welch bessere Verbindung konnte es also für unseren Beruf und unsere aufkeimende literarische Neigung geben, als das Buch zu schreiben, das wir unbedingt lesen wollten? Wir hatten das Glück, Zugang zu ergiebigen Quellen zu besitzen – unsere Kollegen bei Spencer Stuart und unser Beziehungsnetz – und Hilfe, um alle Einzelstücke des Puzzles zusammenzusetzen.

Der Vorgang beim Schreiben dieses Buches stellte für uns eine ungeheuer lehrreiche Erfahrung dar. Deshalb hatten wir den Einfall, dass es viel interessanter wäre – und vielleicht sogar erhellend für jeden, der sich fragt, wie ein Buch entsteht –, die Entstehungsgeschichte dieses Buches zu schildern, statt einfach nur den vielen Helfern bei diesem Projekts zu danken. Was jetzt folgt, ist also, wenn Sie so wollen: Was wir beim Schreiben von *Von den Besten lernen* lernten.

Wir machen uns an die Arbeit

Als unsere ursprüngliche Idee Gestalt annahm, holten wir – und erhielten – die begeisterte Unterstützung eines großen Teils unserer Kollegen bei Spencer Stuart, deren Ermutigung wir zutiefst schätzen.

Wir wandten uns dann an unsere Alma Mater, McKinsey & Company, wo wir beide früher als Berater gearbeitet hatten, um einen Hinweis auf die besten Publikationspraktiken zu erhalten. Dafür sind wir drei McKinsey-Partnern – Bill Mattasoni, Dolf DiBiasio und Tim Koller – dankbar. Tim war eigentlich ein früher Anreger für das Konzept des „Das Richtige richtig machen", welches zum Kern dieses Buches wurde.

Eine wichtige Entscheidung, die wir während unserer Recherche trafen, war die über die Entwicklung einer Studie für die Nominierung der erfolgreichsten Unternehmensführer. Wer hätte eine solche Untersuchung besser entwerfen und durchführen können als die Gallup Organisation, die führende Markt- und Meinungsforschungsfirma der Welt? Wir wurden bei Gallup von unserem Freund und Klienten Mark Wright eingeführt, dem Gründer, Chairman und CEO von @Plan, ein führender Anbieter der Internet-Werbeplanung. Wir möchten Cal Martin, Senior Vice President von Gallup, Dr. Debra Christenson, Forschungsberaterin, und Laura Bishop für ihre Hilfe danken.

Unsere vielleicht größte Danksagung geht an Michael Rome, Geschäftsführer bei der Investmentbank Lazard Frères & Co. Michael überblickt das Anlagegeschäft von Lazard in USA. Von Anbeginn verpflichtete sich Michael zusammen mit seinem Kollegen Jay Genzer, Vice President von Lazard Asset Management's

Risiko-Kontrollgruppe, eine tiefgreifende Analyse der Unternehmensergebnisse in dieses Projekt einzubringen, so dass unser Buch mehr als eine populäre Umfrage darstellen würde. Statt einfach nur Daten zu liefern, machten sich Michael und Jay daran, ein besseres Modell für die Bewertung von Unternehmensergebnissen zu entwickeln.

Und das genau machten sie dann auch. Sie kamen mit der Methodik, die sowohl in Kapitel 3 des Teils 1 und im Anhang beschrieben wurde. Sie kombiniert eine Analyse der Managementleistungen mit der Finanzmarktbeurteilung dieser Ergebnisse.

Als wir Michael und Jay fragten, warum sie bereit seien, einige Mannjahre in dieses Projekt zu stecken, meinten sie, wenn diese beiden Maßstäbe für Unternehmensergebnisse gemeinsam genutzt würden, dann würde nach ihrer Überzeugung möglicherweise ein neues und effektives Investment-Instrument geschaffen.

Die Idee nimmt Gestalt an

Während unsere Recherche lief, wandten wir uns an viele Kollegen um Hilfe. Wir danken dafür Susan Hart, Betty Hudson, Alice Cihon, Karin Parisselli, Joanna Faso und Jason Baumgarten.

Außer unseren Kollegen sind wir auch Leanna Landsmann dankbar, President von Time Magazine for Kids, die uns Byron Reimus vorstellte. Byron, ein Kommunikationsberater und Führungsexperte, arbeitete über viele Monate unermüdlich mit uns, um den gegenwärtigen Stand des Denkens über Unternehmensführung zu ermitteln und unsere Vorschläge und ersten Auszüge der wesentlichen Abschnitte zu entwerfen. Wie es sich für einen hervorragenden Berater gehört, forderte Byron unser Denken heraus, genauso, wie er das Projekt mit vorantrieb.

Ein wesentlicher Schritt im Publikationsprozess ist die Verpflichtung eines Agenten. Aber wie geht man vor, um einen zu finden, und dazu noch einen guten? Wir legten diese Frage Ann Kirschner vor, die alle Internet-Initiativen der Columbia Universität leitet. Sie stellte uns Lorraine Shanley vor, Prinzipalin bei Market Partners International, eine New Yorker Verlagsberatung. Nachdem sie verschiedene Agenten ausgewählt hatte, die für dieses Projekt in Frage kamen, reduzierte Lorraine ihre Liste auf drei

Finalisten und stellte uns Rafe Sagalyn vor, Leiter der Sagalyn Literaturagentur in Bethesda, Maryland.

Wir waren schon durch Rafe's Bericht über die Vertretung der Autoren von In Search of Excellence, Megatrends und Future Perfect und durch die Tatsache beeindruckt, dass er selbst ein erfolgreicher Autor ist. Noch mehr überzeugte uns aber sein Ruf, während des ganzen Publikationsprozesses ergänzende Leistungen zu bieten. Und diesen Ruf erfüllte Rafe mehr als genug. Er half dabei, unseren Vorschlag in Form zu bringen, vermarktete das Projekt und führte uns vor allem mit Roger Scholl und seinem engagierten Team bei Currency/Doubleday zusammen, die seither unsere Partner sind.

Wir schulden auch John A. Byrne, dem Management-Redakteur von Business Week, speziellen Dank, den wir bei einem anderen Thema kennengelernt hatten. Mehr als irgendein anderer hat John mitgewirkt, das Gesamtbild der Executive-Search-Branche zu verbessern. Sein erstes Buch, The Headhunters, erklärte als erstes wirklich, was Spencer Stuart und die anderen Personalsuchfirmen machen. John stellte uns Paul B. Brown vor, Autor von Bestsellern wie Customers for Life und Grow Rich Slowly. Während des ganzen Projekts bewies Paul als unser Texter die Fähigkeit, unserer Gedanken und die Abschriften der Gespräche mit unseren Top-Managern in griffige, klare Worte und Sätze umzuformen.

Die Interview-Phase

Die Vereinbarung und Durchführung von mehr als 30 Interviews mit einigen der gefragtesten Unternehmensführer Amerikas ist für sich selbst schon ein größeres Unterfangen. Dabei erhielten wir von einer großen Zahl von Menschen Unterstützung, denen wir hier ebenfalls Dank sagen möchten.

Wir möchten Harold Citrin von Bear-Stearns danken, der unser Treffen mit Ace Greenberg arrangierte, und George Sarner, ebenfalls von Bear-Stearns, der uns bei Dan Tully von Merrill Lynch einführte, der wiederum unser Treffen mit David Komansky ermöglichte; Irwin Ettinger, der das Interview mit Sandy Weill vereinbaren half; David Silfen, Irwin Russell und John Dreyer, die unser Treffen mit Michael Eisner einzurichten wussten; Bill Anderson, Ron Penoyer und Carter Dunkin, alle von Fleishman-Hillard, St. Louis, Nancy Wulf, Direktorin für Investor Relations von Emerson Electric, die uns zu Traverse City, Michigan, begleitete, um einen Tag im Sommerhaus von Chuck Knight zu verbringen.

Weiterhin halfen uns die Folgenden, unsere Treffen und die Überprüfung der Fakten zu erleichtern: Kathy Bushkin von America Online, Joyce Hergenhan von GE, Karen Denne von Enron, Curt Linke von Deere, Kathy Tom-Engle von Autodesk, David Fausch von Gillette, Mark Greenberg von AlliedSignal, Michele Moore und Patty Rowell von Dell Computer, Yvonne Barazi und Stuart Maclarin vom Amerikanischen Roten Kreuz, Mike Morrison von DaimlerChrysler, Deborah Blackwell und Frank Walter von MCI WorldCom, Sabina Hancher und Laura Satersmoen von The Gap, Dick Stober von Caterpillar, Mark Harris und John Iwata von IBM, John Wooster von AIG, Pam Pollace, Robert Panetta und Tom Woldrop von Intel, John Skule und Nancy Goldfarb von Bristol-Myers Squibb, Art Slusark von Meredith, Bill Nielsen von Johnson & Johnson, Nora Slattery von Ogilvy & Mather, Charlotte Sterlin und Tom Marder von Marriott International, Bob O'Leary von Mobil, Charlotte Otto von Procter & Gamble, Kate Franklin von Fannie Mae, Hugo Quackenbush und Nicole Young von Charles Schwab, Nancy Kent von Starbucks, Lou Clemente von Pfizer, Brian Peace und Jule Schreffler von Lowe's, Charles Snearly von Ford Motor sowie Mark Schurman und Bruce Buursma von Herman Miller.

Wir sind ebenso Bob Herbold, Chief Operating Officer, und Greg Maffei, Chief Financial Officer von Microsoft, dankbar für ihre Hilfe bei der Vereinbarung des Interviews mit Bill Gates. Wir arbeiteten auch intensiv mit Dean Katz, Wendy Geller und John Pinette zusammen, um das Interview mit Gates fertigzustellen. Außerdem danken wir Phil Pfeffer, der uns bei Martha Ingram einführte.

Nachdem jedes Interview stattgefunden hatte, ließen wir unsere Bänder abschreiben. Im Laufe des Projekts wurden schätzungsweise 2.000 Seiten geschrieben. Wir danken Betsy Bowen für ihre hervorragende Schreibarbeit. Ebenso möchten wir Gary Mathews für das Lesen des Abschnitts „Gelernte Lektionen" und wertvolle Hinweise danken.

Niemand verdient jedoch mehr Anerkennung als Karen Steinegger vom Stuart Spencer-Büro in Stamford. Karen unterstützte alle Phasen des Projekts, als wäre es ihr eigenes, von der Bereistellung der Logistik für jedes Treffen, über das Korrekturlesen und Kommentieren jedes vollendeten Kapitels, als Verbindungsstelle zu jedem der Chefsekretariate, als Unterstützung bei der Recherche bis zur täglichen Arbeit mit Paul und uns bei der Manuskripterstellung. Wir werden wegen ihres Beitrags, ihrer Partnerschaft und Freundschaft immer in ihrer Schuld stehen.

Natürlich wäre dies alles nicht ohne die Ermutigung durch unsere Familien möglich gewesen. Sally Neff und Gail Citrin dienten beide als Resonanzböden und konstruktive Kritikerinnen beim Projektfortschritt, indem sie dafür sorgten, dass wir immer mit dem Blickwinkel der Leser in Kontakt blieben. Sie erwiesen sich als wahre Quelle laufender Unterstützung. Die fünf Kinder von Neff, David, Mark, Brooke, Bailey und Scott, begeisterten sich von den verschiedenen Schulen und Universitäten her ebenfalls für das Projekt. Aus Jims Sicht gab es keine größere Freude, als Teddy (neun), Oliver (sieben) und Lily Citrin (vier) mit ihrem überraschenden Interesse für das Buch und die herausragenden Unternehmensführer Geschichten zu erzählen, die mit unseren Interviews zusammenhingen. Und da haben Sie es nun. So kam es dazu. *Von den Besten lernen* war wirklich ein gemeinsam erlebtes Abenteuer.

August 2000

Literaturverzeichnis

Decker, Charles: „Das Beste ist nie gut genug". Die 99 Erfolgsregeln von Procter & Gamble. 270 S., Landsberg/Lech, verlag moderne industrie 1999.

Greising, David: Die Welt soll Coca-Cola trinken. So machte Robert Goizueta Coca-Cola zur Nr. 1. 405 S., Landsberg/Lech, verlag moderne industrie 1999.

Gross, Daniel: Forbes – Die größten Erfolgsstories aller Zeiten. Mitreißende Unternehmensgeschichten aus dem Land der unbegrenzten Möglichkeiten. 359 s., Landsberg/Lech, verlag moderne industrie 1998.

Krass, Peter: Faszination Business. Was Sie von den Legenden der Wirtschaft lernen können. 400 S., Landsberg/Lech, verlag moderne industrie 1999.

Lowe, Janet: Jack Welch hat das Wort. Ansichten und Einsichten eines Business-Genies. 272 S., Landsberg/Lech, verlag moderne industrie 1999.

Slater, Robert: Business is simple. Die 31 Erfolgsgeheimnisse von Jack Welch. 198 S., Landsberg/Lech, verlag moderne industrie 1998.

Slater, Robert: Wer führt muß nicht managen. Die unschlagbaren Erfolgsstrategien von Jack Welch. 405 S., Landsberg/Lech, verlag moderne industrie 1999.

Westermeier, Klaus: Michael Käfer – Erfolg im Schlaraffenland. Wie Michael Käfer aus der Idee der perfekten Dienstleistung einen Lifestyle-Konzern schmiedet. 296 S., Landsberg/Lech, verlag moderne industrie 2000.

Stichwortverzeichnis